중국을 움직이는 100대 기업

# 중국을 움직이는 100대 기업

삼성증권, 차이나윈도우 지음

RHK
알에이치코리아

# 중국 주식투자의 본질

21세기에 가장 극적인 변화를 맞고 있는 나라를 꼽으라면 중국을 빼놓을 수 없을 것이다. 13억의 인구가 거주하는 곳에서 생각하는 방식과 살아가는 방식이 바뀌었기 때문이다. 주어진 일만 하던 사람들이 자신의 일을 찾게 되었고, 세계의 공장으로 불리던 곳에서 최첨단 IT 제품들을 출시하면서 세계를 놀라게 했다. 중국은 이제 G2로 불리며 미국과 세계의 패권을 놓고 격돌하는 중이다.

세계의 관심이 중국으로 쏠렸고 모두가 중국에 기회가 있다고 말하며 대륙의 문을 노크했다. 세계의 부자들과 투자자들이 중국을 찾고 비즈니스맨들이 중국어 공부에 열중했다. 중국이 시장을 개방할 때마다 새로운 시장을 찾아 헤매던 투자자들과 기업들이 환호성을 지르며 구름처럼 중국 대륙으로 몰려들었다.

1978년 덩샤오핑의 개혁개방정책이 그 시작이었고, 2002년 외국의 기관투자자들에게 A주 시장에 투자할 수 있는 자격을 부여함으로써 풀무질이 시작되었다. 세계의 금융기관은 이 외국인 기관투자자 적격제도QFII에 열광했고, 중국 상해와 선전 증시에 상장된 본토 주식(A주)에 눈독을 들였으며 성장 가치가 높을 것으로 예측되는 기업을 찾기 위해 혈안이 되었다. 더불어 2011년 위완화 적격 외국인 기관투자자RQFII 제도가 도입되면서 외국의 금융사들이 중국 본토 펀드를 대거 판매할 수 있게 되었다. 2014년 6월을 기준으로 RQFII는 84개 기관으로 늘어났다.

이렇듯 중국 금융투자 시장이 점진적으로 개방되어 왔지만, 자격을 갖춘 기관투자자만을 대상으로 삼았고 일반 투자자들은 성장을 가속하는 중국이라는 거대 시장에 직접투자할 길이 없었다. 한마디로 이미 부를 축적한 사람들에게 '중국 주식'이라는 진수성찬이 차려졌을 뿐 일반 투자자들에게는 언감생심焉敢生心 넘볼 수 없는 투자의 영역으로 생각되었다.

하지만 2014년 11월 17일을 기점으로 이야기가 달라졌다. 상해거래소를 시작으로 외국인에 대한 본격적인 개방이 추진되면서 이른바 후강퉁扈港通 시대가 개막된 것이다. 후강퉁은 상해를 뜻하는 '후扈'와 홍콩을 뜻하는 '강港'을 서로 '통通'하게 한다는 의미로, 중국의 상해 증시와 홍콩 증시의 상장주식 간 직접매매를 허용함을 상징하는 단어다. 이로써 개인투자자도 자유로이 중국 본토 주식을 사고 팔 수 있게 되었다.

의미심장한 대목이 아닐 수 없다. 세계적으로 경제가 침체되었다. 선진국의 시장은 이미 성숙 단계로 접어들면서 저성장 시대가 되었고, 신흥 시장은 리스크를 드러내며 기대 이하의 성과를 내고 있다. 저성장 저금리 시대에 투자 활력이 떨어진 지금, 여전히 성장 잠재력을 보유하고 있는 중국 시장에 대한 관심이 높을 수밖에 없다. 투자 가치가 가장 높은 성역이 빗장을 열었다.

이러한 상황에서 중국이 외국의 일반 투자자에게 본토 주식시장을 개방한 것은 중국 역시 자국 주식시장의 높은 가치를 인식하고 있으며 앞으로 더욱 키워나가길 원한다는 반증이다. 후강퉁 제도는 시장 개방 한도가 3000억 위안(약 52조 원)으로 정해져 있기 때문에 성장의 한계가 있다는 지적이 있지만, 중국이 앞으로 개방 한도를 늘려나갈 것은 자명해 보인다.

2013년 중국의 경제 규모는 미국에 이어 세계 2위를 기록했다. GDP 규모는 아직 미국의 56%에 지나지 않지만, 이는 명목 달러화를 기준 삼았을 경우이며 실제적인 구매력을 보면 상황이 다르다. 구매력 기준인 PPP<sub>Purchasing Power Parity</sub> 지수를 따져보면, 2013년을 기준으로 중국의 경제 규모가 이미 미국의 96%에 육박했다는 분석이 나오고 있다. 미국이 중국에 받고 있는 압박은 이제 공포에 가까워졌고, 중국에서 출시되는 스마트폰이나 자동차의 생산량과 품질에 우리나라도 긴장하고 있다.

기회가 왔다고 누구나 그 기회를 움켜잡고 성공하는 것은 아니다. 중국의 주식시장이 개방을 가속할 때에도 외국의 모든 금융기관이 성공을 거두지는 못했다. 많은 국내 기업들이 중국에 진출하여 저임금 효과와 박리다매薄利多賣를 통한 수익 창출을 꿈꿨지만, 모두가 단맛을 보지는 못했다.

왜일까? 진수성찬도 먹을 줄 아는 사람이 먹는 것이다. 산해진미山海珍味에도 가려야 하는 음식이 있고, 똑같은 재료가 있다 하더라도 요리하는 방법에 따라 훌륭한 요리가 되기도 하고 평범한 요리가 되기도 한다.

중국이라는 거대한 대륙에 주식투자를 한다는 것은 앞으로 수천수만 종목이 상장될 시장에서 제때 제대로 된 기업을 찾아서 투자할 수 있는 식견과 정보가 있어야 가능한 일이다. 직접 가볼 수 없는 기업에서 무엇을 어떻게 경영하는지 볼 수 있어야 하며 그 건실함과 비전을 간파할 수 있어야 한다.

그렇다면 실패의 위험을 피하고 높은 성과를 거둘 방법은 무엇인가? 바로 '공부'다. 투자를 고려하는 기업의 정보는 물론이고 중국 문화에 이르기까지 다양한 부분을 깊이, 그리고 폭넓게 공부한다면 훌륭한 투자 성과를 거둘 수 있을 것이다.

"일찍 나는 새가 벌레를 잡는다The early bird catches the worm"는 속담이 있다. 외국인 일반 투자자에게 중국 주식시장은 막 동이 트는 아침과 같다. 일찍부터 철저히 공부하고 참여하는 사람들에게 기회가 주어질 것이다. 이 책을 탐독하는 독자들이 중국 기업과 경제, 투자 환경 등에 대한 정보의 옥석을 가리는 식견을 갖추어 탁월한 투자 성과를 내기를 바라 마지않는다.

# CONTENTS

1

# 2

## PART 2 중국을 움직이는 100대 기업

# PART 3 중국 주식 장기투자와 리스크 관리

PART **1**

—

중국 기업에
해답이 있다

## ❧ 왜 세계의 돈이 중국으로 흐르는가

중국 주식시장이 연일 뜨겁다. 이런 현상이 갑자기 일어난 것으로 보는 사람도 있을 것이다. 하지만 이미 몇 년 전부터 세계의 부는 중국 증시로 옮겨가는 중이었다. 앞으로 10년간 중국만 한 투자처가 또 있을까? 중국 외에는 대안을 찾기 어렵다. 그렇다면 왜 세계의 돈이 중국으로 흐르는가? 지난 30년간 연평균 10%의 성장률을 보인 유일한 나라이기 때문이다. 이런 나라는 과거에도 없었고 앞으로도 나타날 가능성이 거의 없다.

중국 기업들은 30년 전만 하더라도 변변한 PC 하나도 못 만들었다. 그러나 2014년에는 〈포춘〉 선정 글로벌 500대 기업에 95개나 이름을 올렸다. 역대 최고 수준이다. 그러나 이것이 다가 아니다. 앞으로 10년 후면 적어도 150~200개 기업이 이 명단에 오를 것이다. 중국은 시진핑 정부의 새로운 10년을 맞아 세계의 투자처로 떠올랐다. 폭발하는 내수 시장이 그 이유다.

돈을 벌려면 돈이 잘 벌리는 나라, 산업이 잘되는 나라, 기업이 잘되는 나라, 살림살이가 더 나아지는 나라로 가야 하는 법이다. 매년 놀라운 성장을 하는 중국이야말로 우리가 함께 가야 할 나라이다. 이런 중국에 돈이 몰리는 것은 자연스러운 일이다.

## 왜 지금 중국에 투자해야 하는가

중국의 1등 부동산 개발사는 만과(000002.SZ/2202.HK)다. 2004~2005년 무렵 한국에 중국 주식 바람이 조금 불기 시작할 당시 한국 개인투자자들이 가장 선호한 종목이 '만과'와 '귀주모태'였다. 그런데 만과는 B주라서 살 수 있었지만, 중국 증시의 코카콜라로 불리던 귀주모태주는 일반인이 투자할 수 없었다. 홍콩이나 B주에 상장되지 않았기 때문이다. 그때 많은 사람이 안타까워하던 기억이 새롭다.

그 당시 만과는 부동산 업계 1등 기업이었지만 시장점유율은 0.7%에 불과했다. 10년이 지난 지금은 1.7%다. 시장점유율이 10년 동안 딱 1% 늘어났다. 그렇다면 부동산과 주류라는 보수적 전통 산업의 대표 기업 만과와 귀주모태주의 매출과 주가는 10년 동안 어떻게 변했을까?

2004년 1월 1일에서 2013년 12월 31일까지 10년간 만과의 매출은 17배, 영업이익은 19.3배 증가했다. 그리고 귀주모태주는 같은 기간 매출은 9배, 영업이익은 13배 늘었다. 시장점유율은 4.9%에서 6.2%로 1.3% 증가했다.

주가를 보면 만과가 10.2배, 귀주모태주가 18배 올랐다. 이 데이터는 전통적인 산업에서 1등 기업의 시장점유율 확대가 얼마나 어려운지를 잘 나타낸다. 또한 시장점유율 1% 상승이 매출과 주가에 어떤 영향을 미치는지를 실감 나게 파악할 수 있게 한다. 이것이 중국의 1등 기업의 위엄이자 1등 기업 투자자가 누리는 보상이다. 그러므로 지금이라도 중국 주식에 투자하는 것이 효과적이라 본다.

전통적인 기업과는 달리 성장이 빠른 중국 인터넷 기업은 어떤 모습을 보였을까? 역동성이 돋보인다. 알리바바, Tencent, 바이두 등은 우리에게 이미 많이 알려진 인터넷 분야 대표 기업이다. 알리바바가 미국 상장을 통해 대박 신화를 일궈내는 데 소요된 시간은 불과 16년이다. Tencent 역시 창업 16년 만에 시가총액 150조 원을 달성했고, 주가는 무려 130배가량 오르는 기염을 토했다.

중국에서 10여 년 만에 이런 기업들이 나올 수 있었던 토양이나 배경은 무엇인가? 여러 이유가 있겠지만, 한국 시장과의 분명한 차이를 발견할 수 있다. 기업의 독보적인 사업 모델과 엄청나게 큰 내수 시장이 펼쳐져 있다는 점이 우리나라와 다르다. 그러므로 자원과 기술 면에서 핵심 경쟁력과 독보적 수익 모델만 갖추면 수출 없이도 얼마든지 고성장할 수 있다. 그것이 중국이다.

그렇다면 하필이면 왜 지금 중국 주식에 투자해야 하는가?

첫째, 폭발하는 내수 시장 때문이다. 중국 내수 시장의 크기는 어마어마하다. 13억 인구가 소비자다. 게다가 중산층의 소비가 나날이 늘어나고 있다. 덧붙여 도시화 진척에 따른 새로운 소비 수요가 폭발적으로 증가하고 있다. 이 속도는 GDP 성장 속도보다 2배 정도 더 빠르다고 알려졌다. 이런 환경에서 기업들의 가치가 상대적으로 저평가되어 있으니 지금이야말로 투자의 적기라 할 만하다.

둘째, 국유기업 개혁이라는 중국 증시 역사상 가장 큰 호재가 존재한다. 이는 앞으로 3~4년간 중국을 떠받칠 것이다. 국유기업 개혁 테마는 단순한 이슈가 아니다. 중국 증시 최대의 장기 호재가 드라마처럼 펼쳐지는 모습을 상상해보라. 앞으로 이 소식을 매일같이 듣게 될 것이다. 국유기업 개혁에 대해서는 별도의 장에서 살피기로 한다.

## 중국 본토에서 바라본 중국 주식시장

### ★ A주 시장에 돈이 몰린다

중국 주식시장은 전 세계 주요 시장보다 저평가된 상태다. 신흥 시장보다도 더 저평가되었다고 볼 수 있다. 중국 A주에 돈이 몰리는 원인은 크게 4가지로 볼 수 있다. 첫째는 후강통沪港通 시행에 따른 중국 시장 개방에 대한 기대감이다. 둘째는 중국인들의 주식투자 확산이다. 셋째는 지난 10년간 비유통주 대부분이 유통되어 장기 악재였던 물량 부담이 해소된 점이다. 넷째는 MSCI 지수 편입 가능성 때문이다.

2014년 하반기 최대 이슈였던 후강퉁은 2014년 11월 17일 드디어 문을 열었다. 2014년 4월 처음 거론된 후강퉁 제도는 말 그대로 상해거래소와 홍콩거래소 간의 교차매매를 뜻한다. 후강퉁은 후구퉁沪股通과 강구퉁港股通을 합친 말이다. 먼저 외국인들은 홍콩 현지 증권사를 통해 A주에 투자할 수 있게 되었다. 이를 후구퉁이라 하는데 종목은 569개(2015년 1월 기준)이다. 또한 중국 내국인들은 현지 증권사를 통해 홍콩거래소에 상장된 종목을 거래할 수 있게 되었다. 이를 강구퉁이라 하는데 종목은 273개(2015년 1월 기준)이다. 이미 후강퉁은 시행되었고 2015년 중에는 선전거래소와 교차매매할 수 있는 선강퉁까지 열릴 전망이다. 그러면 해외 자금이 중국 A주로 대거 유입될 것으로 예상된다.

## ★ 중국인들의 자산 재분배

중국인들의 돈 굴리는 스타일이 달라졌다. 2012년 중국인들의 자산관리 방식 통계를 보면 부동산 64%, 현금이나 예금이 29%였다. 주식투자는 고작 3%에 불과했다. 그런 중국인들이 달라지고 있다. 2014년 12월 10일 기준 중국 A주 신규 계좌 개설 건수는 8주 연속 20만 건을 돌파했다. 그전 주에만 60만 건이 넘는 신규 계좌가 개설돼 2009년 8월 이후 최고치를 기록했다. 최근에는 하루 평균 10만 건이 신규 개설되고 있다. 중국인들이 대거 주식시장으로 몰려들고 있다.

선수가 선수를 알아보듯 돈 있는 사람들이 돈 냄새를 먼저 맡는다. 2014년부터 중국 중산층들의 자산은 부동산, 신탁, 이재상품理財產品이라 불리는 자산관리상품WMP에서 주식시장으로 이동하고 있다. 중국 경제 둔화로 금리 인하까지 되었으니 전통적 투자상품의 수익률 또한 계속 하향곡선을 그릴 수밖에 없다. 항간에 중국 부자들이 부동산 자산을 처분하고 주식시장에 투자하는 추세라는 말이 떠돈다. 이런 상황에서 중국 증시가 잘나갈 수밖에 없다.

## ★ MSCI 지수 편입 가능성

미국의 모건스탠리캐피털 인터내셔널이 작성하는 세계적인 주가지수로 글로벌 펀드의 투자 기준이 되는 지표가 MSCI 지수이다. 중국 A주 지수는 'MSCI EM' 즉 이머징 마켓emerging market 신흥국 지수에 편입될 가능성이 점쳐진다. 그 시기는 2015년으로 보인다. 그런데 MSCI 지수에 편입되면 무엇이 달라지는가? 통계를 보면 MSCI를 추종하는 펀드 규모는 1조 달러다. 그래서 중국 A주가 MSCI에 편입되면 그만큼 외국계 글로벌 펀드, 즉 해외 자금이 중국으로 흘러들어오게 된다. 일각에서는 중국 A주가 MSCI 지수에 편입되면 한국 코스피의 입지가 좁아져 증시에 악영향을 미칠 것이라는 우려도 있다. 하지만 지금은 '국가 포트폴리오'를 당연시해야 하는 시대에 접어들었다.

## ★ 후강퉁 다음은 선강퉁

상해가 통했다면 다음은 선전이 통할 차례다. 후강퉁 준비가 예정대로 진행되던 2014년 8월 처음으로 선강퉁深港通, 즉 선전거래소와 홍콩거래소의 교차매매 거래 제도 시행에 대한 가능성이 제기되었다. 중국 증감회는 선전 자본시장 개혁 방안에 대해 "후강퉁 거래 제도가 어느 정도 성숙한 후 홍콩거래소와 선전거래소 간의 새로운 협력 방안을 논의해보겠다"며 선강퉁에 대한 가능성을 내비쳤다.

그리고 2014년 11월 10일, 후강퉁의 11월 17일 정식 시행을 발표할 때 홍콩 재경사무국 천자창陳家强 국장은 "다음 차례는 선강퉁이다"라며 간접적으로 선강퉁에 대한 의지를 표현했다. 최근 중국 언론의 흐름을 보면 2015년 여름 또는 하반기에는 선강퉁이 시행될 것으로 전망하는 분위기다. 선강퉁이 시행되고 외국인 개방이 본격화되면 그 다음 4~5년 사이에 B주 시장 폐지와 전면 개방까지는 일사천리로 진행될 가능성이 높다. 전문가들이 중국 주식을 긴 호흡으로 바라보라고 충고하는 이유다.

# 🪷 중국의 국유기업 개혁

그동안 국유기업 개혁에 관해서는 너무 추상적인 이야기만 오갔다. 그래서 현지 금융권 종사자들조차 이해하는 데 어려움을 겪어왔다. 이것은 국유기업 개혁이 왜 필요하고 언제 어떻게 어떤 방식으로 추진되는지 명확하게 밝혀지지 않았기 때문이다.

중국의 국유기업 개혁은 이미 1978년 이후 계속되어 왔는데 그 당시에는 국유자산의 유실을 막고 자산의 증식을 구조적으로 보장하는 게 목표였다. 하지만 지금은 상황이 다르다. 국유기업의 방만한 경영으로 부실경영하는 곳이 적지 않고 경영 효율과 대외 경쟁력 제고 측면에서 많은 문제점을 내포하고 있기에 개혁을 서둘러야 한다는 요구가 계속되고 있다.

이렇듯 국유기업 개혁은 외형적으로는 경영 체질 개선과 경쟁력 강화를 위한 혁신에 초점이 맞춰져 있지만 정작 중요한 것은 내면에 숨겨져 있다. 중국 국유기업들은 경쟁력을 강화하기 위해서 기존 기조를 그대로 계승하되 2015년부터 2018년 사이에 다음과 같은 4가지 개혁 로드맵을 진행할 것으로 보인다. 이 중에서 특히 관심을 두어야 할 부분이 '국유자산의 증권화'이다. 국유자산의 증권화란 국유자산을 시장에 유통(상장)하는 것을 말하는데 그 방식으로 '자산주입' 등이 있다. 국유기업 개혁의 4가지 방식을 알아보자.

## ★ 국유기업 개혁의 4가지 방식

### ① 국유그룹사 간 집중상장 또는 우회상장

국유기업 그룹 간의 중복이나 유사 사업부문을 더 경쟁력 있는 기업으로 통합한 다음 기존 상장된 기업에 이관 대상 자산의 전체 또는 대부분을 편입시켜 상장 효과를 노리는 방식이다.

대표적인 사례로는 중국수리수력발전건설(601669.SH), 지방 국유기업인 백시통뉴미디어(600637.SH) 등이 있다. 또 최근에 합병안을 발표한 남북차의 통합이 이에 해당한다.

### ② 국유그룹사의 자산증권화

자산증권화란 국유기업의 자산을 제도적으로 시장에 유통하는 것을 말한다. 주로 국유기업 그룹사 자산의 전체 또는 일부를 그룹사 내에 이미 상장된 회사에 편입(중국에서는 주입이라 한다)하는 것을 말한다. 이 경우는 그룹사 입장에선 오래 기다려도 상장이 될지 안 될지 불투명한 신규 상장보다는 훨씬 빠르고 확실한 방법이다. 그러면서 실질적인 상장 효과를 기대할 수 있다.

중국 기업의 신규 상장이 어려워진 것은 비유통주 문제와 관련이 있다. 1992년과 1993년 각각 상해와 선전에 증권거래소가 세워졌는데, 이때 다량의 주식이 한 번에 시장에 풀린다면 정상적인 거래와 가격 형성이 어렵다고 보았다. 그래서 국유기업 전체 발행 주식의 66% 정도를 유통하지 못하게 하고 1/3만 유통시키도록 했다. 이러한 상태는 1995년까지 약 20년 넘게 계속되었다. 결국 상장기업 총 주식 수의 약 3분의 2에 달하는 비유통주가 시장으로 방출되어야 하기에 공급 과잉에 따른 폭락장 우려가 늘 존재했다. 이것은 중국 증시의 발목을 잡는 장해가 되었고 주가가 맥을 추지 못했다. 다행히 중국은 2005년 5월부터 비유통주를 유통하는 개혁에 들어갔다. 그 후 10년을 거치면서 2014년 12월 기준으로 약 95%의 비유통주가 유통되어 이에 대한 부담은 사라졌다. 하지만 이 때문에 수많은 기업이 IPO를 할 수 없는 상황이 되었다는 점은 간과할 수 없다.

따라서 앞으로 상당 기간 국유기업들에게 IPO 기회가 쉽게 오지 않을 것으로 전망된다. 이런 상황에서 국유기업들은 그룹사의 자회사나 계열사 중 이미 상장된 기업을 통한 자산증권화에 나설 것으로 보인다. 그러므로 투자자들은 국유 그룹사의 어떤 알짜배기 자산들이 상장기업으로 편입되는지 눈여겨볼 필요가 있다.

예를 들어 우주항공과 방산 분야 국유기업들은 거의 독과점 분야인 만큼 모회사가 그룹사 차원에서 상당히 비중 있는 자산(기업 또는 핵심 사업부문)을 상장된 자회사로 몰아주는 방식으로 증권화를 할 가능성이 높다. 따라서 앞으로 군수 산업 분야를 필두로 국유기업 혼합소유제 자산증권화는 상당히 큰 이슈가 될 것으로 보인다.

### ③ 산업 구조 개편과 전통 산업의 사업 모델 전환

국유기업 중에서 성장 가능성이 미미하거나 경쟁력이 없는 곳은 자발적 퇴출, 매각, 사업 모델 전환 등의 방식을 통해 정리를 단행하고 있다. 완전히 쓸모없다고 판단되면 퇴출이나 매각 조치를 하고 사업 모델 전환을 통한 회생 가능성이 보이면 전환을 유도한다. 대표적인 사례로 장쑤성 최대 택시 회사인 남경중북(000421. SZ)을 들 수 있다. 이 회사는 2013년 매출 비중이 27%였던 부동산 사업을 정리하는 대신 가스 공급으로 사업 방향을 전환함으로써 성공을 거두었다. 그 구체적인 내용을 알아보자.

2013년 9월 1일, 난징시는 '난징시 정부 소속의 국유자본 독자 기업, 지배권 확보 및 지분 참여 기업의 부동산 사업 정리에 관련한 시행 의견'을 발표했다. 2014년 3월 18일 남경중북은 부동산 사업에 대한 자산 양도 공시를 하고 2014년 4월 22일 대주주인 남경공공홀딩스그룹, 남경도시건설투자홀딩스그룹, 남경공공버스, 광주항용 등이 보유한 항화가스(1083.HK)의 난징 지역 자회사 지분 51%와 화윤가스(1193.HK)의 난징 지역 자회사 지분 14%를 인수해 가스 회사로 사업 모델을 전환하겠다는 계획을 밝힌 것이다. 이 발표로 거래 재개 이후 현재까지 주가가 약 68% 올랐다.

### ④ 국유자본 퇴출 및 민영기업 지분 인수

경영이 방만하거나 경쟁우위가 없는 많은 국유기업이 퇴출되고 있다. 그리고 민영기업이 이런 국유기업의 자산을 인수해 우회상장을 하기도 한다. 대표적인 사례로는 국투중로주스(600962.SH)를 들 수 있다.

2014년 9월 19일 국투중로주스는 민영기업인 '강소환아'에 인수되었다. 이렇게 강소환아의 우회상장이 이뤄졌고 이후 8차례나 상한가를 기록했다. 국투중로주스는 농축 과일주스 수출 기업인데 최근 몇 년간 매출이 감소했고 2013년과 2014년 상반기에는 적자를 기록해 ST종목으로 강등될 처지에 놓였었다. 이 기업의 지배주주인 '국가개발투자회사'는 산하에 5개의 A주 상장기업과 1개의 홍콩 상장기업이 있었다. 이 국가개발투자회사가 국자위의 국유기업 민영기업화 시범 케이스가 되어 국투중로주스의 지배권을 민영기업에 양도한 것이다.

### ★ 혼합소유제 개혁

혼합소유제는 국유기업의 지분에 일정 부분 민간자본을 끌어들이는 것이다. 그렇다면 왜 혼합소유제가 필요할까? 중국 A주 증시에 상장된 기업 중 약 70%가 국유기업이다. 상장 국유기업 중에는 그룹사 자체가 상장된 경우도 있지만, 많은 경우 그룹사 산하의 십수 개 자회사 중 한두 개의 국유기업만이 상장되어 있다. 그런데 국유 그룹사들의 수십 개 자회사는 민간기업과 각각 경쟁하고 있다. 이는 국가가 민간기업과 맞서 경쟁하는 구조이고 시장경제에 역행하는 셈이다. 이렇게 시장경제와 모순된 구도가 지금도 계속되고 있으니 이를 바로잡지 않고서는 선진 금융시장을 만들 수 없다. 그러기에 국유기업에 민간자본을 끌어들여 국유자산을 민간과 공동 소유하자는 것이다.

그러나 혼합소유제를 모든 기업에 다 똑같이 적용하는 것은 아니다. 군수, 전력망 및 전력, 석유 및 석유화학, 통신, 석탄, 항공, 해운 등 7개 산업에 대해서는 반드시 국유기업의 지배권(지분 비중 50% 이상)이 유지되어야 하고 장비제조, 자동차, 전자정보, 건설, 철강, 비철금속, 화학공업, 탐사설계, 과학기술 등 산업은 국유기업의 지분 비중이 50%를 넘지 않아도 되지만, 최대주주로서 실제 지배권은 유지하도록 요구하고 있다. 기타 업종은 상당 부분 점진적으로 매각해 국유기업의 소유권을 국가와 민간이 공동 소유하게 된다.

혼합소유제 개혁의 기한은 정확하게 밝혀진 바가 없다. 다만 상해 지역에서는 2018년까지 완료한다는 방침이 정해진 것으로 알려졌다. 다른 도시들도 비슷한 일정으로 추진될 것으로 보인다. 혼합소유제는 상장기업과 관련된 이해관계에 따라 주가 변동에 상당히 큰 영향을 주게 될 것이므로 각별한 관심이 필요하다.

중국 국유기업들의 상당수는 국유 그룹사 산하에 있다. 그러므로 투자자들은 국유기업 개혁과 관련해서 모그룹의 지배구조에 어떤 기업들이 있으며 앞으로 어떤 기업들이 기존 상장회사에 합병될 것인지를 잘 살펴야 한다.

## 중국 국유 그룹사들의 지배구조 예시

### ★ 중국중재그룹

중국중재그룹中国中材集团은 1983년 설립된 국무원 산하의 국유자산감독관리위원회(국자위) 직속 국유기업으로 중국 유일의 비철금속 전문 기업이다.

중재그룹은 현재 자회사를 포함해 총 69개의 계열사로 이루어져 있다. 이 중에는 홍콩거래소 상장 1개사와 A주 상장 6개사가 포함되어 있다. 2013년 12월 31일을 기준으로 중재그룹의 자산 규모는 1115억 위안(약 20조 원)이며 연매출은 737억 위안(약 13조 원)이다.

중재그룹은 산하에 상장사가 많지만 대부분 중국원자재(1893.HK)에 집중되어 있다. 자산 분배 측면에서 봐도 전체 그룹사 자산의 80%가 중국원자재에 속해 있다. 이처럼 국유기업 개혁을 하면서 그룹사 내 비상장기업의 국유자산 자산증권화를 할 때 이미 상장된 관계사에 자산이 주입될 수도 있다.

중재그룹 발전의 원동력이 되고 있는 6대 핵심 기술은 '유리섬유 기술, 복합소재 기술, 인공 크리스털 기술, 공업용 세라믹 기술, 신형 건식 시멘트 생산 공법과

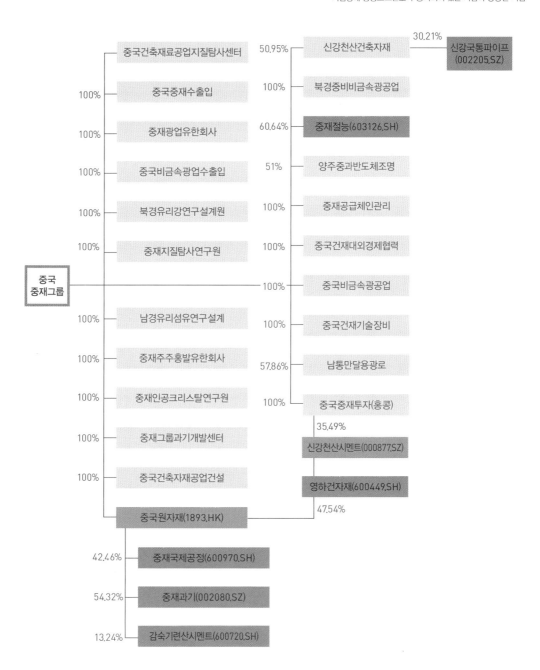

## 중국중재그룹(中国中材集团) 지배구조도

* 기업명에 상장코드번호가 병기되어 있는 기업이 상장된 기업

중국건축재료공업지질탐사센터 — 50.95% — 신강천산건축자재 — 30.21% — 신강국통파이프(002205,SZ)

중국중재수출입 — 100% — 100% — 북경중비비금속광공업

중재광업유한회사 — 100% — 60.64% — 중재절능(603126,SH)

중국비금속광업수출입 — 100% — 51% — 양주중과반도체조명

북경유리강연구설계원 — 100% — 100% — 중재공급체인관리

중재지질탐사연구원 — 100% — 100% — 중국건재대외경제협력

중국중재그룹 — 100% — 중국비금속광공업

남경유리섬유연구설계 — 100% — 100% — 중국건재기술장비

중재주주흥발유한회사 — 100% — 57.86% — 남통만달용광로

중재인공크리스탈연구원 — 100% — 100% — 중국중재투자(홍콩)

중재그룹과기개발센터 — 100% — 35.49% — 신강천산시멘트(000877,SZ)

중국건축자재공업건설 — 100% — 영하건자재(600449,SH) — 47.54%

중국원자재(1893,HK)

중재국제공정(600970,SH) — 42.46%

중재과기(002080,SZ) — 54.32%

감숙기련산시멘트(600720,SH) — 13.24%

출처: 차이나윈도우

장비 기술, 비철광석 심가공 공법과 장비 기술'이다.

현재 비철금속 광업과 관련된 상장사가 없고 사업 전망 또한 여전히 밝아 앞으로 신규 상장사 탄생이 기대된다. 중재그룹은 혼합소유제 개혁에도 적극 동참하겠다는 의사를 이미 밝힌 상태인 만큼 추후 이와 관련된 움직임에 주목할 필요가 있다.

### ★ 중국의약그룹총공사

중국의약그룹中國醫藥集團, Sinopharm은 국무원 산하 국자위가 직접 관할하는 중국 최대의 의약 및 헬스케어 그룹이다. 2013년에는 중국 최초로 〈포춘〉 선정 글로벌 500대 기업에 이름을 올렸다. 17개 회사를 거느린 대형 국유 의약 기업으로 현재 국약홀딩스(1099.HK), 국약그룹(600511.SH), 심천일치약업(000028.SZ), 북경천단생물제품(600161.SH), 상해현대제약(600420.SH) 등 6개 상장사를 보유하고 있다.

앞으로 중국의약그룹은 혼합소유제 개혁의 시범 대상이 될 가능성이 높다. 민영기업인 복성그룹이 국약홀딩스의 설립에 동참하는 등 탄생에서부터 혼합소유제를 이룬 경력이 있기 때문이다. 그리고 2003~2013년까지 10년간 중국의약그룹의 연평균 매출 성장 폭은 31%에 달하고, 세전이익의 연평균 성장 폭은 42%에 달했다. 총자산 연평균 성장 폭은 32%이며 2013년 매출은 2000억 위안(약 36조 원)을 돌파했다.

혼합소유제의 실시 방안은 우리사주제 도입이나 전략적 투자자 유치가 될 것이다. 혼합소유제가 예상되는 기업은 약품 유통이나 비상장사 중에서 적절한 곳을 고를 것이다. 자회사 중에서 국약일치와 국약그룹이 혼합소유제를 단행할 가능성이 높다.

* 기업명에 상장코드번호가 병기되어 있는 기업이 상장된 기업

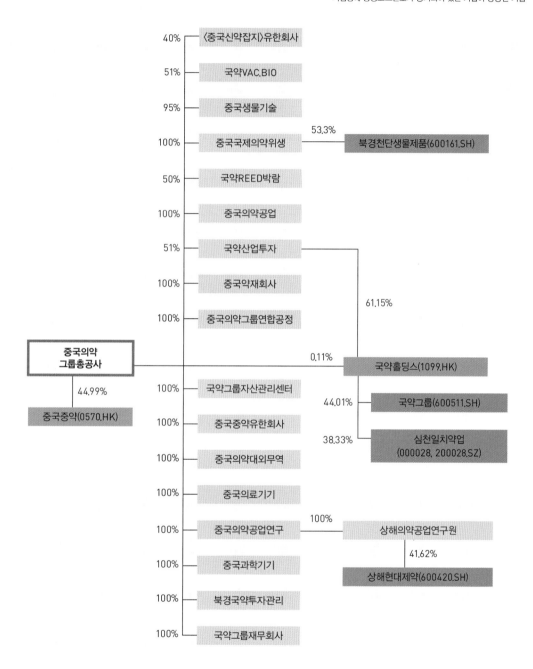

출처: 차이나윈도우

## ★ 중량그룹

중량그룹中粮集团, COFCO은 중국 최대의 국유 식품 회사로 그룹사 중에 상장사를 많이 보유하고 있다. 부동산 개발과 호텔을 운영하고 있는 중량부동산홀딩스(0207.HK)를 비롯해 중량포장(0906.HK), 중국몽우우유(2319.HK), 중국식품(0506.HK), 중국양유홀딩스(0606.HK)의 홍콩거래소 상장 5개사와 중량생화학(000930.SZ), 케첩과 백설탕, 잼을 제조하는 중량둔하(600737.SH), 중량부동산(000031.SZ), 주귀주(000799.SZ)의 본토 A시장 4개 상장사, 총 9개의 상장기업을 거느리고 있다.

중량그룹은 대부분 곡물과 식품 관련 사업에 치중해왔다. 그동안 중국토산축산무역, 중곡양유그룹, 중국화량물류그룹 등 대형 곡물 관련 기업들을 인수해오다 최근에는 무역그룹사까지 인수했다.

# 중량그룹유한회사(中粮集团有限公司) 지배구조도

* 기업명에 상장코드번호가 병기되어 있는 기업이 상장된 기업

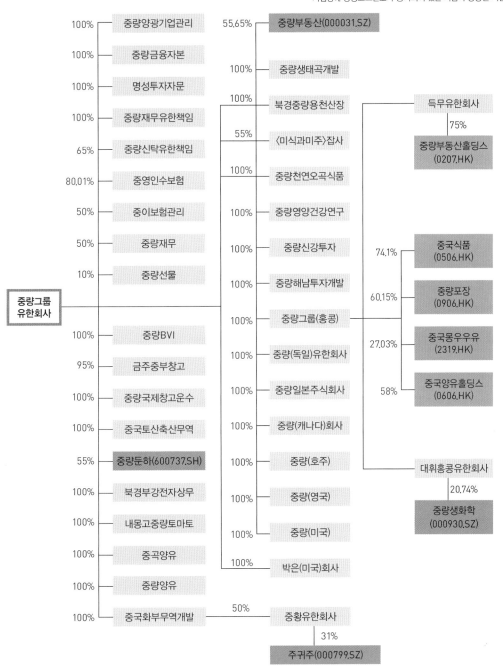

출처: 차이나윈도우

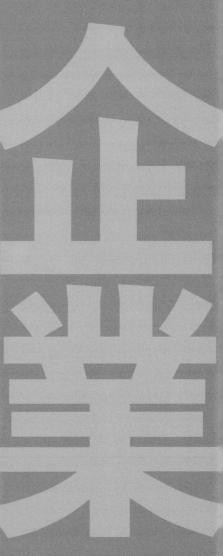

PART 2
—
중국을
움직이는
100대 기업

## 100대 기업의 산업별 분류 조건과 근거

지금은 현대전 시대다. 현대전의 전략적 개념은 핀 포인트다. 실수 없이 먼저 보고 먼저 쏘되 '원 샷 원 킬one shot one kill'해야 한다. 해외 주식은 한국 주식처럼 잦은 매매를 할 수 있는 상황이 아니다. 따라서 남보다 먼저 보고 실수 없이 잘 골라 장기투자를 해야 10년 후에 수십 배에서 백 배까지 오르는 희열을 맛볼 수 있다. 삼성증권과 차이나윈도우는 이런 관점에서 한 종목 한 종목을 세심히 살펴 100대 기업을 선정했음을 밝혀둔다.

**100가지 종목 선정 기준**

- 중국계 기업으로 중국 본토를 대상으로 사업하는 기업

- 산업 내 1등 기업 또는 1등으로 성장할 가능성이 있는 기업

- 앞으로 장기간 지속적으로 고성장 가능성이 있는 기업

- 자원과 기술에서 핵심 경쟁력과 독보적인 수익 모델을 갖춘 1등 기업

- 향후 10년 지속적으로 성장 가능한 산업에 속한 기업(자동차, 여행, 음식료, IT, 고
  속철, 유틸리티, 미디어 등 12대 산업)

- 본토 A주 70종목, 홍콩 주 30종목을 각각 반영함

앞으로 10년은 소비, 정보기술IT, 헬스케어, 환경보호, 신에너지, 뉴미디어가 대세이다. 그리고 향후 3~4년간 중국 증시를 들었다 놓았다 할 최대 이슈인 국유기업 개혁과 신창타이(뉴노멀) 수혜주 등도 눈여겨볼 만하다. 특히 중국 국유기업 개혁에는 수많은 호재와 기회가 산재해 있으므로 세심히 살펴볼 필요가 있다.

## 중국의 산업 이야기

중국 주식에 투자하기 위해서는 중국 산업에 대한 이해가 반드시 필요하다. 중국과 한국은 산업 면에서도 다른 점이 많다. 기업 간에도 역시 큰 차이가 존재한다. 이 다른 점이 무엇인지 아는 게 중요하다. '중국색'이 짙은 중국 산업을 모르고서는 중국 기업을 이해하기 쉽지 않다.

그래서 중국 대표 산업을 소개하고 각 산업에서 선두를 달리고 있는 기업을 엄선하여 소개한다.

## 일러두기

차이나윈도우가 상해증권거래소, 홍콩거래소 시장에 공시된 연차보고서(사업보고서)와 차이나윈도우의 데이터베이스를 활용해 작성한 자료로, 후강퉁 중 후구퉁 70종목(상해 180지수, 상해 380지수, A/H 동시상장 상해 A종목)과 강구퉁 위주의 홍콩 주 30종목으로 투자 유망한 100종목을 선정하여 수록하였다.

### I. 내용 구성
기업마다 2쪽으로 구성되어 있다.

## II. 작성 순서

대상 기업은 업종 분류에 따라 정렬되어 있다.

### 1. 회사명 및 CODE

중문 명칭을 먼저 기재하고 한글명을 병기하였다. 상해증권거래소에 단독상장된 기업의 경우 'XXXX.SH'(상해 A주)로 표기하였다. 홍콩거래소에 상장된 기업의 경우 'XXXX.HK'로 표기하였다.

### 2. 기업 분류

업종 구분은 글로벌 산업 분류 기준Global Industry Classification Standard을 토대로 중국 현지에서 이슈화되는 테마별로 재분류한 것이다(GICS는 글로벌 지수 산출 기관인 S&P와 MSCI가 1999년 공동으로 개발한 증시 전용 산업분류 체계로서 투자분석, 포트폴리오 및 자산운용에서 세계적으로 가장 널리 활용되는 산업 분류 체계임).

### 3. 주식발행 현황

상해증권거래소 단독상장 기업의 경우 주식은 유통주, 1990년 중국 주식시장 개설 당시 국영기업 주식 중 매매하지 못하도록 제한한 보호예수 물량인 비유통주와 중국 내국인(홍콩, 타이완, 마카오 제외)과 국내 기관만 거래 가능한 내자주內資股로 이루어져 있다. 유통주와 내자주의 권리와 의무는 동일하며 현재 2005년 5월부터 시작된 비유통 A주의 유통화 개혁은 대부분 완료되었다.

### 4. 주요주주

지분율이 높은 순으로 표기하였다.

## 5. 기업개요 및 투자 포인트

중국의 소득수준이 높아지면서 소비재 섹터의 1등 기업들이 장기적으로 주목받겠지만 중국 본토 A증시와 홍콩 H증시 간에는 각각 희소 업종이 존재하고 산업 집중도 다르다. 다만 A주의 경우 방산 기업, 중약, 바이주 산업 등 한국인에게 다소 생소한 기업들이 적지 않으므로 이에 대한 관심이 필요하다. 따라서 이 책에서는 중국 기업들의 주력사업이 어떤 것인지를 밝히기 위해 기업별로 최근 2년간 부문별 매출 구조를 상세히 밝히면서 이와 별도로 기업별로 5~6개 내외의 투자 핵심 포인트도 반영하였다.

## 6. 재무제표

이 책에서는 상해 A주는 중국 회계 기준, 홍콩주는 국제 회계 기준을 따랐다. 재무제표에 대한 보고 양식은 각 거래소에 공시된 표기원칙 그리고 차이나윈도우의 DB 기준을 따라 작성하였고, 중요하다고 판단되는 항목에 대해서는 내용을 덧붙였다. 각 재무제표 항목에 대한 용어는 가능한 한국회계기준서의 용어를 사용하였다(재무제표 내 작성되어 있는 당기순이익은 소수주주의 순이익을 제외한 지배회사 순이익이므로 해석 시 주의 요망).

| 산업 | 하부산업 |
|---|---|
| 에너지 | 에너지 |
| 소재 | 소재 |
| 산업재 | 자본재 |
| | 상업 및 전문 서비스 |
| | 운송 |
| 경기소비재 | 자동차와 구성요소 |
| | 내구 소비재와 의류 |
| | 소비자 서비스 |
| | 미디어 |
| | 소매 |
| 필수 소비재 | 식품과 기본 식료품 소매 |
| | 식품, 음료, 담배 |
| | 가정용품과 개인용품 |
| 건강관리 | 건강관리 장비와 서비스 |
| | 제약, 생물공학, 생명과학 |
| 금융 | 은행 |
| | 다각화된 금융 |
| | 보험 |
| | 부동산 |
| 정보기술 | S/W와 서비스 |
| | 기술 H/W와 장비 |
| | 반도체와 반도체 장비 |
| 공익사업체 | 공익사업체 |

## 7. 매출구조

이 책에서는 상해증권거래소에 공시된 연차보고서를 기준으로 매출구조를 작성하였다. 다만 원자료raw data에서 찾을 수 없는 사업, 신규 사업으로 전년도 비교 대상이 없는 사업, 10만 단위 이하의 매출로 비중이 소수점 이하인 사업의 경우에는 통계가 불가능해 공백으로 처리하였다.

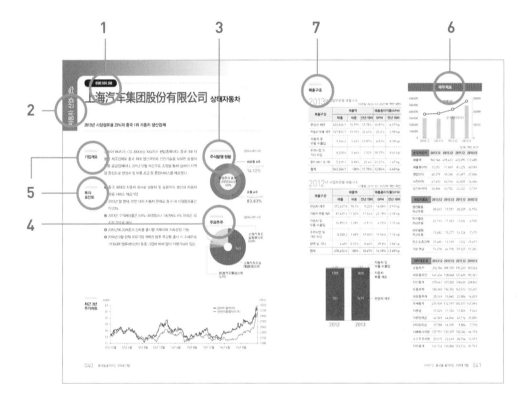

# 자동차 산업

중국은 세계적인 자동차 대국이다. 2013년 기준 중국의 자동차 판매량은 2198만 대이다. 이는 전 세계 자동차 판매량의 26%에 해당한다. 이미 2009년부터 세계 자동차 판매량 1위 국가로 급부상했다. 2013년 말 기준으로 중국의 자동차 보유량은 약 1억 2670만 대인데 2020년까지는 2억 5000만 대 수준까지 증가할 것으로 예상된다.

중국의 자동차 시장은 2009~2010년 급격한 성장 단계를 거친 이후 특히 대도시에서의 보유량이 증가했다. 현재는 급성장보다는 질적 성장 중심으로 발전

### 중국 자동차 판매량

(단위: 만 대)

| 구분 | 자동차 판매량 | 증가율 | 승용차 판매량 | 증가율 | SUV 판매량 | SUV/승용차 비중 |
|------|------|------|------|------|------|------|
| 2005 | 576 | | 397 | | 20 | 4.9% |
| 2006 | 718 | 24.7% | 515 | 29.7% | 23 | 4.4% |
| 2007 | 878 | 22.3% | 630 | 22.3% | 34 | 5.5% |
| 2008 | 936 | 6.6% | 675 | 7.1% | 43 | 6.4% |
| 2009 | 1,362 | 45.5% | 1,032 | 52.9% | 58 | 5.6% |
| 2010 | 1,804 | 32.5% | 1,375 | 33.3% | 121 | 8.8% |
| 2011 | 1,853 | 2.7% | 1,450 | 5.4% | 146 | 10.1% |
| 2012 | 1,930 | 4.2% | 1,549 | 6.9% | 188 | 12.1% |
| 2013 | 2,198 | 13.9% | 1,793 | 15.7% | 285 | 15.9% |

출처: WIND

하고 있다. 고급 차량과 SUV, MPV 차량이 빠른 성장세를 이어왔다. 승용차 판매량에서 SUV 비중은 2005년의 4.9%에서 2010년 8.8%, 2013년 말 15.9%에 달했다.

2014년 자동차 판매량은 전년보다 7% 증가한 2352만 대이고, 2015년에는 약 8% 내외 성장한 2540만 대로 예상되는데, 중국인의 소득 증대 과정에서 고급차 수요가 확대되면서 자동차 시장의 매출과 세전이익 증가율은 자동차 판매 증가율을 계속해서 웃돌 전망이다.

이후에도 고급차 위주의 업계 동향으로 상해자동차(600104.SH)와 중국 최대 SUV 생산업체인 장성자동차(601633.SH/2333.HK) 등의 수혜가 예상되며 '양보다 질'을 우선시하는 성장 과정에서 산업집중도는 가속화될 전망이다. 2013년 말 기준 중국의 5대 자동차 생산업체 시장점유율은 72%인데 그중에서도 상해자동차그룹 23.1%, 동풍자동차그룹 16.1%, 제일자동차그룹이 13.2%의 점유율을 보이고 있다.

중국 자동차 기업들은 외국계 자동차 기업들과의 합작으로 기술력이나 신규 차종 모델 출시에서 경쟁력과 시장 변화에 빠르게 대처할 수 있는 능력을 갖추었다.

자동차 보유량이 1억 2670만 대를 넘어가면서 앞으로 자동차 유지보수, 튜닝,

### 중국 자동차 산업 규모

(단위: 백만 위안)

| 구분 | 매출 | 매출 증가율 | 세전이익 | 세전이익 증가율 |
|---|---|---|---|---|
| 2005 | 1,106,836 | 11.6% | 51,330 | |
| 2006 | 1,465,132 | 29.5% | 75,217 | 44.4% |
| 2007 | 1,748,373 | 31.5% | 110,272 | 64.1% |
| 2008 | 2,083,203 | 19.1% | 123,903 | 8.7% |
| 2009 | 2,618,456 | 23.0% | 189,128 | 52.8% |
| 2010 | 3,710,851 | 40.2% | 319,849 | 69.1% |
| 2011 | 4,741,937 | 16.8% | 405,318 | 16.1% |
| 2012 | 5,053,155 | 8.5% | 406,528 | 5.6% |
| 2013 | 6,054,000 | 18.7% | 510,774 | 25.0% |

출처: WIND, 차이나윈도우

전자제품, 자동차금융 등 자동차 애프터마켓 관련 산업의 성장도 긍정적으로 전망된다. 현재 중국의 자동차 애프터마켓 시장 규모는 약 6000억~8000억 위안 내외인데, 중국인의 전체 차량 보유량 증가와 자동차 내구연한 연장에 따라 시장 규모가 1조 위안(약 180조 원)의 거대 시장으로 성장할 전망이다.

중국 차의 글로벌 시장 경쟁력 강화와 수입 에너지 축소, 환경보호 등의 차원에서 전기차는 중국 정부의 대표적인 집중 육성 산업이다. 2012년 7월 '에너지 절감과 신에너지 자동차 발전 계획(2012~2020년)'을 통해 마스터 플랜을 발표했는데 순전기차와 하이브리드차의 판매 목표를 2015년까지 50만 대, 2020년까지 500만 대로 계획하고 있다.

그동안 신에너지 자동차 시장이 성장한 것은 사실이지만, 배터리와 충전소 등 기반 시설 구축이 뒤따르지 못해 빠른 성장을 하지 못했다. 2014년 전기차 판매량은 약 5만 5000대, 2015년은 약 10만 대에 이를 것으로 보인다. 애초 정부가 계획한 50만 대에는 크게 못 미치는 수치이다.

현재 중국 내 88개 도시가 신에너지차 시범 운영 도시로 지정되었으며 2013~

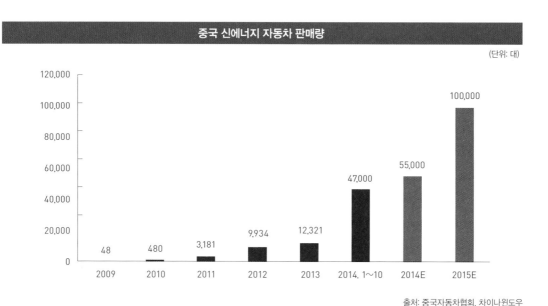

**중국 신에너지 자동차 판매량**

(단위: 대)

| 연도 | 판매량 |
|------|--------|
| 2009 | 48 |
| 2010 | 480 |
| 2011 | 3,181 |
| 2012 | 9,934 |
| 2013 | 12,321 |
| 2014. 1~10 | 47,000 |
| 2014E | 55,000 |
| 2015E | 100,000 |

출처: 중국자동차협회, 차이나윈도우

2015년까지 3년간 신에너지차량 보급 계획량은 33만 6000대이다. 2013년 1월부터 2014년 9월까지 88개 시범 도시의 신에너지차량 보유는 3만 8600만 대로 전체 계획량의 약 11.48%에 그쳤다. 그러나 3만 8600만 대 중 2014년 보급량이 2만 대를 차지한다는 점은 중요한 사실이다. 전기차 사용이 가속화되고 있음을 보여주기 때문이다.

개인 이용자를 대상으로 한 전기차 보급에서 지방정부의 지원도 상당히 중요하다. 상해에서는 신에너지차를 구입하면 자동차 구입세(10% 세율)를 면제해주며, 일부 지역에서는 차량 번호판 이용료까지 무료로 해주고 있다. 상해의 자동차 번호판은 차량 구매자인 차주가 매달 경매를 통해 구입해야 하는데, 평균 낙찰 가격은 약 8만 위안(약 1500만 원)에 육박한다.

또한 중국 정부는 2015년 초에 충전소 건설과 관련한 지침을 발표할 계획이다. 2015년 이후 지방정부 보조금 지원 확대와 기술력 제고, 충전소 등 인프라 건설 확장 및 신에너지차종 다양화와 지방정부의 적극적인 협조, 지역보호주의 약화로 전기차 사용은 훨씬 늘어날 전망이다. 이러한 상황에 따라 중국 내 대형 자동차 기업들의 전기차 시장에 대한 대규모 투자가 2015~2016년에 집중될 것으로 보인다. 중국의 신에너지차 시장의 양적 성장은 시간문제라 할 수 있다.

중국의 자동차 시장 전망은 다음과 같다.

① 장기적으로 판매량 급성장보다는 부가가치가 높은 시장으로 성장할 것이므로 완성차 또는 분야별 대표 기업들의 집중도는 계속 늘 전망이다.

② 중산층의 차량 교체 수요와 소득 향상으로 SUV, MPV를 포함한 고급차 시장 성장이 지속될 것으로 예상된다.

③ 자동차 A/S, 순정품, 튜닝, 딜러, 자동차보험, 중고차 매매, 자동차 정비 등의 애프터마켓 규모가 크게 늘 것으로 예상된다.

④ 신에너지 자동차는 2015년 이후 빠른 성장이 예상되며 특히 배터리 부품, 완성차 생산, 충전소 관련 기업들의 수혜가 예상된다.

**CODE 600104.SH** ......................................................

# 上海汽车集团股份有限公司 상해자동차

## 2013년 시장점유율 23%의 중국 1위 자동차 생산업체

**기업개요**

상해 180지수, CSI 300(호심 300)지수 편입종목이다. 중국 3대 자동차 제조업체로 중국 최대 생산 규모와 선진 기술을 보유한 승용차부품 공급업체이다. 2011년 12월 자산 구조조정을 통해 상해 지역을 중심으로 완성차 및 부품 공급 등 종합 서비스를 제공한다.

**투자
포인트**

❶ 중국 최대의 자동차 회사로 상용차 및 승용차의 생산과 자동차 금융 서비스 제공기업

❷ 2013년 말 기준 511만 대의 자동차 판매로 중국 내 시장점유율은 약 23%

❸ 2013년 수익배당률은 8.6% 내외였으나 2014년에도 6% 이상은 유지한 것으로 예상

❹ 2015년에 20여 종의 신차를 출시할 계획이며 지속성장 가능

**주식발행 현황** (2014-07-31)

비유통 A주
1,783,144,938
**16.12%**

발행주식 총수:
11,025,566,629
100%

유통 A주
9,242,421,691
**83.83%**

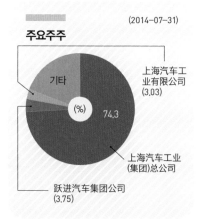

**주요주주** (2014-07-31)

기타

(%) 74.3

上海汽车工业有限公司 (3.03)

上海汽车工业(集团)总公司

跃进汽车集团公司 (3.75)

**최근 3년
주가차트**

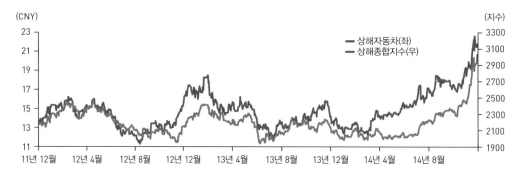

상해자동차(좌)
상해종합지수(우)

## 매출구조

### 2013년 사업부문별 매출구조
(기준일: 2013-12-31/단위: 백만 위안)

| 매출구성 | 매출액 | | | 매출총이익률(GPM) | |
|---|---|---|---|---|---|
| | 매출 | 비중 | 전년 대비 | GPM | 전년 대비 |
| 완성차 제조 | 432,606.1 | 76.79% | 15.78% | 10.81% | -4.07%p |
| 자동차 부품 제조 | 107,853.7 | 19.15% | 32.43% | 20.2% | -2.98%p |
| 자동차 및 부품 수출입 | 9,166.2 | 1.63% | -15.87% | 4.53% | 0.28%p |
| 주력사업 외 기타 수입 | 8,200.6 | 1.46% | 2.02% | 20.37% | 0.41%p |
| 용역 서비스 및 기타 | 5,519.1 | 0.98% | 25.4% | 31.27% | 1.47%p |
| 합계 | 563,345.7 | 100% | 17.75% | 12.84% | -3.43%p |

### 2012년 사업부문별 매출구조
(기준일: 2012-12-31/단위: 백만 위안)

| 매출구성 | 매출액 | | | 매출총이익률(GPM) | |
|---|---|---|---|---|---|
| | 매출 | 비중 | 전년 대비 | GPM | 전년 대비 |
| 완성차 제조 | 373,657.8 | 78.1% | 9.22% | 14.88% | -2.93%p |
| 자동차 부품 제조 | 81,439.6 | 17.02% | 17.66% | 23.18% | -2.08%p |
| 자동차 및 부품 수출입 | 10,895.9 | 2.28% | -0.91% | 4.25% | 1.35%p |
| 주력사업 외 기타 수입 | 8,038.2 | 1.68% | 19.66% | 19.96% | -1.34%p |
| 용역 서비스 및 기타 | 4,401 | 0.92% | 8.44% | 29.8% | 3.84%p |
| 합계 | 478,432.6 | 100% | 10.47% | 16.28% | -2.48%p |

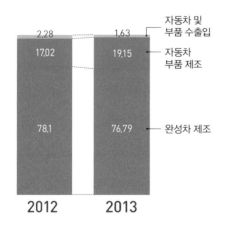

- 2.28 → 1.63 자동차 및 부품 수출입
- 17.02 → 19.15 자동차 부품 제조
- 78.1 → 76.79 완성차 제조

2012 | 2013

## 재무제표

매출액(좌)
당기순이익(우)

2010.12 2011.12 2012.12 2013.12

(단위: 백만 위안)

| 손익계산서 | 2013.12 | 2012.12 | 2011.12 | 2010.12 |
|---|---|---|---|---|
| 매출액 | 563,346 | 478,433 | 433,095 | 312,485 |
| 매출총이익 | 72,357 | 77,869 | 81,225 | 60,583 |
| 영업이익 | 40,179 | 39,340 | 41,697 | 27,006 |
| 세전이익 | 41,493 | 40,156 | 42,028 | 26,684 |
| 당기순이익 | 24,804 | 20,752 | 20,222 | 13,729 |

| 현금흐름표 | 2013.12 | 2012.12 | 2011.12 | 2010.12 |
|---|---|---|---|---|
| 영업활동 현금흐름 | 20,603 | 19,591 | 20,209 | 24,974 |
| 투자활동 현금흐름 | 22,710 | -17,023 | -5,002 | -6,930 |
| 재무활동 현금흐름 | -15,682 | -15,277 | -16,126 | 7,475 |
| 현금 순증감액 | 27,480 | -12,729 | -1,032 | 25,477 |
| 기말 현금 | 74,278 | 46,798 | 59,527 | 51,385 |

| 대차대조표 | 2013.12 | 2012.12 | 2011.12 | 2010.12 |
|---|---|---|---|---|
| 유동자산 | 232,184 | 189,155 | 191,233 | 145,542 |
| 비유동자산 | 141,456 | 128,048 | 127,400 | 83,301 |
| 자산총계 | 373,641 | 317,203 | 318,633 | 228,842 |
| 유동부채 | 186,340 | 156,352 | 162,513 | 132,265 |
| 비유동부채 | 25,569 | 15,845 | 23,004 | 14,829 |
| 부채총계 | 211,909 | 172,197 | 185,517 | 147,094 |
| 자본금 | 11,026 | 11,026 | 11,026 | 9,242 |
| 자본잉여금 | 42,349 | 44,866 | 42,172 | 30,085 |
| 이익잉여금 | 17,788 | 14,305 | 9,804 | 7,730 |
| 지배회사지분 | 137,757 | 122,337 | 102,362 | 66,170 |
| 소수주주지분 | 23,975 | 22,669 | 30,754 | 15,579 |
| 자본총계 | 161,732 | 145,006 | 133,116 | 81,749 |

CODE **600741.SH**

# 华域汽车系统股份有限公司 화역자동차시스템

**상해자동차그룹 산하 종합 자동차 부품 생산업체**

**기업개요**

상해 180지수, CSI 300(호심 300)지수 편입종목이다. 모기업 상해자동차공업(그룹)에 자동차 부품을 독점 공급하며 성장하고 있다. 산하 23개의 자동차 부품 회사를 보유하면서 자동차 내부 인테리어, 기능성 부품, 금속성형 및 금형 등을 생산하고 있다.

**투자 포인트**

❶ 중국 최대의 종합 자동차 부품 회사로 금형모델, 내외부 장식품, 자동차 전자제품, 기능성 부품, 열가공, 신에너지 등 6개 사업부문을 운영

❷ 대주주인 SAIC그룹을 통해 고객 확장과 가격 협상력이 높은 기업

❸ 2013년 말 기준 전국 19개 성, 시, 자치구에 215개의 R&D센터 제조 및 A/S센터와 해외 9개 지역에 생산공장을 두고 있어 향후 시장점유율 확대가 예상

❹ 귀주귀항자동차부품(600523.SH)과 합작해 신에너지 자동차 엔진 분야에도 진출

❺ 2014년 9월 기준 밸류에이션 측면에서 동종 상장기업에 비해 저평가되어 있음

**주식발행 현황** (2014-07-31)

유통 A주
2,583,200,175
**100%**

**주요주주** (2014-07-31)

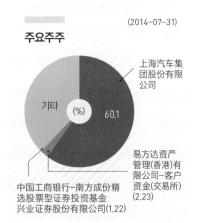

上海汽车集团股份有限公司

易方达资产管理(香港)有限公司-客户资金(交易所) (2.23)

中国工商银行-南方成份精选股票型证券投资基金兴业证券股份有限公司(1.22)

기타 (%) 60.1

**최근 3년 주가차트**

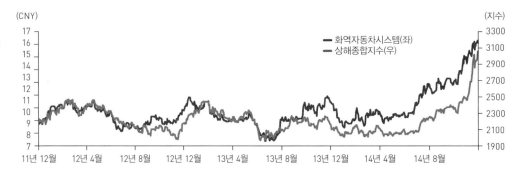

## 매출구조

### 2013년 사업부문별 매출구조

(기준일: 2013-12-31/단위: 백만 위안)

| 매출구성 | 매출액 | | | 매출총이익률(GPM) | |
|---|---|---|---|---|---|
| | 매출 | 비중 | 전년 대비 | GPM | 전년 대비 |
| 자동차 부품 제조 | 66,764.5 | 96.3% | 21.08% | 15.48% | -0.56%p |
| 자재 판매 | 2,021.3 | 2.92% | -8.42% | 16.87% | -0.54%p |
| 기타 | 543.6 | 0.78% | 0.21% | 37.06% | -4.31%p |
| 합계 | 69,329.5 | 100% | 19.76% | 15.69% | -0.64%p |

### 2012년 사업부문별 매출구조

(기준일: 2012-12-31/단위: 백만 위안)

| 매출구성 | 매출액 | | | 매출총이익률(GPM) | |
|---|---|---|---|---|---|
| | 매출 | 비중 | 전년 대비 | GPM | 전년 대비 |
| 자동차 부품 제조 | 55,139.6 | 95.25% | 8.99% | 16.04% | 0.37%p |
| 자재 판매 | 2,207.1 | 3.81% | 79.08% | 17.42% | -11.09%p |
| 기타 | 542.5 | 0.94% | 14.69% | 41.37% | -8.11%p |
| 합계 | 57,889.2 | 100% | 10.69% | 16.33% | 0.05%p |

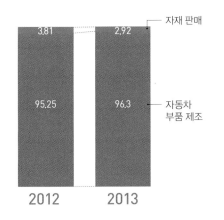

자재 판매 / 자동차 부품 제조

2012: 3.81, 95.25
2013: 2.92, 96.3

## 재무제표

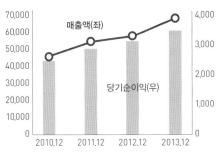

매출액(좌), 당기순이익(우)

2010.12 / 2011.12 / 2012.12 / 2013.12

(단위: 백만 위안)

| 손익계산서 | 2013.12 | 2012.12 | 2011.12 | 2010.12 |
|---|---|---|---|---|
| 매출액 | 69,329 | 57,889 | 52,299 | 44,063 |
| 매출총이익 | 10,877 | 9,453 | 8,512 | 6,931 |
| 영업이익 | 7,074 | 6,121 | 5,823 | 4,942 |
| 세전이익 | 7,188 | 6,222 | 5,943 | 4,982 |
| 당기순이익 | 3,461 | 3,104 | 2,990 | 2,513 |

| 현금흐름표 | 2013.12 | 2012.12 | 2011.12 | 2010.12 |
|---|---|---|---|---|
| 영업활동 현금흐름 | 6,793 | 4,827 | 4,633 | 4,494 |
| 투자활동 현금흐름 | -8,503 | -1,924 | -1,070 | -295 |
| 재무활동 현금흐름 | 2,114 | -2,399 | -1,699 | -1,353 |
| 현금 순증감액 | 404 | 503 | 1,864 | 2,847 |
| 기말 현금 | 12,941 | 12,538 | 12,034 | 9,742 |

| 대차대조표 | 2013.12 | 2012.12 | 2011.12 | 2010.12 |
|---|---|---|---|---|
| 유동자산 | 33,380 | 30,354 | 27,428 | 23,186 |
| 비유동자산 | 20,890 | 17,886 | 14,757 | 12,683 |
| 자산총계 | 54,271 | 48,240 | 42,185 | 35,868 |
| 유동부채 | 24,038 | 19,946 | 17,453 | 15,348 |
| 비유동부채 | 6,881 | 1,688 | 1,650 | 1,163 |
| 부채총계 | 30,919 | 21,634 | 19,103 | 16,511 |
| 자본금 | 2,583 | 2,583 | 2,583 | 2,583 |
| 자본잉여금 | 6,260 | 9,230 | 8,722 | 9,024 |
| 이익잉여금 | 874 | 605 | 417 | 261 |
| 지배회사지분 | 18,625 | 19,270 | 16,566 | 14,510 |
| 소수주주지분 | 4,727 | 7,336 | 6,515 | 4,847 |
| 자본총계 | 23,352 | 26,606 | 23,082 | 19,357 |

## CODE 600066.SH

# 郑州宇通客车股份有限公司 정주우통버스

버스 생산기업으로 전기차 버스 분야 1위 기업

**기업개요**

상해 180지수, CSI 300(호심 300)지수 편입종목이다. 세계적인 선진기술을 갖춘 중대형 버스 생산업체로 기업 규모, 중국 국내외 판매실적 기준 업계 내 1위를 고수하고 있다. 주요 사업은 중대형 버스 및 관련부품 생산이다. 현재 도로여객운송, 관광, 공공버스, 전용버스 시장까지 진출해 있다. 현재 중저가 및 고가인 버스 총 70여 종류를 생산하고 있다. 특히 고급버스 생산기술이 우수하다.

**투자 포인트**

❶ 중국 버스 제조업체로 2013년 말 기준 중대형 버스 시장점유율은 30%

❷ 2013년의 경우 자가용과 고속철의 영향으로 중대형 버스의 판매량은 9.5% 하락하였으나 2014년 들어 소형 버스 판매가 폭발적으로 늘면서 점차 부진에서 회복 중

❸ 2014년 상반기 기준으로 전통 버스의 시장점유율은 20.6%, 하이브리드 버스의 시장점유율은 34.2%로 특히 2014년 신에너지 자동차 판매량이 8500대에 달할 경우 30%의 시장점유율 달성 기대

❹ 우량자산인 징이다(精益达)와 커린에어콘(科林空调)의 투입으로 순이익률 8% 내외에서 10% 이상으로 상승

**주식발행 현황** (2014-07-31)

비유통 A주
25,497,820
**2.01%**

발행주식 총수:
1,270,362,262
100%

유통 A주
1,244,864,442
**97.99%**

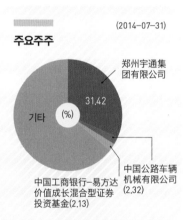

**주요주주** (2014-07-31)

郑州宇通集团有限公司
31.42

기타 (%)

中国公路车辆机械有限公司 (2.32)

中国工商银行-易方达价值成长混合型证券投资基金(2.13)

**최근 3년 주가차트**

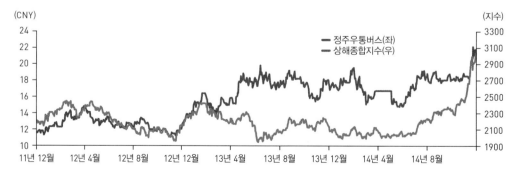

(CNY) / (지수)

— 정주우통버스(좌)
— 상해종합지수(우)

## 매출구조

### 2013년 사업부문별 매출구조
(기준일: 2013-12-31/단위: 백만 위안)

| 매출구성 | 매출액 | | | 매출총이익률(GPM) | |
|---|---|---|---|---|---|
| | 매출 | 비중 | 전년 대비 | GPM | 전년 대비 |
| 버스 제조 | 21,012.9 | 95.11% | 12.13% | 19.16% | -0.62%p |
| 주력사업 외 기타 수입 | 986.9 | 4.47% | 6.29% | 25.58% | 3.45%p |
| 여객운송 서비스 | 94 | 0.43% | -0.67% | 22.25% | -12.01%p |
| 합계 | 22,093.8 | 100% | 11.79% | 19.46% | -0.5%p |

### 2012년 사업부문별 매출구조
(기준일: 2012-12-31/단위: 백만 위안)

| 매출구성 | 매출액 | | | 매출총이익률(GPM) | |
|---|---|---|---|---|---|
| | 매출 | 비중 | 전년 대비 | GPM | 전년 대비 |
| 버스 제조 | 18,740.3 | 94.82% | 15.96% | 19.79% | 1.55%p |
| 주력사업 외 기타 수입 | 928.5 | 4.7% | 36.36% | 22.13% | 6.43%p |
| 여객운송 서비스 | 94.7 | 0.48% | 4.7% | 34.25% | 3.93%p |
| 합계 | 19,763.5 | 100% | 16.72% | 19.97% | 1.77%p |

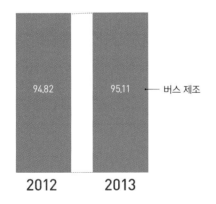

버스 제조

2012 — 94.82
2013 — 95.11

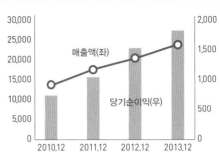

매출액(좌)
당기순이익(우)

(단위: 백만 위안)

| 손익계산서 | 2013.12 | 2012.12 | 2011.12 | 2010.12 |
|---|---|---|---|---|
| 매출액 | 22,094 | 19,763 | 16,932 | 13,479 |
| 매출총이익 | 4,300 | 3,946 | 3,082 | 2,336 |
| 영업이익 | 1,884 | 1,637 | 1,331 | 1,005 |
| 세전이익 | 2,087 | 1,765 | 1,353 | 974 |
| 당기순이익 | 1,823 | 1,550 | 1,181 | 860 |

| 현금흐름표 | 2013.12 | 2012.12 | 2011.12 | 2010.12 |
|---|---|---|---|---|
| 영업활동 현금흐름 | 1,937 | 1,372 | 1,446 | 1,318 |
| 투자활동 현금흐름 | -104 | -2,316 | -999 | -603 |
| 재무활동 현금흐름 | -656 | 2,859 | -10 | -645 |
| 현금 순증감액 | 1,177 | 1,922 | 432 | 73 |
| 기말 현금 | 4,190 | 3,013 | 1,091 | 634 |

| 대차대조표 | 2013.12 | 2012.12 | 2011.12 | 2010.12 |
|---|---|---|---|---|
| 유동자산 | 11,753 | 10,016 | 5,479 | 4,628 |
| 비유동자산 | 4,445 | 4,263 | 2,381 | 2,169 |
| 자산총계 | 16,198 | 14,279 | 7,860 | 6,797 |
| 유동부채 | 7,010 | 6,404 | 4,177 | 4,018 |
| 비유동부채 | 430 | 556 | 346 | 293 |
| 부채총계 | 7,440 | 6,960 | 4,522 | 4,311 |
| 자본금 | 1,274 | 705 | 520 | 520 |
| 자본잉여금 | 2,259 | 2,725 | 276 | 433 |
| 이익잉여금 | 860 | 677 | 523 | 405 |
| 지배회사지분 | 8,747 | 7,315 | 3,333 | 2,482 |
| 소수주주지분 | 10 | 5 | 5 | 4 |
| 자본총계 | 8,757 | 7,320 | 3,338 | 2,486 |

# 福耀玻璃股份有限公司 복요유리

### 중국 최대의 자동차 유리(OE) 생산기업

**기업개요**

상해 380지수, CSI 300(호심 300)지수 편입종목이다. 중국 내 최대 자동차 유리 제조기업으로서 자동차 유리, 장식용 유리 및 기타 산업용 유리의 생산, 설치 및 A/S를 하고 있고 플로트 글라스 및 착색 컬러 유리 등 특수 고급유리를 생산한다.

**투자
포인트**

❶ 자동차 및 산업용 유리 생산업체로 현재 자동차 유리 시장점유율은 70%, 해외 시장점유율은 10%에 달함. 향후 러시아와 미국 공장 가동 시 해외 시장점유율 확대가 예상

❷ 현재 미국 자동차 유리 OEM 시장점유율은 10%에 불과해 향후 성장 여력이 있고 향후 글로벌 전략으로 30%까지 확대 예상

❸ 중국 내 고급차 판매 증가 추세로 매출총이익률은 지속 상승 예상

❹ 국내외 동종 기업에 비해 밸류에이션이 많이 낮은 편인 데다 높은 배당성향으로 주가의 지속 상승 예상

(2014-07-31)

**주식발행 현황**

유통 A주
2,002,986,332
**100%**

(2014-07-31)

**주요주주**

三益发展
有限公司
19.5

(%) 14.48

河仁慈善
基金会

中国建设银行-鹏华价值优
势股票型证券投资基金
(1.89)

기타

**최근 3년
주가차트**

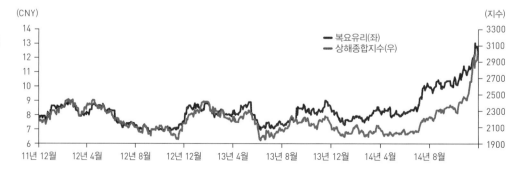

— 복요유리(좌)
— 상해종합지수(우)

## 매출구조

### 2013년 사업부문별 매출구조
(기준일: 2013-12-31/단위: 백만 위안)

| 매출구성 | 매출액 | | | 매출총이익률(GPM) | |
|---|---|---|---|---|---|
| | 매출 | 비중 | 전년 대비 | GPM | 전년 대비 |
| 자동차 유리 제조 | 10,912 | 94.88% | 14.68% | 36.37% | 1.94%p |
| 플로트 글라스 제조 | 2,238.9 | 19.47% | -1.45% | 24.64% | 5.76%p |
| 주력사업 외 기타 수입 | 225.1 | 1.96% | 27.27% | 75.71% | -0.3%p |
| 기타 | 204.4 | 1.78% | 23.58% | 34.8% | -7.62%p |
| 사업부문 간 매출조정 | -2,079.2 | -18.08% | | | |
| 합계 | 11,501.2 | 100% | 12.24% | 41.4% | 3.25%p |

### 2012년 사업부문별 매출구조
(기준일: 2012-12-31/단위: 백만 위안)

| 매출구성 | 매출액 | | | 매출총이익률(GPM) | |
|---|---|---|---|---|---|
| | 매출 | 비중 | 전년 대비 | GPM | 전년 대비 |
| 자동차 유리 제조 | 9,514.8 | 92.85% | 8.76% | 34.43% | 0.27%p |
| 플로트 글라스 제조 | 2,271.8 | 22.17% | 18.23% | 18.88% | 0.12%p |
| 주력사업 외 기타 수입 | 176.9 | 1.73% | 29.39% | 76.01% | -0.61%p |
| 기타 | 165.4 | 1.61% | -19.42% | 42.41% | -0.98%p |
| 사업부문 간 매출조정 | -1,881.5 | -18.36% | 42.28% | 0% | 0%p |
| 합계 | 10,247.4 | 100% | 5.76% | 38.15% | 1.59%p |

플로트 글라스 제조

자동차 유리 제조

2012      2013

---

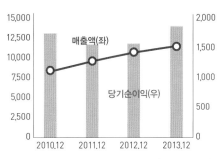

매출액(좌)

당기순이익(우)

2010.12  2011.12  2012.12  2013.12

(단위: 백만 위안)

| 손익계산서 | 2013.12 | 2012.12 | 2011.12 | 2010.12 |
|---|---|---|---|---|
| 매출액 | 11,501 | 10,247 | 9,689 | 8,508 |
| 매출총이익 | 4,762 | 3,909 | 3,543 | 3,439 |
| 영업이익 | 2,258 | 1,811 | 1,709 | 1,992 |
| 세전이익 | 2,379 | 1,863 | 1,772 | 2,012 |
| 당기순이익 | 1,918 | 1,525 | 1,513 | 1,788 |

| 현금흐름표 | 2013.12 | 2012.12 | 2011.12 | 2010.12 |
|---|---|---|---|---|
| 영업활동 현금흐름 | 2,838 | 2,510 | 1,462 | 2,115 |
| 투자활동 현금흐름 | -1,438 | -1,455 | -1,055 | -1,081 |
| 재무활동 현금흐름 | -1,396 | -1,375 | 247 | -1,020 |
| 현금 순증감액 | 5 | -320 | 654 | 15 |
| 기말 현금 | 492 | 487 | 808 | 154 |

| 대차대조표 | 2013.12 | 2012.12 | 2011.12 | 2010.12 |
|---|---|---|---|---|
| 유동자산 | 5,951 | 4,977 | 4,988 | 3,847 |
| 비유동자산 | 8,636 | 8,065 | 7,225 | 6,720 |
| 자산총계 | 14,587 | 13,041 | 12,212 | 10,567 |
| 유동부채 | 5,493 | 5,054 | 4,811 | 3,852 |
| 비유동부채 | 1,248 | 1,012 | 1,169 | 873 |
| 부채총계 | 6,741 | 6,066 | 5,981 | 4,725 |
| 자본금 | 2,003 | 2,003 | 2,003 | 2,003 |
| 자본잉여금 | 210 | 210 | 199 | 199 |
| 이익잉여금 | 910 | 774 | 671 | 571 |
| 지배회사지분 | 7,843 | 6,972 | 6,232 | 5,842 |
| 소수주주지분 | 3 | 4 | 0 | 0 |
| 자본총계 | 7,846 | 6,975 | 6,232 | 5,842 |

# 厦门金龙汽车集团股份有限公司
## 하문금룡자동차

### 중국 내 상위권 버스 제조업체

**기업개요**

상해 380지수 편입종목으로 주력사업은 대·중·소형 버스의 생산과 판매이다. 버스 생산량 기준 업계 내 상위권 기업이다. 중국 대형 버스 부품 공급시장에서 높은 시장점유율을 보유하고 있고 신에너지 버스까지 개발하고 있다.

**투자 포인트**

❶ 중국 최대의 버스 제조그룹이자 세계 최대의 중대형 버스 생산 공장 보유

❷ 자회사인 삼용신에너지버스(三龍新能源客車)는 PHEV 위주로, 시장점유율을 23%로 향후 신에너지 자동차 보급 정책에 의해 시장점유율 지속 상승 예상

❸ 자회사인 하문금용(廈門金龍)의 '룽이(龍翼)'와 소주금용(蘇州金龍)의 'G-BOS'는 중국 상용차 분야의 인터넷 기반 스마트 자동차 S/W 플랫폼으로 추진 예정

❹ CEO 교체에 따른 자회사 통제력 강화, 원자재 구매, 연구개발, 판매망 등 사업부문 통합으로 가격결정권 강화 및 매출 상승 기대

❺ 그동안 낮은 수익성과 ROE 저하로 시장에서 소외되었으나 사업부문 통합에 따른 반전 가능성 주목

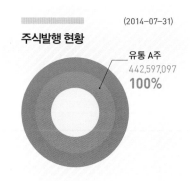

주식발행 현황 (2014-07-31)
유통 A주 442,597,097 100%

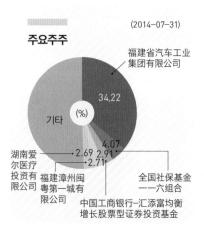

주요주주 (2014-07-31)

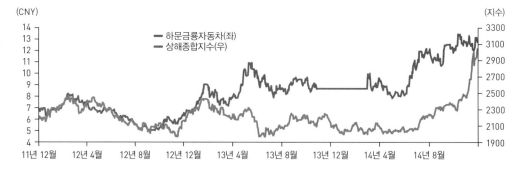

최근 3년 주가차트

## 매출구조

### 2013년 사업부문별 매출구조
(기준일: 2013-12-31/단위: 백만 위안)

| 매출구성 | 매출액 | | | 매출총이익률(GPM) | |
|---|---|---|---|---|---|
| | 매출 | 비중 | 전년 대비 | GPM | 전년 대비 |
| 버스 및 차체 부품 | 20,181.8 | 96.97% | 8.12% | 12.03% | 0.09%p |
| 주력사업 외 기타 수입 | 630.5 | 3.03% | 25.36% | 27.07% | -1.25%p |
| 합계 | 20,812.3 | 100% | 8.57% | 12.48% | 0.12%p |

### 2012년 사업부문별 매출구조
(기준일: 2012-12-31/단위: 백만 위안)

| 매출구성 | 매출액 | | | 매출총이익률(GPM) | |
|---|---|---|---|---|---|
| | 매출 | 비중 | 전년 대비 | GPM | 전년 대비 |
| 버스 및 차체 부품 | 18,662.4 | 97.38% | 1.38% | 11.93% | 0.42%p |
| 주력사업 외 기타 수입 | 503 | 2.62% | -2.59% | 28.32% | 2.32%p |
| 합계 | 19,165.4 | 100% | 1.27% | 12.36% | 0.46%p |

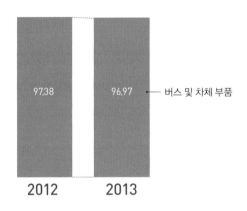

97.38 (2012)  96.97 (2013) — 버스 및 차체 부품

---

## 재무제표

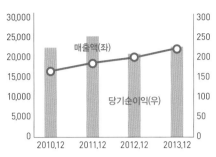

매출액(좌)
당기순이익(우)
2010.12  2011.12  2012.12  2013.12

(단위: 백만 위안)

| 손익계산서 | 2013.12 | 2012.12 | 2011.12 | 2010.12 |
|---|---|---|---|---|
| 매출액 | 20,812 | 19,165 | 18,925 | 16,156 |
| 매출총이익 | 2,598 | 2,370 | 2,253 | 2,078 |
| 영업이익 | 384 | 350 | 511 | 540 |
| 세전이익 | 534 | 525 | 579 | 570 |
| 당기순이익 | 230 | 211 | 259 | 235 |

| 현금흐름표 | 2013.12 | 2012.12 | 2011.12 | 2010.12 |
|---|---|---|---|---|
| 영업활동 현금흐름 | 702 | 932 | 213 | 1,398 |
| 투자활동 현금흐름 | -247 | -424 | -168 | -75 |
| 재무활동 현금흐름 | 79 | -117 | -98 | -283 |
| 현금 순증감액 | 505 | 394 | -94 | 1,026 |
| 기말 현금 | 4,245 | 3,739 | 3,345 | 3,439 |

| 대차대조표 | 2013.12 | 2012.12 | 2011.12 | 2010.12 |
|---|---|---|---|---|
| 유동자산 | 13,470 | 12,228 | 11,140 | 10,370 |
| 비유동자산 | 2,619 | 2,428 | 2,141 | 2,059 |
| 자산총계 | 16,089 | 14,656 | 13,281 | 12,429 |
| 유동부채 | 11,356 | 10,651 | 9,434 | 9,169 |
| 비유동부채 | 748 | 264 | 474 | 269 |
| 부채총계 | 12,103 | 10,915 | 9,908 | 9,438 |
| 자본금 | 443 | 443 | 443 | 443 |
| 자본잉여금 | 308 | 299 | 299 | 299 |
| 이익잉여금 | 268 | 238 | 227 | 208 |
| 지배회사지분 | 2,275 | 2,101 | 1,935 | 1,720 |
| 소수주주지분 | 1,711 | 1,640 | 1,438 | 1,272 |
| 자본총계 | 3,985 | 3,741 | 3,373 | 2,991 |

CODE 2333.HK / 601633.SH

# 长城汽车股份有限公司 장성자동차

## 중국 3위의 자동차 수출기업

**기업개요**

상해 180지수, CSI 300(호심 300)지수 편입종목이자 A/H주 동시상장 기업이다. 중국 10위권의 자동차 기업이며 주로 픽업트럭, SUV, 세단 등을 생산하는 민영기업이다. 주력제품인 SUV 시장에서 4년 연속 시장점유율 전국 1위 자리를 고수하고 있다. 픽업트럭은 13년 연속 판매 1위를 고수할 정도로 이 분야에서 최강자이다. 2013년 말 기준으로 전국에 4개의 생산공장을 두고 있으며 연간 자동차 생산규모는 약 80만 대이지만 2015년까지는 150만 대로 계획하고 있다.

**투자 포인트**

❶ 중국 1위의 SUV 생산업체(2013년 기준 시장점유율 9.4%)

❷ SUV 중 히트 제품인 H6의 경우 2013년 월평균 판매량은 1만 8000대이며 2014년 공급부족 해결 및 가격 인하로 2014년 1~9월까지 월평균 판매량은 2만 5000대로 급증

❸ 신제품인 H8은 2015년 1/4분기에 선보일 예정이며 2015년 판매 목표는 8만 대 내외

❹ 2014년 4/4분기부터 2015 2/4분기 중에 5개의 SUV 신차(H1/H9/H8/Coupe C/H7)가 집중 출시될 예정으로 2015~2016년에는 SUV 20% 이상의 매출 성장 예상

❺ 2014년 러시아에 연산 10만 규모의 생산공장을 건설 중이고, 브라질, 말레이시아 등지에 조립공장을 두고 있어 수출 확대 기대

❻ SUV와 수출 성장으로 2015년의 경우 약 30% 내외의 성장 전망

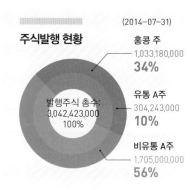

**주식발행 현황** (2014-07-31)

발행주식 총수: 3,042,423,000 100%

홍콩 주 1,033,180,000 **34%**

유통 A주 304,243,000 **10%**

비유통 A주 1,705,000,000 **56%**

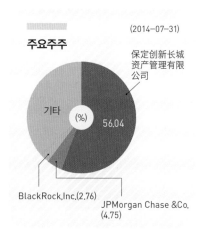

**주요주주** (2014-07-31)

保定创新长城资产管理有限公司 56.04

기타 (%)

BlackRock,Inc.(2.76)

JPMorgan Chase &Co. (4.75)

**최근 3년 주가차트**

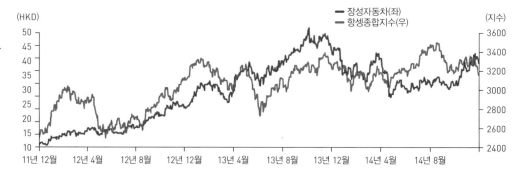

장성자동차(좌) / 항셍종합지수(우)

## 매출구조

### 2013년 사업부문별 매출구조
(기준일: 2013-12-31/단위: 백만 위안)

| 매출구성 | 매출 | 비중 | 전년 매출 | 비중 | 전년 대비 |
|---|---|---|---|---|---|
| 자동차 판매 | 53,796 | 94.7% | 40,728 | 94.4% | 32.1% |
| 자동차 부품 판매 | 2,038 | 3.6% | 1,328 | 3.1% | 53.5% |
| 모듈 및 기타 수입 | 512 | 0.9% | 546 | 1.3% | -6.2% |
| 주력사업 외 지역 매출 | 313 | 0.6% | 457 | 1.1% | -31.4% |
| 용역 서비스 | 122 | 0.2% | 99 | 0.2% | 23.6% |
| 합계 | 56,784 | 100% | 43,160 | 100% | 31.6% |

### 2012년 사업부문별 매출구조
(기준일: 2012-12-31/단위: 백만 위안)

| 매출구성 | 매출 | 비중 | 전년 매출 | 비중 | 전년 대비 |
|---|---|---|---|---|---|
| 자동차 판매 | 40,728 | 94.4% | 28,178 | 93.6% | 44.5% |
| 자동차 부품 판매 | 1,027 | 2.4% | 866 | 2.9% | 18.6% |
| 기타 수입 | 760 | 1.8% | 699 | 2.3% | 8.7% |
| 모듈 및 기타 수입 | 546 | 1.3% | 262 | 0.9% | 108.4% |
| 용역 서비스 | 97 | 0.2% | 83 | 0.3% | 16.9% |
| 합계 | 43,160 | 100% | 30,089 | 100% | 43.4% |

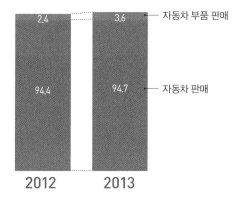

## 재무제표

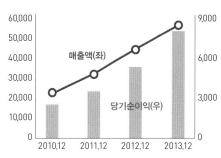

(단위: 백만 위안)

| 손익계산서 | 2013.12 | 2012.12 | 2011.12 | 2010.12 |
|---|---|---|---|---|
| 매출액 | 56,784 | 43,160 | 30,089 | 22,175 |
| 영업이익 | 9,668 | 6,663 | 4,012 | 2,961 |
| 세전이익 | 9,920 | 6,841 | 4,131 | 3,039 |
| 당기순이익 | 8,224 | 5,692 | 3,426 | 2,698 |

| 현금흐름표 | 2013.12 | 2012.12 | 2011.12 | 2010.12 |
|---|---|---|---|---|
| 영업활동 현금흐름 | 9,039 | 4,337 | 4,449 | 3,191 |
| 투자활동 현금흐름 | -6,696 | -3,936 | -3,664 | -3,157 |
| 재무활동 현금흐름 | -2,405 | -1,104 | 3,456 | -363 |
| 현금 순증감액 | -73 | -711 | 4,233 | -346 |
| 기말 현금 | 5,523 | 5,596 | 6,306 | 2,074 |

| 대차대조표 | 2013.12 | 2012.12 | 2011.12 | 2010.12 |
|---|---|---|---|---|
| 유동자산 | 31,026 | 25,848 | 20,374 | 14,920 |
| 비유동자산 | 21,579 | 16,722 | 12,761 | 8,851 |
| 자산총계 | 52,605 | 42,569 | 33,135 | 23,770 |
| 유동부채 | 22,839 | 19,319 | 14,714 | 11,959 |
| 비유동부채 | 1,757 | 1,607 | 1,400 | 1,410 |
| 부채총계 | 24,597 | 20,926 | 16,113 | 13,370 |
| 자본금 | 3,042 | 3,042 | 3,042 | 1,095 |
| 자본/이익잉여금 | 24,953 | 18,472 | 13,695 | 8,920 |
| 지배회사지분 | 27,996 | 21,514 | 16,737 | 10,015 |
| 소수주주지분 | 12 | 129 | 284 | 385 |
| 자본총계 | 28,008 | 21,643 | 17,022 | 10,400 |

# 의료 및 제약 산업

중국도 고령화 시대로 접어들었다. 이와 함께 소득이 증대되고 건강보험제도가 정비되면서 건강에 대한 관심이 크게 늘었다. 이런 여건에서 헬스케어 산업은 가장 안정적이며 성장이 보장되는 유망 산업으로 인식되고 있다. 2013년 9월 국무원이 발표한 '건강 서비스 발전 관련 의견'을 보면 2020년까지 의료 및 치료 시장 산업 규모를 8조 위안(약 1450조 원)까지 확대하겠다는 목표가 제시되어 있다.

2013년의 중국 의료 및 치료 시장 매출 규모는 약 2조 위안(약 360조 원)으로 전년보다는 약 18% 증가했다. 이 중 양약은 5731억 위안으로 전년 대비 약 16% 증가했고 중약은 5065억 위안으로 전년보다 약 21% 증가했다. 바이오제약은 2381억 위안으로 17.5% 증가했으며 의료기기는 1889억 위안으로 약 17% 늘었다.

그러나 중국의 의약 산업은 아직 자유로운 경쟁이 불가능한 분야로 약품 개발이나 의료 서비스 수준은 선진국보다 한참 뒤떨어져 있다. 약품의 유통과 약품가 결정도 자유롭게 개방되어 있지 않은 데다, 병원은 수익성 측면에서 약품 판매 수익에 의존하고 있는 실정이다. 게다가 병원 운영이 대부분 국·공립 주도로 되어 있어 병원 부족이 심각하다. 또한 중국의 인구 고령화는 빠르게 진행되고 있지만, 실버 산업은 아직은 초기 단계에 머물러 있다. 2014년 7월 말 기준으로 A주 전체 시가총액 중 헬스케어 산업의 비중은 5.7%에 불과한데, 미국은 이보다 2배나 높은 약 11.9%이다.

중국의 약품 가격 결정 시스템은 좀 복잡하다. 우선 국가 기본 약품 목록EDL(필수 약품 목록)과 각 성省의 EDL, 최저가격제 지정 의약품 목록, 최고가격 제한 등으로 상황마다 약품 가격 결정 구조가 다르고 일부 신약이나 특정 약품 외에는 시장화되어 있지 않다. 중국의 약값은 턱없이 비싼 편이라 의료 지출에서 약품 구입 비중이 상당히 높다.

중국 정부는 비싼 약품가 문제 해결을 위해 2009년부터 국가 기본 약품 목록 제도를 도입했는데 우선 필수 의약품들을 상대로 국가 기본 목록(2009)을 만들고 각 성에서는 이를 기반으로 '약품가 입찰' 제도를 도입하고 있다. 2013년 3월에 2차 국가 의약품 목록이 새로 발표되었고 각 성의 입찰 시스템도 점차 안정되었다. 이에 따라 각 성에서는 2014년부터 EDL 입찰을 본격 시행하고 있다.

현재 중국의 '기본 약품 목록'은 2012년에 정한 국가 기본 약품 목록에서 정한 520가지 의약품을 토대로 각 성에서 현지 사정에 따라 추가한 중약(한약)품 군으로 구성되어 있다. 2013년 3월 17일 '국가 기본 약품 목록(2012 EDL)'에 발표된 의약품의 종류는 2009년의 317개 항목에서 520개 항목으로 늘었다. 2~3급 병원으로의 확산과 공급을 위해 약품 종류를 추가했기 때문이다.

| 중국 국가 기본 약품 목록(2012년) | | |
| --- | --- | --- |
| 구분 | 2009년 | 2012년 |
| 양약과 바이오약품 | 205 | 317 |
| 중약 | 102 | 203 |
| 합계 | 307 | 520 |

출처: 차이나윈도우

특히 종양, 혈액 관련 질환, 정신과 치료 약물 등 전문 의약품이 늘어나 의사들의 약제 선택 범위도 점점 늘어나고 있다.

최근 몇 년간 정부 약품가 인하에 대한 행정 지도로 가격이 다소 내렸다가 요즘은 다시 시장화되어 가는 추세에 있지만, 각 성의 기본 약품 입찰이 정착되면 약품 가격은 좀 더 안정될 전망이다.

중국의 의약품 시장은 제네릭을 기반으로 한다. 그러나 최근 들어 오리지널 신약 개발을 적극 지원하고 나섰다. 석약그룹(1093.HK)은 오리지널 신약 생산 대표 기업으로 원료약 생산에서 신약 개발에 성공했다. 이 회사의 시가총액은 2012년 말의 60억 위안(약 1조 원)에서 2014년 3월 말 380억 위안(6조 8000억 원)으로 6배 이상 늘었다. 현재 중국의 주요 제약사들은 모두 신약 개발에 전력투구하고 있어 머지않은 장래에 대형 제약사들이 대거 등장할 것으로 보인다.

의료 서비스의 핵심인 병원의 경우를 보면 지금까지는 공립병원 위주였으나 점차 민간자본에 의한 민간병원 건설이 크게 느는 추세다. 2011년 기준으로 국가가 직영하는 병원은 62%인데, 환자 수의 91%, 병상 수의 88%, 총수입 비중의 94%를 차지한다. 그만큼 국·공립병원 중심의 의료 시스템으로 발전해왔다. 그러다가 2012년 국무원이 '12차 5개년 기간 의약 위생 체제 개혁 규획과 실행 방안에 대한 통지'에서 2015년까지 민간 의료기관의 병상 수와 환자 수를 2013년 기준의 10% 수준에서 20%로 늘리도록 했다. 그리고 2014년 들어 국무원이 발표한 '의약 위생 체제 개혁 심화에 관한 2014년 중점 과제'에서는 의료기관 개혁을 의료 개혁의 최우선 중점 추진 사업으로 삼았다.

중국의 국·공립병원은 2007~2012년까지 1만 4900개에서 1만 3300개로 10.7% 감소했지만, 민간병원의 수는 2배가량 증가했다. 공립병원과 민간병원의 침상 수는 2005~2012년까지 각각 연평균 5.83%와 19.05% 증가했다. 특히 민간병원 침상 수는 계속 늘어날 수밖에 없는 상황이다. 2012~2014년 민간자본의 병원 사업 진출은 유행처럼 번지고 있다.

중국 제약사의 사업 허용 범위는 우리나라와 매우 다르다. 한국에서는 영리목적으로 기업이 초특급 체인형 민영병원 수백 개를 운영하거나 자체 약국 수천 개를 거느릴 수 없다. 또한 제약사가 의약품 도매를 전문적으로 하는 기업도 없다. 하지만 중국에서는 이런 상황이 가능하며, 실제로 이런 사업 모델로 매년 20~30%씩 성장하는 기업들도 많다.

중국의 복성제약(600196.SH/2196.HK)은 현재 중약(한약)과 양약 제조뿐 아니라 직영 체인형 약국 운영, 의약품 도·소매(시노팜(1099.HK) 지분 보유), 진단 시약과 진단용 기기를 포함한 의료기기의 도매, 초고급형 대형 병원의 체인형 운영까지 하는 명실상부한 중국의 헬스케어 종합 기업이다. 이 회사는 2014년 6월 말 기준으로 5개의 고급형 종합병원에 2090개의 침상을 보유하고 있는데, 인수합병을 통해 직영병원을 500개로 늘릴 계획이다.

또 다른 관점에서 보면 중국의 제약사 중 중약(한약) 제조기업들은 중약 성분의 사용 범위를 건강보조 제품과 일상용품으로 사용 범위를 크게 확장하고 있다. 이 분야 대표 기업인 운남제약(000538.SZ)은 전통적인 중약(한약) 생산업체이지만 현재는 기능성 치약 제조 분야의 독보적인 기업으로 등극했다. 게다가 한방 지성용 샴푸, 한방 생리대 시장으로까지 사업영역을 늘려 새로운 성장 기회를 맞고 있다. 또 유명 제약사인 백운산(600332.SH/0874.SH) 역시 제약 외 사업으로 영역을 확장해 성공을 거두었다. 특히 '왕라오지王老吉'라는 한방 음료로 대히트를 쳤다. 이 제품의 2014년 매출 규모는 100억 위안 내외로 예상되며 매출 비중은 38%에 달해 앞으로 주요 성장 모멘텀이 되고 있다. 이를테면 동아제약이 박카스를 론칭해 주력제품이 된 것과 같다. 현재 중국에선 한방 프리미엄 생리대나 아모레퍼시픽의 '려'와 같은 한방 제품들의 인기가 지속적으로 상승하고 있다.

장기적으로 중국의 의약 산업은 가장 안정적인 성장이 보장되어 투자 가치가 높은 산업으로 인식되고 있다. 의료 시장 수요가 견조하고 사회 의료보험 제도 개선과 의료보험 적용 확대 등 정부가 의료 서비스 환경 전반을 꾸준히 개선하고 있기 때문이다. 앞으로 중국의 의약 산업 중 다음과 같은 영역에 장기적 시각으로 관심을 둘 만하다.

① 제약 기업 중 오리지널 신약 개발과 제네릭 약품 개발 능력이 출중한 기업과 바이오 제약 기업

② 2015년 각 성에서 진행한 EDL 입찰에서 낙찰된 약품이 많거나, 특히 독점 약품이 있는 기업

③ 의료기기와 민영병원 체인 운영 등 의료 서비스 차별화 1등 기업

④ 전통 중약과 건강보조 제품, 고급 또는 고가의 한방 일상용품 제조기업

CODE **600587.SH** ................................................

# 山东新华医疗器械股份有限公司
## 산동신화의료기기

**중국 주요 의료기기 생산업체**
................................................

**기업개요**

상해 380지수 편입종목이다. 소독살균장비, 방사진단 치료장비의 생산 및 판매 기업이다. 국내 최대 규모의 소독살균장비 연구생산 기업으로 병원용 소독기와 제약용 소독기 생산라인을 구축했고 오토클레이브 살균제(고압증기멸균) 시장의 70%를 차지하고 있다. 방사치료, 제약기기 등 여러 분야에서 1위를 기록하고 있다. 또한 해외제품을 제치고 중국 내에서 독점적으로 200여 항목의 국가 특허를 받았고 2개의 하이테크 기술 산업화 프로젝트를 책임지고 있다.

**투자 포인트**

❶ 중국 최대의 살균기 생산기업이자 방사선 치료기 종류 최다 보유 기업

❷ 중국 내 살균기 판매량, 시장점유율, 기술력 전국 1위

❸ 병원 투자 계속 확대, 향후 산하의 6개 병원과의 연결재무로 인한 이익 상승 기대

❹ 중국 내 8000여 개 병원과 살균기 공급 제휴, 브랜드 인지도 계속 상승 중

❺ 혈액투석 시장 진출 준비, 2015년에는 혈액투석기 생산 허가 예상

❻ 기존의 제약 생산장비, 의료기기 사업 운영 양호, 향후 우수한 병원 인수를 통한 사업 발전이 새로운 성장 동력

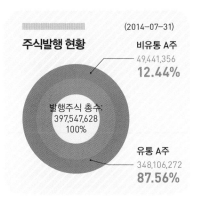

**주식발행 현황** (2014-07-31)

비유통 A주
49,441,356
**12.44%**

발행주식 총수:
397,547,628
100%

유통 A주
348,106,272
**87.56%**

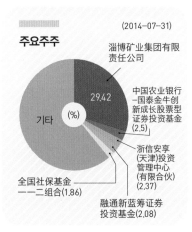

**주요주주** (2014-07-31)

淄博矿业集团有限责任公司
29.42

中国农业银行－国泰金牛创新成长股票型证券投资基金(2.5)

浙信安享(天津)投资管理中心(有限合伙)(2.37)

融通新蓝筹证券投资基金(2.08)

全国社保基金一一二组合(1.86)

기타

(%)

**최근 3년 주가차트**

— 산동신화의료기기(좌)
— 상해종합지수(우)

## 매출구조

### 2013년 사업부문별 매출구조
(기준일: 2013-12-31/단위: 백만 위안)

| 매출구성 | 매출액 | | | 매출총이익률(GPM) | |
|---|---|---|---|---|---|
| | 매출 | 비중 | 전년 대비 | GPM | 전년 대비 |
| 의료기기 제조 | 3,375.3 | 80.48% | 40.18% | 26.49% | -0.1%p |
| 약품 및 기기 판매 | 750 | 17.88% | 33.96% | 5.65% | 1.15%p |
| 주력사업 외 기타 수입 | 35.6 | 0.85% | -5.11% | 39.09% | -3.07%p |
| 의료 폐기물 및 폐수 처리장비 | 32.8 | 0.78% | 8.54% | 32.14% | -2.64%p |
| 합계 | 4,193.8 | 100% | 38.15% | 22.91% | 0.13%p |

### 2012년 사업부문별 매출구조
(기준일: 2012-12-31/단위: 백만 위안)

| 매출구성 | 매출액 | | | 매출총이익률(GPM) | |
|---|---|---|---|---|---|
| | 매출 | 비중 | 전년 대비 | GPM | 전년 대비 |
| 의료기기 제조 | 2,407.9 | 79.32% | 46.78% | 26.59% | -0.43%p |
| 약품 및 기기 판매 | 559.9 | 18.45% | 38.82% | 4.5% | 0.05%p |
| 주력사업 외 기타 수입 | 37.5 | 1.24% | 5.38% | 42.16% | 11.65%p |
| 의료 폐기물 및 폐수 처리장비 | 30.2 | 1% | 12.97% | 34.78% | 7.08%p |
| 합계 | 3,035.6 | 100% | 44.13% | 22.79% | 0.02%p |

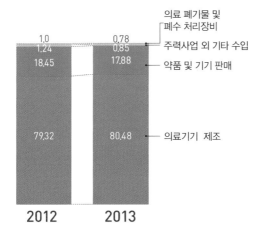

- 의료 폐기물 및 폐수 처리장비
- 주력사업 외 기타 수입
- 약품 및 기기 판매
- 의료기기 제조

2012: 1.0 / 1.24 / 18.45 / 79.32
2013: 0.78 / 0.85 / 17.88 / 80.48

---

## 재무제표

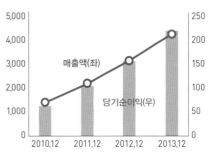

매출액(좌)
당기순이익(우)

2010.12  2011.12  2012.12  2013.12

(단위: 백만 위안)

| 손익계산서 | 2013.12 | 2012.12 | 2011.12 | 2010.12 |
|---|---|---|---|---|
| 매출액 | 4,194 | 3,036 | 2,106 | 1,342 |
| 매출총이익 | 961 | 692 | 480 | 325 |
| 영업이익 | 297 | 213 | 134 | 74 |
| 세전이익 | 330 | 220 | 144 | 78 |
| 당기순이익 | 232 | 163 | 107 | 60 |

| 현금흐름표 | 2013.12 | 2012.12 | 2011.12 | 2010.12 |
|---|---|---|---|---|
| 영업활동 현금흐름 | 22 | 11 | -22 | 124 |
| 투자활동 현금흐름 | -594 | -555 | -139 | -95 |
| 재무활동 현금흐름 | 558 | 907 | 183 | 100 |
| 현금 순증감액 | -14 | 363 | 22 | 129 |
| 기말 현금 | 688 | 702 | 338 | 317 |

| 대차대조표 | 2013.12 | 2012.12 | 2011.12 | 2010.12 |
|---|---|---|---|---|
| 유동자산 | 3,664 | 2,435 | 1,460 | 1,110 |
| 비유동자산 | 1,727 | 944 | 492 | 381 |
| 자산총계 | 5,391 | 3,378 | 1,952 | 1,491 |
| 유동부채 | 2,625 | 1,720 | 1,052 | 689 |
| 비유동부채 | 43 | 33 | 29 | 25 |
| 부채총계 | 2,668 | 1,754 | 1,081 | 714 |
| 자본금 | 199 | 174 | 134 | 134 |
| 자본잉여금 | 1,529 | 833 | 329 | 331 |
| 이익잉여금 | 73 | 56 | 43 | 34 |
| 지배회사지분 | 2,413 | 1,478 | 789 | 697 |
| 소수주주지분 | 310 | 146 | 82 | 80 |
| 자본총계 | 2,723 | 1,625 | 871 | 777 |

# 江苏恒瑞医药股份有限公司 항서제약

## 중국 대표 항암제 개발기업이자 우수 신약개발력 보유기업

**기업개요**

상해 180지수, CSI 300(호심 300)지수 편입종목이다. 중국 내에서 화학약품 경쟁력이 가장 높은 제약 기업이다. 주요 사업은 화학원료약 및 알약, 주사약, 캡슐 등 의약품 개발 및 생산, 의약품 포장자재인 SP 복합막과 PTP 알루미늄막 제조이다. 자체적으로 연구개발한 의약품 '루이거레딩(瑞格列汀)'은 미국 FDA로부터 1기 임상실험 승인을 받았다. 이는 중국 최초로 FDA 임상실험을 진행했던 화학제제약품이다.

**주식발행 현황** (2014-07-31)

비유통 A주
7,749,500
**0.52%**

발행주식 총수:
1,503,992,812
100%

유통 A주
1,496,243,312
**99.48%**

**투자
포인트**

❶ 중국 최대의 항암제 및 수술용 약물 생산기업으로 항암제 판매 7년 연속 중국 1위, 수술용 약물 판매 상위권 유지

❷ 내분비치료제, 심혈관약, 항바이러스 약품 등 신규 시장에서도 활발

❸ 최근 2~3년간 70여 개 신약 개발에 주력, 종양·마취·조영제 외에 당뇨·심혈관·항생제·혈액계까지 약물 범위 확대 중

❹ 2014년부터 신약 양산에 들어가고, 자체 개발한 종양 표적치료제인 '아파티니(阿帕替尼)' 등이 승인 받으면 신약은 10개 이상으로 증가

❺ 2015년 이후 신약·복제약·제제 수출 모두 호황기에 진입 예상, 기존 제품 매출은 15% 내외로 성장 전망

❻ 지난 10년간 주가가 20배 상승한 종목으로 향후 신약 판매와 제제수출 호황으로 새로운 성장기 진입 예상

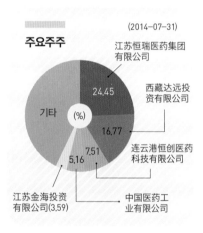

**주요주주** (2014-07-31)

江苏恒瑞医药集团
有限公司
24.45

西藏达远投
资有限公司
16.77

连云港恒创医药
科技有限公司
7.51

기타 (%)

5.16

江苏金海投资
有限公司(3.59)

中国医药工
业有限公司

**최근 3년
주가차트**

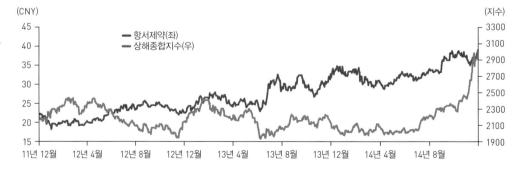

━ 항서제약(좌)
━ 상해종합지수(우)

(CNY): 45 40 35 30 25 20 15
(지수): 3300 3100 2900 2700 2500 2300 2100 1900

11년 12월 | 12년 4월 | 12년 8월 | 12년 12월 | 13년 4월 | 13년 8월 | 13년 12월 | 14년 4월 | 14년 8월

## 매출구조

### 2013년 사업부문별 매출구조
(기준일: 2013-12-31/단위: 백만 위안)

| 매출구성 | 매출액 | | | 매출총이익률(GPM) | |
|---|---|---|---|---|---|
| | 매출 | 비중 | 전년 대비 | GPM | 전년 대비 |
| 주사제 생산 | 4,944.1 | 79.7% | 16.15% | 81.81% | -4.23%p |
| 비 주사제 생산 | 1,187.8 | 19.15% | 10.57% | 82.53% | -0.22%p |
| 원료약 생산 | 55.9 | 0.9% | -33.13% | 22.01% | 9.33%p |
| 주력사업 외 기타 수입 | 15.5 | 0.25% | -24.69% | | |
| 합계 | 6,203.1 | 100% | 14.13% | 81.33% | -2.66%p |

### 2012년 사업부문별 매출구조
(기준일: 2012-12-31/단위: 백만 위안)

| 매출구성 | 매출액 | | | 매출총이익률(GPM) | |
|---|---|---|---|---|---|
| | 매출 | 비중 | 전년 대비 | GPM | 전년 대비 |
| 주사제 생산 | 4,256.8 | 78.32% | 22.28% | 86.04% | -0.02%p |
| 비 주사제 생산 | 1,074.1 | 19.76% | 16.51% | 82.75% | 0.87%p |
| 원료약 생산 | 83.6 | 1.54% | 37.7% | 12.68% | -2.08%p |
| 주력사업 외 기타 수입 | 20.5 | 0.38% | -63.16% | 12.73% | 3.93%p |
| 합계 | 5,435.1 | 100% | 19.44% | 83.99% | 1.22%p |

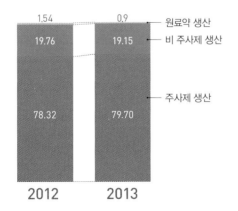

원료약 생산
비 주사제 생산
주사제 생산

| | 1.54 | 0.9 |
| 2012 | 19.76 | 19.15 |
| 2013 | 78.32 | 79.70 |

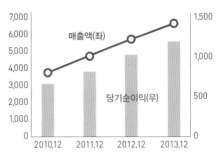

매출액(좌)
당기순이익(우)

(단위: 백만 위안)

| 손익계산서 | 2013.12 | 2012.12 | 2011.12 | 2010.12 |
|---|---|---|---|---|
| 매출액 | 6,203 | 5,435 | 4,550 | 3,744 |
| 매출총이익 | 5,045 | 4,565 | 3,766 | 3,139 |
| 영업이익 | 1,451 | 1,300 | 1,032 | 845 |
| 세전이익 | 1,479 | 1,346 | 1,065 | 860 |
| 당기순이익 | 1,238 | 1,077 | 877 | 724 |

| 현금흐름표 | 2013.12 | 2012.12 | 2011.12 | 2010.12 |
|---|---|---|---|---|
| 영업활동 현금흐름 | 1,365 | 958 | 527 | 386 |
| 투자활동 현금흐름 | -452 | -467 | -498 | -138 |
| 재무활동 현금흐름 | -73 | -111 | -75 | 40 |
| 현금 순증감액 | 840 | 380 | -46 | 288 |
| 기말 현금 | 2,169 | 1,329 | 949 | 995 |

| 대차대조표 | 2013.12 | 2012.12 | 2011.12 | 2010.12 |
|---|---|---|---|---|
| 유동자산 | 5,412 | 4,514 | 3,731 | 2,991 |
| 비유동자산 | 1,808 | 1,379 | 1,087 | 904 |
| 자산총계 | 7,220 | 5,893 | 4,818 | 3,896 |
| 유동부채 | 554 | 440 | 429 | 401 |
| 비유동부채 | 10 | 10 | 10 | 20 |
| 부채총계 | 564 | 450 | 439 | 421 |
| 자본금 | 1,360 | 1,237 | 1,124 | 749 |
| 자본잉여금 | 332 | 328 | 314 | 429 |
| 이익잉여금 | 647 | 541 | 453 | 388 |
| 지배회사지분 | 6,357 | 5,214 | 4,224 | 3,387 |
| 소수주주지분 | 299 | 228 | 154 | 87 |
| 자본총계 | 6,656 | 5,442 | 4,379 | 3,475 |

CODE **600196.SH / 2196.HK**

# 上海复星医药(集团)股份有限公司 복성제약

**양약 위주의 제약, 의료기 생산, 유통, 병원 투자 등의 대형 종합 의약 기업**

**기업개요**

상해 180지수, CSI 300(호심 300)지수 편입종목이자 A/H주 동시상장 기업으로 의약품과 의료기기 제조기업이다. 약품 개발과 생산을 중심으로 의료기기와 진료 서비스, 의약 유통까지 사업영역을 확대하고 있다.

**투자 포인트**

❶ 약품 제조·유통, 의료 서비스, 진단, 의료기기 분야에서의 선도기업

❷ 신진대사 약물, 소화계통, 심혈관, 항암제, 면역체계, 신경계통, 항바이러스 치료 분야 약물 개발에 주력

❸ 간, 당뇨, 결석, 임상진단 제품에서 시장 우위 선점, 특히 항말라리아 분야는 세계적인 명성 유지

❹ 자회사로 중경약우(重庆药友), 금주오홍제약(锦州奥鸿), 불산선성제약(佛山禅城) 등 우수기업 소유

❺ 향후 3~5년간 의료 서비스 시장 급성장 시 관련 사업 규모 확대 예상, 주력제품 판매 호황으로 약품제조 사업부문도 20% 이상의 성장 유지 전망

❻ '내생적 발전+외래형 개발+통합형 발전' 전략으로 투자와 인수합병 가속

❼ 중국 현지 기관 장기보유 선호종목

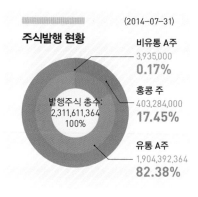

(2014-07-31)

**주식발행 현황**

발행주식 총수: 2,311,611,364 100%

비유통 A주
3,935,000
**0.17%**

홍콩 주
403,284,000
**17.45%**

유통 A주
1,904,392,364
**82.38%**

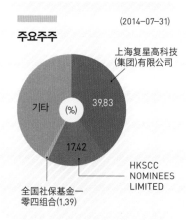

(2014-07-31)

**주요주주**

(%)

上海复星高科技(集团)有限公司 39.83

기타

17.42

HKSCC NOMINEES LIMITED

全国社保基金一零四组合(1.39)

**최근 3년 주가차트**

(CNY)

— 복성제약(좌)
— 상해종합지수(우)

(지수)

## 매출구조

### 2013년 사업부문별 매출구조
(기준일: 2013-12-31/단위: 백만 위안)

| 매출구성 | 매출액 | | | 매출총이익률(GPM) | |
|---|---|---|---|---|---|
| | 매출 | 비중 | 전년 대비 | GPM | 전년 대비 |
| 양약 생산 | 6,337.9 | 63.4% | 40.54% | 51.85% | -2.07%p |
| 의료기기 제조 및 병원 운영 | 1,888.2 | 18.89% | 56.36% | 42.29% | 1.26%p |
| 약품 도소매 | 1,451 | 14.52% | 5.28% | 12.47% | -0.12%p |
| 중의약 생산 | 206.7 | 2.07% | 37.94% | 59.97% | -0.65%p |
| 주력사업 외 기타 수입 | 98.8 | 0.99% | 20.52% | 60.98% | 37.01%p |
| 기타 | 13.8 | 0.14% | 4.07% | 22% | 2.14%p |
| 합계 | 9,996.4 | 100% | 36.18% | 44.55% | 0.76%p |

### 2012년 사업부문별 매출구조
(기준일: 2012-12-31/단위: 백만 위안)

| 매출구성 | 매출액 | | | 매출총이익률(GPM) | |
|---|---|---|---|---|---|
| | 매출 | 비중 | 전년 대비 | GPM | 전년 대비 |
| 양약 생산 | 4,509.8 | 61.43% | 24.52% | 53.93% | 6.14%p |
| 약품 도소매 | 1,378.3 | 18.78% | -1.98% | 12.58% | 0.63%p |
| 의료기기 제조 및 병원 운영 | 1,207.6 | 16.45% | 13.08% | 41.02% | 0.79%p |
| 중의약 생산 | 149.9 | 2.04% | -30.79% | 60.62% | 10.49%p |
| 주력사업 외 기타 수입 | 82 | 1.12% | 1.63% | 23.97% | -41.13%p |
| 기타 | 13.2 | 0.18% | -85.69% | 19.86% | 14.58%p |
| 합계 | 7,340.8 | 100% | 13.19% | 43.78% | 5.32%p |

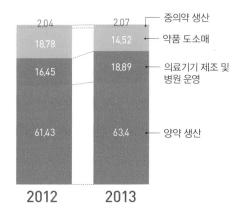

중의약 생산 / 약품 도소매 / 의료기기 제조 및 병원 운영 / 양약 생산

2012: 2.04 / 18.78 / 16.45 / 61.43
2013: 2.07 / 14.52 / 18.89 / 63.4

## 재무제표

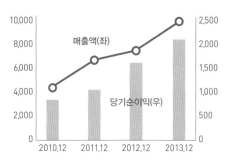

매출액(좌) / 당기순이익(우)

(단위: 백만 위안)

| 손익계산서 | 2013.12 | 2012.12 | 2011.12 | 2010.12 |
|---|---|---|---|---|
| 매출액 | 9,996 | 7,341 | 6,486 | 4,555 |
| 매출총이익 | 4,453 | 3,214 | 2,494 | 1,571 |
| 영업이익 | 2,819 | 2,036 | 1,581 | 1,140 |
| 세전이익 | 2,906 | 2,123 | 1,727 | 1,202 |
| 당기순이익 | 2,027 | 1,564 | 1,166 | 864 |

| 현금흐름표 | 2013.12 | 2012.12 | 2011.12 | 2010.12 |
|---|---|---|---|---|
| 영업활동 현금흐름 | 1,012 | 666 | 317 | 203 |
| 투자활동 현금흐름 | -1,803 | -979 | -1,767 | -264 |
| 재무활동 현금흐름 | -932 | 2,068 | 913 | 1,822 |
| 현금 순증감액 | -1,755 | 1,743 | -543 | 1,758 |
| 기말 현금 | 2,416 | 4,172 | 2,428 | 2,971 |

| 대차대조표 | 2013.12 | 2012.12 | 2011.12 | 2010.12 |
|---|---|---|---|---|
| 유동자산 | 6,987 | 8,382 | 6,049 | 5,938 |
| 비유동자산 | 22,489 | 17,126 | 16,242 | 10,882 |
| 자산총계 | 29,475 | 25,507 | 22,291 | 16,820 |
| 유동부채 | 5,278 | 3,893 | 4,992 | 3,704 |
| 비유동부채 | 6,533 | 6,309 | 5,928 | 3,723 |
| 부채총계 | 11,811 | 10,202 | 10,920 | 7,427 |
| 자본금 | 2,240 | 2,240 | 1,904 | 1,904 |
| 자본잉여금 | 4,502 | 4,287 | 2,211 | 1,829 |
| 이익잉여금 | 1,485 | 1,338 | 1,185 | 975 |
| 지배회사지분 | 15,332 | 13,559 | 9,772 | 8,423 |
| 소수주주지분 | 2,332 | 1,746 | 1,599 | 970 |
| 자본총계 | 17,665 | 15,305 | 11,371 | 9,393 |

**CODE 600535.SH** ······························································

# 天士力制药集团股份有限公司 천진천사력제약

심혈관 약품에 특화된 현대적 중약 대표 기업

·····················································································

**기업개요**

상해 180지수, CSI 300(호심 300)지수 편입종목이다. 중국의 중의약 생산업체로 주요 사업은 한약재 및 중의약 가공이다. 심·혈관약인 '푸팡단션디환(複方丹參滴丸)', '양쉐칭나오과립(養血淸腦顆粒)' 등이 있다. 특히 중국 시장에서 '푸팡단션디환'의 판매량은 높은 수준이다.

**투자
포인트**

❶ 심혈관계, 항암제, 면역제제, 간장 치료제, 항바이러스와 감기약 위주의 중약 제약 기업

❷ 주력상품 '푸팡단션디환(复方丹参滴丸)' 매출이 20억 위안을 돌파해 심뇌혈관 계통의 중약성분 약품에서 대표 제품으로 자리매김

❸ 비주류 약제 중 소염제인 '천심련(穿心莲内酯滴丸)'환, 에스조피클론(右佐匹克隆), 진통제 '황기이치환(芪参益气滴丸)', '이치푸마이가루약(益气复脉冻干粉)' 등이 빠르게 성장, 2014년 의료보험 대상 약품으로 선정될 가능성이 높음

❹ '푸팡단션디환'의 미국 FDA 임상실험 3기 진행 중, 2015년 FDA 승인 후 밸류에이션 상승 예상

❺ 중약 처방약 분야에서 제품 라인, 관리, 마케팅 능력 우수, 사업을 수직적으로 통합할 수 있는 A주 기업인 만큼 비처방약, 저가약 지원정책으로 수혜 예상

❻ 중국 현지 운용사 등의 장기보유 선호종목

**주식발행 현황** (2014-07-31)

유통 A주
1,032,842,654
**100%**

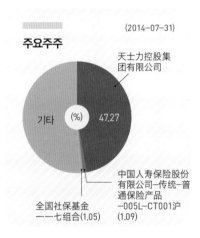

**주요주주** (2014-07-31)

天士力控股集团有限公司

기타 (%) 47.27

全国社保基金
——七组合(1.05)

中国人寿保险股份
有限公司-传统-普通保险产品
-005L-CT001沪
(1.09)

**최근 3년
주가차트**

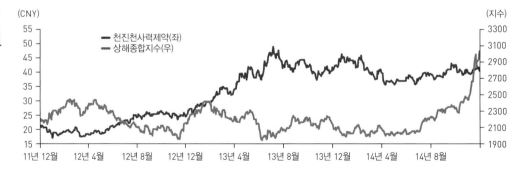

천진천사력제약(좌)
상해종합지수(우)

## 매출구조

### 2013년 사업부문별 매출구조

(기준일: 2013-12-31/단위: 백만 위안)

| 매출구성 | 매출액 | | | 매출총이익률(GPM) | |
|---|---|---|---|---|---|
| | 매출 | 비중 | 전년 대비 | GPM | 전년 대비 |
| 약품 도매 | 6,072.8 | 54.72% | 13.34% | 5.15% | 0.54%p |
| 제약 | 4,922.1 | 44.35% | 25.12% | 75% | 0.85%p |
| 주력사업 외 기타 수입 | 103 | 0.93% | 106.69% | | |
| 합계 | 11,097.9 | 100% | 18.8% | 36.54% | 2.5%p |

### 2012년 사업부문별 매출구조

(기준일: 2012-12-31/단위: 백만 위안)

| 매출구성 | 매출액 | | | 매출총이익률(GPM) | |
|---|---|---|---|---|---|
| | 매출 | 비중 | 전년 대비 | GPM | 전년 대비 |
| 약품 도매 | 5,851.8 | 62.92% | 40.88% | 5.24% | 1.16%p |
| 제약 | 3,407.2 | 36.64% | 43.05% | 74.22% | -0.5%p |
| 주력사업 외 기타 수입 | 41.2 | 0.44% | 21.24% | | |
| 합계 | 9,300.2 | 100% | 41.56% | 30.66% | 0.7%p |

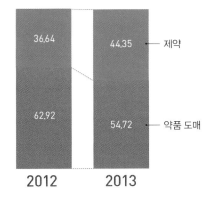

제약 / 약품 도매

2012: 36.64 / 62.92
2013: 44.35 / 54.72

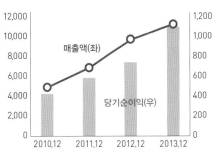

매출액(좌) / 당기순이익(우)

(단위: 백만 위안)

| 손익계산서 | 2013.12 | 2012.12 | 2011.12 | 2010.12 |
|---|---|---|---|---|
| 매출액 | 11,098 | 9,300 | 6,570 | 4,652 |
| 매출총이익 | 4,055 | 2,851 | 1,968 | 1,567 |
| 영업이익 | 1,401 | 936 | 742 | 536 |
| 세전이익 | 1,418 | 960 | 786 | 556 |
| 당기순이익 | 1,100 | 769 | 611 | 450 |

| 현금흐름표 | 2013.12 | 2012.12 | 2011.12 | 2010.12 |
|---|---|---|---|---|
| 영업활동 현금흐름 | 346 | 413 | 135 | 395 |
| 투자활동 현금흐름 | -766 | -372 | -319 | -164 |
| 재무활동 현금흐름 | 321 | -559 | -30 | 781 |
| 현금 순증감액 | -100 | -518 | -214 | 1,012 |
| 기말 현금 | 686 | 741 | 1,259 | 1,473 |

| 대차대조표 | 2013.12 | 2012.12 | 2011.12 | 2010.12 |
|---|---|---|---|---|
| 유동자산 | 5,850 | 4,459 | 3,984 | 3,172 |
| 비유동자산 | 4,363 | 3,027 | 2,650 | 2,281 |
| 자산총계 | 10,212 | 7,486 | 6,634 | 5,453 |
| 유동부채 | 4,990 | 2,703 | 2,739 | 1,780 |
| 비유동부채 | 1,079 | 576 | 120 | 248 |
| 부채총계 | 6,069 | 3,279 | 2,858 | 2,028 |
| 자본금 | 1,033 | 516 | 516 | 516 |
| 자본잉여금 | 230 | 1,551 | 1,551 | 1,554 |
| 이익잉여금 | 523 | 397 | 324 | 265 |
| 지배회사지분 | 3,832 | 4,012 | 3,604 | 3,307 |
| 소수주주지분 | 311 | 195 | 172 | 118 |
| 자본총계 | 4,143 | 4,207 | 3,776 | 3,425 |

CODE **600518.SH** ...........................................................

# 康美药业股份有限公司 광동강미제약

## 중국 최대의 중약재 도소매 전문기업

**기업개요**

상해 180지수, CSI 300(호심 300)지수 편입종목이다. 중국 한약재 생산 분야의 대표 기업으로 중국 국내에서 최초로 GMP 인증을 받았다. 현재까지도 GMP 인증을 받은 기업이 매우 드물어 업계 상위권을 유지하고 있다. 주요 사업은 한약재 및 화학약품의 생산, 약품 판매이다.

**투자 포인트**

❶ A주 중약 기업 중 경영능력이 뛰어나고 활발한 인수합병으로 사업 규모 성장

❷ 중국 내 대형 중약재 거래 시장을 직접 인수해 중약재 유통가격 결정에 대한 영향력 막강

❸ 민영기업으로 짧은 기간동안 지역형 유통사에서 전국형 유통사로 급성장

❹ 한약판매+약국 위탁관리 방식, B2C+직접판매, 약재시장+B2B 거래 방식 등 다양한 판매방식 도입으로 밸류에이션 지속 상승 전망

❺ 중국 본토 기관들의 장기보유 선호종목

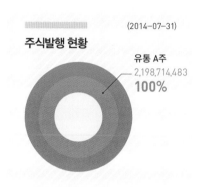

(2014-07-31)

**주식발행 현황**

유통 A주
2,198,714,483
**100%**

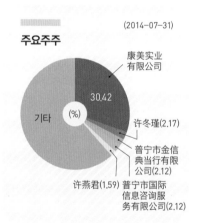

(2014-07-31)

**주요주주**

康美实业有限公司
30.42

(%)
기타

许冬瑾(2.17)

普宁市金信典当行有限公司(2.12)

许燕君(1.59) 普宁市国际信息咨询服务有限公司(2.12)

**최근 3년 주가차트**

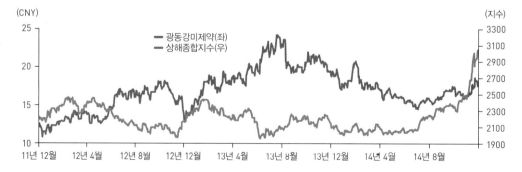

## 매출구조

### 2013년 사업부문별 매출구조
(기준일: 2013-12-31/단위: 백만 위안)

| 매출구성 | 매출액 | | | 매출총이익률(GPM) | |
|---|---|---|---|---|---|
| | 매출 | 비중 | 전년 대비 | GPM | 전년 대비 |
| 중의약(중약재 판매, 탕약 및 신개하 브랜드 인삼제품 생산) | 9,896.4 | 74.08% | 13.71% | 27.11% | 0.42%p |
| 양약 도매 | 2,690.6 | 20.14% | 41.07% | 21.73% | 4.86%p |
| 건강보조식품 생산 | 399.5 | 2.99% | 57.72% | 12.36% | -2.86%p |
| 부동산 임대 및 기타 | 357.3 | 2.67% | 22.4% | 43.32% | 3.13%p |
| 주력사업 외 기타 수입 | 14.8 | 0.11% | 56.79% | | |
| 합계 | 13,358.7 | 100% | 19.65% | 26.1% | 0.94%p |

### 2012년 사업부문별 매출구조
(기준일: 2012-12-31/단위: 백만 위안)

| 매출구성 | 매출액 | | | 매출총이익률(GPM) | |
|---|---|---|---|---|---|
| | 매출 | 비중 | 전년 대비 | GPM | 전년 대비 |
| 중의약(중약재 판매, 탕약 및 신개하 브랜드 인삼제품 생산) | 8,703.2 | 77.95% | 75.62% | 26.68% | -5.41%p |
| 양약 도매 | 1,907.3 | 17.08% | 97.9% | 16.86% | -3.59%p |
| 부동산 임대 및 기타 | 291.9 | 2.61% | 1028.19% | 40.19% | -26.42%p |
| 건강보조식품 생산 | 253.3 | 2.27% | 93.3% | 15.23% | -4.78%p |
| 주력사업 외 기타 수입 | 9.5 | 0.08% | 135.92% | | |
| 합계 | 11,165.2 | 100% | 83.62% | 25.16% | -5.02%p |

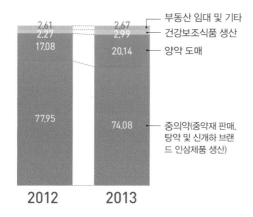

2012 / 2013

- 부동산 임대 및 기타
- 건강보조식품 생산
- 양약 도매
- 중의약(중약재 판매, 탕약 및 신개하 브랜드 인삼제품 생산)

2012: 2.61 / 2.27 / 17.08 / 77.95
2013: 2.67 / 2.99 / 20.14 / 74.08

## 재무제표

매출액(좌)
당기순이익(우)

(단위: 백만 위안)

| 손익계산서 | 2013.12 | 2012.12 | 2011.12 | 2010.12 |
|---|---|---|---|---|
| 매출액 | 13,359 | 11,165 | 6,081 | 3,309 |
| 매출총이익 | 3,486 | 2,809 | 1,835 | 1,208 |
| 영업이익 | 2,179 | 1,697 | 1,148 | 794 |
| 세전이익 | 2,214 | 1,693 | 1,180 | 833 |
| 당기순이익 | 1,880 | 1,441 | 1,005 | 716 |

| 현금흐름표 | 2013.12 | 2012.12 | 2011.12 | 2010.12 |
|---|---|---|---|---|
| 영업활동 현금흐름 | 1,674 | 1,008 | 575 | 669 |
| 투자활동 현금흐름 | -735 | -1,382 | -2,285 | -856 |
| 재무활동 현금흐름 | 1,429 | 148 | 5,273 | 956 |
| 현금 순증감액 | 2,368 | -225 | 3,563 | 769 |
| 기말 현금 | 8,465 | 6,098 | 6,323 | 2,760 |

| 대차대조표 | 2013.12 | 2012.12 | 2011.12 | 2010.12 |
|---|---|---|---|---|
| 유동자산 | 14,643 | 11,514 | 9,454 | 4,608 |
| 비유동자산 | 7,609 | 6,444 | 5,783 | 3,600 |
| 자산총계 | 22,251 | 17,958 | 15,237 | 8,208 |
| 유동부채 | 7,133 | 3,750 | 2,050 | 1,633 |
| 비유동부채 | 3,088 | 3,625 | 3,939 | 1,650 |
| 부채총계 | 10,221 | 7,375 | 5,989 | 3,282 |
| 자본금 | 2,199 | 2,199 | 2,199 | 1,694 |
| 자본잉여금 | 4,750 | 4,743 | 4,740 | 1,819 |
| 이익잉여금 | 646 | 463 | 325 | 225 |
| 지배회사지분 | 12,028 | 10,581 | 9,246 | 4,926 |
| 소수주주지분 | 3 | 2 | 2 | 0 |
| 자본총계 | 12,030 | 10,583 | 9,248 | 4,926 |

# 北京同仁堂股份有限公司 북경동인당

**중국의 유명한 중의약 제조기업이자 중약 유통 1위 기업**

**기업개요**

상해 180지수, CSI 300(호심 300)지수 편입종목이다. 중국 전통적인 중의약 제조기업으로 청나라(1669년)에 최초로 설립되었다. 주요 사업은 중의약 생산이며 의약품 소매와 의료 서비스 사업도 진행하고 있다. 주요 상품으로는 '백봉(白鳳)' 시리즈 약품, '국공주(國公酒)', '동인우황청심환(同仁牛黃清心丸)', '동인대활낙환(同仁大活絡丸)', '안궁우황환(安宮牛黃丸)' 등이 있으며 전 세계적으로 판매되고 있다.

**투자
포인트**

❶ 중의약 기업의 대명사, 브랜드 인지도 면에서 타의 추총을 불허

❷ 800여 종의 풍부한 제품군 보유, 이 중 200여 종류는 독점판매 약품, '안궁니우황환(安宮牛黃丸)', '시황완(西黃丸)' 등은 중국 10대 명약

❸ 브랜드 파워, 제품 경쟁력을 앞세워 향후 20% 이상 매출이 예상되는 대표적인 '경기방어주'

❹ 국유기업 개혁, 경영진 교체, 비유통주 해제, 운영체제 개혁 등이 향후 2년간 사업 성장 견인

❺ 전·후방 사업과 해외사업 개발 가속화, 저가약품 목록에 포함 시 약 60% 이상의 가격 인상 가능성 및 향후 국유기업 개혁 방안 발표에 주목

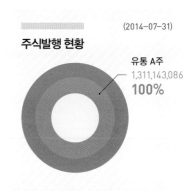

(2014-07-31)

**주식발행 현황**

유통 A주
1,311,143,086
**100%**

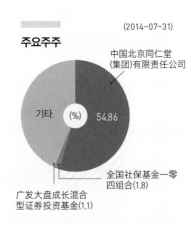

(2014-07-31)

**주요주주**

中国北京同仁堂(集团)有限责任公司

기타 (%) 54.86

广发大盘成长混合型证券投资基金(1.1)

全国社保基金一零四组合(1.8)

**최근 3년
주가차트**

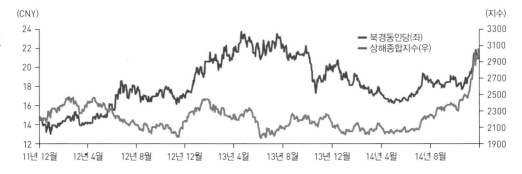

— 북경동인당(좌)
— 상해종합지수(우)

## 매출구조

### 2013년 사업부문별 매출구조
(기준일: 2013-12-31/단위: 백만 위안)

| 매출구성 | 매출액 | | | 매출총이익률(GPM) | |
|---|---|---|---|---|---|
| | 매출 | 비중 | 전년 대비 | GPM | 전년 대비 |
| 제약 | 5,251.9 | 60.27% | 17.03% | 46.64% | -2.66% |
| 약국 직영 | 3,994.1 | 45.83% | 15.2% | 32.22% | 2.03% |
| 기타 | 0.4 | 0% | -67.63% | | |
| 사업부문 간 매출 조정 | -531.8 | -6.1% | | | |
| 합계 | 8,714.6 | 100% | 15.94% | 42.87% | -1.02%p |

### 2012년 사업부문별 매출구조
(기준일: 2012-12-31/단위: 백만 위안)

| 매출구성 | 매출액 | | | 매출총이익률(GPM) | |
|---|---|---|---|---|---|
| | 매출 | 비중 | 전년 대비 | GPM | 전년 대비 |
| 제약 | 4,474.9 | 59.63% | 15.34% | 49.3% | |
| 약국 직영 | 3,467.2 | 46.2% | 35.76% | 30.19% | |
| 기타 | 1.2 | 0.02% | 87.32% | | |
| 사업부문 간 매출 조정 | -439.3 | -5.85% | 34.85% | | |
| 합계 | 7,504 | 100% | 22.85% | 43.91% | 2.92%p |

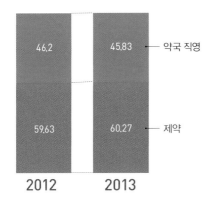

| | 약국 직영 | 제약 |
|---|---|---|
| 2012 | 46.2 | 59.63 |
| 2013 | 45.83 | 60.27 |

## 재무제표

(단위: 백만 위안)

| 손익계산서 | 2013.12 | 2012.12 | 2011.12 | 2010.12 |
|---|---|---|---|---|
| 매출액 | 8,715 | 7,504 | 6,108 | 3,824 |
| 매출총이익 | 3,736 | 3,295 | 2,504 | 1,737 |
| 영업이익 | 1,264 | 1,049 | 790 | 553 |
| 세전이익 | 1,296 | 1,076 | 802 | 562 |
| 당기순이익 | 656 | 570 | 438 | 343 |

| 현금흐름표 | 2013.12 | 2012.12 | 2011.12 | 2010.12 |
|---|---|---|---|---|
| 영업활동 현금흐름 | 676 | 874 | 545 | 492 |
| 투자활동 현금흐름 | -431 | -237 | -237 | -157 |
| 재무활동 현금흐름 | 1,034 | 928 | -232 | -167 |
| 현금 순증감액 | 1,247 | 1,561 | 69 | 167 |
| 기말 현금 | 4,888 | 3,640 | 2,079 | 1,790 |

| 대차대조표 | 2013.12 | 2012.12 | 2011.12 | 2010.12 |
|---|---|---|---|---|
| 유동자산 | 9,997 | 8,080 | 5,950 | 4,410 |
| 비유동자산 | 1,915 | 1,588 | 1,380 | 1,079 |
| 자산총계 | 11,912 | 9,668 | 7,330 | 5,489 |
| 유동부채 | 2,985 | 2,899 | 2,420 | 1,214 |
| 비유동부채 | 1,090 | 1,165 | 99 | 54 |
| 부채총계 | 4,074 | 4,064 | 2,519 | 1,268 |
| 자본금 | 1,311 | 1,302 | 1,302 | 521 |
| 자본잉여금 | 1,085 | 380 | 254 | 791 |
| 이익잉여금 | 420 | 375 | 343 | 313 |
| 지배회사지분 | 5,018 | 3,979 | 3,477 | 3,257 |
| 소수주주지분 | 2,819 | 1,626 | 1,334 | 964 |
| 자본총계 | 7,837 | 5,604 | 4,811 | 4,221 |

## CODE 600267.SH

# 浙江海正药业股份有限公司 절강해정제약

**중국 원료약, 항생제, 항암약품 생산기업**

**기업개요**

상해 180지수, CSI 300(호심 300)지수 편입종목이다. 화학 원료, 의약품 중간원료, 의약제제, 생물제약, 중약, 중약제제, 의약 보조제의 개발, 생산 및 판매 기업이다.

**투자 포인트**

❶ 중국 최대의 항생제, 항암제 생산기업으로 대표적인 원료의약품 제약사

❷ 전체 약품의 80% 이상이 30여 국가로 수출

❸ 중국의 대표적인 고분자 의약품 제조사로 2014년 리툭시맙 Rituximab 복제약, 휴먼인슐린 관련 약품이 1차 임상시험에 돌입

❹ 소분자의약품 중 4개의 신약은 국내외 특허출원 단계, 뎁토마이신Daptomycin, 복합 아미노산 포도당, 크레스토CRESTOR 복제약은 연내 생산 승인 예정

❺ 우수한 연구력과 풍부한 신약 제품군이 장기적인 성장 원동력

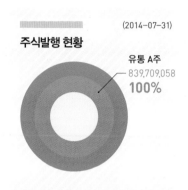

**주식발행 현황** (2014-07-31)

유통 A주
839,709,058
**100%**

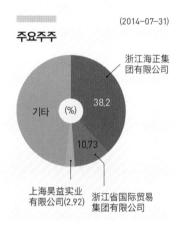

**주요주주** (2014-07-31)

浙江海正集团有限公司 38.2

기타 (%)

10.73

上海昊益实业有限公司(2.92)

浙江省国际贸易集团有限公司

**최근 3년 주가차트**

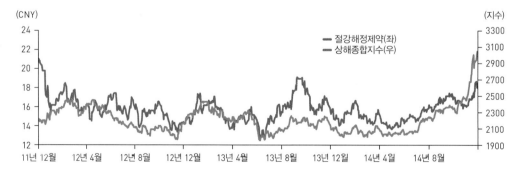

(CNY) / (지수)

— 절강해정제약(좌)
— 상해종합지수(우)

11년 12월 / 12년 4월 / 12년 8월 / 12년 12월 / 13년 4월 / 13년 8월 / 13년 12월 / 14년 4월 / 14년 8월

## 매출구조

### 2013년 사업부문별 매출구조
(기준일: 2013-12-31/단위: 백만 위안)

| 매출구성 | 매출액 | | | 매출총이익률(GPM) | |
|---|---|---|---|---|---|
| | 매출 | 비중 | 전년 대비 | GPM | 전년 대비 |
| 해정(海正) 브랜드 이외 의약품 | 5,248.3 | 61% | 75.02% | 20.4% | 17.71%p |
| 항종양제 | 966.7 | 11.23% | 31.97% | 86.61% | 1.14%p |
| 항기생충제 및 수의약 | 656.1 | 7.63% | 7.51% | 41.01% | 7.34%p |
| 항생제 | 511.1 | 5.94% | 5.87% | 57.79% | 3.15%p |
| 기타 의약품 | 395 | 4.59% | 141.44% | 75.72% | 27.12%p |
| 내분비질환치료제 | 361.3 | 4.2% | 4.53% | 40.4% | -2.42%p |
| 심혈관치료약품 | 336.3 | 3.91% | -7.65% | 14.11% | 7.89%p |
| 주력사업 외 기타 수입 | 125 | 1.45% | 29.44% | 16.01% | -21.81%p |
| 기타 | 4.7 | 0.05% | -39.75% | -28.54% | -81%p |
| 합계 | 8,604.3 | 100% | 48.31% | 34.67% | 9.39%p |

### 2012년 사업부문별 매출구조
(기준일: 2012-12-31/단위: 백만 위안)

| 매출구성 | 매출액 | | | 매출총이익률(GPM) | |
|---|---|---|---|---|---|
| | 매출 | 비중 | 전년 대비 | GPM | 전년 대비 |
| 해정(海正) 브랜드 이외 의약품 | 2,998.6 | 51.68% | 19.45% | 2.69% | -0.55%p |
| 항종양제 | 732.5 | 12.63% | -8.76% | 85.47% | 3.06%p |
| 항기생충제 및 수의약 | 610.3 | 10.52% | 20.46% | 33.67% | -5.09%p |
| 항생제 | 482.7 | 8.32% | -4.18% | 54.63% | -0.6%p |
| 심혈관치료약품 | 364.1 | 6.28% | 12.93% | 6.22% | 2.65%p |
| 내분비질환치료제 | 345.6 | 5.96% | 15.97% | 42.81% | -4.06%p |
| 기타 의약품 | 163.6 | 2.82% | 32.03% | 48.6% | 11.59%p |
| 주력사업 외 기타 수입 | 96.6 | 1.66% | 4.7% | | |
| 기타 | 7.7 | 0.13% | 541.38% | 52.47% | 21.87%p |
| 합계 | 5,801.8 | 100% | 12.41% | 25.28% | -2.89%p |

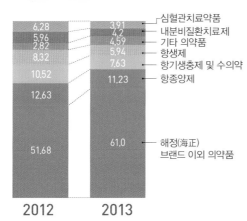

| | |
|---|---|
| 심혈관치료약품 | |
| 내분비질환치료제 | |
| 기타 의약품 | |
| 항생제 | |
| 항기생충제 및 수의약 | |
| 항종양제 | |
| 해정(海正) 브랜드 이외 의약품 | |

2012    2013

---

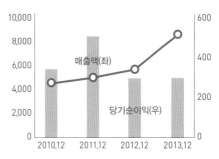

(단위: 백만 위안)

| 손익계산서 | 2013.12 | 2012.12 | 2011.12 | 2010.12 |
|---|---|---|---|---|
| 매출액 | 8,604 | 5,802 | 5,161 | 4,545 |
| 매출총이익 | 2,983 | 1,467 | 1,454 | 1,329 |
| 영업이익 | 563 | 284 | 567 | 433 |
| 세전이익 | 662 | 330 | 619 | 450 |
| 당기순이익 | 302 | 301 | 504 | 366 |

| 현금흐름표 | 2013.12 | 2012.12 | 2011.12 | 2010.12 |
|---|---|---|---|---|
| 영업활동 현금흐름 | 527 | 376 | 525 | 509 |
| 투자활동 현금흐름 | -1,929 | -1,665 | -1,216 | -668 |
| 재무활동 현금흐름 | 1,960 | 1,541 | 1,557 | 161 |
| 현금 순증감액 | 540 | 253 | 867 | -2 |
| 기말 현금 | 2,143 | 1,603 | 1,350 | 483 |

| 대차대조표 | 2013.12 | 2012.12 | 2011.12 | 2010.12 |
|---|---|---|---|---|
| 유동자산 | 5,649 | 4,240 | 3,154 | 1,999 |
| 비유동자산 | 8,323 | 6,329 | 5,077 | 3,923 |
| 자산총계 | 13,972 | 10,569 | 8,231 | 5,922 |
| 유동부채 | 5,086 | 2,930 | 1,580 | 1,579 |
| 비유동부채 | 2,928 | 2,441 | 2,057 | 1,598 |
| 부채총계 | 8,014 | 5,371 | 3,637 | 3,177 |
| 자본금 | 840 | 840 | 525 | 484 |
| 자본잉여금 | 1,858 | 1,867 | 2,219 | 882 |
| 이익잉여금 | 314 | 304 | 285 | 243 |
| 지배회사지분 | 4,887 | 4,686 | 4,500 | 2,698 |
| 소수주주지분 | 1,071 | 512 | 93 | 46 |
| 자본총계 | 5,958 | 5,198 | 4,594 | 2,744 |

# 人福医药集团股份公司 **인복제약**

## 중국 마취제 생산 1위 기업

**기업개요**

상해 180지수, CSI 300(호심 300)지수 편입종목이다. 의약, 의료기기 제품 기술 연구개발, 생산, 판매 및 관련 서비스를 제공하는 기업으로 부동산 개발 및 판매, 난방공급 장비시설 제조 및 판매사업도 진행하고 있다. 자회사인 이창인복약업(宜昌人福藥業)은 국내 최초의 마취제 생산업체 중 하나이고 마취제 신약 산업화 프로젝트는 중국 발개위로부터 하이테크 산업화 시범 프로젝트로 선정되었다.

**투자
포인트**

❶ 마취와 진통제에 특화된 제약사

❷ 원료약에서 제제까지 사업을 일원화한 유일한 제약사이자 마취 진통제 시장 확대의 최대 수혜자

❸ 중고가의 마취진통제 '레미펜타닐Remifentanil(瑞芬太尼)', '수펜타닐Sufentanil(舒芬太尼)' 등은 점점 시장 주력제품으로 성장

❹ 산부인과 내시경, 레이저 치료기 등 의료기기 판매도 양호, 콘돔 'jissbon(杰士邦)'은 중국 대표 브랜드로 자리매김

❺ 2013년 하반기부터 의료 서비스 시장 진출 준비, 3년 안에 20개 병원을 인수해 관리할 예정

❻ 기존의 주력사업 탄탄, 신규 사업 진출 경과가 양호해 장기적으로 탄력적인 성장 기대

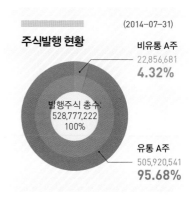

**주식발행 현황** (2014-07-31)

비유통 A주
22,856,681
**4.32%**

발행주식 총수:
528,777,222
100%

유통 A주
505,920,541
**95.68%**

**주요주주** (2014-07-31)

武汉当代科技产业
集团股份有限公司
17.07

(%)

기타

全国社保基金
一零六组合
(2.6)

中国银行股份有限公司
－嘉实研究精选股票型证
券投资基金 (2.6)

**최근 3년
주가차트**

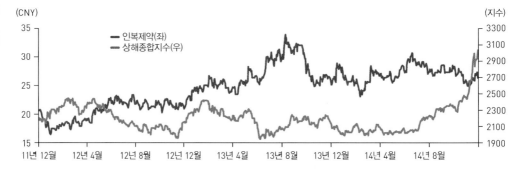

(CNY) / (지수)

— 인복제약(좌)
— 상해종합지수(우)

## 매출구조

### 2013년 사업부문별 매출구조
(기준일: 2013-12-31/단위: 백만 위안)

| 매출구성 | 매출액 | | | 매출총이익률(GPM) | |
|---|---|---|---|---|---|
| | 매출 | 비중 | 전년 대비 | GPM | 전년 대비 |
| 제약(마취제, 진통제) 및 의료기기 | 5,890.6 | 98.01% | 31.82% | 41.47% | 0.31%p |
| 기타 사업 | 99.6 | 1.66% | -25.8% | 35.47% | 8.54%p |
| 주력사업 외 기타 수입 | 20 | 0.33% | 74.72% | 85.9% | 15.78%p |
| 합계 | 6,010.2 | 100% | 13.04% | 41.52% | 1.68%p |

### 2012년 사업부문별 매출구조
(기준일: 2012-12-31/단위: 백만 위안)

| 매출구성 | 매출액 | | | 매출총이익률(GPM) | |
|---|---|---|---|---|---|
| | 매출 | 비중 | 전년 대비 | GPM | 전년 대비 |
| 제약(마취제, 진통제) | 4,468.5 | 84.04% | 46.36% | 41.16% | -0.1%p |
| 부동산 개발 | 702.9 | 13.22% | 62% | 33.38% | -10.2%p |
| 기타 사업 | 134.3 | 2.53% | 3.25% | 26.93% | 0.92%p |
| 주력사업 외 기타 수입 | 11.4 | 0.22% | 164.11% | 70.12% | -26.91%p |
| 합계 | 5,317.1 | 100% | 46.82% | 39.84% | -1.22%p |

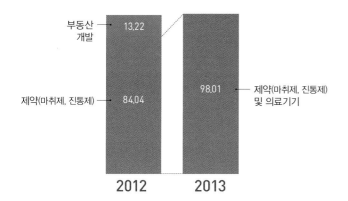

부동산 개발 — 13.22
제약(마취제, 진통제) — 84.04
98.01 — 제약(마취제, 진통제) 및 의료기기

2012    2013

---

### 재무제표

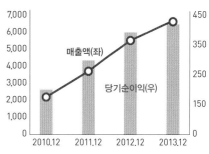

매출액(좌)
당기순이익(우)

(단위: 백만 위안)

| 손익계산서 | 2013.12 | 2012.12 | 2011.12 | 2010.12 |
|---|---|---|---|---|
| 매출액 | 6,010 | 5,317 | 3,621 | 2,205 |
| 매출총이익 | 2,495 | 2,118 | 1,487 | 1,025 |
| 영업이익 | 743 | 631 | 495 | 353 |
| 세전이익 | 770 | 696 | 506 | 368 |
| 당기순이익 | 418 | 406 | 300 | 216 |

| 현금흐름표 | 2013.12 | 2012.12 | 2011.12 | 2010.12 |
|---|---|---|---|---|
| 영업활동 현금흐름 | 498 | 172 | 94 | 111 |
| 투자활동 현금흐름 | -1,369 | -706 | -821 | -483 |
| 재무활동 현금흐름 | 1,123 | 714 | 954 | 245 |
| 현금 순증감액 | 249 | 178 | 227 | -127 |
| 기말 현금 | 1,121 | 871 | 693 | 466 |

| 대차대조표 | 2013.12 | 2012.12 | 2011.12 | 2010.12 |
|---|---|---|---|---|
| 유동자산 | 5,313 | 4,515 | 3,506 | 2,278 |
| 비유동자산 | 4,394 | 3,346 | 2,664 | 1,950 |
| 자산총계 | 9,707 | 7,861 | 6,170 | 4,228 |
| 유동부채 | 3,439 | 3,173 | 2,764 | 1,842 |
| 비유동부채 | 1,187 | 1,038 | 267 | 58 |
| 부채총계 | 4,627 | 4,212 | 3,031 | 1,901 |
| 자본금 | 529 | 493 | 493 | 472 |
| 자본잉여금 | 2,047 | 1,132 | 1,131 | 737 |
| 이익잉여금 | 167 | 160 | 125 | 105 |
| 지배회사지분 | 4,342 | 3,022 | 2,651 | 1,952 |
| 소수주주지분 | 738 | 627 | 488 | 375 |
| 자본총계 | 5,080 | 3,650 | 3,139 | 2,328 |

# 漳州片仔癀药业股份有限公司 장주편자황제약

중국 전통 중의약 제약 기업으로 녹용 관련 제품에 특화

**기업개요**

상해 380지수, CSI 300(호심 300)지수 편입종목이다. '편자황(片仔黃)' 시리즈 약품 및 기타 중의약 제품의 생산 및 판매 기업이다. 중국 전통 중의약인 '편자황'을 독자적으로 생산한다. 편자황의 모든 제조기법은 중국 중의약관리국과 국가보안부의 국가 보안기술로 분류되어 있다.

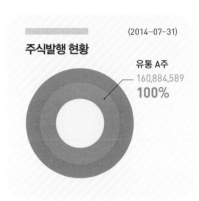

(2014-07-31)
**주식발행 현황**

유통 A주
160,884,589
**100%**

**투자 포인트**

❶ '중국의 특효 항생제'로 불리는 '편자황'을 독점 생산하는 기업

❷ 편자황의 천연원재료인 사향 공급 부족으로 편자황 가격은 수직 상승, 향후 연평균 10% 내외 인상 예상

❸ 현재의 사향 비축량으로 향후 3년간 생산 가능

❹ 사향 인공화, 사향 산업화는 중국 정부의 지원사업으로 선정

❺ 판매가, 판매량 동반 상승으로 2015년 약품 생산 매출은 9억 위안, 순이익은 5억 5000만 위안에 달할 전망

❻ 풍부한 사향 재고로 장기 사업 전망 밝으며 중약성분 화장품 사업부문도 생산 문제 해결로 매출 회복 예상

(2014-07-31)
**주요주주**

漳州市九龙江建设有限公司
기타
(%) 57.92
王富济(4.64)
片仔癀(漳州)医药有限公司(1.16)

**최근 3년 주가차트**

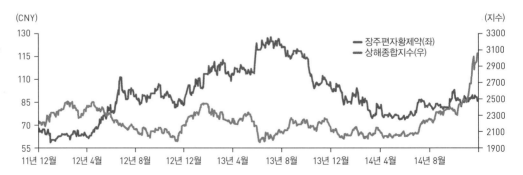

장주편자황제약(좌)
상해종합지수(우)

## 매출구조

### 2013년 사업부문별 매출구조
(기준일: 2013-12-31/단위: 백만 위안)

| 매출구성 | 매출액 | | | 매출총이익률(GPM) | |
|---|---|---|---|---|---|
| | 매출 | 비중 | 전년 대비 | GPM | 전년 대비 |
| 편자황 위주 중의약 생산 | 1,277.4 | 91.51% | 17.32% | 53.47% | 1.26%p |
| 일용품 및 화장품 생산 | 108.3 | 7.76% | 37.02% | 70.39% | 6.06%p |
| 주력사업 외 기타 수입 | 5.9 | 0.42% | 90.5% | 27.36% | 13.75%p |
| 건강보조식품 생산 | 4.3 | 0.3% | 1787.19% | 20.17% | -52.08%p |
| 합계 | 1,395.9 | 100% | 19.19% | 54.57% | 1.65%p |

### 2012년 사업부문별 매출구조
(기준일: 2012-12-31/단위: 백만 위안)

| 매출구성 | 매출액 | | | 매출총이익률(GPM) | |
|---|---|---|---|---|---|
| | 매출 | 비중 | 전년 대비 | GPM | 전년 대비 |
| 편자황 위주 중의약 생산 | 1,088.8 | 92.96% | 14.66% | 52.2% | 8.37%p |
| 일용품 및 화장품 생산 | 79.1 | 6.75% | 12.62% | 64.33% | -5.28%p |
| 주력사업 외 기타 수입 | 3.1 | 0.26% | 72.39% | 13.61% | 6.9%p |
| 건강보조식품 생산 | 0.2 | 0.02% | | 72.24% | |
| 합계 | 1,171.2 | 100% | 14.64% | 52.92% | 7.39%p |

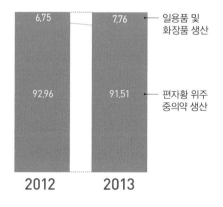

일용품 및 화장품 생산 / 편자황 위주 중의약 생산

| | 2012 | 2013 |
|---|---|---|
| 일용품 및 화장품 생산 | 6.75 | 7.76 |
| 편자황 위주 중의약 생산 | 92.96 | 91.51 |

## 재무제표

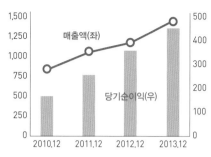

매출액(좌), 당기순이익(우)

(단위: 백만 위안)

| 손익계산서 | 2013.12 | 2012.12 | 2011.12 | 2010.12 |
|---|---|---|---|---|
| 매출액 | 1,396 | 1,171 | 1,022 | 867 |
| 매출총이익 | 762 | 620 | 465 | 334 |
| 영업이익 | 497 | 390 | 305 | 231 |
| 세전이익 | 510 | 415 | 305 | 232 |
| 당기순이익 | 430 | 349 | 255 | 194 |

| 현금흐름표 | 2013.12 | 2012.12 | 2011.12 | 2010.12 |
|---|---|---|---|---|
| 영업활동 현금흐름 | 274 | 162 | 233 | 205 |
| 투자활동 현금흐름 | -696 | -225 | -31 | -25 |
| 재무활동 현금흐름 | 632 | 125 | -75 | -192 |
| 현금 순증감액 | 209 | 63 | 125 | -12 |
| 기말 현금 | 621 | 412 | 350 | 225 |

| 대차대조표 | 2013.12 | 2012.12 | 2011.12 | 2010.12 |
|---|---|---|---|---|
| 유동자산 | 2,250 | 1,218 | 889 | 722 |
| 비유동자산 | 1,009 | 1,013 | 680 | 725 |
| 자산총계 | 3,259 | 2,231 | 1,569 | 1,447 |
| 유동부채 | 287 | 263 | 309 | 249 |
| 비유동부채 | 380 | 412 | 70 | 114 |
| 부채총계 | 667 | 675 | 380 | 363 |
| 자본금 | 161 | 140 | 140 | 140 |
| 자본잉여금 | 1,174 | 508 | 410 | 467 |
| 이익잉여금 | 218 | 177 | 143 | 119 |
| 지배회사지분 | 2,506 | 1,500 | 1,151 | 1,050 |
| 소수주주지분 | 86 | 55 | 38 | 34 |
| 자본총계 | 2,592 | 1,556 | 1,189 | 1,084 |

CODE **600594.SH** ·····································

# 贵州益佰制药股份有限公司 귀주익백제약

### 항암 및 심혈관제 제조의 귀주성 소재 종합 제약 기업

·························································································

**기업개요**

상해 380지수 편입종목이다. 중의약 제품 생산 및 판매 기업이다. 하이테크 제약 기업으로 OTC와 전문 의약품을 생산 및 판매하고 있다. 약 800개 영업망을 가지고 있고 항암, 심혈관 및 진해(鎭咳: 기침약) 사업의 연간 매출은 2억 위안에 달한다.

**투자
포인트**

❶ 중약성분의 의약품 생산기업

❷ 주력제품은 감기약, 심혈관제, 항암제 및 항바이러스 약품. 대부분이 정부가 지정한 '국가의료보험 약품목록'에 포함

❸ 광범위한 제품군으로 전국 1100여 개의 3급 병원(종합병원)과 2000여 개의 2급 병원(지역 대형병원)과 협력 중

❹ 27.15% 지분을 소유한 '해남장안국제'는 중국에서 유일하게 로바플라틴Lobaplatin(洛铂)을 생산해 막강한 영향력 행사

❺ 향후 '제품군 확대+투명한 영업전략'을 통한 실적 성장이 관전 포인트

**주식발행 현황** (2014-07-31)

비유통 A주
37,732,100
**9.53%**

발행주식 총수:
395,999,700
100%

유통 A주
358,267,600
**90.47%**

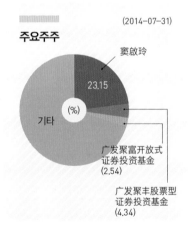

**주요주주** (2014-07-31)

窦啟玲
23.15

(%)

기타

广发聚富开放式
证券投资基金
(2.54)

广发聚丰股票型
证券投资基金
(4.34)

**최근 3년
주가차트**

- 귀주익백제약(좌)
- 상해종합지수(우)

## 매출구조

### 2013년 사업부문별 매출구조

기준일: 2013-12-31/단위: 백만 위안

| 매출구성 | 매출액 | | | 매출총이익률(GPM) | |
|---|---|---|---|---|---|
| | 매출 | 비중 | 전년 대비 | GPM | 전년 대비 |
| 전문의약품 | 2,399 | 86.14% | 30.47% | 88.04% | 0.15%p |
| OTC약품 | 191.4 | 6.87% | -27.47% | 59.79% | -4.06%p |
| 병원 운영 | 187.5 | 6.73% | 26.35% | 30.6% | -3.47%p |
| 기타 | 3.6 | 0.13% | 138.69% | 22.96% | 8.24%p |
| 주력사업 외 기타 수입 | 3.4 | 0.12% | | | |
| 합계 | 2,784.9 | 100% | 23.63% | 82.16% | 0.68%p |

### 2012년 사업부문별 매출구조

기준일: 2012-12-31/단위: 백만 위안

| 매출구성 | 매출액 | | | 매출총이익률(GPM) | |
|---|---|---|---|---|---|
| | 매출 | 비중 | 전년 대비 | GPM | 전년 대비 |
| 전문의약품 | 1,838.8 | 81.63% | 18.34% | 87.89% | -1.71%p |
| OTC약품 | 263.9 | 11.71% | 26.96% | 63.84% | 1.42%p |
| 병원 운영 | 148.4 | 6.59% | 11.91% | 34.07% | -5.76%p |
| 기타 | 1.5 | 0.07% | -83.53% | 14.72% | -2.42%p |
| 합계 | 2,252.6 | 100% | 18.35% | 81.48% | -1.34%p |

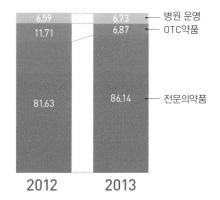

| | 2012 | 2013 |
|---|---|---|
| 병원 운영 | 6.59 | 6.73 |
| OTC약품 | 11.71 | 6.87 |
| 전문의약품 | 81.63 | 86.14 |

---

## 재무제표

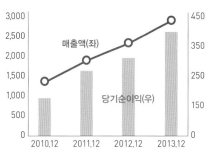

(단위: 백만 위안)

| 손익계산서 | 2013.12 | 2012.12 | 2011.12 | 2010.12 |
|---|---|---|---|---|
| 매출액 | 2,785 | 2,253 | 1,903 | 1,467 |
| 매출총이익 | 2,288 | 1,835 | 1,576 | 1,132 |
| 영업이익 | 493 | 381 | 311 | 219 |
| 세전이익 | 515 | 404 | 325 | 211 |
| 당기순이익 | 429 | 333 | 265 | 196 |

| 현금흐름표 | 2013.12 | 2012.12 | 2011.12 | 2010.12 |
|---|---|---|---|---|
| 영업활동 현금흐름 | 577 | 288 | 278 | 116 |
| 투자활동 현금흐름 | -734 | -267 | -108 | -78 |
| 재무활동 현금흐름 | 13 | 79 | -71 | -71 |
| 현금 순증감액 | -143 | 100 | 99 | -34 |
| 기말 현금 | 319 | 463 | 363 | 264 |

| 대차대조표 | 2013.12 | 2012.12 | 2011.12 | 2010.12 |
|---|---|---|---|---|
| 유동자산 | 1,906 | 1,735 | 1,255 | 1,065 |
| 비유동자산 | 1,294 | 542 | 549 | 500 |
| 자산총계 | 3,201 | 2,277 | 1,804 | 1,565 |
| 유동부채 | 1,213 | 656 | 642 | 667 |
| 비유동부채 | 56 | 75 | 23 | 22 |
| 부채총계 | 1,268 | 731 | 666 | 689 |
| 자본금 | 361 | 361 | 353 | 353 |
| 자본잉여금 | 124 | 114 | 14 | 14 |
| 이익잉여금 | 195 | 158 | 127 | 98 |
| 지배회사지분 | 1,924 | 1,539 | 1,126 | 866 |
| 소수주주지분 | 9 | 7 | 12 | 10 |
| 자본총계 | 1,932 | 1,546 | 1,138 | 876 |

PART2 중국을 움직이는 100대 기업 077

**CODE 600521.SH** ........................................

# 浙江华海药业股份有限公司 절강화해제약

## FDA의 API(원료의약품)로부터 인증받은 원료약, 완제약 생산기업

**기업개요**

상해 180지수 편입종목이다. 정제, 하드캡슐, 의약원료, 의약중간 원료의 제조 및 판매 기업이다. 미국 FDA의 API(원료의약품) 인증, FDA 일반의약품 ANDA 인증, EHS 인증 및 CGMP 인증을 받은 기업이다. 현재 해외 25개국으로 사업을 확장하고 있다.

**투자 포인트**

❶ 의약품 제제, 원료의약품과 중간체 생산기업. 주력제품은 심혈 관약, 항우울증 약물 및 항바이러스성 약물

❷ 중국 기업 최초로 구미 시장에서 제제약 대량 판매에 성공한 제약 회사

❸ 세계 최대의 에날라프릴Enalapril, 발사르탄Valsartan 및 신경성 원료의약품 공급기업

❹ 라모트리진Lamotrigine 복제약 전문기업으로 해외에서 저가 경쟁력을 앞세워 연간 시장점유율 확대 중

❺ 5년 뒤 전 세계 중견급의 복제약 기업으로의 성장이 기대되는 기업

(2014-07-31)

**주식발행 현황**

비유통 A주
4,424,310
**0.56%**

발행주식 총수:
785,302,271
100%

유통 A주
780,877,961
**99.44%**

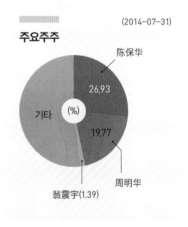

(2014-07-31)

**주요주주**

陈保华
26.93

(%)

19.77

周明华

翁震宇(1.39)

기타

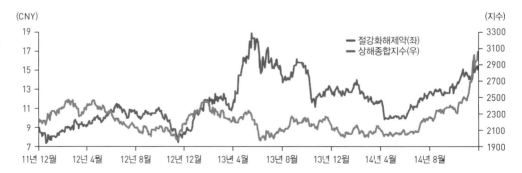

**최근 3년 주가차트**

(CNY) (지수)

— 절강화해제약(좌)
— 상해종합지수(우)

## 매출구조

### 2013년 사업부문별 매출구조
(기준일: 2013-12-31/단위: 백만 위안)

| 매출구성 | 매출액 | | | 매출총이익률(GPM) | |
|---|---|---|---|---|---|
| | 매출 | 비중 | 전년 대비 | GPM | 전년 대비 |
| 원료약 및 중간체 생산 | 1,446.9 | 63.01% | -7.29% | 34.12% | -3.56%p |
| 완제약 생산 | 824.6 | 35.91% | 96.31% | 60.67% | 12.78%p |
| 주력사업 외 기타 수입 | 21.5 | 0.94% | -28.59% | | |
| 정보 서비스 | 2.8 | 0.12% | 14.61% | | |
| 기타 | 0.6 | 0.02% | -49.05% | 6.6% | -27.29%p |
| 합계 | 2,296.4 | 100% | 14% | 43.86% | 3.59%p |

### 2012년 사업부문별 매출구조
(기준일: 2012-12-31/단위: 백만 위안)

| 매출구성 | 매출액 | | | 매출총이익률(GPM) | |
|---|---|---|---|---|---|
| | 매출 | 비중 | 전년 대비 | GPM | 전년 대비 |
| 원료약 및 중간체 생산 | 1,560.7 | 77.48% | 19.26% | 37.68% | 0.4%p |
| 완제약 생산 | 420.1 | 20.85% | 107.38% | 47.89% | -4.22%p |
| 주력사업 외 기타 수입 | 30.1 | 1.5% | 15.37% | | |
| 정보 서비스 | 2.4 | 0.12% | -67.96% | | |
| 기타 | 1.1 | 0.05% | -71.7% | 33.89% | 2.99%p |
| 합계 | 2,014.4 | 100% | 10.22% | 40.27% | 0.64%p |

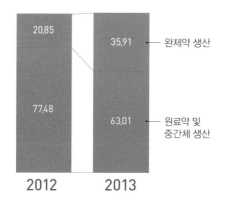

2012    2013

완제약 생산 — 35.91 (2013), 20.85 (2012)
원료약 및 중간체 생산 — 63.01 (2013), 77.48 (2012)

---

### 재무제표

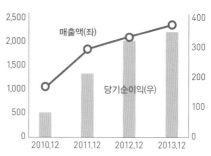

매출액(좌)
당기순이익(우)

2010.12  2011.12  2012.12  2013.12

(단위: 백만 위안)

| 손익계산서 | 2013.12 | 2012.12 | 2011.12 | 2010.12 |
|---|---|---|---|---|
| 매출액 | 2,296 | 2,014 | 1,828 | 1,023 |
| 매출총이익 | 1,007 | 811 | 724 | 429 |
| 영업이익 | 400 | 356 | 274 | 97 |
| 세전이익 | 412 | 402 | 273 | 128 |
| 당기순이익 | 359 | 341 | 217 | 94 |

| 현금흐름표 | 2013.12 | 2012.12 | 2011.12 | 2010.12 |
|---|---|---|---|---|
| 영업활동 현금흐름 | 490 | 244 | 198 | 299 |
| 투자활동 현금흐름 | -1,127 | -444 | -363 | -265 |
| 재무활동 현금흐름 | 947 | 92 | 305 | -90 |
| 현금 순증감액 | 298 | -111 | 126 | -62 |
| 기말 현금 | 533 | 235 | 346 | 220 |

| 대차대조표 | 2013.12 | 2012.12 | 2011.12 | 2010.12 |
|---|---|---|---|---|
| 유동자산 | 2,599 | 1,655 | 1,380 | 1,131 |
| 비유동자산 | 1,867 | 1,562 | 1,197 | 923 |
| 자산총계 | 4,466 | 3,217 | 2,577 | 2,054 |
| 유동부채 | 1,360 | 1,222 | 1,010 | 698 |
| 비유동부채 | 87 | 46 | 38 | 38 |
| 부채총계 | 1,447 | 1,268 | 1,047 | 736 |
| 자본금 | 785 | 547 | 539 | 449 |
| 자본잉여금 | 811 | 232 | 116 | 146 |
| 이익잉여금 | 225 | 189 | 153 | 129 |
| 지배회사지분 | 3,007 | 1,941 | 1,528 | 1,297 |
| 소수주주지분 | 12 | 8 | 1 | 21 |
| 자본총계 | 3,019 | 1,949 | 1,530 | 1,318 |

# 上海现代制药股份有限公司 상해현대제약

중국 최대의 의약그룹인 '중국의약그룹' 산하의 종합 제약 회사

**기업개요**

상해 380지수 편입종목이다. 의약품의 개발, 생산, 경영 및 대행판매 기업이다. 주요 사업인 항생제 매출 비중은 27.83%, 심혈관 제약품 17.33%, 바이오 제품은 8.95%이다. 지배주주인 상해의약공업연구원(上海醫藥工業研究院)은 국무원 국자위에 속해 있으며 제약업계 내 유일한 중앙 직속의 연구소이자 중국 제약업계 내 과학연구 수준이 가장 높은 종합적 연구개발기관이다.

**투자
포인트**

❶ 원료의약품, 제제, 바이오 의약품 생산기업

❷ 세팔렉신서방정Cefalexin(头孢氨苄缓释胶囊)의 시장점유율은 50% 이상, 독점 생산 중인 니페디핀서방정Nifedipine(硝苯地平控释片)은 고혈압, 협심증 약품 중 높은 인지도 자랑

❸ 주력 약품인 니페디핀서방정을 독점 생산하며 수입 약품을 대체하는 중

❹ 자회사인 용성제약(容生制药)은 외국계 제약사의 전유물이었던 '메틸프레드니솔론'의 생산이 가능해져 향후 수입 약품의 대체품이 될 가능성

❺ 모기업 국약그룹이 국유기업 개혁 대상에 포함되어 향후 경영관리에 탄력, 모기업으로부터의 자산 재편 등의 수혜 예상

**주식발행 현황** (2014-07-31)

유통 A주
287,733,402
**100%**

**주요주주** (2014-07-31)

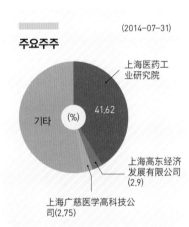

上海医药工业研究院
41.62
기타
(%)
上海高东经济发展有限公司
(2.9)
上海广慈医学高科技公司(2.75)

**최근 3년
주가차트**

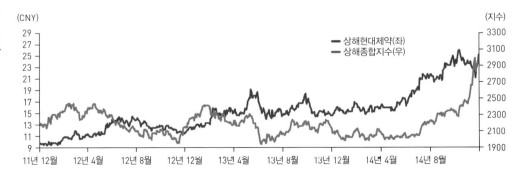

상해현대제약(좌)
상해종합지수(우)

**매출구조**

## 2013년 사업부문별 매출구조
(기준일: 2013-12-31/단위: 백만 위안)

| 매출구성 | 매출액 | | | 매출총이익률(GPM) | |
|---|---|---|---|---|---|
| | 매출 | 비중 | 전년 대비 | GPM | 전년 대비 |
| 제제 생산 | 1,618.4 | 68.87% | 35.92% | 52.1% | -0.87%p |
| 원료약 생산 | 477.4 | 20.32% | -2.01% | 25.72% | 6.07%p |
| 약품 수출입 | 244 | 10.38% | -52.2% | 0.85% | -1.08%p |
| 정보서비스 | 22.3 | 0.95% | 15.05% | 40.29% | -4.25%p |
| 주력사업 외 기타 수입 | 5.8 | 0.25% | -55.45% | 70.99% | 30.98%p |
| 사업부문 간 매출조정 | -18.1 | -0.77% | | | |
| 합계 | 2,349.7 | 100% | 6.73% | 41.75% | 7.67%p |

## 2012년 사업부문별 매출구조
(기준일: 2012-12-31/단위: 백만 위안)

| 매출구성 | 매출액 | | | 매출총이익률(GPM) | |
|---|---|---|---|---|---|
| | 매출 | 비중 | 전년 대비 | GPM | 전년 대비 |
| 제제 생산 | 1,010 | 50.32% | 36.79% | 55.62% | -3.43%p |
| 약품 수출입 | 510.4 | 25.43% | 15.13% | 1.93% | 0.7%p |
| 원료약 생산 | 476.2 | 23.73% | -7.03% | 19.61% | 5.08%p |
| 정보 서비스 | 19.4 | 0.97% | 7.43% | 44.54% | -9.57%p |
| 주력사업 외 기타 수입 | 10 | 0.5% | 36.01% | 31.29% | -14.21%p |
| 사업부문 간 매출조정 | -19.1 | -0.95% | 14.44% | 0% | -0.05%p |
| 합계 | 2,006.9 | 100% | 17.87% | 33.72% | 2.65%p |

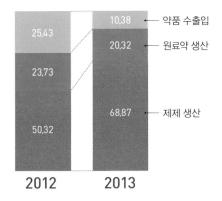

2012 / 2013
- 약품 수출입: 25.43 (2012), 10.38 (2013)
- 원료약 생산: 23.73 (2012), 20.32 (2013)
- 제제 생산: 50.32 (2012), 68.87 (2013)

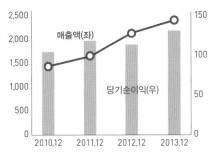

매출액(좌) / 당기순이익(우)
2010.12 / 2011.12 / 2012.12 / 2013.12

(단위: 백만 위안)

| 손익계산서 | 2013.12 | 2012.12 | 2011.12 | 2010.12 |
|---|---|---|---|---|
| 매출액 | 2,350 | 2,007 | 1,703 | 1,423 |
| 매출총이익 | 981 | 677 | 529 | 436 |
| 영업이익 | 180 | 170 | 154 | 140 |
| 세전이익 | 216 | 185 | 170 | 154 |
| 당기순이익 | 133 | 116 | 120 | 108 |

| 현금흐름표 | 2013.12 | 2012.12 | 2011.12 | 2010.12 |
|---|---|---|---|---|
| 영업활동 현금흐름 | 207 | 193 | 136 | 115 |
| 투자활동 현금흐름 | -581 | -382 | -128 | -152 |
| 재무활동 현금흐름 | 344 | 322 | 112 | -4 |
| 현금 순증감액 | -31 | 133 | 121 | -40 |
| 기말 현금 | 391 | 408 | 276 | 155 |

| 대차대조표 | 2013.12 | 2012.12 | 2011.12 | 2010.12 |
|---|---|---|---|---|
| 유동자산 | 1,447 | 1,298 | 946 | 681 |
| 비유동자산 | 1,698 | 1,171 | 546 | 454 |
| 자산총계 | 3,146 | 2,469 | 1,492 | 1,136 |
| 유동부채 | 923 | 747 | 486 | 276 |
| 비유동부채 | 898 | 532 | 59 | 22 |
| 부채총계 | 1,820 | 1,278 | 545 | 298 |
| 자본금 | 288 | 288 | 288 | 288 |
| 자본잉여금 | 75 | 34 | 33 | 33 |
| 이익잉여금 | 79 | 75 | 67 | 57 |
| 지배회사지분 | 995 | 904 | 815 | 724 |
| 소수주주지분 | 330 | 287 | 133 | 114 |
| 자본총계 | 1,325 | 1,191 | 948 | 838 |

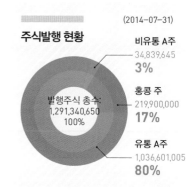

## CODE 0874.HK / 600332.SH

# 广州白云山医药集团股份有限公司 백운산

### 세계적 의약건강 기업으로 도약 중인 중국 최대의 중약 제조업체

**기업개요**

CSI 300(호심 300)지수 편입종목이자, A/H주 동시상장 기업이다. 중국 최대의 중약 제조업체로 주요 사업은 중의약 제조 및 판매, 의료장비 도소매 및 수출입, 천연약물과 생물의약의 연구 및 개발이다. 2013년 8월 29일 기업명을 광주제약에서 백운산으로 변경했다.

**투자 포인트**

❶ 2013년 12월 모기업인 광저우의약그룹은 2016년까지 매출 목표 1000억 위안(약 17조 5000억 원)을 제시(2012년 420억 위안)

❷ 2020년 매출 1500억 위안(26조 250억 원) 돌파해 제약, 의료, 헬스케어, 비스니스 물류를 종합한 세계적 의약건강 기업으로 도약 발표

❸ 중국 광저우 국자위 산하 기업으로 제약, 약품 유통, 유명 음료인 WLJ(왕라오지)를 생산해 전략적으로 '제약+건강음료' 비즈니스 모델 확립

❹ 2013년 매출 176억 위안 중 중약과 양약의 비중은 각 22%와 20%이며 왕라오지는 37%이나, 향후 왕라오지의 매출 비중이 50%가 넘을 것으로 예상

❺ 2014년 상반기 왕라오지 매출 약 40억 위안으로 전년 대비 13% 내외 성장. 3/4분기는 약 15% 성장. 2015년부터는 마케팅 비용 관리와 규모의 효과로 순이익률 상승 전망

❻ 본격 시판에 들어간 비아그라 진어(金戈)는 향후 3~5년 동안 연간 판매 목표 약 5~10억 위안 예상

❼ 향후 제약 부문의 안정적인 성장과 왕라오지와 진어 등의 급성장이 기대되는 기업

**주식발행 현황** (2014-07-31)

발행주식 총수: 1,291,340,650 100%

비유통 A주 34,839,645 3%

홍콩 주 219,900,000 17%

유통 A주 1,036,601,005 80%

**주요주주** (2014-07-31)

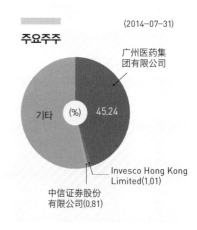

广州医药集团有限公司 45.24

기타

Invesco Hong Kong Limited(1.01)

中信证券股份有限公司(0.81)

**최근 3년 주가차트**

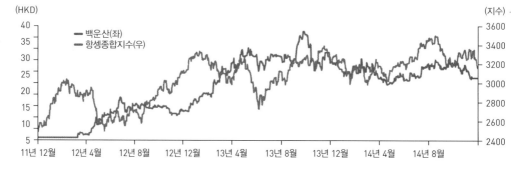

- 백운산(좌)
- 항셍종합지수(우)

## 매출구조

### 2013년 사업부문별 매출구조
(기준일: 2013-12-31/단위: 백만 위안)

| 매출구성 | 매출 | 비중 | 전년 매출 | 비중 | 전년 대비 |
|---|---|---|---|---|---|
| 제약 및 건강보조식품 생산 | 13,789 | 78.3% | 8,723 | 79.9% | 58.1% |
| 의약품, 의료기기 및 중약제 도소매 | 3,673 | 20.9% | 3,190 | 19.7% | 15.1% |
| 기타 사업 | 145 | 0.8% | 148 | 0.3% | -2% |
| 합계 | 17,608 | 100% | 12,062 | 100% | 46% |

주: 2013년의 M&A가 있었으며, 전년 매출(2012년)도 M&A 이후 기준으로 수정 보완한 데이터임.

### 2012년 사업부문별 매출구조
(기준일: 2012-12-31/단위: 백만 위안)

| 매출구성 | 매출 | 비중 | 전년 매출 | 비중 | 전년 대비 |
|---|---|---|---|---|---|
| 제약 및 건강보조식품 생산 | 4,585 | 55.7% | 2,534 | 46.6% | 80.9% |
| 의약품, 의료기기 및 중약제 도소매 | 3,543 | 43.1% | 2,810 | 51.7% | 26.1% |
| 기타 사업 | 100 | 1.2% | 94 | 1.7% | 6.3% |
| 합계 | 8,229 | 100% | 5,439 | 100% | 51.3% |

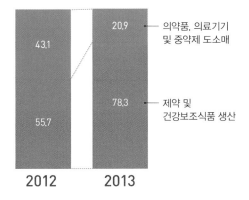

2012: 43.1 / 55.7
2013: 20.9 — 의약품, 의료기기 및 중약제 도소매 / 78.3 — 제약 및 건강보조식품 생산

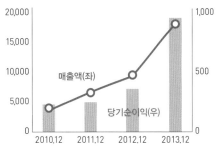

매출액(좌) 당기순이익(우)
2010.12 2011.12 2012.12 2013.12

(단위: 백만 위안)

| 손익계산서 | 2013.12 | 2012.12 | 2011.12 | 2010.12 |
|---|---|---|---|---|
| 매출액 | 17,608 | 8,229 | 5,396 | 4,403 |
| 매출총이익 | 5,654 | 2,274 | 1,353 | 1,215 |
| 세전이익 | 1,229 | 458 | 335 | 340 |
| 당기순이익 | 980 | 395 | 288 | 280 |

| 현금흐름표 | 2013.12 | 2012.12 | 2011.12 | 2010.12 |
|---|---|---|---|---|
| 영업활동 현금흐름 | 1,339 | 507 | -180 | 74 |
| 투자활동 현금흐름 | -324 | 11 | -221 | 22 |
| 재무활동 현금흐름 | -212 | -152 | 60 | -67 |
| 현금 순증감액 | 805 | 367 | -341 | 29 |
| 기말 현금 | 1,919 | 722 | 356 | 696 |

| 대차대조표 | 2013.12 | 2012.12 | 2011.12 | 2010.12 |
|---|---|---|---|---|
| 유동자산 | 7,299 | 3,547 | 2,312 | 2,177 |
| 비유동자산 | 4,950 | 2,688 | 2,539 | 2,529 |
| 자산총계 | 12,249 | 6,235 | 4,851 | 4,706 |
| 유동부채 | 5,050 | 1,915 | 871 | 804 |
| 비유동부채 | 177 | 96 | 85 | 88 |
| 부채총계 | 5,227 | 2,011 | 956 | 892 |
| 자본금 | 1,291 | 811 | 811 | 811 |
| 자본/ 이익잉여금 | 5,540 | 3,286 | 2,971 | 2,883 |
| 지배회사지분 | 6,832 | 4,097 | 3,782 | 3,694 |
| 소수주주지분 | 190 | 128 | 114 | 120 |
| 자본총계 | 7,022 | 4,224 | 3,895 | 3,814 |

# 四环医药控股集团有限公司 사환제약

## 중국 심혈관치료제 1등 기업

**기업개요**

중국 8대 처방약 제약사이며 중국 최대의 심뇌혈관 처방약품 생산 기업으로 전국적인 유통망을 가지고 있다. 제품 포트폴리오는 심뇌혈관, 중추신경계통, 항바이러스, 신진대사, 암 등의 질병을 치료하는 5대 분야이다.

**투자 포인트**

❶ 중국 심혈관 치료제 1등 기업으로 시장점유율 10.8%(2014년 6월 말 기준)

❷ 병원약품 공급 3위 업체로 시장점유율 1.9%(2014년 6월 말 기준)

❸ 심혈관 주사제를 중심으로 신진대사, 항염제, 중추신경계 등 80여 종을 생산

❹ 전국의 약 3000여 중간도매업체와 1만여 병원에 판매하고 있으며 특히 전국 3급 병원의 80%(약 1000개)와 2급 병원의 55%(약 3600개), 1급 병원의 30%(5400개)에 약품 공급

❺ 상당수 약품이 각 성의 '기본 의약품 목록'으로 등록되었고, '신농촌 의료약품 목록'에도 낙찰되어 성장성 양호

❻ 비축 약품군이 풍부하며 클래스원 신약과 제네릭 약품 선두업체로 기술경쟁력 뚜렷

❼ 2015년부터 기존 약품의 20% 내외 성장 및 신규 약품들의 의약품 목록 지정 등으로 당분간 연평균 25~30%의 성장 예상

❽ 2014년 10월에는 '중국 군사의학 과학원과' 안티 에볼라 바이러스약 jk-05를 공동 개발해 2018년에 시판하기로 합의

(2014-07-31)

**주식발행 현황**

홍콩 주
10,364,182,206
**100%**

(2014-07-31)

**주요주주**

Plenty Gold Enterprises Limited

기타   (%)   46.33

车冯升(4.71)

郭维城(3.12)

**최근 3년 주가차트**

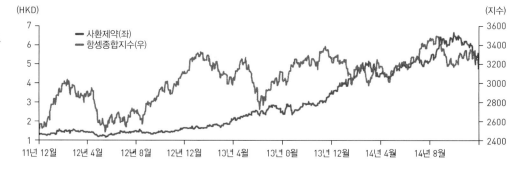

(HKD)

— 사환제약(좌)
— 항셍종합지수(우)

(지수)

## 매출구조

### 2013년 사업부문별 매출구조
(기준일: 2013-12-31/단위: 백만 위안)

| 매출구성 | 매출 | 비중 | 전년 매출 | 비중 | 전년 대비 |
|---|---|---|---|---|---|
| 의약품 도매 | 4,732 | 100% | 3,043 | 100% | 55.6% |
| 합계 | 4,732 | 100% | 3,043 | 100% | 55.6% |

### 2012년 사업부문별 매출구조
(기준일: 2012-12-31/단위: 백만 위안)

| 매출구성 | 매출 | 비중 | 전년 매출 | 비중 | 전년 대비 |
|---|---|---|---|---|---|
| 의약품 도매 | 3,043 | 100% | 2,242 | 100% | 35.7% |
| 합계 | 3,043 | 100% | 2,242 | 100% | 35.7% |

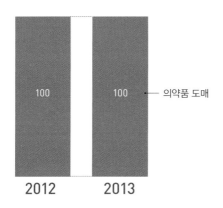

의약품 도매

2012     2013

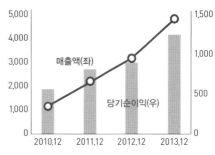

매출액(좌)

당기순이익(우)

(단위: 백만 위안)

| 손익계산서 | 2013.12 | 2012.12 | 2011.12 | 2010.12 |
|---|---|---|---|---|
| 매출액 | 4,733 | 3,043 | 2,242 | 1,037 |
| 매출총이익 | 3,700 | 2,289 | 1,714 | 745 |
| 세전이익 | 1,567 | 1,166 | 1,045 | 635 |
| 당기순이익 | 1,303 | 904 | 824 | 522 |

| 현금흐름표 | 2013.12 | 2012.12 | 2011.12 | 2010.12 |
|---|---|---|---|---|
| 영업활동 현금흐름 | 1,511 | 1,046 | 713 | 380 |
| 투자활동 현금흐름 | -491 | -2,764 | -2,863 | -364 |
| 재무활동 현금흐름 | -1,049 | 109 | -548 | 5,222 |
| 현금 순증감액 | -28 | -1,609 | -2,698 | 5,239 |
| 기말 현금 | 1,515 | 1,544 | 3,153 | 5,851 |

| 대차대조표 | 2013.12 | 2012.12 | 2011.12 | 2010.12 |
|---|---|---|---|---|
| 유동자산 | 5,163 | 4,021 | 5,074 | 6,165 |
| 비유동자산 | 4,849 | 5,438 | 3,780 | 738 |
| 자산총계 | 10,012 | 9,459 | 8,854 | 6,902 |
| 유동부채 | 1,804 | 1,850 | 1,741 | 233 |
| 비유동부채 | 210 | 422 | 119 | 10 |
| 부채총계 | 2,014 | 2,272 | 1,860 | 243 |
| 자본금 | 44 | 44 | 44 | 45 |
| 자본/ 이익잉여금 | 7,838 | 7,040 | 6,901 | 6,612 |
| 지배회사지분 | 7,882 | 7,084 | 6,946 | 6,657 |
| 소수주주지분 | 115 | 103 | 48 | 3 |
| 자본총계 | 7,998 | 7,187 | 6,994 | 6,660 |

CODE **1177.HK**

# 中国生物制药有限公司 중국생물제약

**제네릭과 중약 현대화 분야에서 경쟁력 있는 기업**

**기업개요**

종합 제약 기업으로 주로 선진적인 중약(한약) 현대화 기술과 바이오 기술을 통해 각종 중약 제제, 바이오약품, 화학약품을 연구, 생산하고 있다. 주로 심뇌혈관 및 간 질환 약품이 대부분이며 종양, 진통제, 호흡계통, 당뇨병, 소화기관 질병 등의 치료약품도 개발하고 있다.

**투자 포인트**

❶ 제네릭과 중약 현대화 영역에서 경쟁력 있는 기업으로 간질환 및 심혈관계통 표적 약물치료 분야에서 대표 기업

❷ 주요 제품인 'Runzhong'은 B형간염 치료제로 유명하며 2010년 출시 이후 폭발적인 성장세를 이어가고 있고, 2014년 1~9월 매출은 전년 대비 41% 증가한 17억 홍콩달러

❸ 2014년 9월 기준 임상실험과 생산 허가 신청 중의 약품은 184개로 심혈관제 약품은 33개, 간질환 치료제 11개, 항암제 83개, 호흡기계통 약품 6개, 당뇨병 치료제 11개 및 기타 40개가 신청 진행 중

❹ 기존 제품의 실적 성장과 신제품 출시로 향후 2~3년간 약 20~30% 성장 예상

❺ 풍부한 현금유동성, M&A 및 연구개발 지속 투자, 다양한 신약 비축군 보유로 꾸준한 성장 전망

**주식발행 현황** (2014-07-31)

홍콩 주
4,941,461,473
**100%**

**주요주주** (2014-07-31)

Validated Profits Limited
14.58

14.17

正大百年集团有限公司

10.12

Remarkable Industries Limited

기타

(%)

**최근 3년 주가차트**

(HKD)

— 중국생물제약(좌)
— 항셍종합지수(우)

(지수)

## 매출구조

### 2013년 사업부문별 매출구조
(기준일: 2013-12-31/단위: 백만 위안)

| 매출구성 | 매출 | 비중 | 전년 매출 | 비중 | 전년 대비 |
|---|---|---|---|---|---|
| 제약(중약/양약) 및 도매 | 9,657 | 97.5% | 7,282 | 97.1% | 32.6%p |
| 투자사업 및 기타 | 243 | 2.5% | 214 | 2.9% | 13.9%p |
| 합계 | 9,901 | 100% | 7,496 | 100% | 32.1%p |

### 2012년 사업부문별 매출구조
(기준일: 2012-12-31/단위: 백만 위안)

| 매출구성 | 매출 | 비중 | 전년 매출 | 비중 | 전년 대비 |
|---|---|---|---|---|---|
| 제약(중약/양약) 및 도매 | 8,113 | 97.4% | 5,766 | 99.7% | 40.7%p |
| 투자사업 및 기타 | 214 | 2.6% | 17 | 0.3% | 1158.8%p |
| 합계 | 8,327 | 100% | 5,782 | 100% | 44%p |

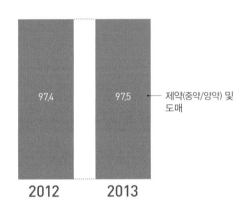

제약(중약/양약) 및 도매

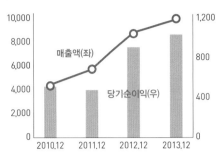

매출액(좌)

당기순이익(우)

(단위: 백만 홍콩달러)

| 손익계산서 | 2013.12 | 2012.12 | 2011.12 | 2010.12 |
|---|---|---|---|---|
| 매출액 | 9,901 | 8,327 | 5,782 | 4,086 |
| 매출총이익 | 7,673 | 6,605 | 4,539 | 3,301 |
| 세전이익 | 2,137 | 1,789 | 996 | 1,088 |
| 당기순이익 | 1,037 | 891 | 463 | 567 |

| 현금흐름표 | 2013.12 | 2012.12 | 2011.12 | 2010.12 |
|---|---|---|---|---|
| 영업활동 현금흐름 | 1,576 | 1,608 | 1,095 | 503 |
| 투자활동 현금흐름 | -692 | -603 | 7 | -1,347 |
| 재무활동 현금흐름 | -536 | -528 | -758 | 647 |
| 현금 순증감액 | 396 | 482 | 399 | -120 |
| 기말 현금 | 2,890 | 2,500 | 2,018 | 1,619 |

| 대차대조표 | 2013.12 | 2012.12 | 2011.12 | 2010.12 |
|---|---|---|---|---|
| 유동자산 | 5,827 | 5,121 | 3,871 | 4,030 |
| 비유동자산 | 4,142 | 2,694 | 2,424 | 1,591 |
| 자산총계 | 9,969 | 7,815 | 6,295 | 5,621 |
| 유동부채 | 2,580 | 1,882 | 1,371 | 1,096 |
| 비유동부채 | 164 | 149 | 149 | 224 |
| 부채총계 | 2,744 | 2,030 | 1,519 | 1,319 |
| 자본금 | 124 | 124 | 124 | 124 |
| 자본/이익잉여금 | 5,363 | 4,458 | 3,712 | 3,524 |
| 지배회사지분 | 5,487 | 4,582 | 3,836 | 3,648 |
| 소수주주지분 | 1,738 | 1,203 | 940 | 654 |
| 자본총계 | 7,225 | 5,785 | 4,776 | 4,302 |

# 여행업

중국인의 해외여행이 늘어나면서 중국은 세계 최대의 해외관광 소비국으로 급부상했다. 세계 각국은 '대륙의 요우커' 유치를 위해 비자 정책 완화 등 각종 혜택을 쏟아내고 있다. 2012년 중국인의 해외 소비는 1020억 위안(18조 3600억 원)으로 세계 아웃바운드 소비의 약 9.5%를 점하고 있다. 독일과 미국을 넘어 세계 최대의 아웃바운드 관광대국으로 떠오른 것이다.

중국여행연구원에 의하면 2014년 1~9월 사이 해외 출국자 수는 8500만 명이며 해외관광 소비 규모는 1150억 달러, 1인당 소비는 1353달러로 집계되었다. 2013년 총 출국자 수는 1억 1500만 명으로 전년 동기 대비 17.5% 증가했고 소비는 1550억 달러로 동기 대비 20.8% 증가할 것으로 예상했으며 1인당 소비는 약 1348달러로 전망했다.

2000년부터 2014년까지 15년간 중국의 해외관광객은 1000만 명에서 1억 명으로 10배나 늘었다. 여행객의 외국 현지에서의 소비도 지난 10년간 10배 이상 증가했다. 해외관광은 점차 중국 중산층들의 일상화된 소비 패턴으로 이어지고 있다. 더욱이 외국의 비자 정책 완화, 위안화 절상, 온라인 여행사, 인터넷을 통한 정보 수집 등 우호적 여건과 상황이 조성되었다. 이런 환경이 해외관광 수요 급증으로 이어지고 있다.

중국인의 해외관광 증가의 직접적인 수혜자로는 해외여행 상품 기획자 역할을 전담하는 중신여행(002707.SZ)과 해외 항공 1위 기업 중국국제항공(601111. SH/0753.HK) 등이 있다. 중국국제항공은 최근 들어 유가 하락의 수혜도 톡톡히 누리는 중이다. 중국국제여행사(601888.SH)와 OTA, 마카오의 카지노 기업들도 해외관광 붐의 수혜 기업이다.

현재 마카오 카지노 시장은 주로 단순 카지노이던 형태가 카지노와 비즈니스, 관광 등의 수요를 충족시킬 수 있는 종합형 시설로 발전하는 추세다. 특히 2018년까지 마카오 내 6개 카지노 회사가 참여하는 코타이Cotai(마카오에서 새로 개발한 카지노 지구) 프로젝트가 순차별 오픈을 앞두고 있어 마카오 카지노 영업장은 2020년까지 현재의 35개에서 40개로 늘어날 것이다. 그뿐만 아니라 시설 확충으로 마카오 카지노의 위상은 한층 높아질 전망이다. 코타이 프로젝트는 라스베이거스의 복합 리조트 형식을 벤치마킹한 것으로 해외관광객, 특히 중국 본토 관광객들의 해외관광 붐으로 수혜가 예상된다. 대표 수혜 종목으로는 금사중국(1928. HK), 은하오락그룹(0027.HK) 등이 있다.

중국여행연구원에 의하면 2014년 중국 국내관광객 수는 약 36억 1400만 명으로 전년 대비 10.8% 증가하고 관광 수익은 3조 위안(540조 원)으로 전년 대비 15.6% 성장할 전망이다. 증가율은 모두 2013년과 같은 수준이며 국내관광 시장도 안정적으로 성장하고 있다.

상해금강국제호텔발전(600754.SH/900934.SH)은 상해 지역 위주의 경제형 호텔을 운영하는 업체로 중국 국내관광 성장의 가장 직접적인 수혜가 예상된다. 금강그룹은 특히 상해디즈니랜드의 중국 측 3대 투자자 중 하나로 이 회사 지분 25%를 보유하고 있다. 이외에 금강 계열의 금강호텔(2006.HK)과 상해금강국제여행사(900929.SH), 금강투자(600650.SH/900914.SH) 등 관광 기업과 상해 현지의 요식업, 유통 기업도 호재를 누릴 전망이다.

2014년 9월에는 하이난섬海南島에 단일 면세점으로는 세계에서 가장 큰 규모인 하이탕완海棠灣 면세점이 정식으로 문을 열었다. 쇼핑센터 형태의 면세점 총면적은

| 중국 국내관광 현황 | | | | | |
|---|---|---|---|---|---|
| 구분 | 중국 국내관광객 수 | | 중국 국내관광 수익 | | 1인당 관광 지출(위안) |
| | (억 명) | 증가율 | (억 위안) | 증가율 | 도시 주민 | 농촌 주민 |
| 2000 | 7.44 | | 3,175.54 | | 678.6 | 226.6 |
| 2001 | 7.84 | 5.40% | 3,522.37 | 10.90% | 708.3 | 212.7 |
| 2002 | 8.78 | 12% | 3,878.36 | 10.10% | 739.7 | 209.1 |
| 2003 | 8.7 | -0.90% | 3,442.27 | -11.20% | 684.9 | 200 |
| 2004 | 11.02 | 26.70% | 4,710.71 | 36.80% | 731.8 | 210.2 |
| 2005 | 12.12 | 10% | 5,285.86 | 12.20% | 737.1 | 227.6 |
| 2006 | 13.94 | 15% | 6,229.70 | 17.90% | 766.4 | 221.9 |
| 2007 | 16.1 | 15.50% | 7,770.60 | 24.70% | 906.9 | 222.5 |
| 2008 | 17.12 | 6.30% | 8,749.30 | 12.60% | 849.4 | 275.3 |
| 2009 | 19.02 | 11.10% | 10,184.00 | 16.40% | 801.1 | 295.3 |
| 2010 | 21.03 | 10.60% | 12,579.80 | 23.50% | 883 | 306 |
| 2011 | 26.41 | 25.60% | 19,305.40 | 53.50% | 877.8 | 471.4 |
| 2012 | 29.6 | 12.10% | 22,706.00 | 17.60% | 914.5 | 491 |
| 2013 | 32.62 | 10.20% | 26,276.00 | 15.70% | | |

출처: Wind, 차이나윈도우

12만 ㎡이며 영업 면적도 약 7만 ㎡에 이른다. 이곳에는 LV, 프라다, 구찌, 까르띠에, 샤넬, 디올, 돌체앤가바나, DKNY 등 약 300개의 해외 유명 브랜드가 입점했으며 쇼핑 외에도 휴식, 레스토랑, 문화와 전시 등 다양한 공간을 제공하고 있다.

하이난섬의 인기 관광지인 하이탕완에는 앞으로 32개의 5성급 최고급 호텔이 들어설 예정이다. 현재 쉐라톤, 힐튼더블트리, 켐핀스키 등 14개 호텔이 운영 중이며 연간 관광객 수용능력은 100만 명에 달한다. 2014년 상반기에만 오션뷰 룸을 이용한 관광객이 54만 명으로 전년 같은 기간보다 87% 증가했다.

하이탕완 면세점은 제주도 면세점을 벤치마킹한 내국인 면세점으로 하이난 국제관광섬 추진의 일환으로 건설되었다. 하이난에는 쇼핑 붐과 함께 관광 붐이 일어 큰 성장이 기대된다. 하이탕완 면세점 운영업체는 중국 내 최대의 면세점 운영 기업인 중국국제여행사(601888.SH)이다. 2015년과 2016년 하이탕완 면세점 매출은 각각 약 47억 위안, 55억 위안 내외로 예상되며 장기적으로 기업 실적에 크게 기여할 전망이다.

중국 인바운드의 경우는 다소 부진한데 2014년 중국을 찾은 해외관광객은 약 1억 2800만 명 내외로 예상되며 전년 동기보다 소폭 하락할 것으로 보인다. 해외여행의 호황세와 인바운드 시장의 위축으로 여행업 무역적자는 1000억 달러에 달할 전망이다.

중국 인바운드 시장의 경쟁력 약화는 자연스러운 일이다. 우선 세계 경제의 둔화로 관광객이 줄었고 동남아 국가들이 관광객 유치에 공을 들이고 있어 경쟁이 치열하다. 그런데 중국은 비자 받기가 복잡하고 위안화가 절상되어 경쟁력이 약화되는 실정이다.

| 중국 인바운드 및 아웃바운드 관광객 수 | | | | |
|---|---|---|---|---|
| 구분 | 입국자 수 | | 출국자 수 | |
| | (만 명) | 증가율 | (만 명) | 증가율 |
| 2000 | 8,344 | | 1,047 | |
| 2001 | 8,901 | 6.70% | 1,213 | 15.90% |
| 2002 | 9,791 | 10% | 1,660 | 36.80% |
| 2003 | 9,166 | -6.40% | 2,022 | 21.80% |
| 2004 | 10,904 | 19% | 2,885 | 42.70% |
| 2005 | 12,029 | 10.30% | 3,103 | 7.50% |
| 2006 | 12,494 | 3.90% | 3,452 | 11.30% |
| 2007 | 13,187 | 5.50% | 4,095 | 18.60% |
| 2008 | 13,003 | -1.40% | 4,584 | 11.90% |
| 2009 | 12,648 | -2.70% | 4,766 | 4% |
| 2010 | 13,376 | 5.80% | 5,739 | 20.40% |
| 2011 | 13,542 | 1.20% | 7,025 | 22.40% |
| 2012 | 13,241 | -2.20% | 8,318 | 18.40% |
| 2013 | 12,908 | -2.50% | 9,819 | 18% |

출처: Wind, 차이나윈도우

중국의 관광지들은 해외관광객 유치를 위한 각종 시설이나 서비스가 뒤떨어진 상태다. 또한 맞춤형 서비스나 홍보, 경쟁력 있는 여행상품 개발도 부족하다. 이것은 단기간에 해결할 수 있는 문제가 아니기에 앞으로 인바운드 시장을 낙관하기 어렵다. 중국의 관광 시장은 소득 증가와 함께 직장 내 유급휴가제, 위안화 절상, 교통과 편의시설 개선 등으로 전망이 상당히 밝은 산업이다. 앞으로 다음과 같은 기회에 주목해볼 만하다.

① 온라인·모바일 여행 증가와 현지 렌터카 확산 등 신사업 분야에 따른 투자 기회

② 상해디즈니랜드 오픈에 따른 관광객 급증

③ 하이난 국제관광섬 개발로 인한 하이난 관광 및 면세점 수익 증대

④ 해외관광 붐에 의한 여행사, 여행 서비스업, 마카오 카지노 업체들의 성장

# 中国国旅股份有限公司 중국국제여행사

**중국 대표 여행사로 중국 내 최대 면세점 운영기업**

**기업개요**

상해 180지수, CSI 300(호심 300)지수 편입종목이다. 여행사와 면세품 판매회사로 브랜드 인지도, 영업망, 전자상거래 분야에서 경쟁력이 높고 관광기업 중 유일하게 '관광+면세품 판매'라는 사업 모델을 갖고 있다.

**투자
포인트**

❶ 중국 아웃바운드와 면세점 운영 부문 대표 기업으로 중국 내 5개의 면세점 라이선스 보유기업

❷ 전국 대상 면세점 운영 가능 기업으로 2013년 말 기준 시장점유율은 약 48%

❸ 여행사 부문은 인바운드보다 아웃바운드 비중이 크며 면세점 부문은 하이난섬 산야 면세점의 매출이 50% 이상

❹ 2014년 9월 오픈한 하이난섬 하이탕완 면세점은 약 300개 브랜드의 10만여 종의 상품을 판매, 향후 하이탕완 매장을 통해 시장 점유율은 대폭 확대될 전망

❺ 중국인의 소비력 향상, 해외관광객 증가 및 하이난 국제관광섬 개발의 최대 수혜자

❻ 후구퉁 종목 중 희소성 높은 면세점 종목이자 하이탕완 온·오프라인 면세점 운영으로 인한 장기 성장 예상

**주식발행 현황** (2014-07-31)

유통 A주
976,237,772
**100%**

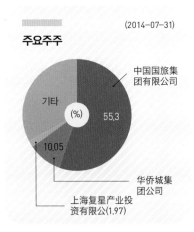

**주요주주** (2014-07-31)

中国国旅集团有限公司 55.3
华侨城集团公司
上海复星产业投资有限公(1.97)
기타 10.05
(%)

**최근 3년
주가차트**

(CNY) / (지수)

── 중국국제여행사(좌)
── 상해종합지수(우)

## 매출구조

### 2013년 사업부문별 매출구조

(기준일: 2013-12-31/단위: 백만 위안)

| 매출구성 | 매출액 | | | 매출총이익률(GPM) | |
|---|---|---|---|---|---|
| | 매출 | 비중 | 전년 대비 | GPM | 전년 대비 |
| 여행사 운영 | 10,771.8 | 61.74% | 1.6% | 9.94% | 0.09%p |
| 관광상품 판매 | 6,469.6 | 37.08% | 19.81% | 44.87% | 1.55%p |
| 주력사업 외 기타 수입 | 206.7 | 1.18% | 56.64% | 89.15% | 4.53%p |
| 합계 | 17,448.2 | 100% | 8.15% | 23.83% | 2.17%p |

### 2012년 사업부문별 매출구조

(기준일: 2012-12-31/단위: 백만 위안)

| 매출구성 | 매출액 | | | 매출총이익률(GPM) | |
|---|---|---|---|---|---|
| | 매출 | 비중 | 전년 대비 | GPM | 전년 대비 |
| 여행사 운영 | 10,602.2 | 65.71% | 24.31% | 9.85% | -0.73%p |
| 관광상품 판매 | 5,399.7 | 33.47% | 32.64% | 43.32% | 2.65%p |
| 주력사업 외 기타 수입 | 132 | 0.82% | 38.81% | 84.62% | 5.61%p |
| 합계 | 16,133.9 | 100% | 27.09% | 21.66% | 0.92%p |

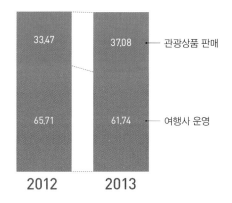

관광상품 판매 / 여행사 운영

2012 — 33.47 / 65.71

2013 — 37.08 / 61.74

---

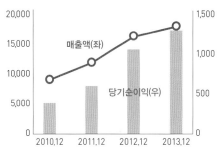

매출액(좌)

당기순이익(우)

2010.12  2011.12  2012.12  2013.12

(단위: 백만 위안)

| 손익계산서 | 2013.12 | 2012.12 | 2011.12 | 2010.12 |
|---|---|---|---|---|
| 매출액 | 17,448 | 16,134 | 12,695 | 9,608 |
| 매출총이익 | 4,158 | 3,495 | 2,633 | 1,811 |
| 영업이익 | 1,894 | 1,448 | 1,081 | 710 |
| 세전이익 | 1,957 | 1,563 | 1,087 | 715 |
| 당기순이익 | 1,295 | 1,006 | 685 | 410 |

| 현금흐름표 | 2013.12 | 2012.12 | 2011.12 | 2010.12 |
|---|---|---|---|---|
| 영업활동 현금흐름 | 1,470 | 1,273 | 552 | 454 |
| 투자활동 현금흐름 | -494 | -208 | -1,070 | -85 |
| 재무활동 현금흐름 | 2,156 | -309 | -90 | -78 |
| 현금 순증감액 | 3,120 | 757 | -619 | 287 |
| 기말 현금 | 6,997 | 3,878 | 3,121 | 3,738 |

| 대차대조표 | 2013.12 | 2012.12 | 2011.12 | 2010.12 |
|---|---|---|---|---|
| 유동자산 | 10,000 | 6,711 | 5,654 | 5,482 |
| 비유동자산 | 2,961 | 2,219 | 2,043 | 999 |
| 자산총계 | 12,961 | 8,930 | 7,696 | 6,482 |
| 유동부채 | 3,252 | 2,734 | 2,543 | 1,966 |
| 비유동부채 | 3 | 3 | 3 | 4 |
| 부채총계 | 3,255 | 2,737 | 2,546 | 1,970 |
| 자본금 | 976 | 880 | 880 | 880 |
| 자본잉여금 | 4,812 | 2,405 | 2,402 | 2,401 |
| 이익잉여금 | 153 | 153 | 63 | 27 |
| 지배회사지분 | 9,065 | 5,600 | 4,680 | 4,103 |
| 소수주주지분 | 641 | 593 | 470 | 409 |
| 자본총계 | 9,706 | 6,194 | 5,150 | 4,512 |

# 上海锦江国际酒店发展股份有限公司
## 상해금강국제호텔발전

**중국 3위권의 경제형 호텔 운영업체**

**기업개요**

상해 380지수 편입종목이자 A/B주 동시상장 기업으로 호텔, 레스토랑, 식품 생산 및 프렌차이즈와 여행사업을 운영한다. 중국 최대 호텔, 레스토랑 분야 상장기업이다. 세계화, 브랜드화, 대중화 전략을 통해 등급별 호텔 관리사업을 진행하고 있다. 현재 프렌차이즈 레스토랑에 대한 투자를 늘려 관리, 브랜드, 네트워크, 인력 분야 경쟁력을 키우고 있다.

**투자 포인트**

❶ 주력사업은 경제형 호텔Limited Service Hotel 운영과 요식 체인점에 대한 투자임. 산하의 진장인Jinjiang Inn 호텔은 중국 4위의 비즈니스 호텔

❷ 현재 경제형 호텔 시장점유율은 10% 내외이며 향후 3·4선급 도시로 사업 확장 예상

❸ 2014년 6월 전략적 투자자인 호니 캐피털Hony Capital에 배정 발행을 통해 약 30억 위안을 조달. 현재 운영 중인 호텔은 893개이며 2017년까지 2000개 내외로 확대 계획

❹ 2015년 말 상해디즈니랜드 오픈 시 향후 수년간 고성장 유지 예상

❺ 2014년 상반기 객실당 매출액Revpar은 소폭 하락했지만 향후 중급 경제형 호텔 확장과 국유기업 개혁을 통해 매출총이익률 상승 예상

❻ 국유기업 개혁과 상해디즈니랜드 수혜 테마주

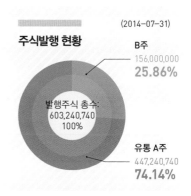

**주식발행 현황** (2014-07-31)

B주
156,000,000
**25.86%**

발행주식 총수:
603,240,740
100%

유통 A주
447,240,740
**74.14%**

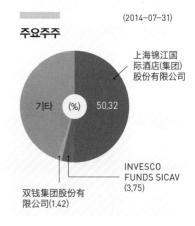

**주요주주** (2014-07-31)

上海锦江国际酒店(集团)股份有限公司

기타 (%) 50.32

INVESCO FUNDS SICAV (3.75)

双钱集团股份有限公司(1.42)

**최근 3년 주가차트**

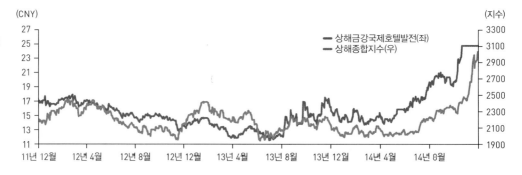

(CNY) / (지수)

— 상해금강국제호텔발전(좌)
— 상해종합지수(우)

## 매출구조

### 2013년 사업부문별 매출구조
(기준일: 2013-12-31/단위: 백만 위안)

| 매출구성 | 매출액 | | | 매출총이익률(GPM) | |
|---|---|---|---|---|---|
| | 매출 | 비중 | 전년 대비 | GPM | 전년 대비 |
| 경제형 호텔 운영 및 관리 | 2,380.5 | 88.68% | 14.61% | 93.14% | 0.4%p |
| 식품가공 및 레스토랑 운영 | 269.2 | 10.03% | 15.93% | 52.3% | 3.66%p |
| 주력사업 외 기타 수입 | 34.7 | 1.29% | 30.03% | 74.15% | -8.03%p |
| 합계 | 2,684.4 | 100% | 14.92% | 88.8% | 0.57%p |

### 2012년 사업부문별 매출구조
(기준일: 2012-12-31/단위: 백만 위안)

| 매출구성 | 매출액 | | | 매출총이익률(GPM) | |
|---|---|---|---|---|---|
| | 매출 | 비중 | 전년 대비 | GPM | 전년 대비 |
| 경제형 호텔 운영 및 관리 | 2,077.1 | 88.92% | 11.35% | 92.73% | 0.73%p |
| 식품가공 및 레스토랑 운영 | 232.2 | 9.94% | 2.67% | 48.64% | -2.79%p |
| 주력사업 외 기타 수입 | 26.6 | 1.14% | 8.83% | 82.18% | -3.34%p |
| 합계 | 2,336 | 100% | 10.39% | 88.23% | 0.64%p |

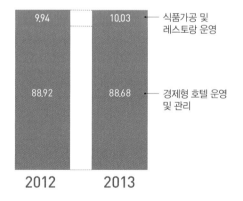

- 9.94 / 10.03 ─ 식품가공 및 레스토랑 운영
- 88.92 / 88.68 ─ 경제형 호텔 운영 및 관리

2012    2013

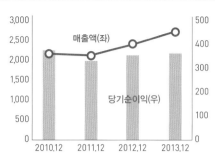

매출액(좌)

당기순이익(우)

2010.12  2011.12  2012.12  2013.12

(단위: 백만 위안)

| 손익계산서 | 2013.12 | 2012.12 | 2011.12 | 2010.12 |
|---|---|---|---|---|
| 매출액 | 2,684 | 2,336 | 2,116 | 2,125 |
| 매출총이익 | 2,384 | 2,061 | 1,853 | 1,795 |
| 영업이익 | 470 | 445 | 368 | 452 |
| 세전이익 | 497 | 469 | 385 | 471 |
| 당기순이익 | 377 | 369 | 320 | 381 |

| 현금흐름표 | 2013.12 | 2012.12 | 2011.12 | 2010.12 |
|---|---|---|---|---|
| 영업활동 현금흐름 | 639 | 556 | 529 | 641 |
| 투자활동 현금흐름 | -1,089 | -171 | -311 | -312 |
| 재무활동 현금흐름 | 377 | -226 | -323 | -942 |
| 현금 순증감액 | -73 | 158 | -105 | -613 |
| 기말 현금 | 679 | 752 | 594 | 698 |

| 대차대조표 | 2013.12 | 2012.12 | 2011.12 | 2010.12 |
|---|---|---|---|---|
| 유동자산 | 877 | 935 | 758 | 832 |
| 비유동자산 | 6,206 | 4,477 | 4,228 | 4,704 |
| 자산총계 | 7,083 | 5,412 | 4,986 | 5,536 |
| 유동부채 | 2,374 | 907 | 791 | 834 |
| 비유동부채 | 329 | 220 | 163 | 345 |
| 부채총계 | 2,702 | 1,127 | 955 | 1,179 |
| 자본금 | 603 | 603 | 603 | 603 |
| 자본잉여금 | 2,225 | 2,282 | 2,137 | 2,553 |
| 이익잉여금 | 482 | 482 | 482 | 482 |
| 지배회사지분 | 4,344 | 4,246 | 3,949 | 4,274 |
| 소수주주지분 | 37 | 39 | 82 | 84 |
| 자본총계 | 4,381 | 4,285 | 4,031 | 4,357 |

# 中青旅控股股份有限公司 중청려홀딩스

### 중국 대표 여행사로 관광지 및 온라인 여행사 운영기업

**기업개요**

상해 380지수 편입종목으로 투자, 여행 서비스, 하이테크놀로지 제품 개발과 기술 서비스를 제공하는 기업이다. 국내 3대 여행사 중한 곳으로 베이징시 여행국으로부터 5A급 여행사 자격을 얻었다.

**투자 포인트**

❶ 종합 관광기업으로 여행사, 관광지 운영, 호텔 관리, 부동산 판매, IT 등 다양한 사업 운영

❷ 중국 내 단일 관광지로는 최대 순이익을 자랑하는 오진(乌镇) 관광지 운영 중

❸ 2014년 초 오진의 운영 노하우를 벤치마킹한 베이징 고베이수전(古北水镇) 관광지를 개발, 한 해 방문객 100만 명 돌파 전망, 향후 고베이수전의 문화 콘텐츠 다양화에 따라 수익 증가 기대

❹ 자회사가 인수해 운영 중인 온라인 여행사 '오유망(遨游网)'과 함께 온·오프라인 사업 개발 병행 추진

❺ 말레이시아 항공기 실종, 태국 정치 불안 등으로 온라인 관광사업은 부진

❻ 2014년 9월 기준 주가는 저평가 상태로 향후 베이징 고베이수전 관광지의 운영 효과로 주가 반등 기대

**주식발행 현황** (2014-07-31)

비유통 A주
67,210,000
**13.93%**

발행주식 총수
482,560,000
100%

유통 A주
415,350,000
**86.07%**

**주요주주** (2014-07-31)

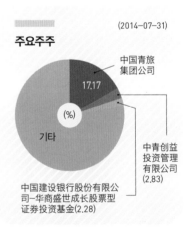

中国青旅集团公司
17.17

(%)

기타

中青创益投资管理有限公司 (2.83)

中国建设银行股份有限公司－华商盛世成长股票型证券投资基金(2.28)

**최근 3년 주가차트**

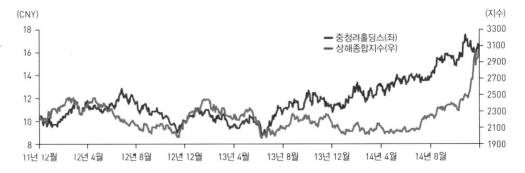

(CNY) ─ 중청려홀딩스(좌) ─ 상해종합지수(우) (지수)

11년 12월 | 12년 4월 | 12년 8월 | 12년 12월 | 13년 4월 | 13년 8월 | 13년 12월 | 14년 4월 | 14년 8월

**매출구조**

## 2013년 사업부문별 매출구조
(기준일: 2013-12-31/단위: 백만 위안)

| 매출구성 | 매출액 | | | 매출총이익률(GPM) | |
|---|---|---|---|---|---|
| | 매출 | 비중 | 전년 대비 | GPM | 전년 대비 |
| 여행사 운영 | 4,236.7 | 45.48% | 2.78% | 7.9% | 2.56%p |
| IT 제품 판매 및 기술 서비스 | 1,992.9 | 21.39% | 18.07% | 17.03% | 14.99%p |
| 전시회 대행 서비스 | 1,784 | 19.15% | 8.1% | 11.11% | 7.2%p |
| 관광지 운영 | 769.2 | 8.26% | 11.45% | 84.17% | 1.81%p |
| 호텔 운영 | 327.1 | 3.51% | 13.77% | 80.69% | 2.66%p |
| 부동산 개발판매 | 145.7 | 1.56% | -91.83% | 20.99% | -72.55%p |
| 부동산 임대 | 59.5 | 0.64% | 3.38% | 50.2% | 1.68%p |
| 기타 | 1 | 0.01% | 0% | | |
| 합계 | 9,316 | 100% | -9.38% | 19.8% | -0.15%p |

## 2012년 사업부문별 매출구조
(기준일: 2012-12-31/단위: 백만 위안)

| 매출구성 | 매출액 | | | 매출총이익률(GPM) | |
|---|---|---|---|---|---|
| | 매출 | 비중 | 전년 대비 | GPM | 전년 대비 |
| 여행사 운영 | 4,122 | 40.1% | 13.98% | 7.95% | -0.1%p |
| 부동산 개발판매 | 1,783.5 | 17.35% | 57.77% | 21.86% | -10.4%p |
| IT 제품 판매 및 기술 서비스 | 1,687.9 | 16.42% | 15.63% | 18.83% | 0.02%p |
| 전시회 대행 서비스 | 1,650.4 | 16.05% | 20.86% | 10.85% | 0.81%p |
| 관광지 운영 | 690.2 | 6.71% | 30.27% | 83.75% | 4.46%p |
| 호텔 운영 | 287.5 | 2.8% | 9.34% | 78.9% | 0.63%p |
| 부동산 임대 | 57.5 | 0.56% | 3.88% | 53.25% | -3.23%p |
| 기타 | 1 | 0.01% | 0% | | |
| 합계 | 10,279.9 | 100% | 22.07% | 19.95% | -0.54%p |

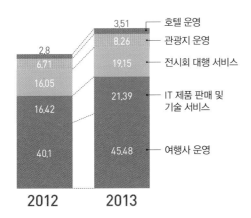

| | 2012 | 2013 |
|---|---|---|
| 호텔 운영 | | 3.51 |
| 관광지 운영 | | 8.26 |
| 전시회 대행 서비스 | | 19.15 |
| IT 제품 판매 및 기술 서비스 | | 21.39 |
| 여행사 운영 | | 45.48 |
| 호텔 운영 | 2.8 | |
| 관광지 운영 | 6.71 | |
| 전시회 대행 서비스 | 16.05 | |
| IT 제품 판매 및 기술 서비스 | 16.42 | |
| 여행사 운영 | 40.1 | |

## 재무제표

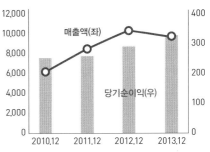

(단위: 백만 위안)

| 손익계산서 | 2013.12 | 2012.12 | 2011.12 | 2010.12 |
|---|---|---|---|---|
| 매출액 | 9,316 | 10,280 | 8,421 | 6,084 |
| 매출총이익 | 1,845 | 2,051 | 1,726 | 1,297 |
| 영업이익 | 489 | 689 | 638 | 512 |
| 세전이익 | 635 | 724 | 691 | 545 |
| 당기순이익 | 321 | 295 | 267 | 265 |

| 현금흐름표 | 2013.12 | 2012.12 | 2011.12 | 2010.12 |
|---|---|---|---|---|
| 영업활동 현금흐름 | 495 | 250 | 611 | 1,482 |
| 투자활동 현금흐름 | -979 | -628 | -1,049 | -844 |
| 재무활동 현금흐름 | 551 | 112 | 448 | -322 |
| 현금 순증감액 | 59 | -270 | 7 | 314 |
| 기말 현금 | 695 | 636 | 906 | 899 |

| 대차대조표 | 2013.12 | 2012.12 | 2011.12 | 2010.12 |
|---|---|---|---|---|
| 유동자산 | 3,593 | 3,777 | 4,863 | 4,740 |
| 비유동자산 | 4,667 | 4,001 | 3,670 | 2,858 |
| 자산총계 | 8,260 | 7,778 | 8,534 | 7,598 |
| 유동부채 | 3,861 | 3,304 | 4,224 | 3,856 |
| 비유동부채 | 351 | 110 | 111 | 512 |
| 부채총계 | 4,211 | 3,415 | 4,336 | 4,368 |
| 자본금 | 415 | 415 | 415 | 415 |
| 자본잉여금 | 848 | 1,041 | 939 | 898 |
| 이익잉여금 | 127 | 106 | 101 | 105 |
| 지배회사지분 | 2,927 | 2,865 | 2,551 | 2,328 |
| 소수주주지분 | 1,122 | 1,498 | 1,647 | 902 |
| 자본총계 | 4,048 | 4,363 | 4,198 | 3,230 |

# 黄山旅游发展股份有限公司 황산관광개발

## 중국 내 최고 자연관광 상품인 '황산' 운영기업

**기업개요**

상해 380지수 편입종목이자 A/B주 동시상장 기업으로 케이블카 운영, 정원 입장권, 호텔 숙박과 여행 서비스를 제공하는 기업이다. 황산(黃山)은 안후이성에 위치한 유명한 관광지로 UN에서 지정한 세계 문화유산이다. 회사는 황산 관광지에 대한 독점 경영권을 보유하고 있다.

**투자 포인트**

❶ 중국 최고의 관광상품인 '황산' 운영기업으로 주력사업은 관광지 개발, 호텔, 케이블카 운영, 여행사 운영

❷ 황산 입장료와 케이블카 수익이 최대 수입원

❸ 2015년 경복(베이징–푸저우) 고속철도, 영안(난징–안칭) 고속철도 개통 시 장삼각 주요 도시가 '5시간 생활권'에 포함되어 황산 인기 상승 기대

❹ 2015년 4월 위핑케이블카(玉屏索道) 구간 공사 완료 시 관광객 혼잡 해소 예상

❺ 2015년부터 교통여건 개선, 관광명소 추가, 케이블카 가격 인상 등의 호재가 가득해 새로운 성장 '황금기' 맞이할 전망

**주식발행 현황** (2014-07-31)

발행주식 총수: 471,350,000 100%

B주 156,000,000 **33.1%**

유통 A주 117,620,000 **24.95%**

비유통 A주 197,730,000 **41.95%**

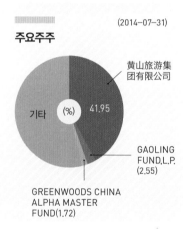

**주요주주** (2014-07-31)

黄山旅游集团有限公司

기타 (%) 41.95

GAOLING FUND,L.P. (2.55)

GREENWOODS CHINA ALPHA MASTER FUND(1.72)

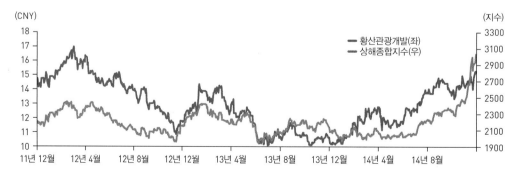

**최근 3년 주가차트**

(CNY) / (지수)

— 황산관광개발(좌)
— 상해종합지수(우)

11년 12월 | 12년 4월 | 12년 8월 | 12년 12월 | 13년 4월 | 13년 8월 | 13년 12월 | 14년 4월 | 14년 8월

## 매출구조

### 2013년 사업부문별 매출구조

(기준일: 2013-12-31/단위: 백만 위안)

| 매출구성 | 매출액 | | | 매출총이익률(GPM) | |
|---|---|---|---|---|---|
| | 매출 | 비중 | 전년 대비 | GPM | 전년 대비 |
| 호텔 운영 | 382.8 | 29.58% | -3.92% | 15.27% | -6.75%p |
| 케이블카 운영 | 322.7 | 24.94% | -5.9% | 84.86% | -1.69%p |
| 관광지 개발 | 239.4 | 18.5% | -16.29% | 82.03% | -2.55%p |
| 여행사 운영 | 229.3 | 17.72% | -26.4% | 10.39% | 0.84%p |
| 부동산 개발판매 | 163.6 | 12.64% | -22.06% | 28.79% | -4.49%p |
| 기타 | 21.4 | 1.66% | -2.99% | 23.38% | -5.46%p |
| 주력사업 외 기타 수입 | 8.6 | 0.67% | 138.92% | 91.12% | 5.03%p |
| 사업부문 간 매출조정 | -73.7 | -5.69% | | | |
| 합계 | 1,294.1 | 100% | -12.36% | 47.24% | -2.44%p |

### 2012년 사업부문별 매출구조

(기준일: 2012-12-31/단위: 백만 위안)

| 매출구성 | 매출액 | | | 매출총이익률(GPM) | |
|---|---|---|---|---|---|
| | 매출 | 비중 | 전년 대비 | GPM | 전년 대비 |
| 관광지 개발 | 606.4 | 32.93% | 5.23% | 39.88% | -2.5%p |
| 호텔 운영 | 398.4 | 21.63% | 9.23% | 22.03% | -7.98%p |
| 케이블카 운영 | 387.3 | 21.03% | 5.72% | 77.27% | -0.12%p |
| 여행사 운영 | 311.5 | 16.92% | -3.5% | 9.55% | 3.29%p |
| 부동산 개발판매 | 209.9 | 11.4% | 179.87% | 33.28% | 5.59%p |
| 기타 | 22.1 | 1.2% | 16.14% | 28.84% | -8.48%p |
| 주력사업 외 기타 수입 | 3.6 | 0.2% | -4.88% | 86.09% | 5.94%p |
| 사업부문 간 매출조정 | -97.8 | -5.31% | -22.85% | 2.01% | -0.77%p |
| 합계 | 1,841.4 | 100% | 15% | 39.97% | -2.8%p |

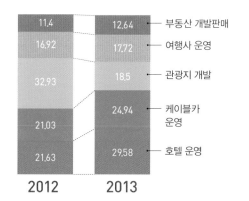

부동산 개발판매 · 여행사 운영 · 관광지 개발 · 케이블카 운영 · 호텔 운영

2012 / 2013

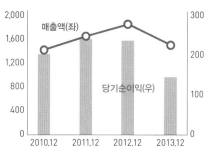

매출액(좌) / 당기순이익(우)

2010.12 · 2011.12 · 2012.12 · 2013.12

(단위: 백만 위안)

| 손익계산서 | 2013.12 | 2012.12 | 2011.12 | 2010.12 |
|---|---|---|---|---|
| 매출액 | 1,294 | 1,841 | 1,601 | 1,445 |
| 매출총이익 | 611 | 736 | 685 | 588 |
| 영업이익 | 231 | 350 | 375 | 328 |
| 세전이익 | 232 | 358 | 374 | 317 |
| 당기순이익 | 144 | 240 | 256 | 231 |

| 현금흐름표 | 2013.12 | 2012.12 | 2011.12 | 2010.12 |
|---|---|---|---|---|
| 영업활동 현금흐름 | 241 | 361 | 277 | 255 |
| 투자활동 현금흐름 | -176 | -382 | -525 | -157 |
| 재무활동 현금흐름 | -79 | 98 | 149 | 79 |
| 현금 순증감액 | -14 | 77 | -98 | 177 |
| 기말 현금 | 318 | 332 | 255 | 353 |

| 대차대조표 | 2013.12 | 2012.12 | 2011.12 | 2010.12 |
|---|---|---|---|---|
| 유동자산 | 1,245 | 1,257 | 1,226 | 1,002 |
| 비유동자산 | 2,110 | 2,123 | 1,768 | 1,374 |
| 자산총계 | 3,355 | 3,380 | 2,994 | 2,376 |
| 유동부채 | 1,210 | 1,409 | 1,134 | 775 |
| 비유동부채 | 89 | 47 | 113 | 108 |
| 부채총계 | 1,298 | 1,456 | 1,248 | 883 |
| 자본금 | 471 | 471 | 471 | 471 |
| 자본잉여금 | 132 | 132 | 132 | 138 |
| 이익잉여금 | 249 | 234 | 212 | 184 |
| 지배회사지분 | 2,031 | 1,901 | 1,727 | 1,477 |
| 소수주주지분 | 26 | 23 | 19 | 16 |
| 자본총계 | 2,057 | 1,924 | 1,746 | 1,493 |

# 上海国际机场股份有限公司 상해국제공항

## 상해시 공항 운영사로 중국 유일의 관제탑과 활주로를 보유한 기업

**기업개요**

상해 180지수 편입종목이다. 상해 훙차오(虹橋)국제공항과 푸둥(浦東)국제공항 운영기업으로 국내외 항공사 및 여객을 대상으로 지상 서비스를 제공한다. 항공 관련 서비스 매출 비중이 97.34%에 달한다. 현재 주요 운영자산은 푸둥공항의 활주로 및 관제탑과 포동항공유회사의 지분 40%로 중국 국내 공항업계 상장사 중 유일하게 관제탑과 활주로 자산을 동시에 보유한 기업이다.

**투자포인트**

❶ 상해 푸둥공항 운영기업
❷ 국제적인 허브 공항으로 여객 수량은 6000만 명 돌파
❸ 소득 향상으로 인한 공항 이용객 증가 및 2015년 상해디즈니랜드 개장은 새로운 성장기회
❹ 상해자유무역구 추진에 수혜 예상
❺ 모그룹의 비상장사인 홍차오공항 자산 주입 가능성 상존

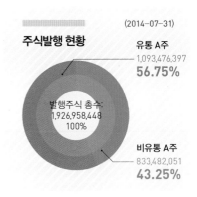

**주식발행 현황** (2014-07-31)

유통 A주
1,093,476,397
**56.75%**

발행주식 총수:
1,926,958,448
100%

비유통 A주
833,482,051
**43.25%**

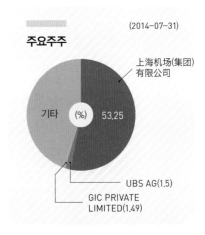

**주요주주** (2014-07-31)

上海机场(集团)有限公司

기타 (%) 53.25

UBS AG(1.5)
GIC PRIVATE LIMITED(1.49)

**최근 3년 주가차트**

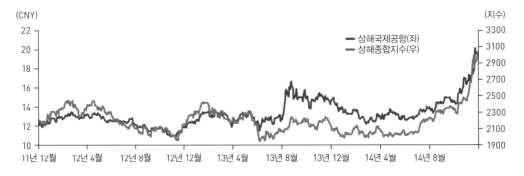

상해국제공항(좌)
상해종합지수(우)

**매출구조**

## 2013년 사업부문별 매출구조
(기준일: 2013-12-31/단위: 백만 위안)

| 매출구성 | 매출액 | | | 매출총이익률(GPM) | |
|---|---|---|---|---|---|
| | 매출 | 비중 | 전년 대비 | GPM | 전년 대비 |
| 국내외 항공사 및 지상 서비스 | 5,046.2 | 96.76% | 9.86% | 44.58% | 5.89%p |
| 기타 수입 | 168.9 | 3.24% | 37.45% | 25.08% | 14.3%p |
| 합계 | 5,215.1 | 100% | 10.48% | 43.95% | 6.01%p |

## 2012년 사업부문별 매출구조
(기준일: 2012-12-31/단위: 백만 위안)

| 매출구성 | 매출액 | | | 매출총이익률(GPM) | |
|---|---|---|---|---|---|
| | 매출 | 비중 | 전년 대비 | GPM | 전년 대비 |
| 국내외 항공사 및 지상 서비스 | 4,593.1 | 97.3% | 2.01% | 38.69% | -1.12%p |
| 기타 수입 | 122.9 | 2.6% | 13.09% | 10.78% | -6.88%p |
| 합계 | 4,720.4 | 100% | 2.37% | 37.93% | -1.35%p |

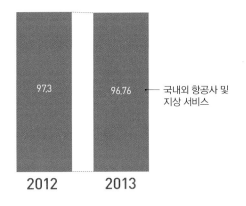

국내외 항공사 및 지상 서비스

2012　2013

97.3　96.76

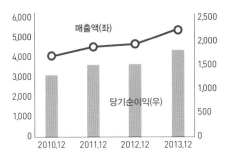

매출액(좌)　당기순이익(우)

(단위: 백만 위안)

| 손익계산서 | 2013.12 | 2012.12 | 2011.12 | 2010.12 |
|---|---|---|---|---|
| 매출액 | 5,215 | 4,720 | 4,611 | 4,186 |
| 매출총이익 | 2,292 | 1,791 | 1,812 | 1,627 |
| 영업이익 | 2,511 | 2,057 | 1,944 | 1,668 |
| 세전이익 | 2,515 | 2,106 | 1,944 | 1,669 |
| 당기순이익 | 1,873 | 1,581 | 1,500 | 1,311 |

| 현금흐름표 | 2013.12 | 2012.12 | 2011.12 | 2010.12 |
|---|---|---|---|---|
| 영업활동 현금흐름 | 2,849 | 2,182 | 2,322 | 2,248 |
| 투자활동 현금흐름 | -10 | 484 | 144 | -439 |
| 재무활동 현금흐름 | -959 | -1,286 | -460 | -777 |
| 현금 순증감액 | 1,880 | 1,381 | 2,006 | 1,032 |
| 기말 현금 | 6,676 | 4,796 | 3,415 | 1,409 |

| 대차대조표 | 2013.12 | 2012.12 | 2011.12 | 2010.12 |
|---|---|---|---|---|
| 유동자산 | 7,608 | 5,712 | 4,470 | 2,583 |
| 비유동자산 | 13,310 | 13,697 | 14,450 | 14,919 |
| 자산총계 | 20,918 | 19,409 | 18,920 | 17,502 |
| 유동부채 | 1,174 | 862 | 943 | 812 |
| 비유동부채 | 2,497 | 2,494 | 2,487 | 2,484 |
| 부채총계 | 3,671 | 3,356 | 3,429 | 3,296 |
| 자본금 | 1,927 | 1,927 | 1,927 | 1,927 |
| 자본잉여금 | 2,575 | 2,575 | 2,575 | 2,575 |
| 이익잉여금 | 1,310 | 1,310 | 1,310 | 1,310 |
| 지배회사지분 | 16,945 | 15,785 | 15,360 | 14,053 |
| 소수주주지분 | 302 | 268 | 130 | 152 |
| 자본총계 | 17,247 | 16,053 | 15,491 | 14,205 |

# 金沙中国有限公司 금사중국

## 마카오의 대표 종합 휴양지 및 카지노 운영업체

**기업개요**

금사중국은 마카오의 대표 종합 휴양지 및 카지노 운영업체이며 자회사인 베네티안 마카오는 마카오 정부가 발급한 6개의 특허 카지노 운영권을 보유하고 있어 마카오에서 오락장 혹은 카지노를 운영할 수 있다. 이 회사는 베네티안 마카오, 샌드 마카오, 프라자 마카오, 샌드 코타이 센트럴을 운영하고 있다. 아시아에서 가장 큰 컨퍼런스 홀인 Cotai Meeings, 마카오의 최대 오락장소인 Cotai Strip Cotai Arena를 보유하고 있으며 1800석의 호화 베네티안Venetian 극장, 홍콩과 마카오 왕복 페리 회사인 Cotai Water Jet이 있다.

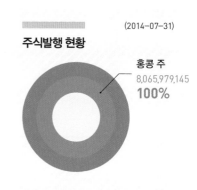

(2014-07-31)

**주식발행 현황**

홍콩 주
8,065,979,145
**100%**

**투자 포인트**

❶ 마카오 소재 6개의 카지노 운영 라이선스 보유업체 중 2위로 마카오 지역 내 시장점유율 19.2%로 샌드, 베네티안, 프라자, 샌드 코타이 센트럴 등의 카지노 운영 중

❷ 2014년 들어 정부의 강력한 반부패 척결에 공무원, 국유기업, 공기업 관계자 등이 카지노 출입을 자제하면서 직격탄을 맞고 있는 상황

❸ 특히 카지노의 VIP 룸 이용은 정켓Junket(VIP 고객을 유치 또는 알선하는 마케터)에 대한 단속까지 겹쳐 이용자는 현저하게 둔화

❹ VIP룸 비중이 작은 복합 리조트 운영기업으로 부유층 증가와 해외관광 붐으로 장기적으로는 지속적으로 고객이 늘어날 전망

❺ 최근 27억 달러를 투자해 마카오에 건설 중인 파리장 마카오가 2016년 개장될 경우 연평균 15~25% 성장률로 회복될 것으로 예상

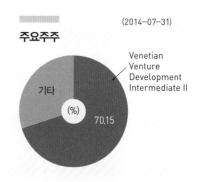

(2014-07-31)

**주요주주**

Venetian Venture Development Intermediate II

기타

(%)
70.15

**최근 3년 주가차트**

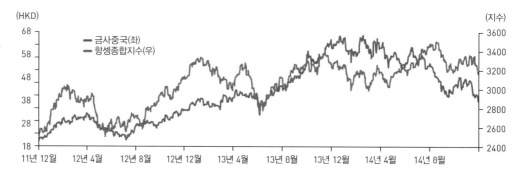

## 매출구조

### 2013년 사업부문별 매출구조

(기준일: 2013-12-31/단위: 백만 달러)

| 매출구성 | 매출 | 비중 | 전년 매출 | 비중 | 전년 대비 |
|---|---|---|---|---|---|
| 카지노 | 7,904 | 88.7% | 5,738 | 88.1% | 37.7%p |
| 숙박 | 310 | 3.5% | 226 | 3.5% | 37%p |
| 쇼핑몰-사용권 수입 | 284 | 3.2% | 208 | 3.2% | 36.3%p |
| 회의, 보트, 소매 및 기타 | 215 | 2.4% | 200 | 3.1% | 7.3%p |
| 요식 | 153 | 1.7% | 106 | 1.6% | 43.9%p |
| 쇼핑몰-관리비 및 기타 | 39 | 0.4% | 30 | 0.5% | 31.2%p |
| 합계 | 8,908 | 100% | 6,511 | 100% | 36.8%p |

### 2012년 사업부문별 매출구조

(기준일: 2012-12-31/단위: 백만 달러)

| 매출구성 | 매출 | 비중 | 전년 매출 | 비중 | 전년 대비 |
|---|---|---|---|---|---|
| 카지노 | 5,739 | 87.9% | 4,232 | 86.6% | 35.6% |
| 숙박 | 239 | 3.7% | 187 | 3.8% | 27.8% |
| 쇼핑몰-사용권 수입 | 227 | 3.5% | 186 | 3.8% | 22% |
| 회의, 보트, 소매 및 기타 | 200 | 3.1% | 194 | 4% | 3.1% |
| 요식 | 106 | 1.6% | 82 | 1.7% | 29.3% |
| 쇼핑몰-관리비 및 기타 | 16 | 0.2% | 8 | 0.2% | 100% |
| 합계 | 6,527 | 100% | 4,889 | 100% | 33.5% |

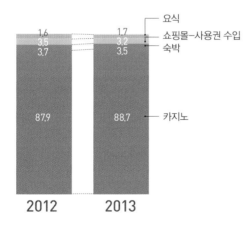

## 재무제표

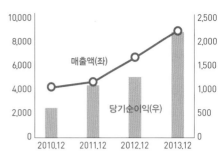

(단위: 백만 달러)

| 손익계산서 | 2013.12 | 2012.12 | 2011.12 | 2010.12 |
|---|---|---|---|---|
| 매출액 | 8,907 | 6,527 | 4,880 | 4,142 |
| 영업이익 | 2,290 | 1,281 | 1,202 | 786 |
| 세전이익 | 2,217 | 1,238 | 1,135 | 670 |
| 당기순이익 | 2,215 | 1,236 | 1,133 | 666 |

| 현금흐름표 | 2013.12 | 2012.12 | 2011.12 | 2010.12 |
|---|---|---|---|---|
| 영업활동 현금흐름 | 3,079 | 1,901 | 1,376 | 1,363 |
| 투자활동 현금흐름 | -598 | -986 | 3 | -1,099 |
| 재무활동 현금흐름 | -1,481 | -1,467 | 67 | -129 |
| 현금 순증감액 | 995 | -543 | 1,451 | 132 |
| 기말 현금 | 2,943 | 1,948 | 2,491 | 1,041 |

| 대차대조표 | 2013.12 | 2012.12 | 2011.12 | 2010.12 |
|---|---|---|---|---|
| 유동자산 | 3,783 | 2,753 | 3,063 | 1,479 |
| 비유동자산 | 7,682 | 7,635 | 7,065 | 6,996 |
| 자산총계 | 11,466 | 10,387 | 10,128 | 8,475 |
| 유동부채 | 1,933 | 1,554 | 1,262 | 1,351 |
| 비유동부채 | 3,083 | 3,247 | 3,350 | 2,761 |
| 부채총계 | 5,016 | 4,801 | 4,612 | 4,112 |
| 자본금 | 81 | 81 | 80 | 80 |
| 자본/이익잉여금 | 6,369 | 5,506 | 5,435 | 4,282 |
| 지배회사지분 | 6,450 | 5,586 | 5,516 | 4,362 |
| 소수주주지분 | 0 | 0 | 0 | 0 |
| 자본총계 | 6,450 | 5,586 | 5,516 | 4,362 |

# 银河娱乐集团有限公司 은하오락그룹

## 마카오 카지노 섹터 유망주

**기업개요**

항셍지수 편입종목으로 마카오에서 카지노, 호텔, 종합 오락시설 등을 운영하는 회사로 여지화(呂志和) 가족이 주요주주로 참여하고 있다. 2002년부터 카지노를 운영해 고성장하고 있고, 현재도 사업 확장을 지속하고 있다. 이 밖에 중국 본토와 홍콩 및 마카오에서 건축자재 사업도 겸하고 있다.

**투자 포인트**

❶ 마카오 소재 6개 카지노 업체 중 3위로 마카오 카지노 시장 시장점유율은 18%이며 최근 수년간 시장점유율 확대가 가장 빠른 기업

❷ VIP룸 운영 경쟁력이 뛰어난 기업으로 2014년 3/4분기 VIP룸의 매출은 전년 대비 11% 늘어 업계 내 VIP 경영실적은 가장 우수하며, 일반 카지노 테이블도 급성장 중인 기업

❸ 196억 홍콩달러(약 2조 6000억 원)를 투입해 건설한 '갤럭시 마카오 2기'는 2015년 오픈 시 2015년은 20% 내외의 성장률을 회복할 전망

❹ 이외에 대주주가 정부와 우호적인 관계를 유지하고 있고 코타이 지역 및 향후 성장 전망이 좋은 헝칭Hengqin에 비축된 토지가 풍부해 향후 개발에 대비

**주식발행 현황** (2014-07-31)

홍콩 주
4,242,893,165
**100%**

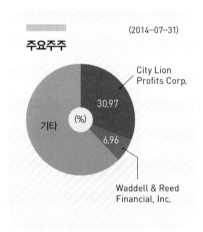

**주요주주** (2014-07-31)

City Lion Profits Corp.
30.97
기타 (%)
6.96
Waddell & Reed Financial, Inc.

**최근 3년 주가차트**

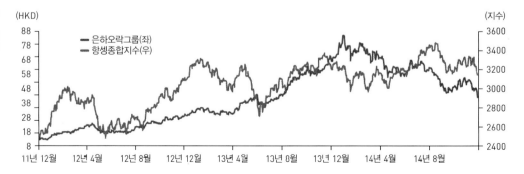

(HKD) / (지수)
— 은하오락그룹(좌)
— 항셍종합지수(우)

**매출구조**

## 2013년 사업부문별 매출구조
(기준일: 2013-12-31/단위: 백만 홍콩달러)

| 매출구성 | 매출 | 비중 | 전년 매출 | 비중 | 전년 대비 |
|---|---|---|---|---|---|
| 카지노 운영 | 61,798 | 93.6% | 52,817 | 93.1% | 17% |
| 건자재 판매 | 2,412 | 3.7% | 2,050 | 3.6% | 17.7% |
| 호텔 운영 | 1,810 | 2.7% | 1,866 | 3.3% | -3% |
| 카지노 운영과 관련한 행정 수입 | 11 | 0% | 12 | 0% | -8.9% |
| 합계 | 66,032 | 100% | 56,746 | 100% | 16.4% |

## 2012년 사업부문별 매출구조
(기준일: 2012-12-31/단위: 백만 홍콩달러)

| 매출구성 | 매출 | 비중 | 전년 매출 | 비중 | 전년 대비 |
|---|---|---|---|---|---|
| 카지노 운영 | 52,817 | 93.1% | 38,569 | 93.6% | 36.9% |
| 건자재 판매 | 2,050 | 3.6% | 1,574 | 3.8% | 30.2% |
| 호텔 운영 | 1,867 | 3.3% | 1,034 | 2.5% | 80.5% |
| 카지노 운영과 관련한 행정 수입 | 12 | 0% | 9 | 0% | 38.2% |
| 합계 | 56,746 | 100% | 41,186 | 100% | 37.8% |

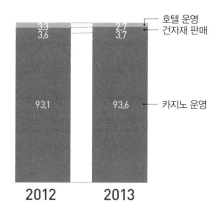

호텔 운영
건자재 판매
카지노 운영

2012    2013

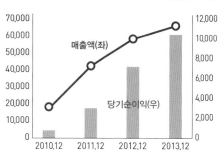

매출액(좌)
당기순이익(우)

(단위: 백만 홍콩달러)

| 손익계산서 | 2013.12 | 2012.12 | 2011.12 | 2010.12 |
|---|---|---|---|---|
| 매출액 | 66,033 | 56,746 | 41,186 | 19,262 |
| 영업이익 | 10,494 | 7,829 | 3,456 | 1,163 |
| 세전이익 | 10,037 | 7,426 | 3,061 | 959 |
| 당기순이익 | 10,052 | 7,378 | 3,004 | 898 |

| 현금흐름표 | 2013.12 | 2012.12 | 2011.12 | 2010.12 |
|---|---|---|---|---|
| 영업활동 현금흐름 | 13,322 | 10,056 | 5,698 | 2,106 |
| 투자활동 현금흐름 | -2,481 | -7,516 | -4,913 | -4,748 |
| 재무활동 현금흐름 | -10,736 | -426 | 1,616 | 3,492 |
| 현금 순증감액 | 121 | 2,114 | 2,424 | 853 |
| 기말 현금 | 9,028 | 8,907 | 6,793 | 4,369 |

| 대차대조표 | 2013.12 | 2012.12 | 2011.12 | 2010.12 |
|---|---|---|---|---|
| 유동자산 | 14,230 | 18,823 | 9,283 | 5,536 |
| 비유동자산 | 32,027 | 25,566 | 26,481 | 19,650 |
| 자산총계 | 46,257 | 44,389 | 35,764 | 25,186 |
| 유동부채 | 11,874 | 15,334 | 9,993 | 8,008 |
| 비유동부채 | 1,328 | 6,760 | 11,128 | 7,604 |
| 부채총계 | 13,203 | 22,094 | 21,121 | 15,612 |
| 자본금 | 422 | 420 | 417 | 395 |
| 자본/이익잉여금 | 32,019 | 21,433 | 13,805 | 8,801 |
| 지배회사지분 | 32,441 | 21,853 | 14,222 | 9,197 |
| 소수주주지분 | 613 | 441 | 421 | 378 |
| 자본총계 | 33,054 | 22,294 | 14,643 | 9,575 |

# 음식료업

    중국의 음식료 산업은 지난 10여 년간의 인수합병과 치열한 경쟁에서 살아남은 브랜드 기업들이 막강한 시장 지배력을 확보하고 있다. 중국에서는 라면이라고 하면 강사부홀딩스(0322.HK), 맥주는 청도맥주(600600.SH/0168.HK), 바이주는 귀주모태주(600519.SH), 우유는 내몽고이리실업그룹(600887.SH)과 중국몽우우유(2319.HK)를 자연스럽게 떠올린다. 이렇듯 음식료 상품을 대표하는 기업들은 중국의 내수 소비가 늘면서 수혜가 클 것으로 예상된다.

    이들 기업은 강력한 브랜드 인지도와 경쟁사가 따라올 수 없는 유통망까지 확보하고 있어 장기간 꾸준히 이익을 내고 있다. 음식료 대표 기업들은 소비자 기호에 충실할 뿐 아니라 새로운 소비 트렌드를 만들어가면서 시장을 선도하고 있다. 브랜드 충성도가 높아 가격을 인상해도 판매량에 영향이 적고 원재료 가격이 오를 때 제품 가격은 올리지만, 원가가 떨어져도 판매가는 그대로 유지해 이익을 톡톡히 남기는 대표 기업들이기도 하다.

    식음료 기업들에게는 간과할 수 없는 위험이 있는데 바로 식품 안전이다. 중국에서는 식품에 대한 불안감이 2008년 이후 끊이지 않고 있다. 실제로 일부 대형 기업들이 심각한 타격을 받은 사례도 있다. 그나마 대다수 대형 기업은 설비나 품질 개선을 통해 재기에 성공하지만, 소형 기업들은 그대로 퇴출되기에 대기업들이 수혜를 받을 수밖에 없는 구도가 형성되고 있다.

중국의 음식료 산업 발전에 유리한 여건은 지역별 소비 수준의 차이에 기인한다. 우유를 예를 들면 중국몽우우유나 이리우유가 프리미엄급 신제품을 출시할 때면 가장 먼저 베이징, 상해 등 대도시인 1선 도시에서 시장 반응을 본 후 2~4선급 도시로 확대한다. 즉 대도시에서 신제품의 인기가 높아질 무렵 지방에 팔기 시작하면 제품의 반응이 빠르고 인기 제품들의 판매 수명이 길어진다. 이 때문에 대부분의 기업이 이런 방식을 즐겨 사용한다.

| | | 중국의 주요 음식료 기업 | | | | | | | | |
|---|---|---|---|---|---|---|---|---|---|---|
| | | | | | | | | | (단위: 억 위안) | |
| 기업코드 | 기업명 | 시가총액 | | | 매출 | | | 순이익 | | |
| | | 2005 | 2010 | 2013 | 2005 | 2010 | 2013 | 2005 | 2010 | 2013 |
| 600519.SH | 귀주모태주 | 215 | 1,717 | 1,333 | 39 | 116 | 311 | 12 | 53 | 160 |
| 600600.SH | 청도맥주 | 109 | 456 | 661 | 100 | 199 | 283 | 3 | 16 | 20 |
| 0322.HK | 강사부홀딩스 | 222 | 946 | 986 | 149 | 445 | 671 | 10 | 32 | 25 |
| 2319.HK | 중국몽우우유 | 94 | 305 | 531 | 108 | 303 | 434 | 5 | 12 | 16 |
| 600887.SH | 이리우유 | 58 | 304 | 798 | 128 | 297 | 478 | 3 | 8 | 32 |
| 0151.HK | 중국왕왕식품 | | 766 | 1,164 | 55 | 149 | 234 | 9 | 24 | 42 |

출처: Wind, 차이나윈도우　주: 중국왕왕 2008년 상장
※ 화폐 단위는 2014년 연말 환율을 적용해 위안화로 통일함

중국은 라면 소비 대국이다. 2013년 라면 소비량은 462억 개로 전 세계 라면 소비량 1056억 개의 약 44%를 차지하고 있다. 중국 라면 시장의 선두주자는 강사부이다. 강사부는 2014년 상반기 라면과 차음료 시장에서 각각 47%와 54%의 시장점유율(판매량 기준)을 차지했다. 2012년에는 펩시콜라와 합작해서 희석주스와 탄산음료 시장에서도 상위권에 진입했다. 강사부는 대만계 기업이지만 설립 초기부터 중국 대륙 시장을 타깃으로 삼았다. 1994년 1억 8700만 달러에서 2013년 109억 달러로 매출이 급성장했으며, 1994~2013년까지 20년간의 연평균 복합성장률은 약 24%에 달한다.

2014년 들어 경쟁사 통일기업(0220.HK)은 인기 제품 쏸차이酸菜(새콤한 중국의

채소 절임) 라면 부진으로 시장점유율이 하락했다. 반면 강사부는 라면 시장에서 중국인들의 입맛 변화로 시장점유율이 확대되고 있고, 경쟁 완화에 따른 원가 하락으로 지속적인 성장이 기대된다. 강사부의 라면 시장점유율 목표는 60%이다. 음료 시장은 펩시콜라와의 합작 시너지 효과가 나올 2015년부터 더욱 기대된다. 강사부는 중장기적으로 중국 소비재 1등 기업의 위상을 흔들림 없이 지킬 것으로 보인다.

청도맥주는 맥주 업계 2위(M/S 20.6%)지만 프리미엄급 맥주와 캔맥주에서는 단연 1위를 고수하고 있다. 이 회사의 가장 큰 경쟁력은 소비자의 충성도가 강한 프리미엄 제품을 주력상품으로 보유하고 있다는 것이다. 시장점유율은 2013년 말 17.2%에서 2014년 상반기 20.6%를 기록하며 빠르게 성장하고 있다.

중국 맥주 업계 내의 인수합병과 산업 재편에 따른 통합 작업이 거의 끝나가고 있어 각 기업의 산업 내 지위도 점차 고정되는 단계이다. 2013년 말 기준으로 맥주 업계 빅5의 집중도는 70%이며 이 중 빅4의 집중도가 65%에 달한다. 앞으로 5년간 빅5의 집중도는 80%까지 늘어날 것으로 보여 상위권 기업들의 수익성 또한 높아질 전망이다. 청도맥주는 시장점유율 증대와 경쟁 완화 및 프리미엄 제품 비중 확대로 수익성이 향상되고 맥주 업계 평균 이상의 성장률을 이어갈 전망이다.

고급 바이주 시장은 중국의 3공 소비 척결에 따라 고급주일수록 큰 타격을 받았다. 귀주모태주 역시 직격탄을 맞았지만, 목표 타깃을 중산층으로 정한 덕분에 성장률을 회복하고 있으며 가격도 안정되고 있다.

우유 시장에서는 경쟁 관계가 비교적 안정되어 있다. 액상우유의 시장점유율은 2014년 상반기 기준으로 이리우유와 몽우우유가 각각 25.2%와 23.7%을 기록하고 있다. 앞으로 우유 업계는 프리미엄화를 통한 제품가 인상과 도시화 진척, 2자녀 허용 등의 정책적 호재의 수혜를 가장 크게 받을 유망 업종으로 예측된다. 이리우유는 2013년 고급 우유 비중은 35%인데 2014년은 40%, 장기적으로는

60%까지도 늘어날 전망이며, 몽우우유는 프리미엄 제품 비중을 현재의 27%에서 2017년까지 38%로 확대한다는 전략이다. 하지만 당분간은 연매출 50억 위안 이상 제품을 집중 육성할 계획이다.

업계 3위인 광명유업(600597.SH)은 상온 요구르트인 '모쓰리안莫斯利安'이 히트하면서 새로운 시장을 만들어냈다. 맛이나 성분은 요구르트와 같지만, 상온 보관이 가능하고 유통기한이 길어 전국적인 배포가 가능하다는 장점이 있다. 이 제품의 연매출은 약 60억 위안(약 1조 1000억 원)을 기록했는데, 모쓰리안을 앞세운 광명유업은 불과 2~3년 만에 중국 상온 요구르트 시장에서 100억 위안(약 1조 8000억 원) 매출을 올렸다. 2015년 광명유업의 매출은 120억 위안(2조 1600억 원)까지 전망된다. 이후 2~3년 동안 상온 요구르트 시장은 후발 주자들이 대거 참여하면서 그 규모가 약 400억 위안(약 7조 2000억 원)으로 성장할 것으로 보인다.

중국의 음식료 시장은 급성장기를 지나 10%대의 성장률을 이어갈 전망이지만, 대표 기업들은 효율성 제고와 경쟁 완화로 수익성을 훨씬 더 높일 것이다. 도시화 진척, 식품 단속 강화, 소득 증가, 이미 구축된 시장 지배력 등에 힘입어 장기적으로 꾸준히 안정적인 수익을 창출해낼 수 있을 것으로 전망된다. 중국의 기관뿐 아니라 QFII, RQFII 등 해외 운용사들이 가장 선호하는 종목이 바로 식음료 1등 기업이다.

# 永辉超市股份有限公司 영휘마트

**중국 체인 할인매장 운영기업**

**기업개요**

상해 180지수, CSI 300(호심 300)지수 편입종목이다. 마트 체인 운영업체로 대형 할인마트 매장, 슈퍼마켓을 주력사업으로 하고 편의점 가맹을 보조 사업으로 하고 있다.

**투자 포인트**

❶ A주 최대의 체인 슈퍼마켓 기업

❷ 중국 최초로 신선식품을 현대적 슈퍼마켓에 유통시킨 기업으로 2014년 6월 기준 297개 매장 보유

❸ 구매, 물류, 관리, 매장 경영에서 독자적 모델을 구축해 매장 운영 관리 향상

❹ 2014년 '웰컴Wellcome', '세븐일레븐7-11', '매닝스Mannings' 등 유명 체인 소매기업을 보유한 데이리팜Dairy Farm을 전략적 투자자로 영입해 사업역량 강화

❺ 2014~2016년 공급라인 개선으로 신선식품 이외 분야에서도 경쟁력 강화

❻ 농산품의 '슈퍼마켓화' 사업 모델로 상해 진출, O2O 시장 성장 등 단기 호재 가득

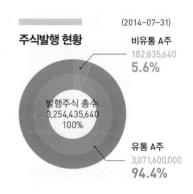

**주식발행 현황** (2014-07-31)

비유통 A주
182,835,640
**5.6%**

발행주식 총수:
3,254,435,640
100%

유통 A주
3,071,600,000
**94.4%**

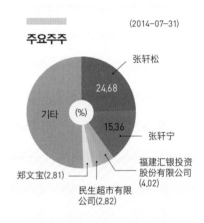

**주요주주** (2014-07-31)

张轩松 24.68

张轩宁 15.36

福建汇银投资股份有限公司(4.02)

民生超市有限公司(2.82)

郑文宝(2.81)

기타 (%)

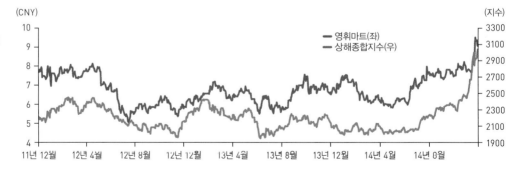

**최근 3년 주가차트**

(CNY)  (지수)

— 영휘마트(좌)
— 상해종합지수(우)

11년 12월　12년 4월　12년 8월　12년 12월　13년 4월　13년 8월　13년 12월　14년 4월　14년 8월

## 매출구조

### 2013년 사업부문별 매출구조
(기준일: 2013-12-31/단위: 백만 위안)

| 매출구성 | 매출액 | | | 매출총이익률(GPM) | |
|---|---|---|---|---|---|
| | 매출 | 비중 | 전년 대비 | GPM | 전년 대비 |
| 식품 및 일용품 | 13,733.2 | 44.96% | 25.26% | 17.76% | -0.26%p |
| 신선식품 및 가공식품 | 13,461.1 | 44.07% | 22.83% | 12.37% | -0.58%p |
| 의류 | 2,103.6 | 6.89% | 15.23% | 30.68% | 2.14%p |
| 주력사업 외 기타 수입 | 1,244.9 | 4.08% | 32.98% | 89.32% | -0.12%p |
| 합계 | 30,542.8 | 100% | 23.73% | 19.19% | -0.07%p |

### 2012년 사업부문별 매출구조
(기준일: 2012-12-31/단위: 백만 위안)

| 매출구성 | 매출액 | | | 매출총이익률(GPM) | |
|---|---|---|---|---|---|
| | 매출 | 비중 | 전년 대비 | GPM | 전년 대비 |
| 식품 및 일용품 | 10,963.7 | 44.42% | 40.11% | 18.02% | 0.54%p |
| 신선식품 및 가공식품 | 10,958.9 | 44.4% | 39.5% | 12.95% | -0.23%p |
| 의류 | 1,825.5 | 7.4% | 27% | 28.54% | 0.32%p |
| 주력사업 외 기타 수입 | 936.2 | 3.79% | 52.59% | 97.1% | -1.29%p |
| 합계 | 24,684.3 | 100% | 39.21% | 19.55% | 0.3%p |

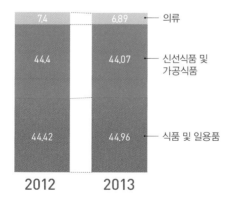

의류 — 7.4 (2012) / 6.89 (2013)
신선식품 및 가공식품 — 44.4 (2012) / 44.07 (2013)
식품 및 일용품 — 44.42 (2012) / 44.96 (2013)

2012    2013

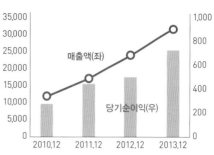

## 재무제표

(단위: 백만 위안)

| 손익계산서 | 2013.12 | 2012.12 | 2011.12 | 2010.12 |
|---|---|---|---|---|
| 매출액 | 30,543 | 24,684 | 17,732 | 12,317 |
| 매출총이익 | 5,861 | 4,825 | 3,413 | 2,355 |
| 영업이익 | 801 | 568 | 588 | 392 |
| 세전이익 | 945 | 664 | 603 | 399 |
| 당기순이익 | 721 | 502 | 467 | 306 |

| 현금흐름표 | 2013.12 | 2012.12 | 2011.12 | 2010.12 |
|---|---|---|---|---|
| 영업활동 현금흐름 | 1,769 | 1,832 | 579 | 683 |
| 투자활동 현금흐름 | -1,333 | -1,144 | -2,554 | -942 |
| 재무활동 현금흐름 | 88 | -886 | 918 | 2,530 |
| 현금 순증감액 | 524 | -198 | -1,057 | 2,271 |
| 기말 현금 | 1,891 | 1,366 | 1,564 | 2,619 |

| 대차대조표 | 2013.12 | 2012.12 | 2011.12 | 2010.12 |
|---|---|---|---|---|
| 유동자산 | 7,499 | 6,277 | 5,985 | 4,677 |
| 비유동자산 | 5,473 | 4,630 | 3,482 | 1,934 |
| 자산총계 | 12,973 | 10,907 | 9,467 | 6,611 |
| 유동부채 | 6,934 | 6,408 | 5,214 | 2,568 |
| 비유동부채 | 124 | 77 | 180 | 225 |
| 부채총계 | 7,058 | 6,484 | 5,394 | 2,793 |
| 자본금 | 1,627 | 768 | 768 | 768 |
| 자본잉여금 | 2,441 | 2,298 | 2,298 | 2,435 |
| 이익잉여금 | 166 | 108 | 72 | 45 |
| 지배회사지분 | 5,910 | 4,417 | 4,069 | 3,814 |
| 소수주주지분 | 5 | 5 | 4 | 4 |
| 자본총계 | 5,915 | 4,422 | 4,073 | 3,818 |

# 贵州茅台股份有限公司 귀주모태주

## 중국 내 1등 바이주인 '마오타이' 생산기업

**기업개요**

상해 180지수, CSI 300(호심 300)지수 편입종목이다. 중국 바이주(白酒) 업계의 대표 기업으로 오랜 역사를 지닌 국주(國酒)이자 최고급 바이주인 '모태주(茅台酒)' 시리즈를 생산하고 있다. 한국에서는 '마오타이(茅台)'라고 불린다. 최고급 바이주 분야에서 단연 선두를 지키고 있으며 도수가 낮은 바이주를 포함해 중고급, 최고급 등 3대 제품 시리즈에서 약 70여 종의 주류를 생산, 판매하고 있다.

**투자 포인트**

❶ 중국의 1등 바이주 기업으로 '마오타이'는 국주로 칭송

❷ 과거 10년간 매출이 30배 증가했으며 10년 연속 10% 이상 장기 성장한 중국 최고의 기업

❸ 중국 바이주 업계 조정 위기에도 시장점유율은 2012년 35%에서 2013년 60%까지 확대

❹ 막강한 브랜드 경쟁력 덕분에 시장 침체기에도 1등 기업 위치 불변

❺ 2012년 이전의 '삼공(三公)소비(해외출장, 음식접대, 공용차)' 비중 50% 이상에서 현재 25% 이내까지 축소시켜 주요 소비 타깃 전환 가속화

❻ 장기보유 1순위 종목. 후강통에서 희소종목으로 수혜 예상

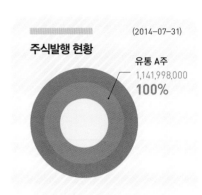

**주식발행 현황** (2014-07-31)

유통 A주
1,141,998,000
**100%**

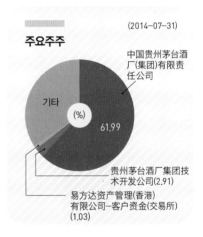

**주요주주** (2014-07-31)

中国贵州茅台酒厂(集团)有限责任公司

기타

(%)

61.99

贵州茅台酒厂集团技术开发公司(2.91)

易方达资产管理(香港)有限公司-客户资金(交易所)(1.03)

**최근 3년 주가차트**

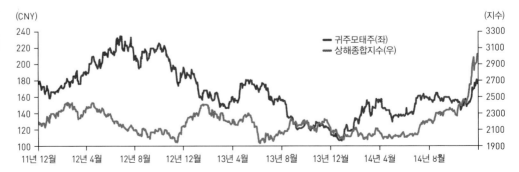

## 매출구조

### 2013년 사업부문별 매출구조
(기준일: 2013–12–31/단위: 백만 위안)

| 매출구성 | 매출액 | | | 매출총이익률(GPM) | |
|---|---|---|---|---|---|
| | 매출 | 비중 | 전년 대비 | GPM | 전년 대비 |
| 마오타이주 | 29,055.4 | 93.96% | 20.9% | 94.58% | 0.41%p |
| 계열주 | 1,866 | 6.03% | -22.98% | 66.79% | -6.63%p |
| 주력사업 외 기타 수입 | 0.4 | 0% | 389.84% | | 78.37%p |
| 합계 | 30,921.8 | 100% | 16.88% | 92.9% | 0.63%p |

### 2012년 사업부문별 매출구조
(기준일: 2012–12–31/단위: 백만 위안)

| 매출구성 | 매출액 | | | 매출총이익률(GPM) | |
|---|---|---|---|---|---|
| | 매출 | 비중 | 전년 대비 | GPM | 전년 대비 |
| 마오타이주 | 24,032.6 | 90.84% | 41.78% | 94.17% | 0.63%p |
| 계열주 | 2,422.6 | 9.16% | 66.98% | 73.42% | 4.86%p |
| 주력사업 외 기타 수입 | 0.1 | 0% | -72.07% | 21.63% | -42.52%p |
| 합계 | 26,455.3 | 100% | 43.76% | 92.27% | 0.7%p |

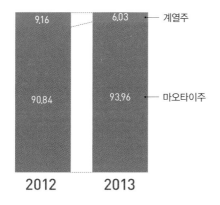

계열주 / 마오타이주
2012 / 2013

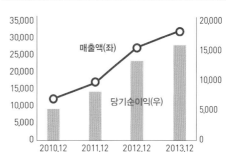

매출액(좌)
당기순이익(우)
2010.12  2011.12  2012.12  2013.12

(단위: 백만 위안)

| 손익계산서 | 2013.12 | 2012.12 | 2011.12 | 2010.12 |
|---|---|---|---|---|
| 매출액 | 30,922 | 26,455 | 18,402 | 11,633 |
| 매출총이익 | 28,728 | 24,411 | 16,851 | 10,580 |
| 영업이익 | 21,792 | 18,831 | 12,336 | 7,161 |
| 세전이익 | 21,432 | 18,700 | 12,335 | 7,162 |
| 당기순이익 | 15,137 | 13,308 | 8,763 | 5,051 |

| 현금흐름표 | 2013.12 | 2012.12 | 2011.12 | 2010.12 |
|---|---|---|---|---|
| 영업활동 현금흐름 | 12,655 | 11,921 | 10,149 | 6,201 |
| 투자활동 현금흐름 | -5,339 | -4,199 | -2,120 | -1,763 |
| 재무활동 현금흐름 | -7,386 | -3,915 | -2,662 | -1,293 |
| 현금 순증감액 | -70 | 3,807 | 5,366 | 3,145 |
| 기말 현금 | 21,992 | 22,062 | 18,255 | 12,888 |

| 대차대조표 | 2013.12 | 2012.12 | 2011.12 | 2010.12 |
|---|---|---|---|---|
| 유동자산 | 41,932 | 36,225 | 27,830 | 20,300 |
| 비유동자산 | 13,523 | 8,773 | 7,071 | 5,287 |
| 자산총계 | 55,454 | 44,998 | 34,901 | 25,588 |
| 유동부채 | 11,307 | 9,526 | 9,481 | 7,028 |
| 비유동부채 | 18 | 18 | 17 | 10 |
| 부채총계 | 11,325 | 9,544 | 9,497 | 7,038 |
| 자본금 | 1,038 | 1,038 | 1,038 | 944 |
| 자본잉여금 | 1,375 | 1,375 | 1,375 | 1,375 |
| 이익잉여금 | 4,221 | 3,036 | 2,641 | 2,177 |
| 지배회사지분 | 42,622 | 34,150 | 24,991 | 18,399 |
| 소수주주지분 | 1,507 | 1,304 | 412 | 151 |
| 자본총계 | 44,129 | 35,454 | 25,403 | 18,549 |

# 蒙内古伊利实业集团股份有限公司
## 내몽고이리실업그룹

**중국 최대 유제품 생산기업**

**기업개요**

상해 180지수, CSI 300(호심 300)지수 편입종목이다. 중국 대표 유제품 생산기업으로 중국에서 유일하게 액상우유, 아이스크림, 분유 등 3대 유제품 분야에서 상위 3위권에 포함된 유제품 제조기업이다. 특히 '이리(伊利)'는 중국의 유명한 브랜드이다. 주요 사업은 유제품 생산, 식품 및 음료수 가공, 농축산물 및 사료 가공 등이다.

**투자 포인트**

❶ 중국 최대의 유제품 기업으로 아이스크림 상품은 10년 연속 판매량 전국 1위, 고온 멸균우유 7년 연속 판매량 전국 1위로 연매출 100억 위안을 달성한 유제품 기업

❷ 2013년 제품 가격을 10% 인상해 2014년 원유 가격 5% 인상에도 타격 회피

❸ 2013년부터 액상우유 판매 급등, 2014년 고급 라인 판매비중 40%까지 육박 예정

❹ 소득 향상과 도시화 정책으로 2·3·4선급 도시의 액상우유 수요 증가 예상

❺ 국산 분유 장려 정책, 산아제한 규제 완화로 분유 사업 수혜 전망

❻ 2014년 9월 기준 음식료섹터 중 '성장+가치' 동시 추구 종목으로 경쟁사인 중국몽우우유(02319.HK) 대비 매우 저평가된 종목

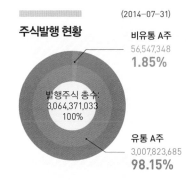

**주식발행 현황** (2014-07-31)

비유통 A주
56,547,348
**1.85%**

발행주식 총수:
3,064,371,033
100%

유통 A주
3,007,823,685
**98.15%**

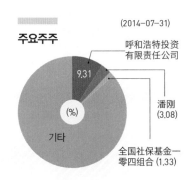

**주요주주** (2014-07-31)

呼和浩特投资有限责任公司
9.31

潘刚 (3.08)

기타

全国社保基金一零四组合 (1.33)

(%)

**최근 3년 주가차트**

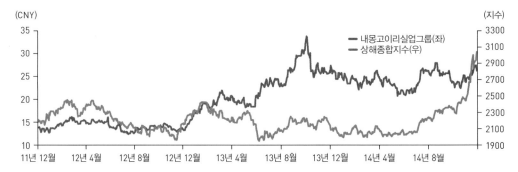

(CNY) / (지수)

━ 내몽고이리실업그룹(좌)
━ 상해종합지수(우)

## 매출구조

### 2013년 사업부문별 매출구조
(기준일: 2013-12-31/단위: 백만 위안)

| 매출구성 | 매출액 | | | 매출총이익률(GPM) | |
|---|---|---|---|---|---|
| | 매출 | 비중 | 전년 대비 | GPM | 전년 대비 |
| 액체우유 | 37,116.1 | 77.68% | 15.01% | 26.09% | -2.05%p |
| 분유 및 유제품 | 5,512.2 | 11.54% | 22.92% | 43.79% | 4.3%p |
| 아이스크림 | 4,242.8 | 8.88% | -1.2% | 32.78% | 0.51%p |
| 혼합사료 | 583.2 | 1.22% | -15.07% | 11.29% | -4.72%p |
| 주력사업 외 기타 수입 | 324.6 | 0.68% | 27.49% | | |
| 합계 | 47,778.9 | 100% | 13.78% | 28.67% | -1.07%p |

### 2012년 사업부문별 매출구조
(기준일: 2012-12-31/단위: 백만 위안)

| 매출구성 | 매출액 | | | 매출총이익률(GPM) | |
|---|---|---|---|---|---|
| | 매출 | 비중 | 전년 대비 | GPM | 전년 대비 |
| 액체우유 | 32,270.7 | 76.85% | 19.82% | 28.14% | 1.62%p |
| 분유 및 유제품 | 4,484.4 | 10.68% | -20.52% | 39.49% | -3.1%p |
| 아이스크림 | 4,294.3 | 10.23% | 1.72% | 32.27% | 2.46%p |
| 혼합사료 | 686.6 | 1.64% | 46.42% | 16.01% | 2.35%p |
| 주력사업 외 기타 수입 | 254.6 | 0.61% | 36.97% | | |
| 합계 | 41,990.7 | 100% | 12.12% | 29.73% | 0.45%p |

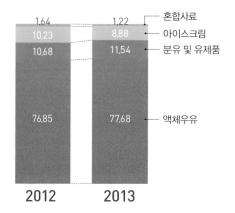

## 재무제표

(단위: 백만 위안)

| 손익계산서 | 2013.12 | 2012.12 | 2011.12 | 2010.12 |
|---|---|---|---|---|
| 매출액 | 47,779 | 41,991 | 37,451 | 29,665 |
| 매출총이익 | 13,696 | 12,486 | 10,966 | 8,979 |
| 영업이익 | 2,659 | 1,616 | 1,746 | 606 |
| 세전이익 | 3,060 | 2,087 | 2,136 | 854 |
| 당기순이익 | 3,187 | 1,717 | 1,809 | 777 |

| 현금흐름표 | 2013.12 | 2012.12 | 2011.12 | 2010.12 |
|---|---|---|---|---|
| 영업활동 현금흐름 | 5,475 | 2,409 | 3,670 | 1,475 |
| 투자활동 현금흐름 | -6,260 | -3,057 | -3,476 | -2,181 |
| 재무활동 현금흐름 | 7,241 | -905 | -132 | -87 |
| 현금 순증감액 | 6,451 | -1,554 | 62 | -793 |
| 기말 현금 | 8,140 | 1,690 | 3,243 | 3,182 |

| 대차대조표 | 2013.12 | 2012.12 | 2011.12 | 2010.12 |
|---|---|---|---|---|
| 유동자산 | 16,467 | 6,207 | 8,727 | 7,558 |
| 비유동자산 | 16,410 | 13,608 | 11,202 | 7,805 |
| 자산총계 | 32,877 | 19,815 | 19,930 | 15,362 |
| 유동부채 | 15,517 | 11,478 | 12,866 | 10,198 |
| 비유동부채 | 1,048 | 813 | 758 | 652 |
| 부채총계 | 16,565 | 12,290 | 13,624 | 10,850 |
| 자본금 | 2,043 | 1,599 | 1,599 | 799 |
| 자본잉여금 | 7,539 | 1,845 | 1,851 | 2,654 |
| 이익잉여금 | 914 | 683 | 532 | 407 |
| 지배회사지분 | 16,125 | 7,335 | 6,024 | 4,219 |
| 소수주주지분 | 188 | 190 | 282 | 294 |
| 자본총계 | 16,313 | 7,525 | 6,305 | 4,512 |

# 光明乳业股份有限公司 광명유업

## 상해를 판매 거점으로 하는 중국 내 3위의 우유 생산기업

**기업개요**

상해 180지수, CSI 300(호심 300)지수 편입종목이다. 우유, 유제품, 아이스크림, 국산 비탄산음료, 음료수 및 관련 식품의 생산, 개발, 판매 업체이다. 국내 유제품 업계 선두기업으로 화둥(华东) 지역에서 높은 시장점유율을 기록하고 있다. 화베이(华北) 지역에 원유공급 공장을 구축하는 데 주력하고 있으며, 이미 헤이룽장(黑龙江), 네이멍구(内蒙古), 베이징 및 더저우 등지에서 합병을 실시하거나 신규설립하는 방식으로 원유 공급 및 우유 가공공장을 구축함으로써 시장 범위를 확대하는 동시에 원유 공급을 확보하고 있다.

**주식발행 현황** (2014-07-31)

비유통 A주
2,111,400
**0.17%**

발행주식 총수:
1,224,497,459
100%

유통 A주
1,222,386,059
**99.83%**

**투자 포인트**

❶ 중국 내 규모 면으로 3위인 유제품 기업

❷ 업계 1, 2위인 중국몽우우유(02319.HK), 내몽고이리실업그룹(600887.SH)과는 '신선우유 전문기업'이라는 점으로 차별화

❸ 상해시 액상우유 시장점유율 45%, 저장·장쑤성 시장점유율은 15%로 향후 광둥성, 베이징, 텐진까지 진출 예정

❹ 고가 제품의 인기로 2014년 매출 목표는 60억 위안, 2015년 100억 위안 돌파

❺ 모기업 광명그룹(비상장 기업)의 유일한 상장사로서 2014년부터 국유기업 개혁에 적극 동참해 향후 광명그룹의 자산 재편 시 우량자산 사업이관 가능성 상존에 따른 수혜 예상

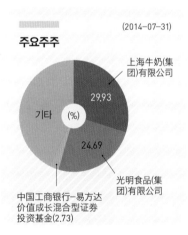

**주요주주** (2014-07-31)

上海牛奶(集团)有限公司
29.93

光明食品(集团)有限公司
24.69

기타 (%)

中国工商银行-易方达价值成长混合型证券投资基金(2.73)

**최근 3년 주가차트**

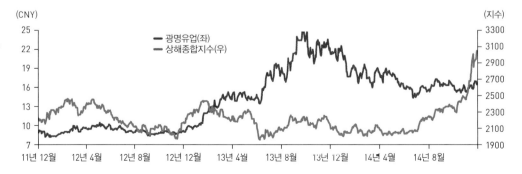

(CNY) / (지수)

— 광명유업(좌)
— 상해종합지수(우)

## 매출구조

### 2013년 사업부문별 매출구조
(기준일: 2013-12-31/단위: 백만 위안)

| 매출구성 | 매출액 | | | 매출총이익률(GPM) | |
|---|---|---|---|---|---|
| | 매출 | 비중 | 전년 대비 | GPM | 전년 대비 |
| 액체우유 | 11,619.7 | 71.33% | 17.52% | 42.88% | -0.41%p |
| 기타 유제품 | 3,791.9 | 23.28% | 19.84% | 15.03% | 0.98%p |
| 기타 | 767.4 | 4.71% | 32.64% | 12.1% | -8.77%p |
| 주력사업 외 기타 수입 | 112 | 0.69% | -22.62% | | |
| 합계 | 16,290.9 | 100% | 18.26% | 34.75% | -0.37%p |

### 2012년 사업부문별 매출구조
(기준일: 2012-12-31/단위: 백만 위안)

| 매출구성 | 매출액 | | | 매출총이익률(GPM) | |
|---|---|---|---|---|---|
| | 매출 | 비중 | 전년 대비 | GPM | 전년 대비 |
| 액체우유 | 9,887.5 | 71.78% | 16.59% | 43.29% | 2.93%p |
| 기타 유제품 | 3,164.2 | 22.97% | 21.18% | 14.05% | -0.95%p |
| 기타 | 578.5 | 4.2% | 19.53% | 20.87% | -7.43%p |
| 주력사업 외 기타 수입 | 144.8 | 1.05% | -32% | | |
| 합계 | 13,775.1 | 100% | 16.85% | 35.12% | 1.67%p |

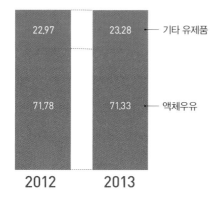

| | | |
|---|---|---|
| 22.97 | 23.28 | ← 기타 유제품 |
| 71.78 | 71.33 | ← 액체우유 |
| 2012 | 2013 | |

## 재무제표

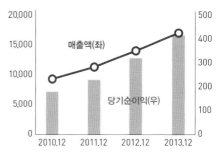

(단위: 백만 위안)

| 손익계산서 | 2013.12 | 2012.12 | 2011.12 | 2010.12 |
|---|---|---|---|---|
| 매출액 | 16,291 | 13,775 | 11,789 | 9,572 |
| 매출총이익 | 5,660 | 4,837 | 3,943 | 3,302 |
| 영업이익 | 626 | 355 | 200 | 209 |
| 세전이익 | 708 | 419 | 240 | 241 |
| 당기순이익 | 406 | 311 | 238 | 194 |

| 현금흐름표 | 2013.12 | 2012.12 | 2011.12 | 2010.12 |
|---|---|---|---|---|
| 영업활동 현금흐름 | 1,305 | 1,242 | 89 | 534 |
| 투자활동 현금흐름 | -1,040 | -910 | -931 | -319 |
| 재무활동 현금흐름 | -3 | 893 | 821 | 9 |
| 현금 순증감액 | 261 | 1,225 | -21 | 223 |
| 기말 현금 | 2,600 | 2,339 | 1,114 | 1,135 |

| 대차대조표 | 2013.12 | 2012.12 | 2011.12 | 2010.12 |
|---|---|---|---|---|
| 유동자산 | 6,411 | 4,962 | 3,751 | 3,107 |
| 비유동자산 | 5,157 | 4,377 | 3,623 | 2,867 |
| 자산총계 | 11,568 | 9,339 | 7,374 | 5,975 |
| 유동부채 | 5,948 | 3,960 | 3,817 | 2,562 |
| 비유동부채 | 596 | 955 | 722 | 726 |
| 부채총계 | 6,544 | 4,915 | 4,539 | 3,288 |
| 자본금 | 1,224 | 1,225 | 1,049 | 1,049 |
| 자본잉여금 | 1,756 | 1,677 | 454 | 448 |
| 이익잉여금 | 364 | 321 | 277 | 256 |
| 지배회사지분 | 4,278 | 4,014 | 2,452 | 2,329 |
| 소수주주지분 | 746 | 411 | 383 | 357 |
| 자본총계 | 5,024 | 4,425 | 2,835 | 2,687 |

# 山西杏花村汾酒厂股份有限公司
## 산서행화촌분주

**산시성 내 대표 바이주 기업**

---

**기업개요**

상해 180지수, CSI 300(호심 300)지수 편입종목이다. 중국 내 대형 바이주 생산기업으로 '분주(汾酒)', '죽엽청(竹葉青)' 브랜드 주류를 생산, 판매한다.

**투자 포인트**

❶ 죽엽청주, 분주, 장미분주, 백옥분주 등 청향(맑은 향)의 바이주 생산기업

❷ 2013년 하반기부터 정부의 부정부패 척결 강화로 바이주 매출 하락

❸ 판매량 조정으로 청화자주(青花瓷酒) 유통사들의 손익분기점 유지, 유통망 조정은 2014년까지 마무리 예정

❹ 중국 바이주 업계 전체가 침체기에 진입한 상태로 향후 2~3년간 업계 조정기 예상

❺ 높은 브랜드 경쟁력으로 중저가 바이주 분야의 경쟁에서 유리해 기존의 시장점유율을 고수할 수 있을 것으로 전망

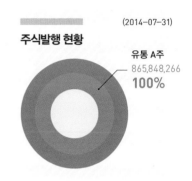

(2014-07-31)
**주식발행 현황**

유통 A주
865,848,266
**100%**

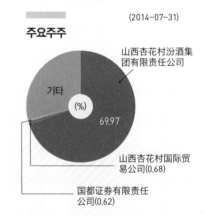

(2014-07-31)
**주요주주**

山西杏花村汾酒集团有限责任公司

기타

(%)

69.97

山西杏花村国际贸易公司(0.68)

国都证券有限责任公司(0.62)

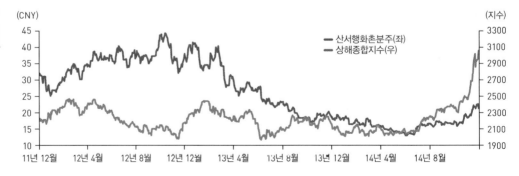

**최근 3년 주가차트**

(CNY) / (지수)

— 산서행화촌분주(좌)
— 상해종합지수(우)

## 매출구조

## 2013년 사업부문별 매출구조
(기준일: 2013-12-31/단위: 백만 위안)

| 매출구성 | 매출액 | | | 매출총이익률(GPM) | |
|---|---|---|---|---|---|
| | 매출 | 비중 | 전년 대비 | GPM | 전년 대비 |
| 바이주 계열 | 5,684 | 93.38% | -4.72% | 76.54% | 0.14%p |
| 칵테일 계열 | 355.3 | 5.84% | -25.63% | 56.15% | -0.43%p |
| 주력사업 외 기타 수입 | 47.9 | 0.79% | 35.58% | | |
| 합계 | 6,087.2 | 100% | -6.04% | 75.07% | 0.3%p |

## 2012년 사업부문별 매출구조
(기준일: 2012-12-31/단위: 백만 위안)

| 매출구성 | 매출액 | | | 매출총이익률(GPM) | |
|---|---|---|---|---|---|
| | 매출 | 비중 | 전년 대비 | GPM | 전년 대비 |
| 바이주 계열 | 5,965.7 | 92.08% | 44.67% | 76.39% | -1.66%p |
| 칵테일 계열 | 477.7 | 7.37% | 39.24% | 56.58% | 2.07%p |
| 주력사업 외 기타 수입 | 35.3 | 0.55% | 64.49% | | |
| 합계 | 6,478.8 | 100% | 44.35% | 74.77% | -1.23%p |

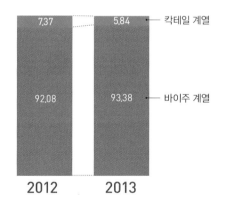

## 재무제표

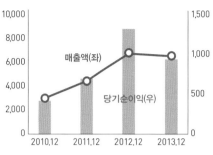

(단위: 백만 위안)

| 손익계산서 | 2013.12 | 2012.12 | 2011.12 | 2010.12 |
|---|---|---|---|---|
| 매출액 | 6,087 | 6,479 | 4,488 | 3,017 |
| 매출총이익 | 4,570 | 4,844 | 3,411 | 2,310 |
| 영업이익 | 1,485 | 2,015 | 1,366 | 889 |
| 세전이익 | 1,441 | 1,966 | 1,337 | 867 |
| 당기순이익 | 960 | 1,327 | 781 | 494 |

| 현금흐름표 | 2013.12 | 2012.12 | 2011.12 | 2010.12 |
|---|---|---|---|---|
| 영업활동 현금흐름 | -306 | 1,039 | 1,597 | 815 |
| 투자활동 현금흐름 | -482 | -270 | -256 | -185 |
| 재무활동 현금흐름 | -730 | -335 | -402 | -256 |
| 현금 순증감액 | -1,518 | 434 | 939 | 374 |
| 기말 현금 | 936 | 2,455 | 2,020 | 1,081 |

| 대차대조표 | 2013.12 | 2012.12 | 2011.12 | 2010.12 |
|---|---|---|---|---|
| 유동자산 | 4,098 | 4,940 | 4,014 | 2,835 |
| 비유동자산 | 1,719 | 1,172 | 898 | 621 |
| 자산총계 | 5,817 | 6,112 | 4,912 | 3,456 |
| 유동부채 | 1,941 | 2,488 | 2,330 | 1,396 |
| 비유동부채 | 0 | 0 | 0 | 0 |
| 부채총계 | 1,941 | 2,488 | 2,330 | 1,396 |
| 자본금 | 866 | 866 | 433 | 433 |
| 자본잉여금 | 241 | 241 | 298 | 298 |
| 이익잉여금 | 472 | 353 | 257 | 257 |
| 지배회사지분 | 3,829 | 3,552 | 2,491 | 1,927 |
| 소수주주지분 | 47 | 72 | 91 | 133 |
| 자본총계 | 3,876 | 3,625 | 2,581 | 2,060 |

# 中炬高新技术实业(集团)股份有限公司
## 중거하이테크실업

간장을 포함한 9종의 조미료 생산 전문기업

**기업개요**

상해 380지수 편입종목이다. 원래는 IT 관련 기업이다. 그러나 자회사인 조미료 전문 생산기업인 미미선(美味鮮: 회사명이자 브랜드명, 간장을 포함한 9종의 조미료 생산)이 2013년부터 최근 2년에 비해 사업매출이 급증하면서 주력사업이 전환된 기업이다. 현재는 조미료에서 미미선 브랜드 외에도 고급 간장 브랜드인 '주방(厨邦)'이 급성장하고 있다.

**투자 포인트**

❶ 2013년 기준 중국 간장 시장의 규모는 375억 위안 내외, 2018년까지 연평균 15%씩 성장 예상

❷ 중국 간장 시장에서 현재 시장점유율 5%로 급도약

❸ 중저가와 고가의 프라이싱 전략을 통한 제품 최적화가 시장 수요에 부합

❹ 중국의 경우 조미료 시장은 집중도(5대 기업 집중도 31%)가 낮지만, 브랜드와 품질을 앞세운 대기업들이 유리

❺ 현재는 광둥성 등 중국 남부 지역에 치중하고 있으나 영업망을 전국으로 확장 중에 있어 급성장 예상

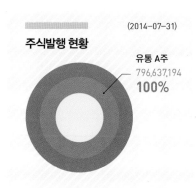

**주식발행 현황** (2014-07-31)

유통 A주
796,637,194
**100%**

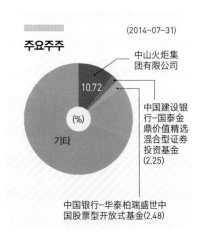

**주요주주** (2014-07-31)

中山火炬集团有限公司 10.72

中国建设银行-国泰金鼎价值精选混合型证券投资基金 (2.25)

기타 (%)

中国银行-华泰柏瑞盛世中国股票型开放式基金(2.48)

**최근 3년 주가차트**

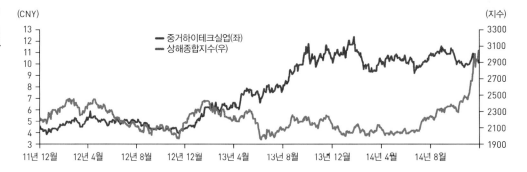

(CNY) / (지수)

— 중거하이테크실업(좌)
— 상해종합지수(우)

11년 12월  12년 4월  12년 8월  12년 12월  13년 4월  13년 8월  13년 12월  14년 4월  14년 8월

**매출구조**

# 2013년 사업부문별 매출구조
(기준일: 2013-12-31/단위: 백만 위안)

| 매출구성 | 매출액 | | | 매출총이익률(GPM) | |
|---|---|---|---|---|---|
| | 매출 | 비중 | 전년 대비 | GPM | 전년 대비 |
| 조미료 생산 | 1,978.6 | 85.35% | 22.77% | 31.08% | 2.47%p |
| 산업단지 개발 및 관리 서비스 | 223.2 | 9.63% | 165.31% | 33.18% | -0.55%p |
| 자동차/오토바이 부품 생산 | 70.5 | 3.04% | 45.61% | 28.97% | 7.63%p |
| 주력사업 외 기타 수입 | 44.8 | 1.93% | 364.09% | 35.86% | 34.08%p |
| 배터리 판매 | 1 | 0.04% | 107.69% | -1.79% | -1.32%p |
| 합계 | 2,318.2 | 100% | 32.14% | 31.29% | 2.79%p |

# 2012년 사업부문별 매출구조
(기준일: 2012-12-31/단위: 백만 위안)

| 매출구성 | 매출액 | | | 매출총이익률(GPM) | |
|---|---|---|---|---|---|
| | 매출 | 비중 | 전년 대비 | GPM | 전년 대비 |
| 조미료 생산 | 1,611.6 | 91.87% | 25.03% | 28.61% | 0.56%p |
| 산업단지 개발 및 관리 서비스 | 84.1 | 4.8% | -62.09% | 33.73% | 2.09%p |
| 자동차/오토바이 부품 생산 | 48.4 | 2.76% | -2.6% | 21.34% | 7.71%p |
| 주력사업 외 기타 수입 | 9.7 | 0.55% | -94.26% | 1.77% | -24.94%p |
| 배터리 판매 | 0.5 | 0.03% | -92.26% | -0.47% | -13.5%p |
| 합계 | 1,754.3 | 100% | 1.09% | 28.5% | 0.59%p |

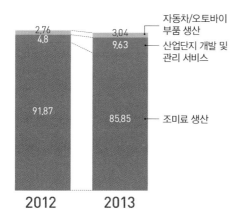

자동차/오토바이 부품 생산
산업단지 개발 및 관리 서비스
조미료 생산

2012    2013

---

**재무제표**

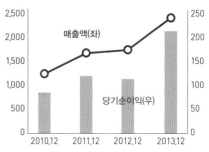

(단위: 백만 위안)

| 손익계산서 | 2013.12 | 2012.12 | 2011.12 | 2010.12 |
|---|---|---|---|---|
| 매출액 | 2,318 | 1,754 | 1,735 | 1,278 |
| 매출총이익 | 725 | 500 | 484 | 372 |
| 영업이익 | 254 | 118 | 140 | 102 |
| 세전이익 | 262 | 145 | 150 | 121 |
| 당기순이익 | 213 | 126 | 130 | 98 |

| 현금흐름표 | 2013.12 | 2012.12 | 2011.12 | 2010.12 |
|---|---|---|---|---|
| 영업활동 현금흐름 | 135 | 242 | 131 | 154 |
| 투자활동 현금흐름 | -136 | -219 | -68 | -19 |
| 재무활동 현금흐름 | 2 | -110 | 106 | -95 |
| 현금 순증감액 | 1 | -87 | 169 | 38 |
| 기말 현금 | 355 | 355 | 442 | 273 |

| 대차대조표 | 2013.12 | 2012.12 | 2011.12 | 2010.12 |
|---|---|---|---|---|
| 유동자산 | 1,974 | 2,039 | 1,831 | 1,482 |
| 비유동자산 | 1,722 | 1,456 | 1,400 | 1,433 |
| 자산총계 | 3,696 | 3,495 | 3,231 | 2,915 |
| 유동부채 | 1,180 | 1,218 | 1,038 | 708 |
| 비유동부채 | 132 | 88 | 145 | 274 |
| 부채총계 | 1,311 | 1,306 | 1,183 | 982 |
| 자본금 | 797 | 797 | 797 | 797 |
| 자본잉여금 | 297 | 285 | 286 | 293 |
| 이익잉여금 | 174 | 174 | 174 | 170 |
| 지배회사지분 | 2,133 | 1,948 | 1,823 | 1,699 |
| 소수주주지분 | 252 | 242 | 224 | 234 |
| 자본총계 | 2,385 | 2,190 | 2,047 | 1,933 |

# 中国旺旺控股有限公司 중국왕왕식품

## 중국의 쌀과자와 어린이 음료 대표 기업

**기업개요**

항셍지수 편입종목의 1962년 설립한 대만 기업으로 1983년 일본 회사와 제휴하여 왕왕 브랜드로 쌀과자를 출시했다. 1992년에 중국 본토에 진출했으며 2008년에 홍콩에 상장되었다. 단순한 쌀과자에서 제품이 다양한 식음료 및 제과 기업으로 성장하였고 현재 주요 제품으로 쌀과자, 유제품음료, 스낵 등이 있다. 중국에서는 전국 판매망을 구축한 대표적인 식음료 회사로 부상했다. 특정 시장에서의 독점적인 위치와 시장선점 우위를 가지고 있어 가격 전가능력이 상대적으로 높고 중소도시와 농촌 지역까지 진출해 기업 성장을 이끌고 있다. 또한 최근 신제품에 대한 연구개발을 강화하고 있다.

**주식발행 현황** (2014-07-31)

홍콩 주
13,196,026,135
**100%**

**투자 포인트**

❶ 중국 쌀과자, 우유맛 음료 대표 기업으로 시장점유율 각각 70%, 40%

❷ 2013년 음료사업 매출 비중은 52%이며 이 중 우유맛 음료가 92%

❸ 2013년에 출시한 상온 요구르트 및 바나나우유, 빨아 먹는 빙과류 제품은 인기 제품으로 성공했으나 2014년에는 10여 개의 신제품을 출시했는데도 당해년도 매출 기여는 약 5%에 불과

❹ 2014년 투자자금 중 70%는 음료 사업에 투자하였으며 신제품도 음료가 많아 향후 '어린이 음료' 시장에서 강자로 급부상 예상

❺ 최근 우유 원가 하락, 신제품 비중 확대, 소도시에서의 침투율 강화 등은 상호 시너지 효과를 내면서 연평균 15% 내외의 성장이 기대되고, 특히 배당이 높은 중국 식음료 분야의 대표 종목

**주요주주** (2014-07-31)

Hot-Kid Holdings Limited 30.46
Norwares Overseas Inc. 16.09
蔡衍明(1.52)
기타 (%)

**최근 3년 주가차트**

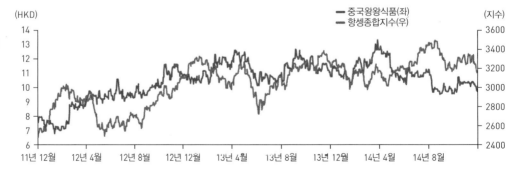

— 중국왕왕식품(좌)
— 항셍종합지수(우)

## 매출구조

### 2013년 사업부문별 매출구조
(기준일: 2013-12-31/단위: 백만 달러)

| 매출구성 | 매출 | 비중 | 전년 매출 | 비중 | 전년 대비 |
|---|---|---|---|---|---|
| 유제품 및 음료 | 1,998 | 52.4% | 1,708 | 50.9% | 17% |
| 쌀과자 | 909 | 23.8% | 812 | 24.2% | 12% |
| 스낵류 | 899 | 23.6% | 829 | 24.7% | 8.4% |
| 기타 제품 | 9 | 0.2% | 8 | 0.2% | 12.5% |
| 합계 | 3,817 | 100% | 3,359 | 100% | 13.7% |

### 2012년 사업부문별 매출구조
(기준일: 2012-12-31/단위: 백만 달러)

| 매출구성 | 매출 | 비중 | 전년 매출 | 비중 | 전년 대비 |
|---|---|---|---|---|---|
| 유제품 및 음료 | 1,709 | 50.9% | 1,394 | 47.3% | 22.6% |
| 쌀과자 | 830 | 24.7% | 723 | 24.5% | 14.8% |
| 스낵류 | 812 | 24.2% | 817 | 27.7% | -0.6% |
| 기타 제품 | 8 | 0.2% | 13 | 0.4% | -38.5% |
| 합계 | 3,359 | 100% | 2,946 | 100% | 14% |

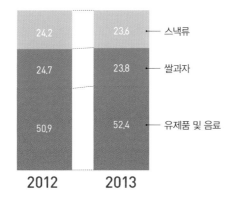

2012 / 2013
- 스낵류 (24.2 / 23.6)
- 쌀과자 (24.7 / 23.8)
- 유제품 및 음료 (50.9 / 52.4)

## 재무제표

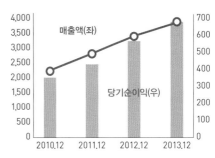

매출액(좌)
당기순이익(우)

(단위: 백만 달러)

| 손익계산서 | 2013.12 | 2012.12 | 2011.12 | 2010.12 |
|---|---|---|---|---|
| 매출액 | 3,818 | 3,359 | 2,947 | 2,244 |
| 매출총이익 | 1,586 | 1,328 | 1,025 | 845 |
| 세전이익 | 934 | 749 | 538 | 443 |
| 당기순이익 | 687 | 554 | 419 | 358 |

| 현금흐름표 | 2013.12 | 2012.12 | 2011.12 | 2010.12 |
|---|---|---|---|---|
| 영업활동 현금흐름 | 953 | 616 | 579 | 374 |
| 투자활동 현금흐름 | -273 | -244 | -222 | -158 |
| 재무활동 현금흐름 | -169 | -312 | 123 | -40 |
| 현금 순증감액 | 561 | 62 | 531 | 201 |
| 기말 현금 | 2,060 | 1,499 | 1,437 | 906 |

| 대차대조표 | 2013.12 | 2012.12 | 2011.12 | 2010.12 |
|---|---|---|---|---|
| 유동자산 | 2,911 | 2,268 | 2,103 | 1,454 |
| 비유동자산 | 1,437 | 1,193 | 1,020 | 836 |
| 자산총계 | 4,348 | 3,461 | 3,123 | 2,290 |
| 유동부채 | 1,515 | 1,181 | 1,517 | 864 |
| 비유동부채 | 881 | 677 | 274 | 350 |
| 부채총계 | 2,396 | 1,858 | 1,791 | 1,214 |
| 자본금 | 264 | 265 | 264 | 264 |
| 자본/이익잉여금 | 1,679 | 1,331 | 1,065 | 809 |
| 지배회사지분 | 1,943 | 1,595 | 1,330 | 1,073 |
| 소수주주지분 | 9 | 8 | 3 | 3 |
| 자본총계 | 1,952 | 1,604 | 1,333 | 1,076 |

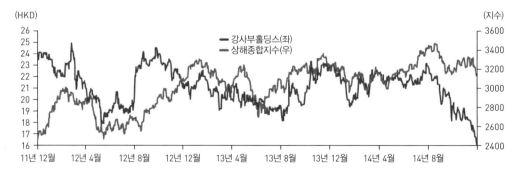

CODE **0322.HK**

# 康师傅控股有限公司 강사부홀딩스

## 중국 식음료 시장 1등 기업

**기업개요**

중국 최대의 라면, 음료 생산업체로 팅이Tingyi(康師傅) 브랜드 운영 기업이다. 중국에서 가장 광범위한 유통망을 확보한 기업으로 관련 제품은 전국 3만 2424개의 도매상과 10만 7131개의 소매점을 통해 판매되고 있다. 2013년 기준 중국의 라면, 차음료, 포장생수, 저농축 과일주스 시장에서의 판매량 기준 시장점유율이 각각 46%, 59%, 23%, 31%로 1위이다. 그 뒤를 이어 통일기업의 라면, 차음료 시장점 유율은 약 16%, 24%이다.

**투자 포인트**

❶ 중국 라면과 차음료 부문에서 48%와 54%의 시장점유율(2014년 상반기)을 보유한 중국 식음료 시장 1등 기업

❷ 펩시콜라와 합작으로 희석주스와 탄산음료 시장에서도 상위 권에 진입했고 희석주스 시장(주스 농도 39%이하)에서는 1위로 28%의 시장점유율 확보

❸ 라면 맛 개선, 신제품 출시, 프리미엄 라면 비중 확대로 수익률과 성장성을 담보로 향후 라면 시장 목표 시장점유율은 60%로 설정

❹ 음료 부문의 펩시와의 합작 시너지는 아직 나타나지 않았지만 유통망 통합을 거쳐 2015년 이후 빠른 성장 기대

❺ 최근 원가 하락, 업계 경쟁 완화, 라면과 음료 부문 시장점유율 확대 등으로 매출은 10~15%, 순이익은 15% 내외의 성장 예상

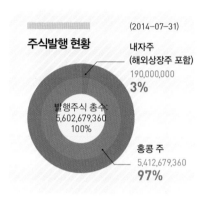

**주식발행 현황** (2014-07-31)

내자주 (해외상장주 포함) 190,000,000 **3%**

발행주식 총수: 5,602,679,360 100%

홍콩 주 5,412,679,360 **97%**

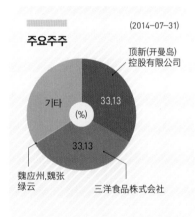

**주요주주** (2014-07-31)

頂新(开曼岛) 控股有限公司 33.13

기타 (%)

魏应州,魏张 绿云

三洋食品株式会社 33.13

**최근 3년 주가차트**

(HKD)

— 강사부홀딩스(좌)
— 상해종합지수(우)

(지수)

11년 12월 | 12년 4월 | 12년 8월 | 12년 12월 | 13년 4월 | 13년 8월 | 13년 12월 | 14년 4월 | 14년 8월

## 매출구조

### 2013년 사업부문별 매출구조

(기준일: 2012-12-31/단위: 백만 달러)

| 매출구성 | 매출 | 비중 | 전년 매출 | 비중 | 전년 대비 |
|---|---|---|---|---|---|
| 음료 | 6,268 | 57.3% | 4,932 | 53.5% | 27.1% |
| 라면 | 4,332 | 39.6% | 3,961 | 43% | 9.4% |
| 과자 | 203 | 1.9% | 234 | 2.5% | -13.2% |
| 기타 | 138 | 1.3% | 85 | 0.9% | 62.4% |
| 합계 | 10,941 | 100% | 9,212 | 100% | 18.8% |

### 2012년 사업부문별 매출구조

(기준일: 2012-12-31/단위: 백만 달러)

| 매출구성 | 매출 | 비중 | 전년 매출 | 비중 | 전년 대비 |
|---|---|---|---|---|---|
| 음료 | 4,931 | 53.5% | 3,999 | 50.8% | 23.3% |
| 라면 | 3,960 | 43% | 3,592 | 45.7% | 10.2% |
| 과자 | 234 | 2.5% | 201 | 2.6% | 16.4% |
| 기타 | 87 | 0.9% | 74 | 0.9% | 17.6% |
| 합계 | 9,212 | 100% | 7,867 | 100% | 17.1% |

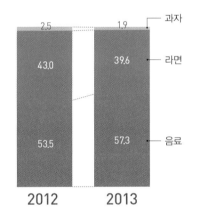

### 재무제표

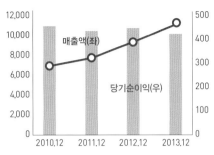

(단위: 백만 달러)

| 손익계산서 | 2013.12 | 2012.12 | 2011.12 | 2010.12 |
|---|---|---|---|---|
| 매출액 | 10,941 | 9,212 | 7,867 | 6,681 |
| 매출총이익 | 3,310 | 2,754 | 2,088 | 1,899 |
| 세전이익 | 723 | 828 | 663 | 747 |
| 당기순이익 | 409 | 455 | 420 | 477 |

| 현금흐름표 | 2013.12 | 2012.12 | 2011.12 | 2010.12 |
|---|---|---|---|---|
| 영업활동 현금흐름 | 1,214 | 1,156 | 591 | 1,260 |
| 투자활동 현금흐름 | -791 | -659 | -1,240 | -963 |
| 재무활동 현금흐름 | -34 | -266 | 318 | 52 |
| 현금 순증감액 | 412 | 238 | -293 | 373 |
| 기말 현금 | 1,250 | 838 | 600 | 893 |

| 대차대조표 | 2013.12 | 2012.12 | 2011.12 | 2010.12 |
|---|---|---|---|---|
| 유동자산 | 2,410 | 1,968 | 1,436 | 1,688 |
| 비유동자산 | 6,014 | 5,505 | 4,373 | 3,204 |
| 자산총계 | 8,424 | 7,473 | 5,809 | 4,891 |
| 유동부채 | 3,625 | 2,795 | 2,428 | 2,228 |
| 비유동부채 | 872 | 1,182 | 695 | 294 |
| 부채총계 | 4,498 | 3,976 | 3,123 | 2,522 |
| 자본금 | 28 | 28 | 28 | 28 |
| 자본/ 이익잉여금 | 2,852 | 2,523 | 2,072 | 1,793 |
| 지배회사지분 | 2,880 | 2,551 | 2,100 | 1,821 |
| 소수주주지분 | 1,046 | 946 | 587 | 548 |
| 자본총계 | 3,926 | 3,497 | 2,686 | 2,369 |

# 青岛啤酒股份有限公司 청도맥주

**중국의 프리미엄 맥주와 캔맥주 부문 1위 기업**

**기업개요**

상해 180지수, CSI 300(호심 300) 지수 편입종목이자 A/H주 동시 상장 기업으로 세계 500대 브랜드 기업이기도 하다. 중국 내 맥주 브랜드 가치 1위 기업이며 이미 국민 맥주 브랜드로 자리 잡았다. 중국 맥주 브랜드 중에서는 시장점유율과 수익력이 가장 뛰어난 회사로 현재 80여 국에 수출하고 있다.

**투자 포인트**

❶ 중국 내 맥주 시장점유율은 20.6%로 2위이지만 프리미엄 맥주와 캔맥주 부문 당연 1위 기업

❷ 청도맥주 시장점유율은 2013년 말의 17.2%에서 2014년 상반기 기준 20.6%로 급상승

❸ 최근의 브랜드 전략도 과거의 '1+3' 전략에서 '1+1+N'으로 전환하면서 메인 브랜드인 '칭다오맥주'와 '로우산'을 집중적으로 육성 중

❹ 현재 중국의 1인당 맥주 소비량은 선진국과의 격차가 매우 크고, 캔맥주가 차지하는 비중은 10% 미만으로 세계 평균 50%에 비해 상당히 낮아 향후 성장 가능성 풍부

❺ 2013년 말 기준 생산력은 1000만 kℓ, 가동률은 70%로 프리미엄 제품을 통한 마진율 제고와 우세시장 진출 가속화, 업계 대형사로의 집중도 강화(기존의 70%에서 5년 후 상위 5개사의 시장점유율 80%로 확대)를 통해 매출 10%, 순이익 15% 성장 유지

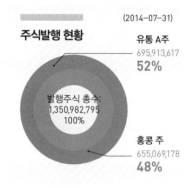

주식발행 현황 (2014-07-31)
유통 A주 695,913,617 52%
발행주식 총수: 1,350,982,795 100%
홍콩 주 655,069,178 48%

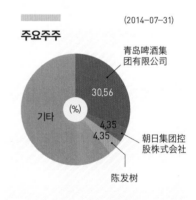

주요주주 (2014-07-31)
青岛啤酒集团有限公司 30.56
기타
(%)
4.35 朝日集团控股株式会社
4.35 陈发树

**최근 3년 주가차트**

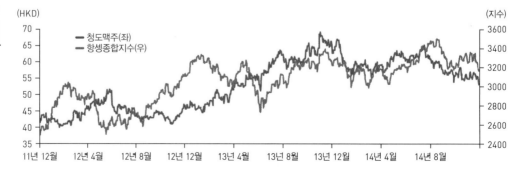

청도맥주(좌) / 항셍종합지수(우)

## 매출구조

### 2013년 사업부문별 매출구조
(기준일: 2013-12-31/단위: 백만 위안)

| 매출구성 | 매출 | 비중 | 전년 매출 | 비중 | 전년 대비 |
|---|---|---|---|---|---|
| 맥주 | 27,766 | 98.1% | 25,318 | 98.2% | 9.7% |
| 기타 수입 | 524 | 1.9% | 463 | 1.8% | 13.1% |
| 합계 | 28,291 | 100% | 25,781 | 100% | 9.7% |

### 2012년 사업부문별 매출구조
(기준일: 2012-12-31/단위: 백만 위안)

| 매출구성 | 매출 | 비중 | 전년 매출 | 비중 | 전년 대비 |
|---|---|---|---|---|---|
| 맥주 | 25,318 | 98.2% | 22,790 | 98.4% | 11.1% |
| 기타 수입 | 463 | 1.8% | 368 | 1.6% | 25.8% |
| 합계 | 25,781 | 100% | 23,158 | 100% | 11.3% |

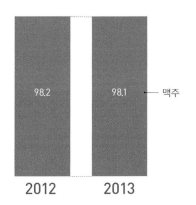

맥주

2012  2013

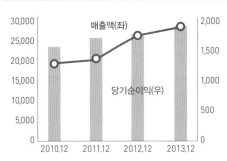

매출액(좌)
당기순이익(우)

(단위: 백만 위안)

| 손익계산서 | 2013.12 | 2012.12 | 2011.12 | 2010.12 |
|---|---|---|---|---|
| 매출액 | 28,291 | 25,782 | 21,158 | 19,898 |
| 매출총이익 | 9,055 | 8,147 | 7,717 | 7,000 |
| 세전이익 | 2,667 | 2,484 | 2,455 | 2,123 |
| 당기순이익 | 1,973 | 1,759 | 1,738 | 1,520 |

| 현금흐름표 | 2013.12 | 2012.12 | 2011.12 | 2010.12 |
|---|---|---|---|---|
| 영업활동 현금흐름 | 3,401 | 3,104 | 1,872 | 3,284 |
| 투자활동 현금흐름 | -1,496 | -1,995 | -3,937 | -765 |
| 재무활동 현금흐름 | -778 | -392 | 55 | -261 |
| 현금 순증감액 | 1,126 | 719 | -2,013 | 2,255 |
| 기말 현금 | 7,395 | 6,269 | 5,550 | 7,563 |

| 대차대조표 | 2013.12 | 2012.12 | 2011.12 | 2010.12 |
|---|---|---|---|---|
| 유동자산 | 12,274 | 10,142 | 9,583 | 9,895 |
| 비유동자산 | 15,090 | 13,519 | 12,051 | 7,882 |
| 자산총계 | 27,365 | 23,661 | 21,634 | 17,777 |
| 유동부채 | 11,114 | 7,336 | 7,156 | 6,016 |
| 비유동부채 | 2,378 | 3,542 | 3,201 | 2,042 |
| 부채총계 | 13,491 | 10,878 | 10,357 | 8,057 |
| 자본금 | 1,351 | 1,351 | 1,351 | 1,351 |
| 자본/ 이익잉여금 | 12,670 | 11,117 | 9,759 | 8,252 |
| 지배회사지분 | 14,021 | 12,468 | 11,110 | 9,603 |
| 소수주주지분 | -147 | 315 | 166 | 117 |
| 자본총계 | 13,873 | 12,783 | 11,277 | 9,720 |

# 中国蒙牛乳业有限公司 중국몽우우유

## 중국 2위의 유제품 생산기업

**기업개요**

내몽고에 위치한 중국 최대의 액체우유UHT(요구르트, 유제품음료) 생산기업이다. 주요 제품으로는 액체우유 및 아이스크림, 분유 등이 있다. 최대주주는 중국 내 대형 식품 기업인 COFCO이며, 프랑스 다농, 알라푸즈Arla Foods 등 다국적 우유 기업들과 제휴해 요구르트와 분유 등의 영역을 강화하면서 중국 우유 업계에서 리더로서의 위상을 확고히 하고 있다. 산하에 젖소 목장인 현대목업(01117)을 보유하고 있다.

**투자 포인트**

❶ 중국 2위의 유제품 생산기업으로 '몽우' 브랜드를 중심으로 전국 유제품 산업을 선도

❷ 액체우유 시장 1위로 시장점유율은 25%이며 UHT우유에서 프리미엄급 비중은 점점 증가세에 있음

❸ 향후 5년간 프리미엄 제품비중을 현재의 27%에서 2017년 38%까지 확대하고, 당분간 연매출이 50억 위안 이상 제품을 집중 육성할 계획

❹ 원가 측면에서 향후 100% 직접 목장 운영을 통해 경쟁력 강화 예정

❺ 수입산 분유 수입규제 강화 및 2자녀 허용 등의 호재로 향후 2~3년은 새로운 성장 모멘텀 예상되며 이를 토대로 1위 탈환이 목표

❻ 향후 2~3년 매출 성장률은 10~15%로 예상되고 프리미엄 제품비중 확대와 경쟁구도 완화, 수익률 개선으로 순이익은 연간 20~25% 성장 예상

**주식발행 현황** (2014-07-31)

홍콩 주
1,958,379,567
**100%**

**주요주주** (2014-07-31)

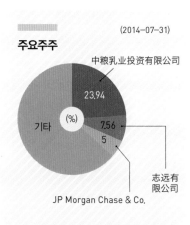

中粮乳业投资有限公司 23.94
志远有限公司 7.56
JP Morgan Chase & Co. 5
기타
(%)

**최근 3년 주가차트**

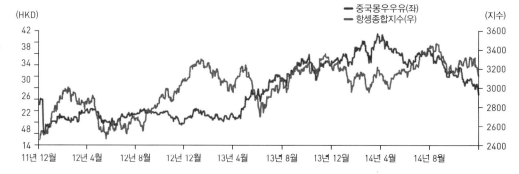

중국몽우우유(좌)
항셍종합지수(우)

**매출구조**

## 2013년 사업부문별 매출구조
(기준일: 2013-12-31/단위: 백만 위안)

| 매출구성 | 매출 | 비중 | 전년 매출 | 비중 | 전년 대비 |
|---|---|---|---|---|---|
| 액상우유 제품 | 37,902 | 87.4% | 32,336 | 89.8% | 17.2% |
| 아이스크림 | 3,023 | 7% | 3,171 | 8.8% | -4.7% |
| 분유 제품 | 2,177 | 5% | 441 | 1.2% | 393.1% |
| 기타 유제품 | 253 | 0.6% | 130 | 0.4% | 94.5% |
| 사업부문 간 매출조정 | | | -79 | -0.2% | |
| 합계 | 43,356 | 100% | 36,000 | 100% | 20.4% |

## 2012년 사업부문별 매출구조
(기준일: 2012-12-31/단위: 백만 위안)

| 매출구성 | 매출 | 비중 | 전년 매출 | 비중 | 전년 대비 |
|---|---|---|---|---|---|
| 액상우유 제품 | 32,337 | 89.6% | 33,701 | 90.1% | -4% |
| 아이스크림 | 3,171 | 8.8% | 3,258 | 8.7% | -2.7% |
| 기타 우유제품 | 571 | 1.6% | 428 | 1.1% | 33.6% |
| 합계 | 36,080 | 100% | 37,387 | 100% | -3.5% |

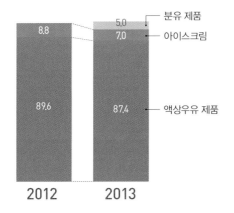

---

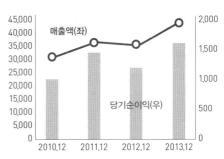

**재무제표**

(단위: 백만 위안)

| 손익계산서 | 2013.12 | 2012.12 | 2011.12 | 2010.12 |
|---|---|---|---|---|
| 매출액 | 43,357 | 36,080 | 37,388 | 30,265 |
| 매출총이익 | 11,697 | 9,055 | 9,592 | 7,786 |
| 세전이익 | 2,205 | 1,685 | 2,061 | 1,538 |
| 당기순이익 | 1,631 | 1,257 | 1,589 | 1,237 |

| 현금흐름표 | 2013.12 | 2012.12 | 2011.12 | 2010.12 |
|---|---|---|---|---|
| 영업활동 현금흐름 | 3,284 | 2,007 | 2,520 | 2,485 |
| 투자활동 현금흐름 | -15,269 | -3,239 | -1,645 | -2,204 |
| 재무활동 현금흐름 | 12,331 | -181 | -238 | -396 |
| 현금 순증감액 | 437 | -1,416 | 585 | -211 |
| 기말 현금 | 3,355 | 2,944 | 4,360 | 3,775 |

| 대차대조표 | 2013.12 | 2012.12 | 2011.12 | 2010.12 |
|---|---|---|---|---|
| 유동자산 | 16,321 | 9,761 | 10,387 | 9,664 |
| 비유동자산 | 24,018 | 11,230 | 9,815 | 7,642 |
| 자산총계 | 40,339 | 20,991 | 20,202 | 17,306 |
| 유동부채 | 18,063 | 6,981 | 7,226 | 6,238 |
| 비유동부채 | 4,265 | 938 | 927 | 850 |
| 부채총계 | 22,328 | 7,919 | 8,153 | 7,088 |
| 자본금 | 186 | 181 | 181 | 179 |
| 자본/이익잉여금 | 15,174 | 12,262 | 11,290 | 9,579 |
| 지배회사지분 | 15,361 | 12,443 | 11,471 | 9,758 |
| 소수주주지분 | 2,650 | 629 | 578 | 459 |
| 자본총계 | 18,011 | 13,072 | 12,049 | 10,218 |

# 恒安国际集团有限公司 항안국제

## 중국 최대의 생활용지 생산기업

**기업개요**

중국 최대의 생활용지 생산기업이다. 주력제품인 화장지, 티슈, 기저귀 영역에서 모두 인지도가 높다. 화장지 시장 1위, 여성용 생리대 및 기저귀 시장 2위 기업으로 2013년 말 기준 총자산은 400억 위안이며 전국에 3만 4000명의 직원을 두고 있다. 주력사업 외에 식품가공 부문도 있다.

**투자 포인트**

❶ 중국의 화장지 생산 1등 기업으로 생산능력은 2014년의 102만 톤에서 2016년 138만 톤까지 증대 전망

❷ 2014년 화장지 부문의 매출은 56억 위안으로 매출 비중은 47%이며, 업계 빅4의 산업 집중도는 35.4%로 향후 대기업 중심의 집중도 상승 수혜도 기대

❸ 2014년 상반기 생리대 부문의 매출은 35억 9000만 위안으로 전년 대비 25% 증가했으며 매출 비중은 26%이지만, 매출총이익 비중은 44%로 수익 기여가 큰 부문

❹ 기저귀 부문은 2009년 이후 저가전략이 성과가 없자 2014년 들어 중고가 위주로 전략을 재조정하면서 중고가 제품 매출 오히려 16% 증가

❺ 2014~2016년의 전략은 기저귀와 생리대 부문은 영유아 용품 매장 확대와 프리미엄 제품 비중 확대로 연 15~20% 내외 성장이 전망됨. 현재 화장지 업계는 소형사 퇴출로 집중도는 오히려 강화되고 있어 15% 내외의 성장 예상

**주식발행 현황** (2014-07-31)

홍콩 주
1,226,799,221
**100%**

**주요주주** (2014-07-31)

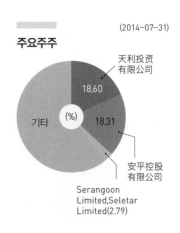

天利投资有限公司 18.60

安平控股有限公司 18.31

기타

(%)

Serangoon Limited, Seletar Limited(2.79)

**최근 3년 주가차트**

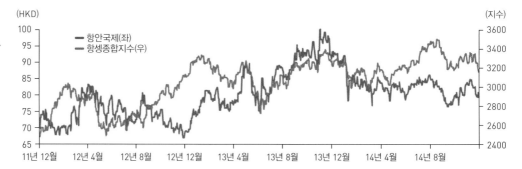

— 항안국제(좌)
— 항셍종합지수(우)

**매출구조**

## 2013년 사업부문별 매출구조
(기준일: 2013-12-31/단위: 백만 홍콩달러)

| 매출구성 | 매출 | 비중 | 전년 매출 | 비중 | 전년 대비 |
|---|---|---|---|---|---|
| 티슈 | 10,204 | 48.2% | 9,146 | 49.4% | 11.6% |
| 생리대 | 5,972 | 28.2% | 4,915 | 26.5% | 21.5% |
| 1회용 기저귀 | 2,938 | 13.9% | 2,685 | 14.5% | 9.4% |
| 스낵 식품 | 1,604 | 7.6% | 1,387 | 7.5% | 15.7% |
| 기타 | 466 | 2.2% | 389 | 2.1% | 20% |
| 합계 | 21,186 | 100% | 18,524 | 100% | 14.4% |

## 2012년 사업부문별 매출구조
(기준일: 2012-12-31/단위: 백만 홍콩달러)

| 매출구성 | 매출 | 비중 | 전년 매출 | 비중 | 전년 대비 |
|---|---|---|---|---|---|
| 티슈 | 9,147 | 49.4% | 2,018 | 11.8% | 353.3% |
| 생리대 | 4,915 | 26.5% | 4,114 | 24.1% | 19.5% |
| 1회용 기저귀 | 2,685 | 14.5% | 2,723 | 16% | -1.4% |
| 스낵 식품 | 1,387 | 7.5% | 1,543 | 9% | -10.1% |
| 기타 | 389 | 2.1% | 653 | 3.8% | -40.4% |
| 합계 | 18,524 | 100% | 17,051 | 100% | 8.6% |

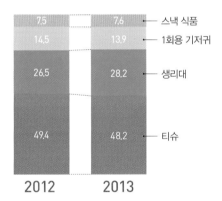

| | | |
|---|---|---|
| 7.5 | | 7.6 ── 스낵 식품 |
| 14.5 | | 13.9 ── 1회용 기저귀 |
| 26.5 | | 28.2 ── 생리대 |
| 49.4 | | 48.2 ── 티슈 |
| **2012** | | **2013** |

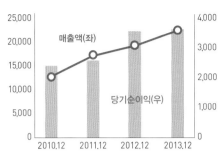

(단위: 백만 홍콩달러)

| 손익계산서 | 2013.12 | 2012.12 | 2011.12 | 2010.12 |
|---|---|---|---|---|
| 매출액 | 21,186 | 18,524 | 17,051 | 13,432 |
| 매출총이익 | 9,559 | 8,315 | 6,800 | 5,945 |
| 세전이익 | 5,015 | 4,539 | 3,255 | 3,038 |
| 당기순이익 | 3,721 | 3,519 | 2,649 | 2,438 |

| 현금흐름표 | 2013.12 | 2012.12 | 2011.12 | 2010.12 |
|---|---|---|---|---|
| 영업활동 현금흐름 | 3,865 | 2,956 | 3,356 | 2,280 |
| 투자활동 현금흐름 | -5,218 | -2,993 | -5,476 | -1,577 |
| 재무활동 현금흐름 | 5,899 | 1,900 | 195 | 735 |
| 현금 순증감액 | 4,613 | 1,870 | -1,760 | 1,539 |
| 기말 현금 | 10,711 | 6,099 | 4,229 | 5,989 |

| 대차대조표 | 2013.12 | 2012.12 | 2011.12 | 2010.12 |
|---|---|---|---|---|
| 유동자산 | 27,321 | 16,191 | 13,744 | 10,750 |
| 비유동자산 | 12,869 | 13,013 | 9,575 | 7,827 |
| 자산총계 | 40,190 | 29,205 | 23,319 | 18,577 |
| 유동부채 | 16,915 | 10,821 | 10,012 | 6,077 |
| 비유동부채 | 6,357 | 3,975 | 588 | 1,675 |
| 부채총계 | 23,272 | 14,797 | 10,600 | 7,752 |
| 자본금 | 123 | 123 | 123 | 122 |
| 자본/ 이익잉여금 | 16,410 | 13,955 | 12,219 | 10,381 |
| 지배회사지분 | 16,534 | 14,078 | 12,341 | 10,503 |
| 소수주주지분 | 385 | 330 | 377 | 322 |
| 자본총계 | 16,919 | 14,408 | 12,719 | 10,826 |

# 반도체 및 IT 산업

★중국 스마트폰 브랜드 발전이 반도체 산업 성장을 견인

2014년 전 세계 반도체 산업 규모는 3330억 달러로 전년 대비 9% 성장한 것으로 보인다. 반도체 산업의 경기 상승은 2013년 하반기부터 시작되었는데, 2015년에도 호황이 지속될 것으로 예상한다. 2014년 산업 경기가 좋았던 이유는 전방 시장 구조에 변화가 있었고 최근 몇 년간 제품 가격이 평균적으로 인상되었기 때문이다. 스마트폰으로 대표되는 통신장비 수요는 이미 PC 시장을 초과했다. 2008~2013년 사이 신규 생산량 증가가 적은 것 역시 수급 개선에 큰 힘이 되었

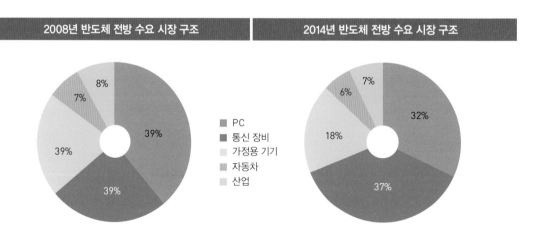

| 2008년 반도체 전방 수요 시장 구조 | 2014년 반도체 전방 수요 시장 구조 |

- PC
- 통신 장비
- 가정용 기기
- 자동차
- 산업

출처: 흥업증권, 차이나윈도우

다. 흥업증권에 따르면 2015년 전 세계 반도체 산업 규모는 3560억 달러로 전년 대비 7%가 늘 것으로 예측된다.

샤오미와 레노보, 화웨이 등 중국 3대 스마트폰 브랜드의 전 세계 시장점유율은 약 15%이며 쿨패드, ZTE(중흥통신) 등의 기타 브랜드까지 합치면 이 수치는 25%를 넘는다. 중국 스마트폰 브랜드의 비중 확대는 반도체 산업에 커다란 영향을 끼쳤다. 중국의 IC(집적회로) 설계 기업은 보통 규모가 작기에 정부 지원과 시장 수요에 대한 의존도가 높다. 중국 스마트폰 브랜드의 성장은 자국 내 IC 설계 업체가 발전하는 계기가 되었고 저렴한 설계 원가는 중국산 스마트폰의 가격 경쟁력으로 이어져 시너지가 계속되고 있다. 중국의 대표적인 IC 설계 업체로는 하이실리콘HiSilicon, 스프래드트럼Spreadtrum 등이 있다.

로컬 IC 설계 업체의 발주는 주로 중심국제(0981.HK)와 같은 파운드리 업체가 하고 패킹은 강소장전테크놀로지(600584.SH) 등이 담당한다.

| 전 세계 6대 스마트폰 업체의 시장점유율 | | | | | | |
|---|---|---|---|---|---|---|
| 구분 | 2013Q2 | 2013Q3 | 2013Q4 | 2014Q1 | 2014Q2 | 2014Q3 |
| 삼성 | 32.6% | 32.5% | 31.8% | 34.9% | 25.2% | 23.8% |
| 애플 | 13.4% | 12.9% | 19.4% | 13.6% | 11.9% | 12.0% |
| 샤오미 | 1.8% | 2.1% | 3.2% | 4.0% | 5.1% | 5.3% |
| 레노보 | 4.8% | 4.7% | 4.3% | 7.5% | 5.4% | 5.2% |
| 화웨이 | 4.8% | 5.1% | 4.0% | 5.2% | 6.8% | 5.1% |
| LG | 5.2% | 4.6% | 4.2% | 4.4% | 4.9% | 5.1% |

출처: IDC

## ★반도체 국산화를 위해 정부 지원 강화

중국은 값싼 노동력을 이용한 생산국에서 소비 잠재력을 겸비한 나라로 성장하였다. 중국 정부 역시 산업 업그레이드와 구조 전환을 위한 대대적인 구조조정을 단행했다. 반도체 집적회로는 전자 산업에 속하지만, 정보 산업의 주축으로 정보 산업의 구조조정과 업그레이드에서 매우 중요한 역할을 한다. 그러나 현재 반도체 산업은 해외 수입 의존성(2013년 수입 금액은 2300억 달러)이 높아 자급률은 20%에 그친다. 중국에서 반도체 집적회로 국산화는 반드시 추진해야 하는 과제이자 국가 전략의 중요한 방침이기도 하다.

2014년 6월, 중국 정부의 '국가 IC 산업 성장 추진 지침'을 보면 2015년 자국 반도체 집적회로 산업의 매출을 2014년보다 40% 많은 3500억 위안(약 62조 원)으로 잡고 있다. 같은 해 9월에는 1200억 위안(약 21조 원) 규모의 '집성회로 산업 기금'을 설립하여 반도체 산업의 대표 기업을 지원하며 반도체의 국산화에 집중하겠다는 발표도 했다. 반도체 집성회로 산업에 대한 지원은 지속될 것으로 보이는데, 이는 투자자들에게 호재로 작용할 것이다.

### ★ 중국 반도체 산업에서의 투자 기회

CSIA(중국반도체산업협회)에 따르면 2013년 중국 반도체 시장은 집적회로 62%, 그 외 38%로 구성되었다. 집적회로 내에서 설계, 제조, 패킹의 비중은 각각 20%, 15%, 27%이다. 전 세계의 반도체 산업 구조를 보면 집적회로 비중이 82%이며 나머지가 18%이고 집적회로에서 설계, 제조, 패킹의 비중이 각각 29%, 40%, 13%이다. 이를 고려해보면 중국 집적회로의 성장 여력이 크고, 특히 설계와 제조 분야의 성장 잠재력을 기대할 수 있다. 중국 반도체 산업 투자 기회는 파운드리 > IC 설계 > 패킹 순이다.

중심국제(0981.HK)는 중국 최대의 반도체 위탁 생산업체로 2013년 세계 시장 점유율은 4.6%로 삼성에 이어 5위 규모이다. 28나노칩은 2015년 상반기부터 대

**중국 집적회로 수입액이 원유 수입액을 초과**

(단위: 억 달러)

| 구분 | 2007년 | 2008년 | 2009년 | 2010년 | 2011년 | 2012년 | 2013년 |
|---|---|---|---|---|---|---|---|
| 반도체 수입 | 1,277 | 1,293 | 1,199 | 1,570 | 1,702 | 1,921 | 2,313 |
| 원유 수입 | 797 | 1,293 | 893 | 1,352 | 1,967 | 2,207 | 2,197 |

출처: 중국세관

량 생산이 가능해져 2015년부터 실적 턴어라운드와 함께 10% 이상의 성장이 예상된다. 최근에는 후구통 기업에 속하는 강소장전테크놀로지(600584.SH)와 합자회사를 설립하는 등 제휴를 강화하고 있다. 강소장전테크놀로지는 중국 1위, 세계 6위의 패킹 업체이다.

일부 중국 IT 업체들은 글로벌 시장 리더들에게 도전장을 내밀고 있으며, 반도체 이외에도 모바일 기기, 온라인 서비스, 응용 소프트웨어 등의 분야에서 트렌드세터로 자리매김하고 있다. 이런 기업 중에는 이제는 한국인들에게도 익숙한 샤오미小米, 알리바바, Tencent홀딩스(0700.HK), 연상그룹(0992.HK) 등이 있다. 이외에도 주목해야 할 종목은 중심국제를 비롯한 북경용우소프트웨어(600588.SH), 동연그룹(600718.SH), 금산소프트웨어(3888.HK), 서성테크놀로지(2018.HK) 등이 있다.

| 중국 반도체 시장 매출액 | | | | | | | | | | | |
|---|---|---|---|---|---|---|---|---|---|---|---|

(단위: 억 달러)

| 연도 | 2003 | 2004 | 2005 | 2006 | 2007 | 2008 | 2009 | 2010 | 2011 | 2012 | 2013 |
|---|---|---|---|---|---|---|---|---|---|---|---|
| 시장 규모 | 83 | 120 | 161 | 217 | 274 | 314 | 292 | 381 | 514 | 553 | 658 |
| 전년 대비 | - | 45% | 34% | 35% | 26% | 15% | -7% | 30% | 35% | 8% | 19% |

출처: CSIA(중국반도체산업협회)

CODE **0981.HK**

# 中芯国际集成电路制造有限公司 중심국제

## 2013년 기준 세계 5대 반도체 생산기업

**기업개요**

세계적인 반도체 생산업체로 0.35μm에서 0.13μm 사이의 칩에 대한 설계, 제조를 주력사업으로 하고 있으며 90nm 제품의 비중도 늘고 있다. 현재 홍콩 및 뉴욕 증권거래소에 상장되어 있다.

**투자 포인트**

❶ 중국 최대의 반도체 위탁생산으로 2013년 세계 시장점유율은 4.6%로 삼성에 이어 5위 규모

❷ 반도체는 중국의 최대 수입품목으로 2013년 말 기준 중국의 반도체 수입 규모는 2500억 위안으로 이는 원유보다 많지만 중국 국산품 비중은 38%에 불과한 실정

❸ 2014년 6월 중국 정부의 '국가 IC산업 성장 추진 지침'에 따르면, 2015년에는 자국 반도체 집적회로 산업의 매출을 2014년보다 40% 많은 3500억 위안(약 61조 원)으로 설정

❹ 이를 위해 정부는 세계 최대 소비시장인 자국 시장 육성을 위해 1200억 위안(21조 원)의 공공투자펀드를 설립했고 국산품 장려를 위해 세제 우대와 정부 구매를 확대하고 있어 향후 자국 산업 보호에 따른 장기수혜 가능

❺ 중국 내 종합 반도체 기업으로 28나노칩은 2015년 상반기부터 양산이 가능해 2015년부터 실적 턴어라운드 기대와 10% 이상의 성장 예상

**주식발행 현황** (2014-07-31)

홍콩 주
34,846,127,951
**100%**

**주요주주** (2014-07-31)

大唐电信科技产业控股有限公司
17.56

10.35
中国投资有限责任公司

기타
(%)

**최근 3년 주가차트**

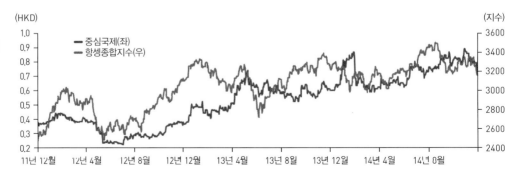

중심국제(좌)
항생종합지수(우)

## 매출구조

### 2013년 사업부문별 매출구조

(기준일: 2013-12-31/단위: 백만 달러)

| 매출구성 | 매출 | 비중 | 전년 매출 | 비중 | 전년 대비 |
|---|---|---|---|---|---|
| CAD 설계 및 집적회로 제조 | 2,069 | 100% | 1,702 | 100% | 21.6% |
| 합계 | 2,069 | 100% | 1,702 | 100% | 21.6% |

### 2012년 사업부문별 매출구조

(기준일: 2013-12-31/단위: 백만 달러)

| 매출구성 | 매출 | 비중 | 전년 매출 | 비중 | 전년 대비 |
|---|---|---|---|---|---|
| CAD 설계 및 집적회로 제조 | 1,702 | 100% | 1,319 | 100% | 29% |
| 합계 | 1,702 | 100% | 1,319 | 100% | 29% |

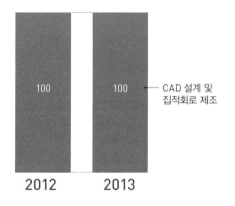

CAD 설계 및 집적회로 제조

(단위: 백만 달러)

| 손익계산서 | 2013.12 | 2012.12 | 2011.12 | 2010.12 |
|---|---|---|---|---|
| 매출액 | 2,069 | 1,702 | 1,319 | 1,555 |
| 매출총이익 | 438 | 349 | 102 | 310 |
| 세전이익 | 179 | 13 | -182 | 9 |
| 당기순이익 | 173 | 23 | -312 | 13 |

| 현금흐름표 | 2013.12 | 2012.12 | 2011.12 | 2010.12 |
|---|---|---|---|---|
| 영업활동 현금흐름 | 738 | 435 | 398 | 695 |
| 투자활동 현금흐름 | -807 | -522 | -923 | -584 |
| 재무활동 현금흐름 | 173 | 184 | 269 | -38 |
| 현금 순증감액 | 104 | 97 | -254 | 72 |
| 기말 현금 | 462 | 358 | 262 | 516 |

| 대차대조표 | 2013.12 | 2012.12 | 2011.12 | 2010.12 |
|---|---|---|---|---|
| 유동자산 | 1,563 | 1,270 | 865 | 1,179 |
| 비유동자산 | 2,960 | 2,803 | 2,863 | 2,724 |
| 자산총계 | 4,523 | 4,073 | 3,728 | 3,903 |
| 유동부채 | 939 | 1,108 | 1,251 | 1,399 |
| 비유동부채 | 992 | 689 | 228 | 295 |
| 부채총계 | 1,930 | 1,797 | 1,479 | 1,694 |
| 자본금 | 13 | 13 | 11 | 11 |
| 자본/ 이익잉여금 | 2,471 | 2,263 | 2,234 | 2,159 |
| 지배회사지분 | 2,484 | 2,276 | 2,245 | 2,170 |
| 소수주주지분 | 109 | 1 | 4 | 39 |
| 자본총계 | 2,593 | 2,276 | 2,249 | 2,209 |

**CODE 600588.SH**

# 用友软件股份有限公司 북경용우소프트웨어

## 중국 및 아시아 최대의 ERP, CRM, HRM 등의 기업관리 소포트웨어 제공업체

**기업개요**

상해 180지수, CSI 300(호심 300)지수 편입종목이다. 컴퓨터 S/W, H/W 관련 외부 설비의 기술 개발, 기술 컨설팅, 기술 양도, 기술 서비스, 기업 관리 컨설팅, 데이터베이스 서비스 등을 제공하고 있다.

**투자
포인트**

❶ 중국 내 최대의 관리 및 재무 프로그램 개발업체이며 지난 9년간 관리 및 재무 프로그램에서 시장점유율 1위 기업

❷ 기존 사업에서 현재 클라우드 플랫폼으로 사업전환 중이며 향후 플랫폼을 통해 관리 프로그램 사업부문에서 높은 부가가치 창출 예상

❸ 자회사인 Chanjet의 상장과 최근 마이크로소프트, IBM과의 합작으로 자금조달 능력과 기술력 제고로 향후 시장점유율 상승 예상

❹ 향후 사업 모델의 전환이 성공할 경우 ASP 증가

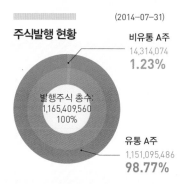

**주식발행 현황** (2014-07-31)

비유통 A주
14,314,074
**1.23%**

발행주식 총수:
1,165,409,560
100%

유통 A주
1,151,095,486
**98.77%**

**주요주주** (2014-07-31)

北京用友科技
有限公司
29.55

上海用友
科技咨询
有限公司
13.37

上海益倍管理
咨询有限公司
5.22

기타

(%)

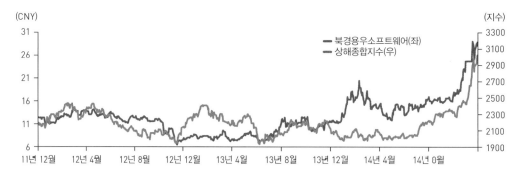

**최근 3년
주가차트**

(CNY)

━ 북경용우소프트웨어(좌)
━ 상해종합지수(우)

(지수)

11년 12월 · 12년 4월 · 12년 8월 · 12년 12월 · 13년 4월 · 13년 8월 · 13년 12월 · 14년 4월 · 14년 0월

## 매출구조

### 2013년 사업부문별 매출구조
(기준일: 2013-12-31/단위: 백만 위안)

| 매출구성 | 매출액 | | | 매출총이익률(GPM) | |
|---|---|---|---|---|---|
| | 매출 | 비중 | 전년 대비 | GPM | 전년 대비 |
| ERP, CRM, HRM 등 기업 관리 프로그램 개발판매 | 2,216 | 50.79% | -3.81% | 94.96% | 0.39%p |
| IT 기술자문 및 교육 서비스 | 1,843.8 | 42.26% | 5.47% | 27.22% | -0.94%p |
| 타사 하드웨어 제품 판매 | 243.3 | 5.58% | 53.6% | 22.99% | -5.1%p |
| 주력사업 외 기타 수입 | 59.6 | 1.37% | 139.61% | 92.78% | 8.45%p |
| 합계 | 4,362.7 | 100% | 3.01% | 62.29% | -2.32%p |

### 2012년 사업부문별 매출구조
(기준일: 2012-12-31/단위: 백만 위안)

| 매출구성 | 매출액 | | | 매출총이익률(GPM) | |
|---|---|---|---|---|---|
| | 매출 | 비중 | 전년 대비 | GPM | 전년 대비 |
| ERP, CRM, HRM 등 기업 관리 프로그램 개발판매 | 2,303.7 | 54.39% | 0.89% | 94.56% | 1.22%p |
| IT 기술자문 및 교육 서비스 | 1,748.2 | 41.28% | 3.1% | 75.16% | -2.65%p |
| 타사 하드웨어 제품 판매 | 158.4 | 3.74% | 23.56% | 28.08% | 1.08%p |
| 주력사업 외 기타 수입 | 24.9 | 0.59% | 66.13% | | |
| 합계 | 4,235.2 | 100% | 2.74% | 84.06% | -0.81%p |

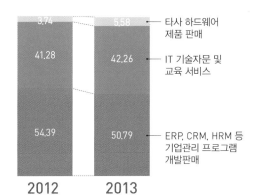

- 타사 하드웨어 제품 판매
- IT 기술자문 및 교육 서비스
- ERP, CRM, HRM 등 기업관리 프로그램 개발판매

2012 / 2013

| 2012 | 2013 |
|---|---|
| 3.74 | 5.58 |
| 41.28 | 42.26 |
| 54.39 | 50.79 |

## 재무제표

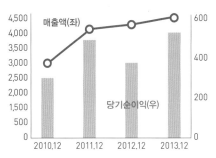

매출액(좌)

당기순이익(우)

(단위: 백만 위안)

| 손익계산서 | 2013.12 | 2012.12 | 2011.12 | 2010.12 |
|---|---|---|---|---|
| 매출액 | 4,363 | 4,235 | 4,122 | 2,979 |
| 매출총이익 | 2,717 | 3,560 | 3,499 | 2,462 |
| 영업이익 | 313 | 157 | 310 | 113 |
| 세전이익 | 647 | 441 | 606 | 348 |
| 당기순이익 | 548 | 380 | 537 | 332 |

| 현금흐름표 | 2013.12 | 2012.12 | 2011.12 | 2010.12 |
|---|---|---|---|---|
| 영업활동 현금흐름 | 740 | 499 | 472 | 489 |
| 투자활동 현금흐름 | -625 | -406 | -629 | -677 |
| 재무활동 현금흐름 | 282 | 199 | 156 | -34 |
| 현금 순증감액 | 397 | 289 | -2 | -224 |
| 기말 현금 | 2,077 | 1,680 | 1,390 | 1,392 |

| 대차대조표 | 2013.12 | 2012.12 | 2011.12 | 2010.12 |
|---|---|---|---|---|
| 유동자산 | 3,738 | 3,199 | 2,791 | 2,387 |
| 비유동자산 | 3,492 | 2,957 | 2,671 | 2,379 |
| 자산총계 | 7,230 | 6,156 | 5,462 | 4,766 |
| 유동부채 | 3,011 | 2,869 | 2,239 | 2,035 |
| 비유동부채 | 856 | 214 | 196 | 165 |
| 부채총계 | 3,867 | 3,083 | 2,435 | 2,200 |
| 자본금 | 971 | 979 | 816 | 816 |
| 자본잉여금 | 446 | 580 | 739 | 666 |
| 이익잉여금 | 523 | 455 | 391 | 318 |
| 지배회사지분 | 3,227 | 2,994 | 2,956 | 2,526 |
| 소수주주지분 | 136 | 80 | 72 | 40 |
| 자본총계 | 3,363 | 3,073 | 3,027 | 2,566 |

# 东软集团股份有限公司 동연그룹

**중국 최대의 IT 솔루션 제공 및 소프트웨어 아웃소싱 업체**

**기업개요**

상해 180지수, CSI 300(호심 300)지수 편입종목이다. 정보화 솔루션을 지원하고 있다. 중국 내 최대 소프트웨어 공급업체이자 최대 의료기기 공급기업이다. 중국 유일의 MRI, CT, 초음파, X-ray 등의 4대 진단기 생산기업이다. 현재 2000개가 넘는 병원에 의료기기를 판매하고 있다.

**투자 포인트**

❶ 중국 최대의 IT 아웃소싱 및 종합 솔루션 서비스 기업. 현재 의료 설비 사업에 진출

❷ 정부의 스마트 도시 추진으로 정부, 통신, 금융, 의료, 자동차 분야에서의 정보화로 인한 수혜 예상 기업

❸ 의료 및 건강 관리 클라우드 컴퓨팅 플랫폼 구축에 질주, 베이징 등지에서 '희강(熙康) 건강관리센터'를 설립해 시장 선점에 우위

❹ 고속 성장하는 자동차 전자 시스템 분야에서 하만Harman과의 합작을 통해 경쟁력 강화

❺ 향후 기업의 스톡옵션 부여, 의료 및 건강 관리 플랫폼 수익 모델 등으로 인한 수혜 예상

**주식발행 현황** (2014-07-31)

유통 A주
1,227,594,245
**100%**

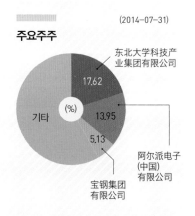

**주요주주** (2014-07-31)

东北大学科技产业集团有限公司 17.62
阿尔派电子(中国)有限公司 13.95
宝钢集团有限公司 5.13
기타 (%)

**최근 3년 주가차트**

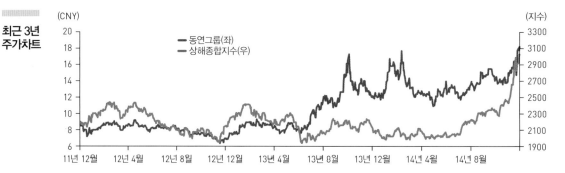

(CNY) / (지수)
— 동연그룹(좌)
— 상해종합지수(우)

## 매출구조

### 2013년 사업부문별 매출구조

(기준일: 2013-12-31/단위: 백만 위안)

| 매출구성 | 매출액 | | | 매출총이익률(GPM) | |
|---|---|---|---|---|---|
| | 매출 | 비중 | 전년 대비 | GPM | 전년 대비 |
| 시스템 통합 및 IT 개발 | 6,480.6 | 86.96% | 8.46% | 26.21% | -3.97%p |
| 의료기기 판매 | 877.7 | 11.78% | -1.79% | 43.4% | 2.75%p |
| 부동산 임대 및 관리 | 86 | 1.15% | 3.83% | 72.15% | -1.68%p |
| 광고 | 8.4 | 0.11% | -2.85% | 32.96% | -3.21%p |
| 합계 | 7,452.8 | 100% | 7.08% | 28.77% | -3.28%p |

### 2012년 사업부문별 매출구조

(기준일: 2012-12-31/단위: 백만 위안)

| 매출구성 | 매출액 | | | 매출총이익률(GPM) | |
|---|---|---|---|---|---|
| | 매출 | 비중 | 전년 대비 | GPM | 전년 대비 |
| 시스템 통합 및 IT 개발 | 5,975 | 85.85% | 23.69% | 30.17% | 2.14%p |
| 의료기기 판매 | 893.6 | 12.84% | 11.22% | 40.65% | 1.15%p |
| 부동산관리, 임대 및 기타 | 82.9 | 1.19% | -23.86% | 73.83% | 7.83%p |
| 광고 | 8.7 | 0.12% | 2.42% | 36.17% | 0.2%p |
| 합계 | 6,960.2 | 100% | 21.02% | 32.05% | 1.68%p |

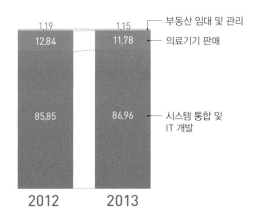

- 1.19 / 1.15 부동산 임대 및 관리
- 12.84 / 11.78 의료기기 판매
- 85.85 / 86.96 시스템 통합 및 IT 개발

2012 / 2013

## 재무제표

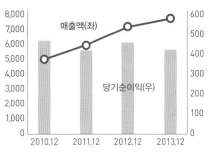

매출액(좌)
당기순이익(우)

2010.12  2011.12  2012.12  2013.12

(단위: 백만 위안)

| 손익계산서 | 2013.12 | 2012.12 | 2011.12 | 2010.12 |
|---|---|---|---|---|
| 매출액 | 7,453 | 6,960 | 5,751 | 4,938 |
| 매출총이익 | 2,144 | 2,230 | 1,746 | 1,554 |
| 영업이익 | 241 | 409 | 310 | 407 |
| 세전이익 | 445 | 543 | 493 | 560 |
| 당기순이익 | 411 | 456 | 417 | 485 |

| 현금흐름표 | 2013.12 | 2012.12 | 2011.12 | 2010.12 |
|---|---|---|---|---|
| 영업활동 현금흐름 | 304 | 317 | 300 | 382 |
| 투자활동 현금흐름 | -184 | 47 | -769 | -225 |
| 재무활동 현금흐름 | -58 | 15 | 529 | -88 |
| 현금 순증감액 | 67 | 351 | 49 | 72 |
| 기말 현금 | 2,155 | 2,088 | 1,737 | 1,688 |

| 대차대조표 | 2013.12 | 2012.12 | 2011.12 | 2010.12 |
|---|---|---|---|---|
| 유동자산 | 5,808 | 4,700 | 3,773 | 3,386 |
| 비유동자산 | 3,569 | 3,801 | 4,152 | 3,473 |
| 자산총계 | 9,376 | 8,501 | 7,925 | 6,859 |
| 유동부채 | 2,879 | 2,344 | 2,060 | 1,838 |
| 비유동부채 | 982 | 912 | 850 | 436 |
| 부채총계 | 3,860 | 3,256 | 2,910 | 2,274 |
| 자본금 | 1,228 | 1,228 | 1,228 | 1,228 |
| 자본잉여금 | 360 | 356 | 362 | 363 |
| 이익잉여금 | 720 | 667 | 597 | 545 |
| 지배회사지분 | 5,330 | 5,119 | 4,675 | 4,280 |
| 소수주주지분 | 186 | 126 | 340 | 305 |
| 자본총계 | 5,516 | 5,245 | 5,015 | 4,585 |

# 腾讯控股有限公司 Tencent홀딩스

## 중국 대표 인터넷 서비스 기업

**기업개요**

중국의 대표적인 온라인 서비스 업체로 중국인 대부분이 사용하는 QQ 메신저를 이용해 온라인 사업영역에서 성공했으며 현재는 모바일 메신저 WeiXin(또는 WeChat)을 기반으로 모바일 인터넷 시장을 개척하고 있다. 주요 사업 구조는 인터넷 및 모바일 부가 서비스, 인터넷 광고, 전자상거래 등이다.

**투자 포인트**

❶ 시가총액이 150조 원(8648억 위안)에 이르는 초대형 인터넷 서비스 기업으로 홍콩에 상장되었지만 시가총액으로는 중국 본토 A주 시장에서도 6위에 랭크될 초대형 기업

❷ 온라인 게임 중국 시장점유율 50%, 인터넷 메신저인 QQ의 중국 시장점유율 90%, 그리고 실 사용자가 4억 6000만 명에 달하는 한국의 카카오톡과 같은 위챗Wechat을 운영하는 기업

❸ 지난 10년간 주가가 173배나 오른 기업

❹ 과거 5년간 연평균 성장률이 50%에 육박하는 초고성장 대표 기업

❺ 향후 3년간 주력사업 강화로 매출은 20%대, 이익은 30%대의 성장이 예상되는 기업

**주식발행 현황** (2014-07-31)

홍콩 주
9,363,860,983
**100%**

**주요주주** (2014-07-31)

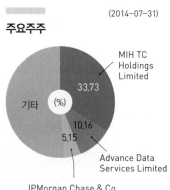

MIH TC Holdings Limited
33.73

기타 (%)

10.16
Advance Data Services Limited

5.15
JPMorgan Chase & Co.

**최근 3년 주가차트**

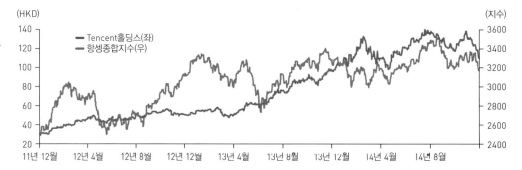

— Tencent홀딩스(좌)
— 항셍종합지수(우)

(HKD) / (지수)

## 매출구조

## 2013년 사업부문별 매출구조

(기준일: 2013-12-31/단위: 백만 위안)

| 매출구성 | 매출 | 비중 | 전년 매출 | 비중 | 전년 대비 |
|---|---|---|---|---|---|
| 부가서비스 | 44,985 | 74.4% | 35,718 | 81.4% | 25.9% |
| 전자상거래 | 9,796 | 16.2% | 4,428 | 10.1% | 121.2% |
| 온라인 광고 | 5,034 | 8.3% | 3,382 | 7.7% | 48.8% |
| 기타 | 622 | 1% | 366 | 0.8% | 69.9% |
| 합계 | 60,437 | 100% | 43,894 | 100% | 37.7% |

## 2012년 사업부문별 매출구조

(기준일: 2012-12-31/단위: 백만 위안)

| 매출구성 | 매출 | 비중 | 전년 매출 | 비중 | 전년 대비 |
|---|---|---|---|---|---|
| 인터넷 부가서비스 | 31,995 | 72.9% | 23,043 | 80.9% | 38.8% |
| 전자상거래 | 4.428 | 10.1% | | | |
| 모바일 및 전신 부가서비스 | 3,723 | 8.5% | 3,271 | 11.5% | 13.8% |
| 온라인 광고 | 3,382 | 7.7% | 1,992 | 7% | 69.8% |
| 기타 | 365 | 0.8% | 190 | 0.7% | 92.1% |
| 합계 | 43,894 | 100% | 28,496 | 100% | 54% |

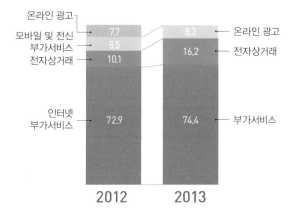

## 재무제표

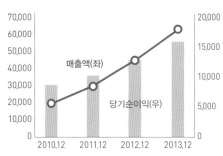

(단위: 백만 위안)

| 손익계산서 | 2013.12 | 2012.12 | 2011.12 | 2010.12 |
|---|---|---|---|---|
| 매출액 | 60,437 | 43,894 | 28,496 | 19,646 |
| 매출총이익 | 32,659 | 25,686 | 18,568 | 13,326 |
| 세전이익 | 19,281 | 15,051 | 12,099 | 9,913 |
| 당기순이익 | 15,502 | 12,732 | 10,203 | 8,054 |

| 현금흐름표 | 2013.12 | 2012.12 | 2011.12 | 2010.12 |
|---|---|---|---|---|
| 영업활동 현금흐름 | 24,374 | 19,429 | 13,358 | 12,319 |
| 투자활동 현금흐름 | -19,134 | -16,270 | -15,355 | -12,015 |
| 재무활동 현금흐름 | 1,708 | -2,386 | 4,373 | 4,112 |
| 현금 순증감액 | 6,845 | 771 | 2,204 | 4,365 |
| 기말 현금 | 20,228 | 13,383 | 12,612 | 10,408 |

| 대차대조표 | 2013.12 | 2012.12 | 2011.12 | 2010.12 |
|---|---|---|---|---|
| 유동자산 | 53,686 | 36,509 | 35,503 | 25,374 |
| 비유동자산 | 53,549 | 38,747 | 21,301 | 10,456 |
| 자산총계 | 107,235 | 75,256 | 56,804 | 35,830 |
| 유동부채 | 33,267 | 20,665 | 21,183 | 13,022 |
| 비유동부채 | 15,505 | 12,443 | 6,533 | 967 |
| 부채총계 | 48,772 | 33,108 | 27,716 | 13,989 |
| 자본금 | 0 | 0 | 0 | 0 |
| 자본/ 이익잉여금 | 57,945 | 41,297 | 28,464 | 21,757 |
| 지배회사지분 | 57,945 | 41,298 | 28,464 | 21,757 |
| 소수주주지분 | 518 | 851 | 625 | 84 |
| 자본총계 | 58,463 | 42,148 | 29,088 | 21,841 |

CODE **3888.HK**

# 金山软件有限公司 금산소프트웨어

샤오미 레이쥔이 최대주주인 프로그램 개발기업

**기업개요**

중국의 주요 소프트웨어 개발업체 및 온라인 게임 개발, 운영업체이다. WPS Office, 백신 프로그램 및 각종 응용 프로그램의 개발 및 판매 사업을 하고 있다.

**투자 포인트**

❶ 최근 급성장하고 있는 온라인 기업으로 샤오미(小米)의 성공신화를 이끈 레이쥔(雷軍)이 직간접적으로 17.8% 지분을 가진 최대주주이며, Tencent홀딩스가 2대 주주인 기업

❷ 2011년 자산 재편을 통해 3+1(온라인 게임, Cheetah 모바일, WPS + 클라우드)의 사업 구조 구축에 성공

❸ 2014년 들어 R&D 투자와 직원이 크게 늘면서 일시적으로 수익은 감소하고 있지만 이는 향후 성장 기반을 위한 토대로 2015년부터는 실적 반영 예상

❹ 2014년 2/4분기 기준 치타모바일 사업의 MAU는 2억 8400만 명으로 급증하고 있으며 WPS 부문은 사무용 프로그램 정품 사용과 국산품 사용 장려에 따라 고성장 지속 가능

❺ 향후 3년간 치타모바일과 WPS 등의 사업부문이 성장을 견인해 약 40~50%대의 실적 증대 예상

**주식발행 현황** (2014-07-31)

홍콩 주 1,184,241,993 **100%**

**주요주주** (2014-07-31)

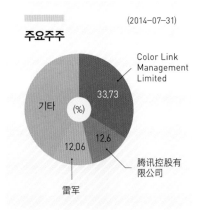

Color Link Management Limited 33.73 / 腾讯控股有限公司 12.6 / 雷军 12.06 / 기타

**최근 3년 주가차트**

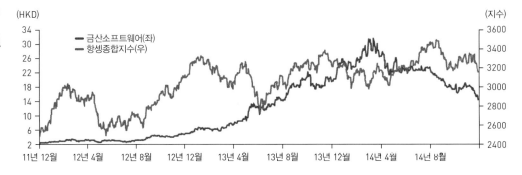

금산소프트웨어(좌), 항셍종합지수(우)

## 매출구조

### 2013년 사업부문별 매출구조
(기준일: 2013-12-31/단위: 백만 위안)

| 매출구성 | 매출 | 비중 | 전년 매출 | 비중 | 전년 대비 |
|---|---|---|---|---|---|
| 온라인 게임 | 1,095 | 50.4% | 860 | 61% | 27.3% |
| 정보보안 프로그램 | 741 | 34.1% | 336 | 23.9% | 120.3% |
| 기타 응용 프로그램 | 335 | 15.4% | 213 | 15.1% | 57% |
| 합계 | 2,173 | 100% | 1,411 | 100% | 54% |

### 2012년 사업부문별 매출구조
(기준일: 2012-12-31/단위: 백만 위안)

| 매출구성 | 매출 | 비중 | 전년 매출 | 비중 | 전년 대비 |
|---|---|---|---|---|---|
| 온라인 게임 | 851 | 60.33% | 689.5 | 67.57% | 23.48% |
| 정보보안 프로그램 | 544 | 38.55% | 326.1 | 31.95% | 66.84% |
| 기타 응용 프로그램 | 15 | 1.11% | 4.9 | 0.48% | 220.9% |
| 합계 | 1,411 | 100% | 1020.5 | 100% | 38.28% |

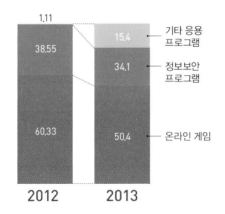

기타 응용 프로그램 / 정보보안 프로그램 / 온라인 게임

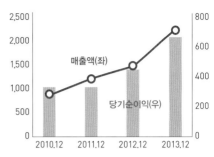

매출액(좌) / 당기순이익(우)

(단위: 백만 위안)

| 손익계산서 | 2013.12 | 2012.12 | 2011.12 | 2010.12 |
|---|---|---|---|---|
| 매출액 | 2,173 | 1,411 | 1,021 | 971 |
| 매출총이익 | 1,876 | 1,224 | 873 | 840 |
| 세전이익 | 825 | 528 | 385 | 440 |
| 당기순이익 | 671 | 433 | 325 | 372 |

| 현금흐름표 | 2013.12 | 2012.12 | 2011.12 | 2010.12 |
|---|---|---|---|---|
| 영업활동 현금흐름 | 938 | 556 | 452 | 407 |
| 투자활동 현금흐름 | -44 | -1,063 | -616 | 374 |
| 재무활동 현금흐름 | 1,122 | 10 | 179 | 0 |
| 현금 순증감액 | 1,981 | -503 | 13 | 781 |
| 기말 현금 | 2,677 | 696 | 1,199 | 1,187 |

| 대차대조표 | 2013.12 | 2012.12 | 2011.12 | 2010.12 |
|---|---|---|---|---|
| 유동자산 | 5,075 | 3,065 | 2,352 | 1,845 |
| 비유동자산 | 729 | 576 | 663 | 600 |
| 자산총계 | 5,804 | 3,641 | 3,015 | 2,445 |
| 유동부채 | 789 | 933 | 761 | 446 |
| 비유동부채 | 1,185 | 34 | 40 | 64 |
| 부채총계 | 1,974 | 966 | 801 | 511 |
| 자본금 | 5 | 5 | 5 | 5 |
| 자본 이익잉여금 | 3,365 | 2,510 | 2,115 | 1,905 |
| 지배회사지분 | 3,380 | 2,515 | 2,120 | 1,910 |
| 소수주주지분 | 450 | 160 | 93 | 24 |
| 자본총계 | 3,831 | 2,675 | 2,213 | 1,934 |

CODE **0992.HK**

# 联想集团有限公司 연상그룹

## 중국의 대표 전자제품 기업

**기업개요**

1984년에 설립된 민영기업으로 1997년에 중국 최대의 PC 브랜드로 성장했으며 2005년에 IBM의 PC 사업부문을 인수해 PC 시장에서 글로벌 2위, 중국 1위로 부상했으며 상업용 노트북 시장 세계 1위를 달성했다. 현재는 PC를 기반으로 스마트폰, 테블릿PC, 스마트폰, 스마트 TV 시장을 적극 공략하고 있다.

**투자 포인트**

❶ 중국의 대표 전자제품 기업으로 2014년 2/4분기 기준 세계 PC 시장점유율 20% 돌파

❷ 불황속 공격경영 및 사업다각화로 2010년 이후 시장 확장과 실적 개선 지속 유지

❸ IBM X86 서버 사업 및 모토로라 인수로 재도약 발판 마련 및 클라우드 사업 집중 육성으로 미래 성장 동력 확보

❹ 최근 보안 문제가 크게 대두되면서 정부의 보안 프로그램, 보안 시스템의 국산품 장려와 육성에 따른 수혜 예상

❺ 신규 사업 진출과 자산통합 등의 영향으로 향후 3년간 예상되는 매출은 10%, 이익은 20~30% 성장 전망

**주식발행 현황** (2014-07-31)

홍콩 주
10,407,547,509
**100%**

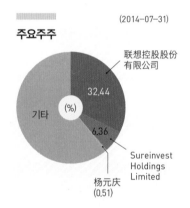

**주요주주** (2014-07-31)

联想控股股份有限公司 32.44

Sureinvest Holdings Limited 6.36

杨元庆 (0.51)

기타 (%)

**최근 3년 주가차트**

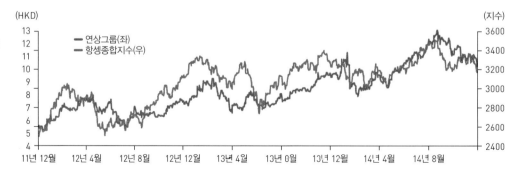

(HKD) / (지수)
— 연상그룹(좌)
— 항셍종합지수(우)

## 매출구조

### 2014년 사업부문별 매출구조

(기준일: 2014-03-31/단위: 백만 달러)

| 매출구성 | 매출 | 비중 | 전년 매출 | 비중 | 전년 대비 |
|---|---|---|---|---|---|
| 컴퓨터 등 전자제품 판매 및 서비스 수입 | 37,493 | 96.8% | 32,789 | 96.8% | 14.3% |
| 노트북 | 19,705 | 52.9% | 17,936 | 52.9% | 9.9% |
| 데스크톱 | 11,039 | 31.1% | 10,525 | 31.1% | 4.9% |
| 모바일 및 디지털 홈제품 | 5,657 | 9% | 3,039 | 9% | 86.1% |
| 기타 | 1,091 | 3.8% | 1,289 | 3.8% | -15.3% |
| 기타 제품 및 서비스 | 1,214 | 3.2% | 1,085 | 3.2% | 11.9% |
| 합계 | 38,707 | 100% | 33,873 | 100% | 14.3% |

### 2013년 사업부문별 매출구조

(기준일: 2013-03-31/단위: 백만 달러)

| 매출구성 | 매출 | 비중 | 전년 매출 | 비중 | 전년 대비 |
|---|---|---|---|---|---|
| 컴퓨터 등 전자제품 판매 및 서비스 수입 | 32,789 | 96.8% | 28,676 | 97% | 14.3% |
| 데스트톱 | 17,936 | 52.9% | 16,697 | 56.5% | 7.4% |
| 노트북 | 10,525 | 31.1% | 9,884 | 33.4% | 6.5% |
| 모바일 및 디지털 홈제품 | 3,039 | 9% | 1,484 | 5% | 104.8% |
| 기타 | 1,289 | 3.8% | 611 | 2.1% | 110.8% |
| 기타 제품 및 서비스 | 1,085 | 3.2% | 899 | 3% | 20.7% |
| 합계 | 33,873 | 100% | 29,574 | 100% | 14.5% |

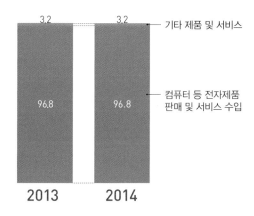

### 재무제표

(단위: 백만 달러)

| 손익계산서 | 2014.03 | 2013.03 | 2012.03 | 2011.03 |
|---|---|---|---|---|
| 매출액 | 38,707 | 33,873 | 29,574 | 21,594 |
| 매출총이익 | 5,064 | 4,074 | 3,446 | 2,364 |
| 세전이익 | 1,014 | 801 | 582 | 358 |
| 당기순이익 | 817 | 635 | 473 | 273 |

| 현금흐름표 | 2014.03 | 2013.03 | 2012.03 | 2011.03 |
|---|---|---|---|---|
| 영업활동 현금흐름 | 1,432 | 20 | 1,940 | 965 |
| 투자활동 현금흐름 | -584 | -245 | -837 | 66 |
| 재무활동 현금흐름 | -430 | -68 | -316 | -373 |
| 현금 순증감액 | 404 | -304 | 803 | 716 |
| 기말 현금 | 3,858 | 3,454 | 3,758 | 2,954 |

| 대차대조표 | 2014.03 | 2013.03 | 2012.03 | 2011.03 |
|---|---|---|---|---|
| 유동자산 | 13,401 | 12,390 | 11,820 | 7,936 |
| 비유동자산 | 4,957 | 4,492 | 4,040 | 2,769 |
| 자산총계 | 18,357 | 16,882 | 15,861 | 10,706 |
| 유동부채 | 13,462 | 12,091 | 11,810 | 8,033 |
| 비유동부채 | 1,870 | 2,110 | 1,603 | 838 |
| 부채총계 | 15,332 | 14,202 | 13,413 | 8,871 |
| 자본금 | 1,650 | 33 | 33 | 32 |
| 자본/ 이익잉여금 | 1,360 | 2,633 | 2,328 | 1,803 |
| 지배회사지분 | 3,010 | 2,667 | 2,361 | 1,835 |
| 소수주주지분 | 15 | 14 | 87 | 0 |
| 자본총계 | 3,025 | 2,680 | 2,448 | 1,835 |

CODE **2018.HK**

# 瑞声科技控股有限公司 서성테크놀로지

**중국 내 대표적인 스마트폰 부품업체**

**기업개요**

소형 음향부품 설계, 제조기업으로 스마트폰 시장과 함께 성장하고 있는 부품 제조기업이다. 제품구성으로는 음향부품 설비 다이내믹 컴포넌트Dynamic Components가 약 80%를 차지하며 스마트폰, 태블릿PC 등에 사용되는 MEMSMicro Electro Mechanical System에도 경쟁력이 있다. 주요 고객은 글로벌 스마트폰 생산업체인 노키아, 애플, RIM, 모토로라, HTC 등이며 스마트폰, PV, LED TV 등 회사 제품이 광범위하게 사용되고 있다.

**투자
포인트**

❶ 중국 내 대표적인 스마트폰 부품업체로 어쿠스틱 제품 생산에 주력

❷ 주력인 다이내믹 컴포넌트(스피커, 마이크 등)의 세계 시장점유율은 35%이며 부가가치가 높은 제품의 매출 비중이 40~50%에 달함

❸ 2014년 들어 3/4분기까지 수익성 높은 제품인 카메라, 안테나 등 비 어쿠스틱 제품의 비중은 14%이지만 2015년까지 약 20% 도달 예상

❹ 2014년 9월부터는 아이폰6 Plus가 출시되면서 매출 기여가 높아질 전망이고 국산 스마트폰 비중 확대와 자동화 생산비율 제고로 시장 확장과 실적 성장 지속 예상

❺ 기존 사업의 안정 성장과 신규 사업의 견인으로 향후 3년 10% 이상 성장 예상

**주식발행 현황**　(2014-07-31)

홍콩 주
1,228,000,000
**100%**

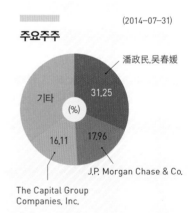

**주요주주**　(2014-07-31)

潘政民,吳春媛 31.25
기타
(%)
16.11　17.96
J.P. Morgan Chase & Co.
The Capital Group Companies, Inc.

**최근 3년
주가차트**

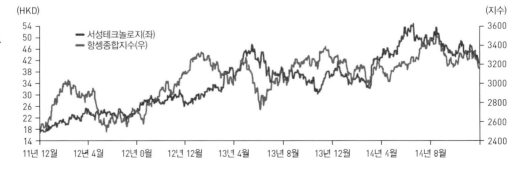

(HKD)　(지수)
── 서성테크놀로지(좌)
── 항셍종합지수(우)

**매출구조**

## 2013년 사업부문별 매출구조

<small>(기준일: 2013-12-31/단위: 백만 위안)</small>

| 매출구성 | 매출 | 비중 | 전년 매출 | 비중 | 전년 대비 |
|---|---|---|---|---|---|
| 다이내믹 컴포넌트 | 6,766 | 83.6% | 5,052 | 80.4% | 33.9% |
| 마이크로폰 | 815 | 10.1% | 607 | 9.7% | 34.3% |
| 기타 제품 | 446 | 5.5% | 553 | 8.8% | -19.3% |
| 이어폰 | 67 | 0.8% | 69 | 1.1% | -3.9% |
| 합계 | 8,096 | 100% | 6,283 | 100% | 28.9% |

## 2012년 사업부문별 매출구조

<small>(기준일: 2012-12-31/단위: 백만 위안)</small>

| 매출구성 | 매출 | 비중 | 전년 매출 | 비중 | 전년 대비 |
|---|---|---|---|---|---|
| 다이내믹 컴포넌트 | 5,052 | 80.4% | 3,228 | 79.5% | 56.5% |
| 마이크로폰 | 774 | 12.3% | 459 | 11.3% | 68.5% |
| 기타 제품 | 387 | 6.2% | 253 | 6.2% | 53% |
| 이어폰 | 70 | 1.1% | 119 | 2.9% | -41.4% |
| 합계 | 6,283 | 100% | 4,060 | 100% | 54.8% |

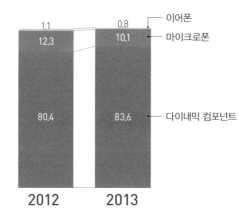

**재무제표**

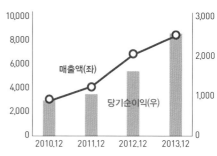

<small>(단위: 백만 위안)</small>

| 손익계산서 | 2013.12 | 2012.12 | 2011.12 | 2010.12 |
|---|---|---|---|---|
| 매출액 | 8,096 | 6,283 | 4,060 | 3,349 |
| 매출총이익 | 3,459 | 2,774 | 1,784 | 1,510 |
| 세전이익 | 2,835 | 2,016 | 1,142 | 1,099 |
| 당기순이익 | 2,578 | 1,763 | 1,036 | 987 |

| 현금흐름표 | 2013.12 | 2012.12 | 2011.12 | 2010.12 |
|---|---|---|---|---|
| 영업활동 현금흐름 | 2,548 | 1,535 | 945 | 877 |
| 투자활동 현금흐름 | -716 | -1,339 | -1,319 | -833 |
| 재무활동 현금흐름 | -775 | -251 | 21 | -42 |
| 현금 순증감액 | 1,040 | -60 | -361 | -1 |
| 기말 현금 | 2,354 | 1,314 | 1,374 | 1,735 |

| 대차대조표 | 2013.12 | 2012.12 | 2011.12 | 2010.12 |
|---|---|---|---|---|
| 유동자산 | 5,802 | 4,607 | 3,425 | 3,402 |
| 비유동자산 | 4,875 | 4,319 | 3,289 | 2,181 |
| 자산총계 | 10,677 | 8,926 | 6,714 | 5,584 |
| 유동부채 | 2,679 | 2,751 | 1,887 | 1,408 |
| 비유동부채 | 66 | 44 | 16 | 0 |
| 부채총계 | 2,745 | 2,796 | 1,903 | 1,408 |
| 자본금 | 100 | 100 | 100 | 100 |
| 자본/ 이익잉여금 | 7,776 | 5,979 | 4,650 | 4,075 |
| 지배회사지분 | 7,876 | 6,078 | 4,750 | 4,175 |
| 소수주주지분 | 56 | 52 | 61 | 1 |
| 자본총계 | 7,932 | 6,130 | 4,811 | 4,176 |

# 금융업

　중국 상해종합지수가 2007년 고점 대비 50% 낮게 거래되고 있지만 현재의 상승 랠리는 전례 없는 수준이며, 100여 개 기업이 신규 IPO<sub>Initial Public Offering</sub>를 재개한 시점부터 가파르게 상승 중이다. 신규 상장 종목들의 상장 첫날 평균 주가상승률은 44%에 이른다. 새 지도부의 강력한 반부패 척결 조치와 국유기업 개혁 의지 및 후강퉁의 정식 개통으로 중국 주식시장의 시가총액은 30조 위안(5400조 원)을 돌파하면서 일본을 제치고 미국 주식시장에 이어 세계 2위로 껑충 뛰어올랐다.

　중국 증시 상승 랠리 속에 증권주가 집중 조명을 받고 있는 가운데 증권사들의 수익도 급증하고 있다.

　상해와 선전 양대 거래소의 거래량은 2014년 12월 5일 처음으로 1조 위안(약 180조 원)을 넘어섰다. 지난 5년간 하루 평균 거래량의 5배가 넘는다. 특히 상해 증시 거래량은 2007년 정점을 찍었을 때보다 3배나 많았다. 2006~2007년 활황장 당시 일 평균 거래액은 2002~2005년의 100억~160억 위안에서 1850억 위안으로 늘어났고, 2007~2013년 일 평균 거래액은 2000억 위안 대를 기록했다. 이런 거래량 증가는 증권사 브로커리지 사업에 큰 호재로 작용한다.

## ★ 2020년까지 증시 개방 로드맵과 후강퉁

2014년 5월, 중국 국무원은 자본시장 발전 및 제도 개선과 관련하여 '자본시장의 건전한 발전을 위한 의견서'를 발표했다. 시장에서 '신新 국9조'로 불리는데 그 이유는 10년 전에 '국9조'가 발표된 바 있기 때문이다. 2004년에 국무원에서 '자본시장 개혁개방과 안정 발전 의견서'가 나왔는데 비유통주 개혁을 골자로 한 9가지 조항이 포함되어 '국9조'라고 불렸다. 그 결과 2006~2007년 중국 증시는 경기 상승과 맞물리면서 6124포인트까지 상승해 A주 사상 최고를 기록한 바 있다. 시장에서는 국9조가 중국 증시 활성화에 결정적 영향을 미친 것처럼, 신 국9조도 자본시장 개방과 증시 회복을 위한 기폭제가 될 수 있을지 주목하고 있다. 국무원은 신 국9조에서 2020년까지 자본시장을 대폭 개방한다는 방침을 제시한 바 있는데, 외국 자본의 투자 자격과 한도 확대, 중국 자본의 해외 자본시장 직접투자 제한 완화 등 기존의 원칙을 재확인했다. 특히 눈길을 끄는 대목은 주식발행 제도의 개혁이다. 지금까지 실행하고 있는 심사제를 앞으로 등록제로 전환하겠다는 내용이다. 심사제는 증시 상장 과정을 증감회에서 모두 관여하기 때문에 상당한 시간이 소요되고, 중소 투자자가 소외되는 등 여러 문제가 제기되고 있다.

2014년 11월 17일 중국 상해 증시와 홍콩 증시의 교차거래를 허용하는 이른바 '후강퉁'이 시행되었다. 후강퉁의 시행으로 외국인 개인투자자는 그동안 투자할 수 없었던 중국 본토 A주 종목을 홍콩 시장을 거쳐 직접 구매할 수 있게 되었다. 그동안 이들은 B주에만 투자할 수 있었고 기관투자자도 A주에 투자하려면 QFII 또는 RQFII 자격을 얻어야 했다.

최근 국무원 총리는 후강퉁 제도가 원만하게 정착되면 조만간 '선강퉁(선전 증시와 홍콩 증시의 교차거래)'도 추진할 것이라고 밝혔다. 중국이 현재는 외국인 투자자들에게 '홍콩을 거쳐 들어오는' 우회적 방식을 제공했지만, 앞으로는 주요국 개별 증시와 직접적인 거래가 가능하도록 하는 방안을 추진할 것이라는 예측이 전문가들 사이에서 나오고 있다.

## ★ 2012년부터 중국 증권사 업무 확산 가속

중국 증권 업계는 2007년을 기점으로 2012년까지 대체로 약세를 보였다. 증권 중개 사업부문의 높은 비중과 경쟁 심화에 따른 수수료율 하락이 주된 원인이다. CSI 300지수는 5000선에서 2000선으로 떨어졌고 거래 수수료율은 0.2%p에서 0.08%p로 내려갔지만, 증권사 영업점은 5000개로 2000개 이상 늘어났다. 악성 경쟁으로 빚어진 경영 악화를 타개하기 위한 여러 방안이 2012년부터 정부 주도로 시행되면서 증권사 업무에 혁신의 바람을 불어넣고 있다. 2007~2011년까지 증권사의 중개 수수료 사업 비중이 50%를 차지했지만 2012년 들어 업무 다각화 등 혁신 사업이 강화되면서 40% 수준으로 감소했다.

중국 금융업에서 은행업, 보험업의 발전 규모에 비해 증권업은 상당히 위축되었다. 증권사의 수익 사업은 한정된 데다 경쟁이 치열하다 보니 실적이 악화될 수밖에 없었던 것이다. 따라서 정부 당국은 2012년부터 신규 업무를 전면 허용하고 개방과 더불어 본격적으로 업무 혁신에 들어갔다. 최근에는 온라인 금융, 마켓 메이커, 자산증권화(기업공개), IPO 심사 제도 개선 등으로 증권사 업무가 대폭 확장되는 추세이다.

## ★ 대형 증권사와 전문 분야에 특화된 증권사에 주목

중국에서 현재 추진 중인 금융 개혁은 은행 위주 금융 시스템에서 벗어나 자본시장(채권시장, 주식시장)의 기능과 역할을 확대하는 데 초점을 맞추고 있다. 이는 자연스럽게 증권 업계의 성장을 촉진하고 있다. '신 국9조'와 증권사혁신총회는 자본시장과 증권 업계의 발전 방향과 현대화된 투자은행이 되기 위한 조건을 제시했다.

① 대형 증권사: 업계 통합에 따른 과점도 상승으로 장기 수혜가 예상된다. 사업 개발 능력, 탄탄한 고객층, 자본력, 플랫폼 등의 경쟁우위를 통해 업계 발전을 주도할 것으로 보인다. 중신증권(600030.SH/6030.HK)이 대표적인 회사다.

2013년 말 기준 중신증권의 총자산은 27조 1354억 위안, 순자산은 884억 위안으로 업계 최대 규모일 뿐만 아니라 2위 해통증권보다 압도적으로 크다. 중신증권은 중개 사업부문, 투자은행 사업과 집합투자 상품 부문에서 시장점유율 1위이며 자산증권화 분야에서도 시장을 선도하고 있다. 특히 산하 화하펀드의 자산운용 규모는 중국 내 운용 업계 중 1위이다. 2014년 A주 IPO 재개를 시작으로 투자은행, 자기매매 사업 모두 전망이 밝고 해외 투자은행의 기업문화를 수용하려는 의지가 강해 앞으로 '중국의 골드만삭스'로 성장할 가능성이 높다는 평가를 받고 있다.

② 특정 분야에 특화된 증권사: 민영기업은 국유기업보다 효율성이 상대적으로 높다. 현재 이런 기업들은 온라인 증권 사업에 적극 나서며 고객을 유치하고 있어 성장 잠재력이 크다. 영업지점의 수가 적고 민영기업이라는 점이 인터넷 금융 사업에 박차를 가할 수 있는 요인이다. 이들은 인터넷 기업과의 협력과 낮은 수수료 전략으로 많은 고객을 확보하고 있다. 또한 증거금, 자산관리 상품 등을 통해 순이익을 늘려나갈 것이다. 후구퉁 거래 대상 중에서는 국금증권(600109.SH)이 대표적이다.

2014년 말부터 최근까지 증권주를 비롯한 전체 금융 업종이 주목받고 있다. 금융 개혁 추진과 시장 개방 물결 속에서 유동성 완화에 대한 기대감이 높아졌고 국유기업 개혁 등과 연관되었기 때문이다. 은행업은 성장성이 둔화되었지만, 낮은 밸류에이션이나 높은 배당수익률 측면에서 투자 기회가 있고 특히 일부 경영 효율성이 높은 중소형 은행이 고속 성장을 거듭하고 있기 때문에 관심을 둘 필요가 있다.

금융업에서 보험업의 성장 잠재력이 가장 크다. 현재 중국의 보험 시장은 세계 평균의 1/3수준에 불과하지만, 중국인들의 소득 증대로 고속성장하고 있다. 앞으로 중국의 인구 고령화가 계속되면서 실버 산업과 함께 보험 산업이 가장 큰 수혜를 입을 것이다. 부동산 업종은 부동산 정책 완화와 보장성 주택(중국어로 보장방保障房이라 한다) 건설에 대한 정부 지원이 밸류에이션 상승을 견인할 것이다. 장기적으로는 과점율 상승에 따라 선두 기업의 수혜가 예상된다.

# 中信证券股份有限公司 중신증권

증권

## 중신그룹 산하의 중국 내 최대 증권사

**기업개요**

상해 180지수, CSI 300(호심 300)지수 편입종목이자, A/H주 동시 상장 기업이다. 1995년 베이징에서 설립된 중국 내 최초의 종합형 증권사로 최초로 해외 설립을 승인 받은 증권사이기도 하다. 주요 사업은 상장 주간사 업무, 자기매매, 자산운용, 증권 브로커, 펀드 판매 대행 등이다. 기업연금 자산운용 자격도 갖고있다.

**투자 포인트**

❶ 중국 최대의 증권사로 여러 사업분야에서 1위 고수. 특히, 신용거래 및 대주거래, 주간사 업무 등 분야의 선두

❷ 2014년 상반기 말 기준 브로커 업무 및 채권중개 시장점유율은 각각 11.43%와 3.69%로 1위이며 현재 대기 상태인 IPO 주간 예정 건수는 78개

❸ 온라인 증권사의 낮은 중개수수료율의 출시로 일부 영향이 있으나 타 증권사 대비 중개사업 비중이 낮아 영향이 적음

❹ 사업다각화에 주력, 특히 CLSA증권과 중국 최대 자산운용사인 화하기금China Asset Management Co.,Ltd.(华夏基金)을 인수해 해외 중개사업 및 자산운용 경쟁력이 우위

❺ 중국 금융시장 개방 시 최고 경쟁력 보유

**주식발행 현황** (2014-07-31)

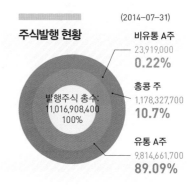

비유통 A주
23,919,000
**0.22%**

홍콩 주
1,178,327,700
**10.7%**

발행주식 총수:
11,016,908,400
100%

유통 A주
9,814,661,700
**89.09%**

**주요주주** (2014-07-31)

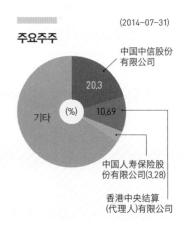

中国中信股份有限公司
20.3

(%)

10.69

기타

中国人寿保险股份有限公司(3.28)

香港中央结算(代理人)有限公司

**최근 3년 주가차트**

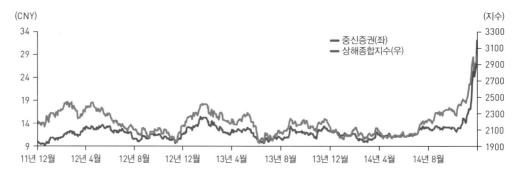

━ 중신증권(좌)
━ 상해종합지수(우)

## 매출구조

### 2013년 사업부문별 매출구조
(기준일: 2013-12-31/단위: 백만 위안)

| 매출구성 | 매출액 | | | 매출총이익률(GPM) | |
|---|---|---|---|---|---|
| | 매출 | 비중 | 전년 매출 | GPM | 전년 대비 |
| 브로커리지 | 7,642 | 37.7% | 4,574 | 35% | 67.1% |
| 트레이딩 | 7,353 | 36.3% | 4,238 | 32.4% | 73.5% |
| 투자은행(IB) | 2,224 | 11% | 2,755 | 21.1% | -19.3% |
| 자산관리 | 1,686 | 8.3% | 328 | 2.5% | 414% |
| 기타 | 1,374 | 6.8% | 1,176 | 9.0% | 16.8% |
| 합계 | 20,279 | 100% | 13,071 | 100% | 55.1% |

### 2012년 사업부문별 매출구조
(기준일: 2012-12-31/단위: 백만 위안)

| 매출구성 | 매출액 | | | 매출총이익률(GPM) | |
|---|---|---|---|---|---|
| | 매출 | 비중 | 전년 매출 | GPM | 전년 대비 |
| 브로커리지 | 4,574 | 35.0% | 5,729 | 27.1% | -20.1% |
| 트레이딩 | 4,238 | 32.4% | 847 | 3.2% | 400.6% |
| 투자은행(IB) | 2,755 | 21.1% | 1,985 | 7.5% | 38.8% |
| 기타 | 1,176 | 9.0% | 14,559 | 55.2% | -91.9% |
| 자산관리 | 328 | 2.5% | 3,251 | 12.3% | -89.9% |
| 합계 | 13,071 | 100% | 26,371 | 100% | -50.4% |

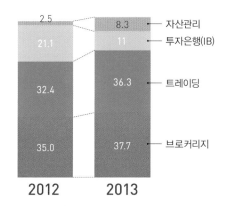

## 재무제표

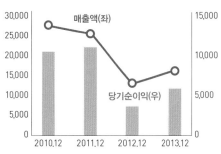

(단위: 백만 위안)

| 손익계산서 | 2013.12 | 2012.12 | 2011.12 | 2010.12 |
|---|---|---|---|---|
| 매출액 | 16,115 | 11,694 | 25,033 | 27,795 |
| 순이자수익 | 829 | 1,224 | 1,401 | 1,303 |
| 순수수료수익 | 9,638 | 6,289 | 8,646 | 14,858 |
| 투자수익 | 6,036 | 3,663 | 15,563 | 10,960 |
| 영업이익 | 6,860 | 5,431 | 15,011 | 16,269 |
| 세전이익 | 6,846 | 5,487 | 15,031 | 16,320 |
| 당기순이익 | 5,244 | 4,237 | 12,576 | 11,311 |

| 현금흐름표 | 2013.12 | 2012.12 | 2011.12 | 2010.12 |
|---|---|---|---|---|
| 영업활동 현금흐름 | -18,610 | -19,103 | -26,924 | -17,759 |
| 투자활동 현금흐름 | 4,770 | 744 | 10,708 | -40,732 |
| 재무활동 현금흐름 | 20,298 | 8,850 | 6,355 | -407 |
| 현금 순증감액 | 6,107 | -9,517 | -10,060 | -58,992 |
| 기말현금 | 65,794 | 59,687 | 69,205 | 79,265 |

| 대차대조표 | 2013.12 | 2012.12 | 2011.12 | 2010.12 |
|---|---|---|---|---|
| 자산총계 | 271,354 | 168,508 | 148,280 | 153,178 |
| 부채총계 | 181,952 | 81,823 | 61,290 | 82,330 |
| 자본금 | 11,017 | 11,017 | 11,017 | 9,946 |
| 자본잉여금 | 34,094 | 34,392 | 33,985 | 26,316 |
| 이익잉여금 | 32,071 | 5,885 | 5,465 | 4,680 |
| 소수주주 지분 | 1,714 | 219 | 403 | 413 |
| 자본총계 | 89,402 | 86,684 | 86,990 | 70,848 |

# 兴业银行股份有限公司 흥업은행

금융

총자산 기준 중국 7위이자 지방 국유 주식제(회사 조직 형태를 주식제로 전환한) 상업은행 중 2위

**기업개요**
상해 180지수, CSI 300(호심 300)지수 편입종목이다. 중국 국유상업은행을 제외한 중국 최초의 주식제 상업은행 중 하나로 중국 전역을 대상으로 영업하고 있다. 주로 은행 예금 및 대출, 신용카드 및 관련 중개업무를 취급한다. 흥업은행은 흥업증권, 흥업선물 등의 금융기관을 보유하고 있다.

**투자 포인트**
❶ 주식제 상업은행으로 중국 전역에 100여 개의 분행과 800여 개의 지점 보유
❷ 2007년에 출시한 '은은플랫폼(银银平台)'은 현재 60% 이상의 도시상업은행과 1/3의 농촌금융기관이 가입되어 있으며 약 2만 3000여 지점과 연결되어 있음
❸ 향후 충당금 적립 비율과 저비용 사업인 '은은플랫폼'과 같은 사업에 전략적 진출
❹ 부동산 대출이 높고 정부 대출 비중 또한 상대적으로 높은 것이 약점

**주식발행 현황** (2014-07-31)

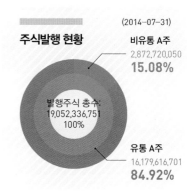

비유통 A주
2,872,720,050
**15.08%**

발행주식 총수:
19,052,336,751
100%

유통 A주
16,179,616,701
**84.92%**

**주요주주** (2014-07-31)

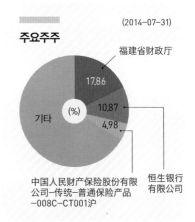

福建省财政厅
17.86

(%)
10.87
4.98

기타

中国人民财产保险股份有限
公司-传统-普通保险产品
-008C-CT001沪

恒生银行
有限公司

**최근 3년 주가차트**

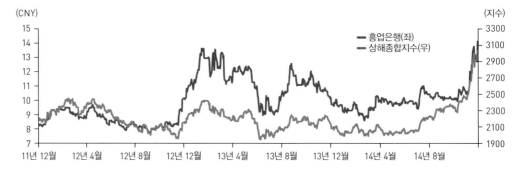

흥업은행(좌)
상해종합지수(우)

## 매출구조

### 2013년 사업부문별 매출구조
(기준일: 2013-12-31/단위: 백만 위안)

| 매출구성 | 매출액 | | | 매출총이익률(GPM) | |
|---|---|---|---|---|---|
| | 매출 | 비중 | 전년 대비 | GPM | 전년 대비 |
| 순이자수익 | 85,845 | 78.55% | 18.91% | | |
| 순수수료수익 | 23,762 | 21.74% | 58.98% | | |
| 환차익 | 744 | 0.68% | 69.48% | | |
| 주력사업 외 기타 수입 | 56 | 0.05% | 19.15% | | |
| 투자수익 | 22 | 0.02% | | | |
| 평가익 | -1,142 | -1.04% | | | |
| 합계 | 109,287 | 100% | 24.73% | 49.48% | -3.14%p |

### 2012년 사업부문별 매출구조
(기준일: 2012-12-31/단위: 백만 위안)

| 매출구성 | 매출액 | | | 매출총이익률(GPM) | |
|---|---|---|---|---|---|
| | 매출 | 비중 | 전년 대비 | GPM | 전년 대비 |
| 순이자수익 | 72,193 | 82.39% | 42.3% | | |
| 순수수료수익 | 14,947 | 17.06% | 68.99% | | |
| 환차익 | 439 | 0.5% | 102.3% | | |
| 평가손 | 339 | 0.39% | -219.79% | | |
| 주력사업 외 기타 수입 | 47 | 0.05% | 42.42% | | |
| 투자수익 | -346 | -0.39% | -206.79% | | |
| 합계 | 87,619 | 100% | 46.35% | 52.58% | -3.43%p |

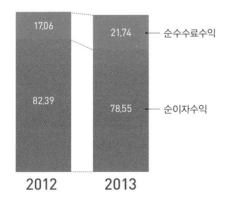

- 순수수료수익
- 순이자수익

2012: 17.06 / 82.39
2013: 21.74 / 78.55

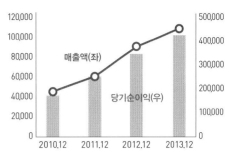

매출액(좌)
당기순이익(우)

(단위: 백만 위안)

| 손익계산서 | 2013.12 | 2012.12 | 2011.12 | 2010.12 |
|---|---|---|---|---|
| 매출액 | 109,287 | 87,619 | 59,870 | 43,456 |
| 순이자수익 | 85,845 | 72,193 | 50,734 | 38,032 |
| 순수수료수익 | 23,762 | 14,947 | 8,845 | 4,801 |
| 투자수익 | 22 | -346 | 324 | 354 |
| 영업이익 | 54,078 | 46,068 | 33,532 | 23,897 |
| 세전이익 | 54,261 | 46,193 | 33,664 | 24,005 |
| 당기순이익 | 41,211 | 34,718 | 25,505 | 18,521 |

| 현금흐름표 | 2013.12 | 2012.12 | 2011.12 | 2010.12 |
|---|---|---|---|---|
| 영업활동 현금흐름 | 209,119 | 116,701 | -7,885 | 117,652 |
| 투자활동 현금흐름 | -325,354 | -128,118 | -1,666 | -47,418 |
| 재무활동 현금흐름 | -11,582 | 3,954 | 10,964 | 8,492 |
| 현금 순증감액 | -128,012 | -7,512 | 1,254 | 78,568 |
| 기말 현금 | 127,121 | 255,133 | 262,645 | 261,392 |

| 대차대조표 | 2013.12 | 2012.12 | 2011.12 | 2010.12 |
|---|---|---|---|---|
| 자산총계 | 3,677,435 | 3,250,975 | 2,408,798 | 1,849,673 |
| 부채총계 | 3,476,264 | 3,080,340 | 2,292,720 | 1,757,678 |
| 자본금 | 19,052 | 12,702 | 10,786 | 5,992 |
| 자본잉여금 | 46,242 | 50,021 | 28,296 | 32,624 |
| 이익잉여금 | 103,150 | 6,648 | 5,913 | 3,403 |
| 소수주주 지분 | 1,402 | 1,058 | 869 | 0 |
| 자본총계 | 201,171 | 170,635 | 116,078 | 91,995 |

# 上海浦东发展银行股份有限公司
## 상해포동발전은행

총자산 기준 중국 9위인 지방 국유 주식제(회사 조직 형태를 주식제로 전환한) 상업은행

**기업개요**

상해 180지수, CSI 300(호심 300)지수 편입종목이다. 1992년 10월에 상해시 재정국과 상해국제신탁투자공사(上海国际信托投资公司), 상해구사공사(上海久事公事) 등 18개 기관이 공동 설립한 주식제 상업은행으로 현재 전국 49개 도시에 총 433개의 영업지점을 두고 있다.

**투자
포인트**

❶ 상해에 본사를 둔 주식제 상업은행으로 중국 내에서 전국적 은행업무 라이선스 보유

❷ 차이나모바일의 지분 참여와 중소기업 고객 증가로 실적 증가 기대

❸ 상장은행 중 전자화 및 작업 효율성이 가장 높고 상해 지역의 우량고객을 많이 보유하고 있으며 높은 리스크 관리능력

❹ 현재 밸류에이션은 동종 기업 대비 낮은 수준, 안정적인 실적 성장을 유지 예상

❺ 우선주 발행과 후강퉁 수혜종목으로 향후 주가 상승 전망

**주식발행 현황** (2014-07-31)

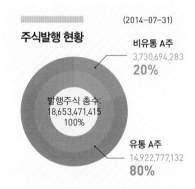

비유통 A주
3,730,694,283
**20%**

발행주식 총수:
18,653,471,415
100%

유통 A주
14,922,777,132
**80%**

**주요주주** (2014-07-31)

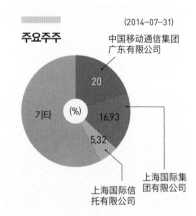

中国移动通信集团
广东有限公司
20

기타 (%) 16.93

5.32

上海国际集
团有限公司

上海国际信
托有限公司

**최근 3년
주가차트**

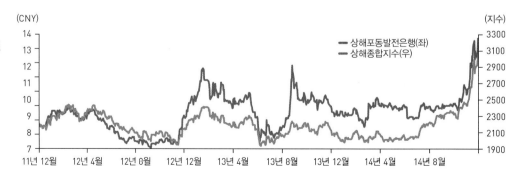

(CNY)

상해포동발전은행(좌)
상해종합지수(우)

(지수)

## 매출구조

### 2013년 사업부문별 매출구조
(기준일: 2013-12-31/단위: 백만 위안)

| 매출구성 | 매출액 | | | 매출총이익률(GPM) | |
|---|---|---|---|---|---|
| | 매출 | 비중 | 전년 대비 | GPM | 전년 대비 |
| 순이자수익 | 85,177 | 85.16% | 16.11% | | |
| 순수수료수익 | 13,904 | 13.9% | 58.98% | | |
| 주력사업 외 기타 수입 | 912 | 0.91% | 71.75% | | |
| 투자수익 | 820 | 0.82% | 978.95% | | |
| 환차익 | 76 | 0.77% | 83.93% | | |
| 평가익 | -1,565 | -1.56% | | | |
| 합계 | 100,015 | 100% | 20.57% | 53.51% | -0.03%p |

### 2012년 사업부문별 매출구조
(기준일: 2012-12-31/단위: 백만 위안)

| 매출구성 | 매출액 | | | 매출총이익률(GPM) | |
|---|---|---|---|---|---|
| | 매출 | 비중 | 전년 대비 | GPM | 전년 대비 |
| 순이자수익 | 73,362 | 88.44% | 19.4% | | |
| 순수수료수익 | 8,746 | 10.54% | 30.21% | | |
| 주력사업 외 기타 수입 | 531 | 0.64% | 190.16% | | |
| 환차익 | 417 | 0.5% | 71.6% | | |
| 투자수익 | 76 | 0.09% | -60.82% | | |
| 평가익 | -180 | -0.22% | -79.07% | | |
| 합계 | 82,952 | 100% | 22.14% | 53.55% | 0.9%p |

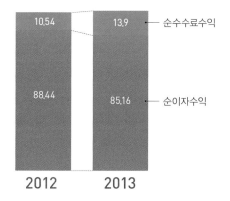

## 재무제표

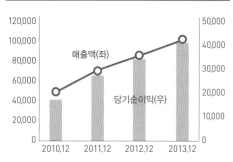

(단위: 백만 위안)

| 손익계산서 | 2013.12 | 2012.12 | 2011.12 | 2010.12 |
|---|---|---|---|---|
| 매출액 | 100,015 | 82,952 | 67,918 | 49,856 |
| 순이자수익 | 85,177 | 73,362 | 61,442 | 45,204 |
| 순수수료수익 | 13,904 | 8,746 | 6,716 | 4,049 |
| 투자수익 | 820 | 76 | 194 | 22 |
| 영업이익 | 53,523 | 44,419 | 35,757 | 25,072 |
| 세전이익 | 53,849 | 44,754 | 35,839 | 25,281 |
| 당기순이익 | 40,922 | 34,186 | 27,286 | 19,177 |

| 현금흐름표 | 2013.12 | 2012.12 | 2011.12 | 2010.12 |
|---|---|---|---|---|
| 영업활동 현금흐름 | 308,406 | 92,578 | 198,656 | -5,507 |
| 투자활동 현금흐름 | -315,040 | -142,811 | -65,357 | 3,720 |
| 재무활동 현금흐름 | -18,376 | 30,009 | 13,094 | 35,261 |
| 현금 순증감액 | -26,058 | -20,454 | 145,032 | 33,473 |
| 기말 현금 | 266,116 | 292,174 | 312,627 | 167,596 |

| 대차대조표 | 2013.12 | 2012.12 | 2011.12 | 2010.12 |
|---|---|---|---|---|
| 자산총계 | 3,680,125 | 3,145,707 | 2,684,694 | 2,191,411 |
| 부채총계 | 3,472,898 | 2,966,048 | 2,535,151 | 2,068,131 |
| 자본금 | 18,653 | 18,653 | 18,653 | 14,349 |
| 자본잉여금 | 55,775 | 59,560 | 59,544 | 58,639 |
| 이익잉여금 | 100,497 | 27,248 | 21,806 | 15,250 |
| 소수주주 지분 | 2,852 | 2,162 | 652 | 284 |
| 자본총계 | 207,227 | 179,659 | 149,543 | 123,280 |

# 北京银行股份有限公司 북경은행

베이징 지역에서 우위가 있는 은행으로 총자산 기준 중국 전체 14위

**기업개요**

상해 180지수, CSI 300(호심 300)지수 편입종목이다. 중국의 자산 규모 및 수익성 기준으로 최고 수준의 도시상업은행으로 베이징 지역을 위주로 업무를 하고 있고 지점은 총 133개이다. 주요 사업은 기업 및 개인은행 업무, 자금 업무 등이다.

**투자 포인트**

❶ 중국 도시상업은행 중 1등 기업이며 본사가 베이징에 있어 지리적인 우위가 있음

❷ 자산건전성이 업계 평균보다 높고 부실채권 관리에 집중해 재무건전성을 더욱 강화할 계획

❸ 중국 징진지(京津冀) 개발로 많은 우량기업들이 베이징으로 유입되어 향후 대출 수요도 지속적인 고성장 예상

❹ H주 IPO를 검토 중에 있으며 향후 H주에 상장될 시 자본충족률 제고로 사업 확장 예상

**주식발행 현황** (2014-07-31)

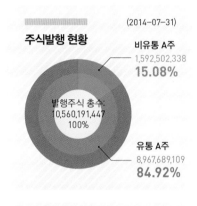

비유통 A주
1,592,502,338
**15.08%**

발행주식 총수:
10,560,191,447
100%

유통 A주
8,967,689,109
**84.92%**

**주요주주** (2014-07-31)

ING BANK N.V.
13.64
8.84
5.08
기타
(%)

北京能源投资
(集团)有限公司

北京市国有资产经
营有限责任公司

**최근 3년 주가차트**

(CNY) (지수)

— 북경은행(좌)
— 상해종합지수(우)

## 매출구조

### 2013년 사업부문별 매출구조
(기준일: 2013-12-31/단위: 백만 위안)

| 매출구성 | 매출액 | | | 매출총이익률(GPM) | |
|---|---|---|---|---|---|
| | 매출 | 비중 | 전년 대비 | GPM | 전년 대비 |
| 순이자수익 | 26,285.2 | 85.72% | 6.75% | | |
| 순수수료수익 | 3,951.5 | 12.89% | 47.86% | | |
| 투자수익 | 276.8 | 0.9% | -22.65% | | |
| 환차익 | 150.3 | 0.49% | 60.13% | | |
| 주력사업 외 기타 수입 | 145.7 | 0.48% | 30.98% | | |
| 평가익 | -144.3 | -0.47% | | | |
| 합계 | 30,665.2 | 100% | 10.24% | 54.69% | 1.64%p |

### 2012년 사업부문별 매출구조
(기준일: 2012-12-31/단위: 백만 위안)

| 매출구성 | 매출액 | | | 매출총이익률(GPM) | |
|---|---|---|---|---|---|
| | 매출 | 비중 | 전년 대비 | GPM | 전년 대비 |
| 순이자수익 | 24,622.8 | 88.92% | 31.17% | | |
| 순수수료수익 | 2,672.5 | 9.61% | 65.71% | | |
| 투자수익 | 357.9 | 1.29% | 103.01% | | |
| 환차익 | 93.9 | 0.34% | 82.28% | | |
| 주력사업 외 기타 수입 | 111.2 | -0.49% | 6.56% | | |
| 평가익 | -41.5 | -0.15% | -483.19% | | |
| 합계 | 27,816.9 | 100% | 34.2% | 53.04% | -1.72%p |

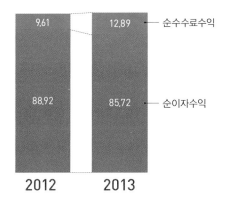

| | 2012 | 2013 |
|---|---|---|
| 순수수료수익 | 9.61 | 12.89 |
| 순이자수익 | 88.92 | 85.72 |

---

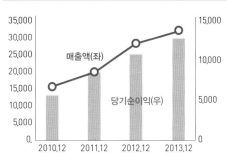

## 재무제표

(단위: 백만 위안)

| 손익계산서 | 2013.12 | 2012.12 | 2011.12 | 2010.12 |
|---|---|---|---|---|
| 매출액 | 30,665 | 27,817 | 20,728 | 15,635 |
| 순이자수익 | 26,285 | 24,623 | 18,772 | 14,479 |
| 순수수료 수익 | 3,951 | 2,672 | 1,613 | 964 |
| 투자수익 | 277 | 358 | 176 | 118 |
| 영업이익 | 16,769 | 14,755 | 11,351 | 8,609 |
| 세전이익 | 16,821 | 14,770 | 11,397 | 8,601 |
| 당기순이익 | 13,459 | 11,675 | 8,947 | 6,803 |

| 현금흐름표 | 2013.12 | 2012.12 | 2011.12 | 2010.12 |
|---|---|---|---|---|
| 영업활동 현금흐름 | 20,842 | -4,366 | 69,556 | 33,843 |
| 투자활동 현금흐름 | -18,665 | -54,803 | -31,888 | -33,663 |
| 재무활동 현금흐름 | 16,575 | 9,285 | 1,480 | 1,372 |
| 현금 순증감액 | 18,551 | -49,936 | 38,920 | 1,471 |
| 기말 현금 | 88,296 | 69,744 | 119,681 | 80,761 |

| 대차대조표 | 2013.12 | 2012.12 | 2011.12 | 2010.12 |
|---|---|---|---|---|
| 자산총계 | 1,336,764 | 1,119,969 | 956,499 | 733,211 |
| 부채총계 | 1,258,458 | 1,048,278 | 906,065 | 690,644 |
| 자본금 | 8,800 | 8,800 | 6,228 | 6,228 |
| 자본잉여금 | 22,382 | 25,824 | 15,905 | 15,669 |
| 이익잉여금 | 30,946 | 5,445 | 4,282 | 3,387 |
| 소수주주 지분 | 192 | 74 | 50 | 21 |
| 자본총계 | 78,306 | 71,691 | 50,434 | 42,567 |

# 中国平安保险(集团)股份有限公司
## 중국평안보험

**중국 최대의 종합 금융사로 생명보험과 손해보험 업계 2위**

**기업개요**

상해 180지수, CSI 300(호심 300)지수 편입종목이자, A/H주 동시 상장 기업이다. 중국 최대의 종합 금융사로 특히 생명보험과 재산보험 등의 보험사업이 주력사업이고 신탁, 증권, 은행, 자산운용 등 종합금융 업무를 취급하고 있다. 현재 중국에 약 8000만 명의 고객을 대상으로 보험, 은행, 증권, 투자 등의 관련 서비스를 제공하고 있으며 직원수는 19만 명 이상의 대형 금융기업이다.

**투자 포인트**

❶ 중국 최초의 주식제 보험사로 현재 보험, 은행, 증권, 신탁을 망라한 종합 금융그룹임

❷ 현재 생명보험과 재산보험에서 각각 시장점유율 2위이며 향후 방카슈랑스 일부 규제완화와 다양한 상품 론칭을 통해 시장점유율 확대 예상

❸ 생명보험의 신계약가치NBV 상승률은 업계 선두이며, 재산보험은 원가경쟁력 우위 유지, 은행 및 신탁 부문도 안정적으로 실적에 기여

❹ 향후 증권, 은행, 보험 사업에 있어 내부 사업 간의 교차판매를 통한 효율성과 경쟁력 강화가 예상

❺ 2014년 9월 기준 A주 주가는 H주에 비해 14% 정도 할인되어 있으며 후강퉁 시행으로 수혜 예상

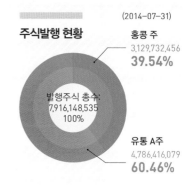

**주식발행 현황** (2014-07-31)

홍콩 주
3,129,732,456
**39.54%**

발행주식 총수:
7,916,148,535
100%

유통 A주
4,786,416,079
**60.46%**

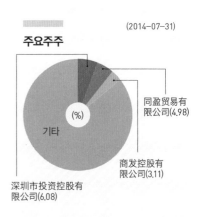

**주요주주** (2014-07-31)

(%)

기타

同盈貿易有限公司(4.98)

商发控股有限公司(3.11)

深圳市投资控股有限公司(6.08)

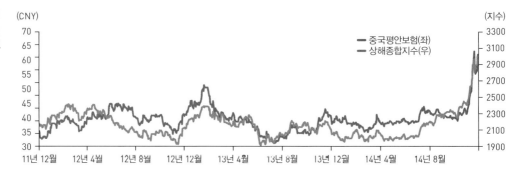

**최근 3년 주가차트**

중국평안보험(좌)
상해종합지수(우)

## 매출구조

### 2013년 사업부문별 매출구조

(기준일: 2013-12-31/단위: 백만 위안)

| 매출구성 | 매출액 | | | 매출총이익률(GPM) | |
|---|---|---|---|---|---|
| | 매출 | 비중 | 전년 대비 | GPM | 전년 대비 |
| 생명보험 | 201,006 | 47.7% | 161,012 | 47.5% | 24.8% |
| 손해보험 | 103,160 | 24.5% | 86,863 | 25.6% | 18.8% |
| 은행 | 106,431 | 25.3% | 82,243 | 24.2% | 29.4% |
| 증권 | 2,758 | 0.7% | 2,897 | 0.9% | -4.8% |
| 신탁 | 4,732 | 1.1% | 4,231 | 1.2% | 11.8% |
| 본사 | 1,223 | 0.3% | 723 | 0.2% | 69.2% |
| 기타 | 13,972 | 3.3% | 10,291 | 3% | 35.8% |
| 내부거래 | 12,061 | -2.9% | -9,067 | -2.7% | 33% |
| 합계 | 421,221 | 100% | 339,193 | 100% | 24.2% |

### 2012년 사업부문별 매출구조

(기준일: 2012-12-31/단위: 백만 위안)

| 매출구성 | 매출액 | | | 매출총이익률(GPM) | |
|---|---|---|---|---|---|
| | 매출 | 비중 | 전년 대비 | GPM | 전년 대비 |
| 생명보험 | 161,012 | 47.5% | 153,425 | 56.4% | 4.9% |
| 손해보험 | 86,863 | 25.6% | 70,485 | 25.9% | 23.2% |
| 은행 | 82,243 | 24.2% | 44,333 | 16.3% | 85.5% |
| 증권 | 2,897 | 0.9% | 3,394 | 1.2% | -14.6% |
| 신탁 | 723 | 0.2% | 212 | 0.1% | 241% |
| 본사 | 14,192 | 4.2% | 7,794 | 2.9% | 82.1% |
| 기타 | -8,737 | -2.6% | -7,399 | -2.7% | 18.1% |
| 합계 | 339,193 | 100% | 272,244 | 100% | 24.6% |

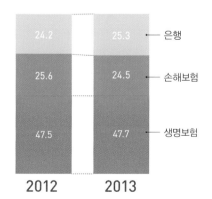

### 재무제표

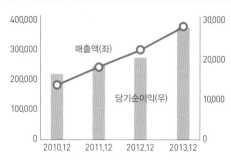

(단위: 백만 위안)

| 손익계산서 | 2013.12 | 2012.12 | 2011.12 | 2010.12 |
|---|---|---|---|---|
| 매출액 | 362,631 | 299,372 | 248,915 | 189,439 |
| 순보험료 수익 | 240,199 | 213,144 | 186,662 | 141,124 |
| 투자수익 | 54,917 | 32,996 | 32,572 | 32,782 |
| 영업이익 | 46,339 | 32,375 | 29,913 | 22,317 |
| 세전이익 | 46,224 | 32,338 | 30,026 | 22,347 |
| 당기순이익 | 28,154 | 20,050 | 19,475 | 17,311 |

| 현금흐름표 | 2013.12 | 2012.12 | 2011.12 | 2010.12 |
|---|---|---|---|---|
| 영업활동 현금흐름 | 217,138 | 280,897 | 75,348 | 139,255 |
| 투자활동 현금흐름 | -236,063 | -193,840 | -32,109 | -189,475 |
| 재무활동 현금흐름 | 17,665 | 49,521 | -13,339 | 42,253 |
| 현금 순증감액 | -2,009 | 136,405 | 29,543 | -8,027 |
| 기말 현금 | 244,877 | 246,886 | 110,481 | 80,938 |

| 대차대조표 | 2013.12 | 2012.12 | 2011.12 | 2010.12 |
|---|---|---|---|---|
| 자산총계 | 3,360,312 | 2,844,266 | 2,285,424 | 1,171,627 |
| 부채총계 | 3,120,607 | 2,634,617 | 2,114,082 | 1,054,744 |
| 자본금 | 7,916 | 7,916 | 7,916 | 7,644 |
| 자본잉여금 | 83,006 | 84,121 | 72,226 | 68,969 |
| 이익잉여금 | 91,281 | 67,085 | 50,201 | 34,971 |
| 소수주주 지분 | 56,996 | 50,032 | 40,475 | 4,853 |
| 자본총계 | 239,705 | 209,649 | 171,342 | 116,883 |

# 保利房地产(集团)股份有限公司 보리부동산

**중국 부동산 매출 기준 2위, 분양면적 3위의 부동산 개발기업**

**기업개요**

상해 180지수, CSI 300(호심 300)지수 편입종목이다. 중국보리그룹이 대주주인 대형 국유 부동산 개발사로 중국 부동산 매출 기준 2위, 분양면적 3위의 부동산 개발업체이다. 광저우, 베이징, 상해를 위주로 국내 40개 도시에서 사업을 진행하고 있으며 산하에 119개의 경영권을 확보한 자회사를 보유하고 있다. 사업범위는 부동산 개발, 설계, 시공대행, 부동산 관리, 판매대행, 전시회, 호텔 운영 등으로 주택 개발을 위주로 하면서 상업용 부동산 개발 및 운영에도 참여한다.

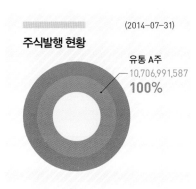

**주식발행 현황** (2014-07-31)

유통 A주
10,706,991,587
**100%**

**투자
포인트**

❶ 상해증권거래소에 상장된 최대 규모의 부동산 개발회사이며 2013년 말 매출 기준 시장점유율은 1.5%

❷ 2013년 말 기준 49개 도시에 진출하였으며 향후 1·2선급 도시 개발에 치중할 계획

❸ 지역 확장 전략보다는 현재 지역에서의 시장 확장 전략을 통해 시장점유율 확대 예상

❹ 회사 규모가 커 자금조달 비용이 타 기업에 비해 낮아 시장 확장에 유리

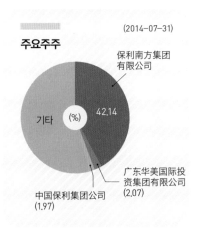

**주요주주** (2014-07-31)

保利南方集团
有限公司

42.14

기타 (%)

中国保利集团公司
(1.97)

广东华美国际投
资集团有限公司
(2.07)

**최근 3년
주가차트**

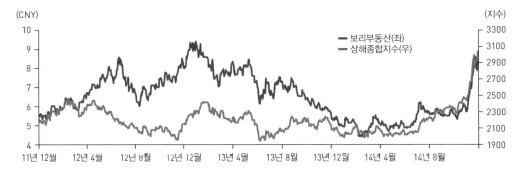

(CNY)

— 보리부동산(좌)
— 상해종합지수(우)

(지수)

**매출구조**

## 2013년 사업부문별 매출구조
(기준일: 2013-12-31/단위: 백만 위안)

| 매출구성 | 매출액 | | | 매출총이익률(GPM) | |
|---|---|---|---|---|---|
| | 매출 | 비중 | 전년 대비 | GPM | 전년 대비 |
| 부동산 개발 | 89,290 | 96.68% | 34.65% | 31.25% | -3.99%p |
| 기타 | 3,050.7 | 3.3% | 19.19% | 58.41% | -1.98%p |
| 주력사업 외 기타 수입 | 14.8 | 0.02% | -53.13% | | |
| 합계 | 92,355.5 | 100% | 34.03% | 32.16% | -4.03%p |

## 2012년 사업부문별 매출구조
(기준일: 2012-12-31/단위: 백만 위안)

| 매출구성 | 매출액 | | | 매출총이익률(GPM) | |
|---|---|---|---|---|---|
| | 매출 | 비중 | 전년 대비 | GPM | 전년 대비 |
| 부동산 개발 | 66,314.5 | 96.24% | 46.94% | 35.24% | -0.92%p |
| 기타 | 2,559.6 | 3.71% | 34.71% | 60.38% | -1.32%p |
| 주력사업 외 기타 수입 | 31.6 | 0.05% | 639.72% | | |
| 합계 | 68,905.8 | 100% | 46.5% | 36.19% | -1.02%p |

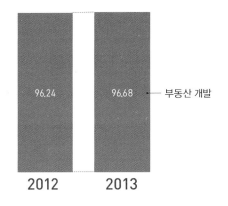

부동산 개발

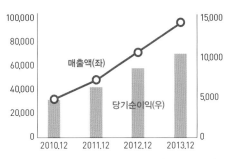

(단위: 백만 위안)

| 손익계산서 | 2013.12 | 2012.12 | 2011.12 | 2010.12 |
|---|---|---|---|---|
| 매출액 | 92,356 | 68,906 | 47,036 | 35,894 |
| 매출총이익 | 29,700 | 24,934 | 17,499 | 12,249 |
| 영업이익 | 16,007 | 13,394 | 9,964 | 7,424 |
| 세전이익 | 16,102 | 13,532 | 10,074 | 7,405 |
| 당기순이익 | 10,747 | 8,438 | 6,531 | 4,920 |

| 현금흐름표 | 2013.12 | 2012.12 | 2011.12 | 2010.12 |
|---|---|---|---|---|
| 영업활동 현금흐름 | -9,754 | 3,093 | -7,922 | -22,370 |
| 투자활동 현금흐름 | -2,226 | 6 | -448 | -1,857 |
| 재무활동 현금흐름 | 12,506 | 11,326 | 7,393 | 28,133 |
| 현금 순증감액 | 532 | 14,427 | -979 | 3,904 |
| 기말 현금 | 33,112 | 32,580 | 18,153 | 19,131 |

| 대차대조표 | 2013.12 | 2012.12 | 2011.12 | 2010.12 |
|---|---|---|---|---|
| 유동자산 | 303,008 | 243,128 | 187,991 | 146,672 |
| 비유동자산 | 10,932 | 8,041 | 7,023 | 5,656 |
| 자산총계 | 313,940 | 251,169 | 195,015 | 152,328 |
| 유동부채 | 166,635 | 140,471 | 98,586 | 68,897 |
| 비유동부채 | 78,152 | 55,918 | 54,364 | 51,411 |
| 부채총계 | 244,787 | 196,389 | 152,950 | 120,308 |
| 자본금 | 7,138 | 7,138 | 5,948 | 4,576 |
| 자본잉여금 | 10,964 | 10,777 | 11,897 | 13,280 |
| 이익잉여금 | 1,101 | 812 | 628 | 476 |
| 지배회사지분 | 51,763 | 42,486 | 35,258 | 29,709 |
| 소수주주지분 | 17,390 | 12,293 | 6,807 | 2,311 |
| 자본총계 | 69,153 | 54,780 | 42,064 | 32,020 |

# 北京金隅股份有限公司 북경금우그룹

## 환발해 지역 최대의 건축자재 생산기업

**기업개요**

상해 180지수, CSI 300(호심 300)지수 편입종목이자, A/H주 동시 상장 기업이다. 중국 최대 건축자재 제조기업으로 환발해 지역에 위치한다. 주로 시멘트, 건축자재 생산 및 판매 사업을 하고 있으며 부동산 개발, 투자 및 관리 사업도 하고 있다.

**투자 포인트**

❶ 중국 최대의 건자재 생산업체이자 베이징에서 명성 있는 상위권 부동산 개발회사

❷ 2014년 들어 '징진지' 지역에서의 시멘트 수요는 부진했지만 소형 공장 폐쇄조치로 북경금우그룹을 비롯한 대형 시멘트기업들의 시장점유율은 확대

❸ 현재 베이징 시내에 2000여 만 ㎡의 공업부지를 비축하고 있으며 환산가치로 160억 위안 정도로 향후 개발 수요 상존

❹ 모회사인 '금우그룹(金隅集團)'은 베이징시 국자위 소속의 국유기업으로 47.9%의 지분을 소유하고 있으며 향후 국유기업 개혁 수혜 유망

❺ 지역적인 특성, 국유기업 개혁, 후강퉁의 실시로 장기 수혜종목으로 유망

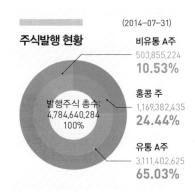

**주식발행 현황** (2014-07-31)

발행주식 총수: 4,784,640,284 100%

비유통 A주 503,855,224 **10.53%**

홍콩 주 1,169,382,435 **24.44%**

유통 A주 3,111,402,625 **65.03%**

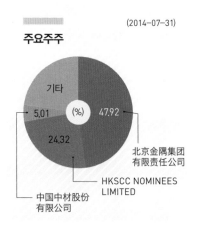

**주요주주** (2014-07-31)

기타 5.01
24.32
(%)
47.92

北京金隅集团 有限责任公司
HKSCC NOMINEES LIMITED
中国中材股份 有限公司

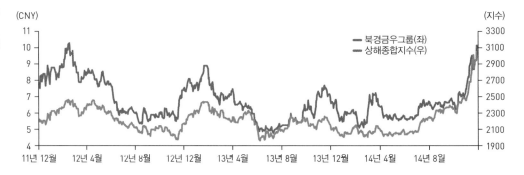

**최근 3년 주가차트**

(CNY) (지수)

— 북경금우그룹(좌)
— 상해종합지수(우)

11년 12월 12년 4월 12년 8월 12년 12월 13년 4월 13년 8월 13년 12월 14년 4월 14년 8월

## 매출구조

### 2013년 사업부문별 매출구조

(기준일: 2013-12-31/단위: 백만 위안)

| 매출구성 | 매출액 | | | 매출총이익률(GPM) | |
|---|---|---|---|---|---|
| | 매출 | 비중 | 전년 대비 | GPM | 전년 대비 |
| 부동산 개발 | 14,929.4 | 33.33% | 36.53% | 35.26% | -2.56%p |
| 신형 건자재 | 14,358.5 | 32.06% | 51.46% | 7.08% | -3.82%p |
| 시멘트 | 13,119.9 | 29.29% | 14.47% | 18.34% | 2.25%p |
| 부동산 투자 및 관리 | 1,938.1 | 4.33% | 15.83% | 59.67% | -2.51%p |
| 주력사업 외 기타 수입 | 443.9 | 0.99% | -12.09% | 32.8% | -21.69%p |
| 합계 | 44,789.8 | 100% | 31.53% | 22.3% | -2.16%p |

### 2012년 사업부문별 매출구조

(기준일: 2012-12-31/단위: 백만 위안)

| 매출구성 | 매출액 | | | 매출총이익률(GPM) | |
|---|---|---|---|---|---|
| | 매출 | 비중 | 전년 대비 | GPM | 전년 대비 |
| 시멘트 | 11,461.1 | 33.66% | -11.65% | 16.09% | -5.61%p |
| 부동산 개발 | 10,934.9 | 32.11% | 24.55% | 37.82% | 3.54%p |
| 신형 건자재 | 9,479.8 | 27.84% | 86.8% | 10.9% | -9.28%p |
| 부동산 투자 및 관리 | 1,673.3 | 4.91% | 18.9% | 62.17% | -1.38%p |
| 주력사업 외 기타 수입 | 504.9 | 1.48% | -1.07% | 54.49% | 13.46%p |
| 합계 | 34,054.1 | 100% | 18.47% | 24.46% | -3.21%p |

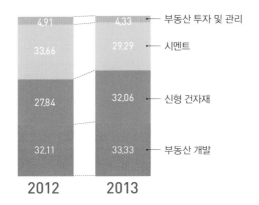

| | | 부동산 투자 및 관리 |
|---|---|---|
| 4.91 | 4.33 | |
| 33.66 | 29.29 | 시멘트 |
| 27.84 | 32.06 | 신형 건자재 |
| 32.11 | 33.33 | 부동산 개발 |
| 2012 | 2013 | |

## 재무제표

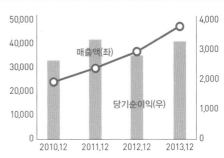

(단위: 백만 위안)

| 손익계산서 | 2013.12 | 2012.12 | 2011.12 | 2010.12 |
|---|---|---|---|---|
| 매출액 | 44,790 | 34,054 | 28,745 | 23,134 |
| 매출총이익 | 9,990 | 8,329 | 7,953 | 6,038 |
| 영업이익 | 3,265 | 3,094 | 3,582 | 2,950 |
| 세전이익 | 3,994 | 3,954 | 4,670 | 3,857 |
| 당기순이익 | 3,215 | 2,965 | 3,429 | 2,702 |

| 현금흐름표 | 2013.12 | 2012.12 | 2011.12 | 2010.12 |
|---|---|---|---|---|
| 영업활동 현금흐름 | -560 | 4,311 | -1,136 | -3,356 |
| 투자활동 현금흐름 | -3,718 | -3,394 | -2,418 | -9,045 |
| 재무활동 현금흐름 | 6,588 | -2,484 | 3,650 | 11,162 |
| 현금 순증감액 | 2,309 | -1,569 | 96 | -1,241 |
| 기말 현금 | 5,866 | 3,558 | 5,126 | 5,025 |

| 대차대조표 | 2013.12 | 2012.12 | 2011.12 | 2010.12 |
|---|---|---|---|---|
| 유동자산 | 60,157 | 47,102 | 44,702 | 33,255 |
| 비유동자산 | 38,682 | 36,060 | 32,211 | 27,967 |
| 자산총계 | 98,840 | 83,162 | 76,913 | 61,221 |
| 유동부채 | 52,060 | 43,463 | 39,386 | 27,674 |
| 비유동부채 | 16,754 | 14,674 | 15,811 | 15,218 |
| 부채총계 | 68,814 | 58,137 | 55,197 | 42,892 |
| 자본금 | 4,284 | 4,284 | 4,284 | 3,873 |
| 자본잉여금 | 5,851 | 5,396 | 5,312 | 5,509 |
| 이익잉여금 | 711 | 581 | 341 | 193 |
| 지배회사지분 | 26,280 | 22,904 | 20,154 | 16,447 |
| 소수주주지분 | 3,745 | 2,121 | 1,562 | 1,882 |
| 자본총계 | 30,025 | 25,025 | 21,716 | 18,329 |

CODE **0939.HK / 601939.SH**

# 中国建设银行股份有限公司 중국건설은행

## 총자산 규모 중국 2대 은행

**기업개요**

상해 180지수, CSI 300(호심 300)지수 편입종목이자, A/H주 동시 상장 기업이다. 중국의 4대 국유은행 중 하나로 주요 사업은 대출, 저축, 겸영 업무, IB 업무, 해외사업 등이다. 인프라, 에너지, 교통, 통신 산업 내 대형 그룹사 또는 대표 기업 고객이 많아 우량고객층을 많이 확보하고 있다.

**투자 포인트**

❶ 2014년 9월 기준 총자산은 16조 7300억 위안으로 중국 2위이며, 5대 국유은행 중 수익성이 양호한 은행

❷ 2014년 9월 말 기준 대형 국유은행의 예금잔고는 마이너스 성장을 보였으나 유독 중국건설은행은 연초 대비 6.2% 늘어나 높은 자금유치 경쟁력 과시

❸ 금융혁신 추진 및 개혁 기대감 증대와 2015년 초부터 시행 예정인 예금보험제 도입으로 호재

❹ 장기적으로 경제 둔화와 금리 자유화에 따른 국유 은행들의 성장성은 10% 안팎으로 둔화되겠지만 낮은 밸류에이션과 배당수익률이 무위험 금리 수준인 5.5%에 달하는 고배당 종목

**주식발행 현황** (2014-07-31)

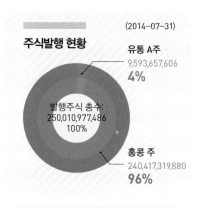

유통 A주
9,593,657,606
**4%**

발행주식 총수:
250,010,977,486
100%

홍콩 주
240,417,319,880
**96%**

**주요주주** (2014-07-31)

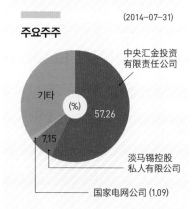

기타

(%)

中央汇金投资
有限责任公司
57.26

7.15

淡马锡控股
私人有限公司

国家电网公司 (1.09)

**최근 3년 주가차트**

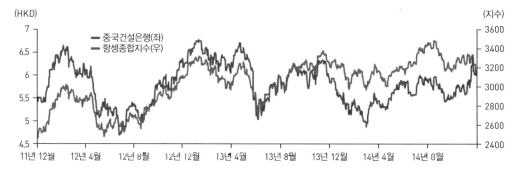

## 매출구조

### 2013년 사업부문별 매출구조
(기준일: 2013-12-31/단위: 백만 위안)

| 매출구성 | 매출 | 비중 | 전년 매출 | 비중 | 전년 대비 |
|---|---|---|---|---|---|
| 순이자수익 | 389,544 | 76.2% | 353,202 | 76.4% | 10.3% |
| 수수료수익 | 104,283 | 20.4% | 93,507 | 20.2% | 11.5% |
| 기타 수입 | 12,380 | 2.4% | 10,186 | 2.2% | 21.5% |
| 순거래수익 | 3,092 | 0.6% | 1,863 | 0.4% | 66% |
| 투자성 증권 수익 | 1,395 | 0.3% | 3,536 | 0.8% | -60.5% |
| 배당수익 | 446 | 0.1% | 239 | 0.1% | 86.6% |
| 합계 | 511,140 | 100% | 462,533 | 100% | 10.5% |

### 2012년 사업부문별 매출구조
(기준일: 2012-12-31/단위: 백만 위안)

| 매출구성 | 매출 | 비중 | 전년 매출 | 비중 | 전년 대비 |
|---|---|---|---|---|---|
| 순이자수익 | 353,202 | 76.4% | 304,572 | 76.3% | 16% |
| 수수료수익 | 93,507 | 20.2% | 86,994 | 21.8% | 7.5% |
| 기타 수입 | 10,186 | 2.2% | 5,535 | 1.4% | 84% |
| 투자성 증권 수익 | 3,536 | 0.8% | 1,756 | 0.4% | 101.4% |
| 순거래수익 | 1,863 | 0.4% | 388 | 0.1% | 380.2% |
| 배당수익 | 239 | 0.1% | 158 | 0% | 51.3% |
| 합계 | 462,533 | 100% | 399,403 | 100% | 15.8% |

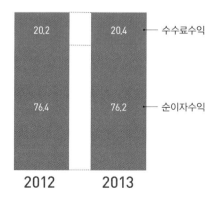

## 재무제표

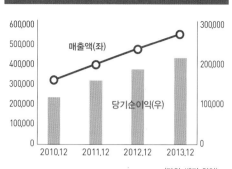

(단위: 백만 위안)

| 손익계산서 | 2013.12 | 2012.12 | 2011.12 | 2010.12 |
|---|---|---|---|---|
| 매출액 | 511,140 | 462,533 | 399,403 | 325,780 |
| 순이자수익 | 389,544 | 353,202 | 304,572 | 251,500 |
| 순수수료 수익 | 104,283 | 93,507 | 86,994 | 66,132 |
| 당기순이익 | 214,657 | 193,179 | 169,258 | 134,844 |

| 현금흐름표 | 2013.12 | 2012.12 | 2011.12 | 2010.12 |
|---|---|---|---|---|
| 영업활동 현금흐름 | 45,929 | 368,813 | 125,014 | 259,361 |
| 투자활동 현금흐름 | -278,182 | -155,855 | 152,584 | -345,136 |
| 재무활동 현금흐름 | -72,541 | -20,787 | -15,634 | 8,199 |
| 현금 순증감액 | -308,147 | 190,457 | 257,164 | -78,950 |
| 기말 현금 | -3,353 | -1,714 | -4,800 | -1,374 |

| 대차대조표 | 2013.12 | 2012.12 | 2011.12 | 2010.12 |
|---|---|---|---|---|
| 자산총계 | 15,363,210 | 13,972,828 | 12,281,834 | 10,810,317 |
| 부채총계 | 14,288,881 | 13,023,219 | 11,465,173 | 10,109,412 |
| 자본금GB | 250,011 | 250,011 | 250,011 | 250,011 |
| 자본/ 이익잉여금 | 815,940 | 691,721 | 561,130 | 446,781 |
| 소수주주 지분 | 8,378 | 7,877 | 5,520 | 4,113 |
| 자본총계 | 1,074,329 | 949,609 | 816,661 | 700,905 |

# 中国人民财产保险股份有限公司
## 중국인민재산보험

### 중국 최대 손해보험사

**기업개요**

중국 최대, 글로벌 7위권 손해보험사로 자동차보험이 위주이나 다양한 손해보험상품을 판매하고 있다. 2013년 기준으로 보험료 수입은 2200억 위안을 돌파했으며 전국의 도시와 농촌에 약 1만 3000개의 영업망을 구축했다. 매출 중 70% 이상은 자동차보험 부문이다.

**투자 포인트**

❶ 중국 최대의 손해보험 회사로 자동차보험이 주력사업부문(AIG에서 9.9% 지분 보유)

❷ 중국 보험시장은 아직 초기시장으로 향후 상품의 다양화와 보급율 확대로 연간 약 15% 성장 예상

❸ 규모우위, 브랜드파워, 강력한 유통망으로 가격결정이 가능하며 이는 보험이익의 상승을 견인

❹ 급성장하고 있는 농업보험 사업부문도 강력한 유통망으로 시장 지배력 견인 예상

❺ 최근 유상증자를 통해 보험사의 경영상태를 나타내는 중요지표인 지급여력비율RBC을 200% 이상(감독기관 지도 기준 150%)으로 높여 사업 확장 및 투자 등 유리한 경영환경이 조성

**주식발행 현황** (2014-07-31)

홍콩 주
4,219,751,580
**31%**

발행주식 총수:
13,604,137,800
100%

비유통주
9,384,386,220
**69%**

**주요주주** (2014-07-31)

中国人民保险集团股份有限公司

기타

2.97
5.05

(%)

69

Birmingham Fire Insurance Company of Pennsylvania

Commerce and Industry Insurance Company

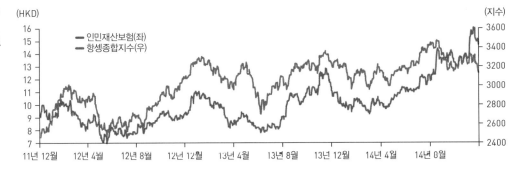

**최근 3년 주가차트**

(HKD)

— 인민재산보험(좌)
— 항셍종합지수(우)

(지수)

## 매출구조

### 2013년 사업부문별 매출구조
(기준일: 2013-12-31/단위: 백만 위안)

| 매출구성 | 매출 | 비중 | 전년 매출 | 비중 | 전년 대비 |
|---|---|---|---|---|---|
| 자동차보험 | 163,276 | 73% | 141,755 | 73.3% | 15.2% |
| 기타 보험 | 25,624 | 11.5% | 21,790 | 11.3% | 17.6% |
| 기업재산보험 | 12,581 | 5.6% | 12,256 | 6.3% | 2.7% |
| 사고보험 및 건강보험 | 9,934 | 4.4% | 6,484 | 3.4% | 53.2% |
| 책임보험 | 8,446 | 3.8% | 7,364 | 3.8% | 14.7% |
| 화물운송보험 | 3,664 | 1.6% | 3,838 | 2% | -4.5% |
| 합계 | 223,525 | 100% | 193,487 | 100% | 15.5% |

### 2012년 사업부문별 매출구조
(기준일: 2012-12-31/단위: 백만 위안)

| 매출구성 | 매출 | 비중 | 전년 매출 | 비중 | 전년 대비 |
|---|---|---|---|---|---|
| 자동차보험 | 141,755 | 73.3% | 128,032 | 73.6% | 10.7% |
| 기타 보험 | 21,790 | 11.3% | 18,275 | 10.5% | 19.2% |
| 부동산보험 | 12,256 | 6.3% | 11,828 | 6.8% | 3.6% |
| 책임보험 | 7,364 | 3.8% | 6,440 | 3.7% | 14.3% |
| 사고보험 및 건강보험 | 6,484 | 3.4% | 5,343 | 3.1% | 21.4% |
| 화물해상보험 | 3,838 | 2% | 4,044 | 2.3% | -5.1% |
| 합계 | 193,487 | 100% | 173,962 | 100% | 11.2% |

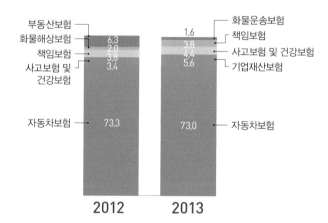

## 재무제표

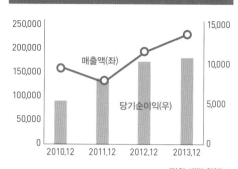

(단위: 백만 위안)

| 손익계산서 | 2013.12 | 2012.12 | 2011.12 | 2010.12 |
|---|---|---|---|---|
| 매출액 | 223,525 | 193,487 | 137,962 | 154,307 |
| 순보험료수익 | 182,546 | 155,304 | 133,134 | 122,990 |
| 순수수료수익 | 13,439 | 13,349 | 10,286 | 6,494 |
| 당기순이익 | 10,558 | 10,405 | 8,027 | 5,212 |

| 현금흐름표 | 2013.12 | 2012.12 | 2011.12 | 2010.12 |
|---|---|---|---|---|
| 영업활동 현금흐름 | 22,297 | 9,897 | 25,642 | 34,152 |
| 투자활동 현금흐름 | -14,405 | -16,670 | -44,681 | -43,675 |
| 재무활동 현금흐름 | -4,510 | 5,528 | 15,447 | 4,163 |
| 현금 순증감액 | 3,382 | -1,245 | -3,592 | -5,360 |
| 기말 현금 | 16,272 | 12,890 | 14,135 | 17,727 |

| 대차대조표 | 2013.12 | 2012.12 | 2011.12 | 2010.12 |
|---|---|---|---|---|
| 자산총계 | 319,424 | 290,424 | 265,644 | 201,785 |
| 부채총계 | 261,920 | 244,974 | 230,484 | 176,951 |
| 자본금GB | 13,604 | 12,256 | 12,256 | 11,142 |
| 자본/ 이익잉여금 | 43,895 | 33,194 | 22,904 | 13,692 |
| 소수주주지분 | 5 | 0 | 0 | 0 |
| 자본총계 | 1,074,329 | 949,609 | 816,661 | 700,905 |

# 香港交易及结算所有限公司 홍콩거래결산소

## 시가총액 기준 세계 6대 증권거래소, 후강퉁 수혜주

**기업개요**

항셍지수 편입종목으로 홍콩 내 유일한 주식거래소, 선물거래소와 관련 결산소를 운영하고 있다. 중국 기업의 세계 시장 진출과 외국 기업의 중국 시장 진출을 연결하는 플랫폼으로 발전하고 있다.

**투자 포인트**

❶ 시가총액 기준 세계 6대 증권거래소로 한국거래소보다 규모가 큼
❷ 후강퉁 개장으로 홍콩거래소 거래량이 80% 늘 것으로 전망되면서 후강퉁 최대 수혜주로 부상
❸ 중국 정부가 후강퉁 시행 36개월 이내에 투자한도 규제를 해제할 것이란 예상도 장기적 호재로 작용
❹ 향후 3년 동안 후강퉁과 LME의 거래확대에 따라 연평균 약 10~20%의 성장이 예상

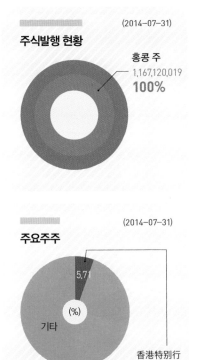

**주식발행 현황** (2014-07-31)

홍콩 주
1,167,120,019
**100%**

**주요주주** (2014-07-31)

5.71
(%)
기타
香港特別行政区政府

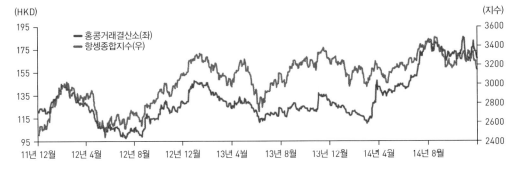

**최근 3년 주가차트**

(HKD)
— 홍콩거래결산소(좌)
— 항셍종합지수(우)
(지수)

11년 12월　12년 4월　12년 8월　12년 12월　13년 4월　13년 8월　13년 12월　14년 4월　14년 8월

## 매출구조

### 2013년 사업부문별 매출구조
(기준일: 2013-12-31/단위: 백만 홍콩달러)

| 매출구성 | 매출 | 비중 | 전년 매출 | 비중 | 전년 대비 |
|---|---|---|---|---|---|
| 거래수수료 및 거래시스템 사용료 | 3,509 | 43.2% | 2,448 | 38.1% | 43.3% |
| 결산 서비스 | 1,631 | 20.1% | 1,406 | 21.9% | 16% |
| 홍콩거래소 상장수수료 | 1,016 | 12.5% | 916 | 14.2% | 10.9% |
| 시장 데이터 사용료 | 737 | 9.1% | 570 | 8.9% | 29.3% |
| 예탁 및 수탁 중개 서비스 수수료 | 629 | 7.7% | 644 | 10% | -2.3% |
| 기타 수입 | 609 | 7.5% | 448 | 7% | 35.9% |
| 합계 | 8,131 | 100% | 6,432 | 100% | 26.4% |

### 2012년 사업부문별 매출구조
(기준일: 2012-12-31/단위: 백만 홍콩달러)

| 매출구성 | 매출 | 비중 | 전년 매출 | 비중 | 전년 대비 |
|---|---|---|---|---|---|
| 거래수수료 및 거래시스템 사용료 | 2,448 | 38.06% | 2,936 | 39.91% | -16.62% |
| 홍콩거래소 상장수수료 | 1,406 | 21.86% | 1,663 | 22.6% | -15.45% |
| 결산 서비스 | 916 | 14.24% | 949 | 12.9% | -3.48% |
| 시장 데이터 사용료 | 664 | 10.32% | 685 | 9.31% | -3.07% |
| 예탁 및 수탁 중개 서비스 수수료 | 570 | 8.86% | 637 | 8.66% | -10.52% |
| 기타 수입 | 448 | 6.97% | 487 | 6.62% | -8.01% |
| 합계 | 6,432 | 100% | 7,357 | 100% | -12.6% |

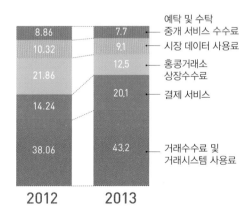

| 2012 | 2013 | |
|---|---|---|
| 8.86 | 7.7 | 예탁 및 수탁 중개 서비스 수수료 |
| 10.32 | 9.1 | 시장 데이터 사용료 |
| 21.86 | 12.5 | 홍콩거래소 상장수수료 |
| 14.24 | 20.1 | 결제 서비스 |
| 38.06 | 43.2 | 거래수수료 및 거래시스템 사용료 |

## 재무제표

매출액(좌)
당기순이익(우)

(단위: 백만 홍콩달러)

| 손익계산서 | 2013.12 | 2012.12 | 2011.12 | 2010.12 |
|---|---|---|---|---|
| 매출액 | 8,131 | 6,432 | 7,357 | 7,094 |
| 영업이익 | 5,439 | 5,096 | 6,032 | 5,954 |
| 세전이익 | 5,246 | 4,845 | 6,032 | 5,954 |
| 당기순이익 | 4,552 | 4,084 | 5,093 | 5,037 |

| 현금흐름표 | 2013.12 | 2012.12 | 2011.12 | 2010.12 |
|---|---|---|---|---|
| 영업활동 현금흐름 | 4,988 | 6,491 | 5,273 | 4,986 |
| 투자활동 현금흐름 | -523 | -15,545 | -200 | 52 |
| 재무활동 현금흐름 | -2,164 | 10,744 | -4,678 | -4,412 |
| 현금 순증감액 | 2,340 | 1,695 | 395 | -2,806 |
| 기말 현금 | 6,375 | 4,035 | 2,340 | 1,945 |

| 대차대조표 | 2013.12 | 2012.12 | 2011.12 | 2010.12 |
|---|---|---|---|---|
| 자산총계 | 85,943 | 80,837 | 54,028 | 47,884 |
| 부채총계 | 65,425 | 63,073 | 44,869 | 39,207 |
| 자본금GB | 1,161 | 1,150 | 1,080 | 1,078 |
| 자본/ 이익잉여금 | 19,244 | 16,614 | 8,079 | 7,599 |
| 소수주주지분 | 113 | 0 | 0 | 0 |
| 자본총계 | 20,518 | 17,764 | 9,159 | 8,677 |

# 고속철과 일대일로

중국 내 고속철도 건설 붐이 일기 시작하면서 중서부 개발, 신형 도시화 건설 등과 맞물려 기대를 모으고 있다. 고속철도가 통과하는 주변 지역은 '2시간 생활권'으로 변모하며 새로운 도시군과 경제지구가 생성되고 있다.

## ★전 세계 고속철 총연장의 50%는 중국

중국은 고속철 분야의 후발주자다. 1992년에 처음으로 베이징-상해 고속철도 건설을 구상했고 일본, 독일 등의 선진 기술을 도입해 1997~2007년까지 총 6차례에 걸쳐 철도 운행 속도를 향상시킨 결과 베이징올림픽이 개최된 2008년에 베이징-톈진 고속철도가 개통되었다. 뒤이어 2011년에 베이징-상해 고속철이, 2012년 말에는 세계 최장 고속철인 베이징-광저우 노선(2298$km$)이 개통되었다. 2013년 기준으로 중국의 고속철 총연장은 1만 1028$km$로 이는 전 세계 고속철의 50%에 달한다.

중국 정부의 오래된 구상은 고속철을 깔아 전 국토를 4개의 종축과 4개의 횡축으로 촘촘하게 연결하는 것이다. 중국 철도 12차 5개년 계획에 의하면 2015년 말까지 철도의 총연장은 12만 $km$로 이 중 쾌속철도(시속 160$km$/h)는 약 4만 $km$, 고속철도(시속 200$km$/h)는 약 1만 8000$km$를 건설해 2020년까지 인구 50만 명 이상인 도시를 모두 연결한다는 계획이다.

## ★ 고속철 외교 '일석삼조'

중국은 2004년부터 기술력과 건설 노하우를 내세워 중국의 고속철과 철도를 외국에 수출하는 프로젝트에 공을 들여왔다. 이런 노력에 힘입어 아시아와 아프리카 등 개발도상국은 물론이고 유럽과 미국 등 선진국에서도 굵직한 수주에 성공했다.

최근 중국과 인도 당국은 인도 북부 델리에서 남부 첸나이를 연결하는 총연장 1754$km$의 고속철 건설을 논의하고 있다. 총사업비 326억 달러로 추정되며 이 노선이 완공될 경우 세계에서 두 번째로 긴 고속철 구간이 된다. 현재 세계 최장 고속철 구간은 2012년 개통한 중국 베이징-광저우 노선으로 총연장은 2298$km$에 이른다.

중국은 러시아와도 대형 고속철 프로젝트를 추진하고 있다. 모스크바와 베이징을 연결하는 사업으로 총연장 7000~8000$km$에 투자 규모도 7조 루블(약 170조 원)에 달한다. 이 사업이 성사될 경우 양국 간 화물 운송 시간이 현재 5일에서 30시간으로 대폭 단축된다.

또한, 나이지리아와도 119억 7000만 달러 규모의 철도 건설 계약을 체결했다. 나이지리아 경제수도 라고스에서 카라바를 잇는 총연장 1402$km$ 구간에 고속철도(시속 120$km$/h)를 건설하는 사업이다. 이는 중국이 해외에서 성사시킨 단일 계약 중 역대 최대 규모다. 이 밖에도 미국 로스앤젤레스와 샌프란시스코를 연결하는 길이 1287$km$, 수주액 680억 달러(약 70조 원) 규모의 초대형 고속철 사업 입찰에도 참여하는 등 세계 각국에서 활발한 수주 활동을 펼치고 있다.

이처럼 중국 지도부가 고속철을 전략 산업으로 보면서 공을 들이는 이유는 고속철 수출이 단순한 수출을 넘어서 건설, 장비, 유지보수 등의 엄청난 경제적 부가가치를 창출하는 프로젝트이기 때문이다. 또한 막대한 외환보유고를 통한 자본 수출과 자국 경제에 부담이 되는 과잉 생산력의 수출이 가능하기 때문이다. 게다가 중국이 추진 중인 새로운 '일대일로' 건설과도 밀접한 관련이 있다. 유럽, 중앙

아시아, 동남아시아 등을 아우르는 경제 벨트를 건설하는 데 고속철은 핵심 인프라이자 대외 영향력을 확대하는 수단이기 때문이다. 특히 낮은 건설 비용은 해외 시장 개척의 원동력이다. 현재 중국의 철도의 건설 원가는 경쟁 업체의 2/3 수준이다. 중국의 고속철 인프라 건설 원가는 1$km$당 1700만~2100만 달러이지만 유럽은 2500만~3800만 달러이고 미국은 5600만 달러이다. 중국의 가격 경쟁력이 월등히 앞선다.

## ★ 새로운 발전 기회와 관련 기업

중국 고속철은 내수 시장을 주축으로 원가와 기술력 등의 종합 경쟁력을 강조하면서 해외 시장을 개척하고 있다. 중국 지도부가 자국 내 과잉 생산 문제를 해결하고 대외 영향력을 확대하는 국가 차원의 전략 사업으로 삼음으로써 건설과 장비 분야도 새로운 발전 기회를 맞이하고 있다.

2014년 12월 31일 중국남차(601766.SH/1766.HK)가 중국북차(601299.SH/6199.HK)를 흡수합병한다고 공식 발표했다. 합병으로 탄생할 새 회사는 중국중차中國中車로 세계 철도 차량 시장점유율은 무려 50%에 달한다. 합병 후 시가총액이 3000억 위안(약 54조 원)이 넘게 되며 사업 규모도 2013년 매출 합계 총 2000억 위안(약 36조 원) 안팎으로 캐나다의 봄바르디어, 독일의 지멘스, 프랑스의 알스톰 등 3개사를 합한 것보다도 크다. 이 합병은 중국 내 동종 기업들의 불필요한 경쟁으로 빚어지는 자원 낭비를 피하고 최고 수준의 국제 경쟁력 확보가 목적이다.

고속철을 국가 전략 사업으로 육성하고 있는 만큼 중국중차의 출범으로 글로벌 경쟁력을 더욱 높이겠다는 중국 정부의 의지를 확인할 수 있다. 중국북차와 중국남차의 합병을 낙관적으로 전망하는 이유다. 같은 맥락에서 중국중철(601390.SH/0390.HK)을 비롯한 건설 분야에도 주목할 필요가 있다.

중국이 2015년부터 중점으로 추진하는 일대일로는 전 세계의 관심사다. '일대일로一帶一路, One Belt One Road'에서 '일대一帶, One Belt'란 하나의 지대를 의미한다. 중국

산시陝西성 시안西安을 시발점으로 중앙아시아, 유럽을 연결하는 '육상 실크로드 경제 벨트'이다. 또한 '일로一路, One Road'는 하나의 길을 의미하는데 푸젠福建성 취안저우泉州시를 기점으로 동남아시아와 남아시아 해상을 거쳐 유럽과 아프리카까지 이어지는 '21세기 해양 실크로드'를 말한다. 중국에서는 이와 같은 육상과 해상 실크로드를 일대일로라고 부른다. 관련 총인구는 44억 명, 경제 규모는 21조 달러로 각각 전 세계의 63%와 29%를 차

| 중국 철도 관련 주요 운영수치 | | | | | |
|---|---|---|---|---|---|
| 구분 | 중국철도 총연장 | 이 중 고속철 총연장 | 중국 철도 고정자산 투자 | 이 중 인프라 투자 | 이 중 차량과 장비 투자 |
| 단위 | (km) | (km) | (억 위안) | (억 위안) | (억 위안) |
| 2002년 | 71,900 | | 963 | 624 | 176 |
| 2003년 | 73,000 | | 860 | 529 | 168 |
| 2004년 | 74,400 | | 901 | 532 | 178 |
| 2005년 | 75,438 | | 1,364 | 880 | 266 |
| 2006년 | 77,084 | | 2,088 | 1,543 | 323 |
| 2007년 | 77,966 | | 2,521 | 1,772 | 571 |
| 2008년 | 79,687 | 672 | 4,168 | 3,376 | 566 |
| 2009년 | 85,518 | 2,699 | 7,013 | 6,006 | 781 |
| 2010년 | 91,178 | 5,133 | 8,427 | 7,075 | 1,067 |
| 2011년 | 93,250 | 6,601 | 5,906 | 4,611 | 1,049 |
| 2012년 | 97,625 | 9,356 | 6,340 | 5,185 | 900 |
| 2013년 | 103,145 | 11,028 | 6,657 | 5,328 | 1,038 |

출처: 국가철도국(National Railway Administration of the People's Republic of china)

지한다. 이를 실현하기 위해 자본금 500억 달러의 아시아인프라투자은행AIIB과 400억 달러에 달하는 실크로드 기금 설립 등이 추진되고 있다.

중국이 실크로드 복원을 국가적 프로젝트로 추진하는 이유는 충분한 외환보유고를 활용하여 중국 서부 대개발을 추진하고 에너지 안전 통로를 확보하는 것 외에도 중국 내 생산력 과잉 부담 해소를 들 수 있다. 일대일로는 철도, 항만 등의 인프라 시설에 대한 투자뿐만 아니라 각종 플랜트 건설도 동반되기 때문에 기계나 전기 등의 설비 수요가 따른다. 또 2015년부터 '징진지京津冀(베이징·톈진·허베이성 등의 준말)' 일체화, 장강長江(양쯔강) 경제 벨트 활성화 등과 함께 3대 역점 사업으로 본격 추진되면서 시장의 관심이 집중될 것이다. 따라서 관련 분야의 대표 회사에 주목할 필요가 있다.

**CODE 0390.HK / 601390.SH**

# 中国中铁股份有限公司 중국중철

## 중국 내 교통 인프라 대표 기업

**기업개요**

상해 180지수, CSI 300(호심 300)지수 편입종목이자, A/H주 동시 상장 기업이다. 중국 대표 종합 건설사로 주요 사업은 인프라 건설, 탐사 설계 및 자문 서비스, 중장비 및 관련 부품 제조, 부동산 개발 등이다. 특히 아시아 최대의 건설 분야 종합형 건설그룹사이자 가장 높은 경쟁력을 보유하고 있다.

**투자 포인트**

❶ 중국 내 대표적인 철도 및 도로건설 기업으로 지난 60년간 전 중국 철도의 2/3(7만 7925km)와 전 중국 전철의 95%, 전 중국 고속도로의 1/10(7708km) 및 약 9000여 개의 교량을 건설한 교통 인프라 대표 기업

❷ 앞으로도 상당 기간 고속철과 지하철에 대한 투자 지속 예상

❸ 특히 시진핑 주석의 신 실크로드 경제권 인프라 투자의 주축이 될 10대 중앙 국유기업에 선정되어 향후 건설 수요에 따른 수혜 예상

❹ 실크로드 건설 참여 10대 중앙 국유기업: 중국교통건설(中國交建), 중국건축(中國建築), 중국전력건설(中國電建), 중국중철(中國中鐵), 중국철도건설(中國鐵建), 중국야금공업(中國中冶), 중국중재공정(中材國際), 갈주파(葛洲壩), 중공국제공정(中工國際), 북방국제(北方國際)

❺ 향후 3년간 약 10% 이상 성장 예상

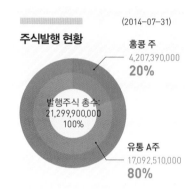

**주식발행 현황** (2014-07-31)

홍콩 주
4,207,390,000
**20%**

발행주식 총수:
21,299,900,000
100%

유통 A주
17,092,510,000
**80%**

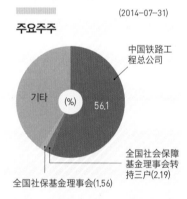

**주요주주** (2014-07-31)

中国铁路工程总公司

기타

(%) 56.1

全国社会保障基金理事会转持三户(2.19)

全国社保基金理事会(1.56)

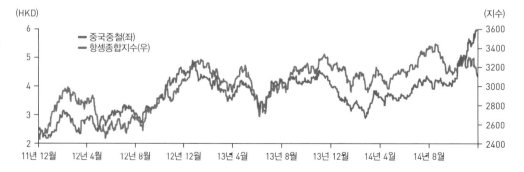

**최근 3년 주가차트**

(HKD)

— 중국중철(좌)
— 항생종합지수(우)

(지수)

**매출구조**

## 2013년 사업부문별 매출구조

(기준일: 2013-12-31/단위: 백만 위안)

| 매출구성 | 매출 | 비중 | 전년 매출 | 비중 | 전년 대비 |
|---|---|---|---|---|---|
| 인프라 건설 | 456,272 | 84.4% | 396,906 | 85.2% | 15% |
| 기타 수입 | 68,958 | 12.8% | 56,432 | 12.1% | 22.2% |
| 부동산 개발 | 27,566 | 5.1% | 20,175 | 4.3% | 36.6% |
| 시 정부 기반 시설공사 및 관련 제조물 | 13,711 | 2.5% | 11,464 | 2.5% | 19.6% |
| 탐사, 설계, 자문 서비스 | 9,180 | 1.7% | 9,069 | 1.9% | 1.2% |
| 사업부문 간 매출 조정 | -35,293 | -6.5% | -28,421 | -6.1% | 24.2% |
| 합계 | 540,394 | 100% | 465,625 | 100% | -15.6% |

## 2012년 사업부문별 매출구조

(기준일: 2012-12-31/단위: 백만 위안)

| 매출구성 | 매출 | 비중 | 전년 매출 | 비중 | 전년 대비 |
|---|---|---|---|---|---|
| 인프라 건설 | 396,906 | 85.2% | 392,540 | 88.8% | 1.1% |
| 기타 수입 | 56,432 | 12.1% | 42,211 | 9.5% | 33.7% |
| 부동산 개발 | 20,175 | 4.3% | 17,135 | 3.9% | 17.7% |
| 시 정부 기반 시설공사 및 관련 제조물 | 11,464 | 2.5% | 11,147 | 2.5% | 2.8% |
| 탐사, 설계, 자문 서비스 | 9,069 | 1.9% | 8,926 | 2% | 1.6% |
| 사업부문 간 매출 조정 | -28,421 | -6.1% | -29,743 | -6.7% | 4.4% |
| 합계 | 465,625 | 100% | 442,216 | 100% | 5.3% |

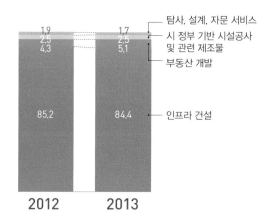

|  | 2012 | 2013 |
|---|---|---|
| 탐사, 설계, 자문 서비스 | 1.9 | 1.7 |
| 시 정부 기반 시설공사 및 관련 제조물 | 2.5 | 2.5 |
| 부동산 개발 | 4.3 | 5.1 |
| 인프라 건설 | 85.2 | 84.4 |

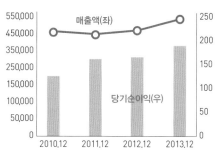

(단위: 백만 위안)

| 손익계산서 | 2013.12 | 2012.12 | 2011.12 | 2010.12 |
|---|---|---|---|---|
| 매출액 | 540,394 | 465,625 | 442,216 | 456,102 |
| 매출총이익 | 40,340 | 35,561 | 32,253 | 27,115 |
| 세전이익 | 14,819 | 11,085 | 9,998 | 10,640 |
| 당기순이익 | 9,374 | 7,354 | 6,690 | 7,490 |

| 현금흐름표 | 2013.12 | 2012.12 | 2011.12 | 2010.12 |
|---|---|---|---|---|
| 영업활동 현금흐름 | 7,995 | -4,188 | -13,483 | 963 |
| 투자활동 현금흐름 | -12,162 | -11,974 | -11,710 | -16,359 |
| 재무활동 현금흐름 | 12,164 | 23,673 | 30,600 | 20,876 |
| 현금 순증감액 | 7,894 | 7,510 | 5,327 | 5,428 |
| 기말 현금 | 75,658 | 67,764 | 60,254 | 54,860 |

| 대차대조표 | 2013.12 | 2012.12 | 2011.12 | 2010.12 |
|---|---|---|---|---|
| 유동자산 | 503,090 | 434,855 | 360,099 | 298,654 |
| 비유동자산 | 124,940 | 115,701 | 108,461 | 90,482 |
| 자산총계 | 628,030 | 550,556 | 468,560 | 389,136 |
| 유동부채 | 420,242 | 366,119 | 305,572 | 264,400 |
| 비유동부채 | 111,158 | 96,044 | 81,809 | 51,015 |
| 부채총계 | 531,400 | 462,163 | 387,381 | 315,415 |
| 자본금 | 21,300 | 21,300 | 21,300 | 21,300 |
| 자본/ 이익잉여금 | 65,163 | 56,894 | 50,549 | 45,281 |
| 지배회사지분 | 86,463 | 78,194 | 71,849 | 66,581 |
| 소수주주지분 | 10,167 | 10,199 | 9,330 | 7,140 |
| 자본총계 | 96,630 | 88,393 | 81,179 | 73,721 |

## CODE 1766.HK / 601766.SH

# 中国南车股份有限公司 중국남차

**세계 최대의 궤도교통 설비 전문기업**

**기업개요**

상해 180지수, CSI 300(호심 300) 지수 편입종목이자, A/H주 동시 상장 기업이다. 세계 최대의 궤도교통 설비(지하철, 경전철, 자기부상 열차 등) 차량 제조업체 중 하나로 철도 및 도시 레일교통 설비 시장 점유율은 중국 최고 수준이며 고속열차 전국 시장점유율은 50% 이상이다.

**투자
포인트**

❶ 고속철과 지하철 차량 제조 등 궤도교통 설비 전문기업
❷ 2014년 10월 전 세계 궤도교통 설비 시장점유율 1위인 북차그룹 (CNR)과 남차그룹(CSR)의 합병안이 발표되면서 연매출 300억 달러(약 33조 원) 규모의 초대형 철도차량 제조업체의 전환이 기대, 앞으로 제살 깎이식 경쟁 탈피 및 세계 시장 진출로 수익성 호전 예상
❸ 부가가치가 높은 고속철과 지하철 비중이 확대됨에 따라 수익 개선
❹ 남차와 북차의 통합 가능성으로 시장지배력은 더욱 강화되어 향후 3년간 매년 매출 15%, 이익 25% 수준의 높은 성장성이 예상

**주식발행 현황** (2014-07-31)

비유통 A주
1,362,103,700
**10%**

홍콩 주
2,024,000,000
**15%**

유통 A주
10,416,896,300
**75%**

발행주식 총수:
13,803,000,000
100%

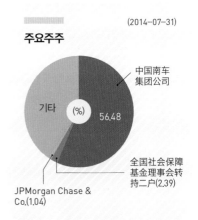

**주요주주** (2014-07-31)

中国南车
集团公司
(%) 56.48

全国社会保障
基金理事会转
持二户(2.39)

JPMorgan Chase &
Co.(1.04)

기타

**최근 3년
주가차트**

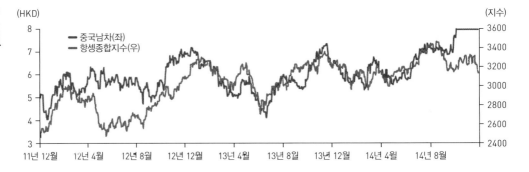

(HKD) (지수)

── 중국남차(좌)
── 항생종합지수(우)

## 매출구조

### 2013년 사업부문별 매출구조

(기준일: 2013-12-31/단위: 백만 위안)

| 매출구성 | 매출 | 비중 | 전년 매출 | 비중 | 전년 대비 |
|---|---|---|---|---|---|
| 기타 | 20,566.7 | 21.01% | 17,122 | 18.93% | 20.12% |
| 기관차 | 19,975.7 | 20.41% | 14,497.3 | 16.03% | 37.79% |
| 고속철 | 19,338.1 | 19.76% | 21,641.8 | 23.93% | -10.64% |
| 신사업 | 13,115.1 | 13.4% | 10,959.4 | 12.12% | 19.67% |
| 화물열차 | 9,978.9 | 10.19% | 10,470.4 | 11.58% | -4.69% |
| 지하철 | 8,293.2 | 8.47% | 7,988.6 | 8.83% | 3.81% |
| 여객열차 | 6,618.7 | 6.76% | 7,776.8 | 8.6% | -14.89% |
| 합계 | 97,886.3 | 100% | 90,456.2 | 100% | 8.21% |

### 2012년 사업부문별 매출구조

(기준일: 2012-12-31/단위: 백만 위안)

| 매출구성 | 매출 | 비중 | 전년 매출 | 비중 | 전년 대비 |
|---|---|---|---|---|---|
| 고속철 | 21,641.8 | 23.93% | 21,106.8 | 26.15% | 2.54% |
| 기타 | 17,122 | 18.93% | 5,658 | 7.01% | 202.62% |
| 기관차 | 14,497.3 | 16.03% | 17,904.6 | 22.18% | -19.03% |
| 신사업 | 10,959.4 | 12.12% | 11,681.5 | 14.47% | -6.18% |
| 화물열차 | 10,470.4 | 11.58% | 9,726.2 | 12.05% | 7.65% |
| 지하철 | 7,988.6 | 8.83% | 8,255.4 | 10.23% | -3.23% |
| 여객열차 | 7,776.8 | 8.6% | 6,378.3 | 7.9% | 21.93% |
| 합계 | 90,456.2 | 100% | 80,710.8 | 100% | 12.07% |

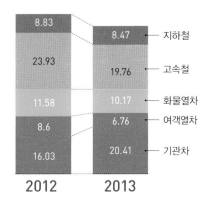

## 재무제표

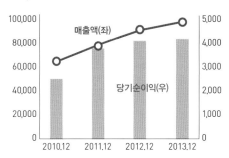

(단위: 백만 위안)

| 손익계산서 | 2013.12 | 2012.12 | 2011.12 | 2010.12 |
|---|---|---|---|---|
| 매출액 | 96,525 | 89,019 | 79,517 | 63,912 |
| 매출총이익 | 16,629 | 15,755 | 14,870 | 10,968 |
| 세전이익 | 5,933 | 5,593 | 5,442 | 3,665 |
| 당기순이익 | 4,140 | 4,009 | 3,864 | 2,531 |

| 현금흐름표 | 2013.12 | 2012.12 | 2011.12 | 2010.12 |
|---|---|---|---|---|
| 영업활동 현금흐름 | 5,412 | 2,395 | 6,941 | 3,716 |
| 투자활동 현금흐름 | -7,245 | -4,246 | -7,543 | -5,628 |
| 재무활동 현금흐름 | 1,473 | -5,672 | 8,898 | 4,661 |
| 현금 순증감액 | -444 | -7,524 | 8,257 | 2,710 |
| 기말 현금 | 14,009 | 14,452 | 21,976 | 13,708 |

| 대차대조표 | 2013.12 | 2012.12 | 2011.12 | 2010.12 |
|---|---|---|---|---|
| 유동자산 | 82,953 | 72,261 | 63,607 | 50,124 |
| 비유동자산 | 38,177 | 32,956 | 29,179 | 23,441 |
| 자산총계 | 121,129 | 105,217 | 92,786 | 73,566 |
| 유동부채 | 67,000 | 61,538 | 59,185 | 42,662 |
| 비유동부채 | 7,975 | 4,169 | 5,514 | 7,063 |
| 부채총계 | 74,975 | 65,707 | 64,698 | 49,725 |
| 자본금 | 13,803 | 13,803 | 11,840 | 11,840 |
| 자본/ 이익잉여금 | 22,757 | 18,952 | 10,722 | 7,404 |
| 지배회사지분 | 36,560 | 32,755 | 22,562 | 19,244 |
| 소수주주지분 | 9,595 | 6,754 | 5,526 | 4,597 |
| 자본총계 | 46,155 | 39,510 | 28,088 | 23,841 |

# 上海隧道工程股份有限公司 상해터널공정

**중국 대형 터널 공사에서 높은 시장점유율을 확보한 연약지반 터널 전문기업**

**기업개요**

상해 380지수 편입종목이다. 주로 연약지반Soft soil 터널 시공을 담당하는 기업이다. 중국 내 시 정부 인프라 건설 설계시공사로 현재까지 중국 내 대형, 초대형급 터널 시장점유율이 90%에 달하며, 상해 시장점유율은 84%에 달한다. 2012년 6월 그룹 자산 재편 이후 시 정부 공사설계 시공과 인프라 투자 사업이 회사로 편입되면서 자산 규모, 수익성 및 리스크 대응능력 등이 크게 강화되었다.

**투자 포인트**

❶ 연토지질(软土地质) 터널시공의 개척자로 TBMTunnel Boring Machine 기술에서 독보적 기업

❷ 상해 지역 대형 터널 시장점유율 75%, 경전철LRT 시장점유율 40%로 전국 15개의 성시와 싱가포르에 진출

❸ 과거 상해 지역의 매출 비중은 60%였으나 2014년 상반기 기준 상해 이외 지역의 수주는 130억 위안으로 전년 대비 150% 증가

❹ 최근 지상사업에 비해 지하사업 비중 확대로 수익성이 개선되었고 영업현금흐름이 플러스로 전환

❺ 2014년 하반기 국유기업 개혁이 중점 추진 분야로 경영혁신 개선 기대

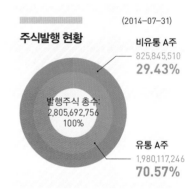

(2014-07-31)
**주식발행 현황**

비유통 A주
825,845,510
**29.43%**

발행주식 총수:
2,805,692,756
100%

유통 A주
1,980,117,246
**70.57%**

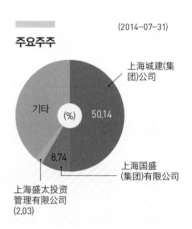

(2014-07-31)
**주요주주**

上海城建(集团)公司

기타 (%) 50.14

8.74

上海国盛(集团)有限公司

上海盛太投资管理有限公司
(2.03)

**최근 3년 주가차트**

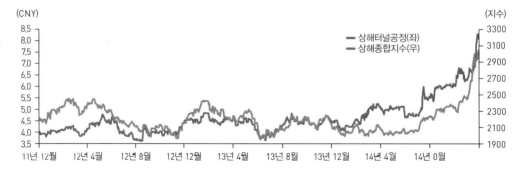

(CNY) ─ 상해터널공정(좌) ─ 상해종합지수(우) (지수)

## 매출구조

### 2013년 사업부문별 매출구조
(기준일: 2013-12-31/단위: 백만 위안)

| 매출구성 | 매출액 | | | 매출총이익률(GPM) | |
|---|---|---|---|---|---|
| | 매출 | 비중 | 전년 대비 | GPM | 전년 대비 |
| 레일, 터널, 교량 시공사업 | 21,394.8 | 91.04% | 7.37% | 10.82% | -0.15%p |
| 설계 서비스 | 1,213.8 | 5.16% | 23.38% | 30.99% | -3.65%p |
| BOT 사업 운영수입 | 336.1 | 1.43% | -8.13% | 46.3% | 4.52%p |
| 기계 가공 및 제조 | 163.2 | 0.69% | 11.19% | 10.64% | -1.19%p |
| 주력사업 외 기타 수입 | 145.9 | 0.62% | 76.03% | 54.16% | 29.57%p |
| 건축자재 판매 | 125.3 | 0.53% | 61.28% | 0.79% | -28.5%p |
| 건설장비 임대 및 기타 사업 | 120.2 | 0.51% | 193.38% | -2.26% | -3.27%p |
| 부동산 개발 | 2 | 0.01% | -99.46% | -10.43% | -36.33%p |
| 합계 | 23,501.1 | 100% | 6.88% | 12.51% | -0.38%p |

### 2012년 사업부문별 매출구조
(기준일: 2012-12-31/단위: 백만 위안)

| 매출구성 | 매출액 | | | 매출총이익률(GPM) | |
|---|---|---|---|---|---|
| | 매출 | 비중 | 전년 대비 | GPM | 전년 대비 |
| 레일, 터널, 교량 시공사업 | 19,926.1 | 90.62% | 12.03% | 10.97% | -0.21%p |
| 설계 서비스 | 983.8 | 4.47% | 6.88% | 34.64% | -5.63%p |
| BOT 사업 운영수입 | 365.8 | 1.66% | -14.99% | 41.78% | -12.35%p |
| 부동산 개발 | 365 | 1.66% | 1690.47% | 25.9% | 11.11%p |
| 기계 가공 및 제조 | 146.8 | 0.67% | -46.49% | 11.82% | 0.44%p |
| 주력사업 외 기타 수입 | 82.9 | 0.38% | -40.07% | 24.59% | -25.76%p |
| 건축자재 판매 | 77.7 | 0.35% | -4.22% | 29.29% | 104.55%p |
| 건설장비 임대 및 기타 사업 | 41 | 0.19% | 2.57% | 1.01% | 51.25%p |
| 합계 | 21,989 | 100% | 11.67% | 12.89% | -0.39%p |

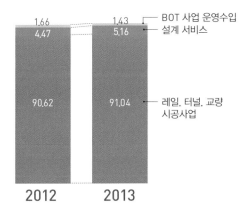

## 재무제표

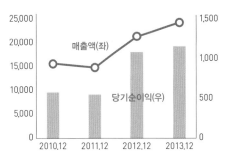

(단위: 백만 위안)

| 손익계산서 | 2013.12 | 2012.12 | 2011.12 | 2010.12 |
|---|---|---|---|---|
| 매출액 | 23,501 | 21,989 | 14,192 | 15,174 |
| 매출총이익 | 2,941 | 2,835 | 1,863 | 1,771 |
| 영업이익 | 1,365 | 1,276 | 499 | 546 |
| 세전이익 | 1,659 | 1,612 | 610 | 686 |
| 당기순이익 | 1,289 | 1,151 | 517 | 553 |

| 현금흐름표 | 2013.12 | 2012.12 | 2011.12 | 2010.12 |
|---|---|---|---|---|
| 영업활동 현금흐름 | 697 | 1,978 | 1,978 | 301 |
| 투자활동 현금흐름 | -2,590 | -1,860 | -1,682 | -2,305 |
| 재무활동 현금흐름 | 1,842 | 159 | 18 | 436 |
| 현금 순증감액 | -48 | 278 | 314 | -1,568 |
| 기말 현금 | 5,629 | 5,677 | 4,033 | 3,719 |

| 대차대조표 | 2013.12 | 2012.12 | 2011.12 | 2010.12 |
|---|---|---|---|---|
| 유동자산 | 25,259 | 21,195 | 14,626 | 12,992 |
| 비유동자산 | 31,795 | 28,165 | 7,965 | 7,123 |
| 자산총계 | 57,054 | 49,360 | 22,590 | 20,115 |
| 유동부채 | 26,350 | 24,677 | 12,302 | 10,038 |
| 비유동부채 | 18,197 | 13,535 | 5,408 | 5,615 |
| 부채총계 | 44,547 | 38,212 | 17,710 | 15,654 |
| 자본금 | 1,299 | 1,299 | 734 | 734 |
| 자본잉여금 | 5,886 | 5,465 | 1,817 | 1,817 |
| 이익잉여금 | 501 | 426 | 283 | 243 |
| 지배회사지분 | 12,425 | 11,026 | 4,844 | 4,427 |
| 소수주주지분 | 82 | 122 | 36 | 34 |
| 자본총계 | 12,507 | 11,148 | 4,880 | 4,461 |

CODE **601117.SH**

# 中国化学工程股份有限公司 중국화학공정

**중국 대형 화학공업, 석유화학 플랜트 건설 기업**

**기업개요**

상해 180지수, CSI 300(호심 300)지수 편입종목이다. 화학공업 건설 분야의 자격을 가장 많이 갖추고 있고 다각화된 사업구도를 갖춘 주요 건설 회사이다. 주요 사업은 탐사, 설계, 시공이다. 중국 대부분 지역의 대형 화학공업, 석유화학기지 건설에 참여했으며 석탄화학, 폴리실리콘 등의 신흥 전략 산업 공사건설 분야의 대표주자이다.

**투자 포인트**

❶ 중국 최대의 화학분야 공장 건설 전문업체

❷ 2006~2013년 간의 매출과 순이익 연간 성장률은 각각 25%와 39%로 고성장

❸ 최근 석탄화학 분야의 건설에 집중한 결과 2014년 상반기 신규 수주 비중 급격히 확대

❹ '12차 5개년 계획'기간 석탄화학 분야의 총투자 규모는 6000억 위안으로 향후 관련 수요 지속 예상

❺ 그러나 화학공업 시공사업 성장 둔화세가 지속되어 기업성장에 부담

**주식발행 현황** (2014-07-31)

유통 A주
4,933,000,000
**100%**

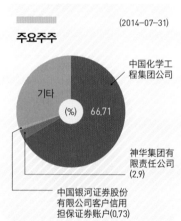

**주요주주** (2014-07-31)

中国化学工程集团公司

기타

(%) 66.71

神华集团有限责任公司 (2.9)

中国银河证券股份有限公司客户信用担保证券账户(0.73)

**최근 3년 주가차트**

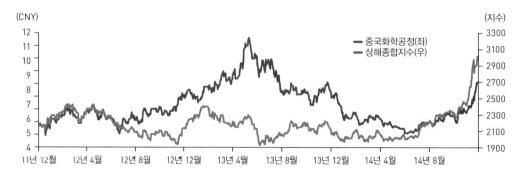

— 중국화학공정(좌)
— 상해종합지수(우)

## 매출구조

### 2013년 사업부문별 매출구조
(기준일: 2013-12-31/단위: 백만 위안)

| 매출구성 | 매출액 | | | 매출총이익률(GPM) | |
|---|---|---|---|---|---|
| | 매출 | 비중 | 전년 대비 | GPM | 전년 대비 |
| 화학, 석유화학, 석탄화학 공사 도급 | 51,711.6 | 83.77% | 15.09% | 12.62% | 0.62%p |
| 기타 | 6,010.5 | 9.74% | 9.43% | 20.16% | -1.96%p |
| 탐사/설계/서비스 | 3,738.3 | 6.06% | 11.1% | 31.89% | -7.09%p |
| 주력사업 외 기타 수입 | 267.3 | 0.43% | -20.91% | 14.29% | -2.86%p |
| 합계 | 61,727.7 | 100% | 14.04% | 14.53% | -0.2%p |

### 2012년 사업부문별 매출구조
(기준일: 2012-12-31/단위: 백만 위안)

| 매출구성 | 매출액 | | | 매출총이익률(GPM) | |
|---|---|---|---|---|---|
| | 매출 | 비중 | 전년 대비 | GPM | 전년 대비 |
| 화학, 석유화학, 석탄화학 공사 도급 | 44,931 | 83.03% | 18.55% | 13.63% | 2.33%p |
| 기타 | 5,483.1 | 10.13% | 66.72% | 28.37% | 9.77%p |
| 탐사/설계/서비스 | 3,364.8 | 6.22% | 4.82% | 63.88% | 21.49%p |
| 주력사업 외 기타 수입 | 337.9 | 0.62% | 8.95% | 20.67% | 2.88%p |
| 합계 | 54,116.7 | 100% | 21.04% | 17.27% | 3.16%p |

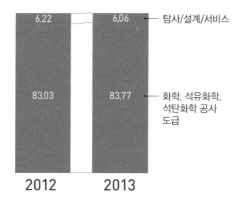

탐사/설계/서비스

화학, 석유화학, 석탄화학 공사 도급

## 재무제표

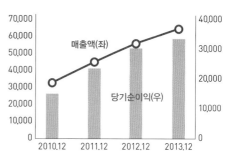

매출액(좌)

당기순이익(우)

(단위: 백만 위안)

| 손익계산서 | 2013.12 | 2012.12 | 2011.12 | 2010.12 |
|---|---|---|---|---|
| 매출액 | 61,728 | 54,117 | 43,538 | 32,583 |
| 매출총이익 | 8,968 | 7,971 | 6,222 | 4,708 |
| 영업이익 | 4,124 | 3,805 | 3,034 | 2,156 |
| 세전이익 | 4,213 | 3,882 | 3,098 | 2,174 |
| 당기순이익 | 3,358 | 3,084 | 2,376 | 1,659 |

| 현금흐름표 | 2013.12 | 2012.12 | 2011.12 | 2010.12 |
|---|---|---|---|---|
| 영업활동 현금흐름 | 2,069 | 2,995 | 4,122 | 2,899 |
| 투자활동 현금흐름 | -4,694 | -1,913 | -1,340 | -1,152 |
| 재무활동 현금흐름 | 219 | 430 | -515 | -382 |
| 현금 순증감액 | -2,426 | 1,525 | 2,231 | 1,320 |
| 기말 현금 | 15,587 | 18,013 | 16,359 | 14,002 |

| 대차대조표 | 2013.12 | 2012.12 | 2011.12 | 2010.12 |
|---|---|---|---|---|
| 유동자산 | 60,668 | 49,374 | 37,424 | 27,214 |
| 비유동자산 | 10,781 | 9,677 | 8,233 | 7,047 |
| 자산총계 | 71,449 | 59,051 | 45,656 | 34,262 |
| 유동부채 | 46,927 | 38,272 | 28,434 | 19,042 |
| 비유동부채 | 1,971 | 1,586 | 1,491 | 1,799 |
| 부채총계 | 48,899 | 39,858 | 29,925 | 20,841 |
| 자본금 | 4,933 | 4,933 | 4,933 | 4,933 |
| 자본잉여금 | 5,450 | 5,364 | 5,307 | 5,272 |
| 이익잉여금 | 212 | 116 | 54 | 21 |
| 지배회사지분 | 21,056 | 17,986 | 15,227 | 13,021 |
| 소수주주지분 | 1,494 | 1,208 | 505 | 400 |
| 자본총계 | 22,550 | 19,194 | 15,731 | 13,421 |

CODE **601006.SH**

# 大秦铁路股份有限公司 대진철도

## CRC 산하 기업으로 중국 최대의 철도운송 기업

**기업개요**

상해 180지수, CSI 300(호심 300)지수 편입종목이다. 주력사업은 석탄운송 위주의 종합 철도운송이다. 중국 최초로 전기화 대적재량 석탄전용 철도노선인 '따통–친황다오' 노선을 소유하고 있고 국가 적 전략사업인 '서매동운(西煤東運, 서부 지역의 석탄을 동부지역으 로 수송)' 프로젝트에 참여한 철도운송 기업 중 규모가 가장 크다. 주 로 산시(山西) 북부와 네이멍구 서부 지역의 석탄 및 화력발전용 동 력탄을 운송한다. 중국 국내 5대 전력 기업과 380곳의 주요 발전소 에 석탄을 공급하고 있다.

주식발행 현황 (2014-07-31)

유통 A주
14,866,791,491
**100%**

**투자 포인트**

❶ 중국철도총공사(기존 철도부)의 자회사로 보유한 주요 철도노선 을 통한 석탄화물 운송 전문업체

❷ 산시, 샨시, 내몽고 등 지역의 석탄을 철도를 통해 5대 화력발전 그룹과 10대 철강회사 등에 제공

❸ 철도노선 중 핵심 노선인 '따친선(大秦线)'의 석탄 운송량은 전국 의 25% 이상

❹ 2014년 2월 철도화물 운임 인상 결정으로 보유 노선들도 점차 가격 인상 예정

❺ 2014년 6월 말 기준 부채비율은 24%로 전년 대비 4.2%p 하락, 재무구조의 개선으로 재무비용 감소 예상

❻ 중국 철도 산업에 대한 개혁과 운임 자유화는 기업 성장의 모멘 텀으로 운임 인상은 중요한 펀더멘탈 개선 요인

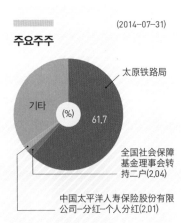

주요주주 (2014-07-31)

太原铁路局
(%) 61.7

기타

全国社会保障
基金理事会转
持二户(2.04)

中国太平洋人寿保险股份有限
公司−分红−个人分红(2.01)

**최근 3년 주가차트**

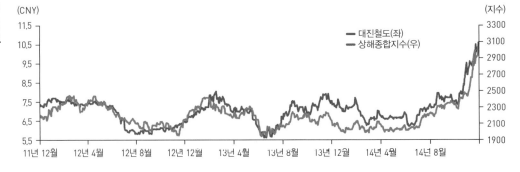

— 대진철도(좌)
— 상해종합지수(우)

## 매출구조

### 2013년 사업부문별 매출구조

(기준일: 2013-12-31/단위: 백만 위안)

| 매출구성 | 매출액 | | | 매출총이익률(GPM) | |
|---|---|---|---|---|---|
| | 매출 | 비중 | 전년 대비 | GPM | 전년 대비 |
| 철도운송업 | 49,348.2 | 96.12% | 10.65% | 38.21% | -1.12%p |
| 주력사업 외 기타 수입 | 1,994.6 | 3.88% | 24.52% | 9.05% | -2.34%p |
| 합계 | 51,342.7 | 100% | 11.13% | 37.08% | -1.28%p |

### 2012년 사업부문별 매출구조

(기준일: 2012-12-31/단위: 백만 위안)

| 매출구성 | 매출액 | | | 매출총이익률(GPM) | |
|---|---|---|---|---|---|
| | 매출 | 비중 | 전년 대비 | GPM | 전년 대비 |
| 철도운송업 | 44,598.7 | 97.03% | 2.05% | 39.33% | -2.69%p |
| 주력사업 외 기타 수입 | 1,363.8 | 2.97% | 4.55% | 7.51% | -9.71%p |
| 합계 | 45,962.4 | 100% | 2.12% | 38.38% | -2.91%p |

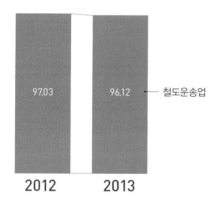

## 재무제표

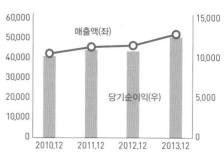

(단위: 백만 위안)

| 손익계산서 | 2013.12 | 2012.12 | 2011.12 | 2010.12 |
|---|---|---|---|---|
| 매출액 | 51,343 | 45,962 | 45,007 | 42,014 |
| 매출총이익 | 19,036 | 17,642 | 18,587 | 17,795 |
| 영업이익 | 16,194 | 14,784 | 15,369 | 13,720 |
| 세전이익 | 16,071 | 14,701 | 15,247 | 13,686 |
| 당기순이익 | 12,692 | 11,503 | 11,699 | 10,411 |

| 현금흐름표 | 2013.12 | 2012.12 | 2011.12 | 2010.12 |
|---|---|---|---|---|
| 영업활동 현금흐름 | 14,760 | 12,916 | 15,108 | 16,916 |
| 투자활동 현금흐름 | -3,498 | -2,643 | -5,574 | -35,949 |
| 재무활동 현금흐름 | -10,314 | -7,198 | -15,008 | 20,095 |
| 현금 순증감액 | 948 | 3,075 | -5,474 | 1,062 |
| 기말 현금 | 8,785 | 7,754 | 4,679 | 10,153 |

| 대차대조표 | 2013.12 | 2012.12 | 2011.12 | 2010.12 |
|---|---|---|---|---|
| 유동자산 | 14,594 | 13,509 | 8,996 | 14,254 |
| 비유동자산 | 89,361 | 86,878 | 85,125 | 85,892 |
| 자산총계 | 103,955 | 100,388 | 94,121 | 100,146 |
| 유동부채 | 19,649 | 16,335 | 18,617 | 29,228 |
| 비유동부채 | 7,038 | 13,705 | 12,666 | 14,576 |
| 부채총계 | 26,687 | 30,041 | 31,284 | 43,805 |
| 자본금 | 14,867 | 14,867 | 14,867 | 14,867 |
| 자본잉여금 | 24,888 | 24,904 | 23,250 | 23,250 |
| 이익잉여금 | 7,671 | 6,401 | 5,251 | 4,082 |
| 지배회사지분 | 77,073 | 70,188 | 62,829 | 56,334 |
| 소수주주지분 | 195 | 158 | 8 | 8 |
| 자본총계 | 77,268 | 70,347 | 62,837 | 56,342 |

CODE **600018.SH** ······························

# 上海国际港务(集团)股份有限公司
## 상해항만그룹

중국 최대 항만 운영사로 화물물동량 세계 1위 기업

······························

**기업개요**

상해 180지수, CSI 300(호심 300)지수 편입종목이다. 주력사업은 컨테이너 및 벌크화물 하역사업과 항만 서비스 및 항만 물류사업이다. 중국 최대의 항만운영그룹사로 대양산과 소양산을 비롯한 상해의 모든 부두사업을 책임지고 있다. 회사는 황금수로와 황금해안의 교차점에 위치해 있어 지리적 우위가 높고 컨테이너 물동량 기준으로 세계 2위, 화물물동량 기준으로는 세계 1위이다.

**투자 포인트**

❶ 세계 최대의 항만을 보유하고 있는 그룹사로 상해에 위치

❷ 주력사업은 컨테이너 운송

❸ 2013년 물동량은 3362만 TEU, 미국, 유럽, 홍콩 등 해외 취항 노선은 300여 개

❹ 상해자유무역구 추진에 따른 수혜기업

❺ 풍부한 자금력과 배당 상황이 양호

❻ 사업 확장 기대에 따른 펀더멘탈 개선과 밸류에이션 상승 여력으로 주목받고 있는 기업

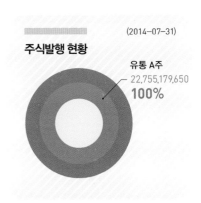

(2014-07-31)

**주식발행 현황**

유통 A주
22,755,179,650
**100%**

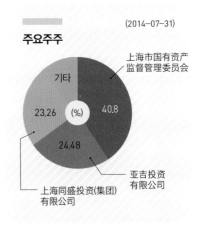

(2014-07-31)

**주요주주**

上海市国有资产监督管理委员会 40.8

기타 23.26

(%)

亚吉投资有限公司 24.48

上海同盛投资(集团)有限公司

**최근 3년 주가차트**

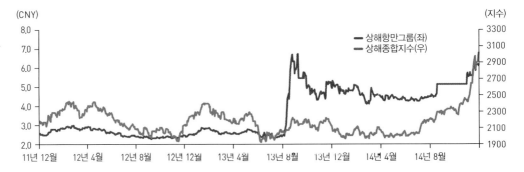

— 상해항만그룹(좌)
— 상해종합지수(우)

## 매출구조

### 2013년 사업부문별 매출구조

(기준일: 2013-12-31/단위: 백만 위안)

| 매출구성 | 매출액 | | | 매출총이익률(GPM) | |
|---|---|---|---|---|---|
| | 매출 | 비중 | 전년 대비 | GPM | 전년 대비 |
| 항만물류 서비스 | 13,741.2 | 48.79% | -1.59% | 6% | 0.75%p |
| 컨테이너 하역 | 10,608.7 | 37.67% | 5.33% | 53.45% | -1.52%p |
| 항만 서비스 (정박, 화물정리, 창고저장, 포워딩 등) | 2,999.4 | 10.65% | -38.43% | 34.97% | 10.28%p |
| 벌크화물 하역 | 2,505.1 | 8.9% | 2.71% | 25.78% | -3.59%p |
| 주력사업 외 기타 수입 | 760.7 | 2.7% | 13.97% | | |
| 기타 | 756.5 | 2.69% | 178.86% | 27.66% | 12.83%p |
| 사업부문 간 매출조정 | -3,209.2 | -11.4% | | | |
| 합계 | 28,162.3 | 100% | -0.77% | 33.66% | 1.59%p |

### 2012년 사업부문별 매출구조

(기준일: 2012-12-31/단위: 백만 위안)

| 매출구성 | 매출액 | | | 매출총이익률(GPM) | |
|---|---|---|---|---|---|
| | 매출 | 비중 | 전년 대비 | GPM | 전년 대비 |
| 항만물류 서비스 | 13,963.7 | 49.2% | 225.77% | 5.25% | -15.22%p |
| 컨테이너 하역 | 10,071.7 | 35.49% | -3.18% | 54.96% | -5.24%p |
| 항만 서비스 (정박, 화물정리, 창고저장, 포워딩 등) | 4,871.5 | 17.16% | -1.24% | 24.69% | -0.62%p |
| 벌크화물 하역 | 2,439.1 | 8.59% | 1.42% | 29.36% | 0.31%p |
| 주력사업 외 기타 수입 | 667.5 | 2.35% | 9.23% | | |
| 기타 | 271.3 | 0.96% | -32.74% | 14.84% | -8.32%p |
| 사업부문 간 매출조정 | -3,903.8 | -13.75% | 209.23% | -11.57% | 20.29%p |
| 합계 | 28,381 | 100% | 30.31% | 32.07% | -13.83%p |

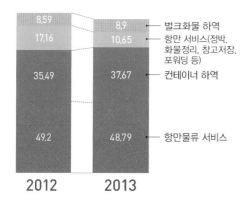

2012: 8.59 / 17.16 / 35.49 / 49.2
2013: 8.9 / 10.65 / 37.67 / 48.79

- 벌크화물 하역
- 항만 서비스(정박, 화물정리, 창고저장, 포워딩 등)
- 컨테이너 하역
- 항만물류 서비스

### 재무제표

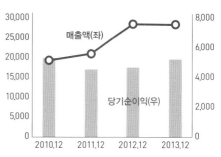

매출액(좌)
당기순이익(우)

2010.12　2011.12　2012.12　2013.12

(단위: 백만 위안)

| 손익계산서 | 2013.12 | 2012.12 | 2011.12 | 2010.12 |
|---|---|---|---|---|
| 매출액 | 28,162 | 28,381 | 21,779 | 19,105 |
| 매출총이익 | 9,479 | 9,102 | 9,998 | 9,031 |
| 영업이익 | 7,148 | 6,557 | 7,032 | 6,631 |
| 세전이익 | 7,821 | 7,188 | 7,259 | 7,902 |
| 당기순이익 | 5,256 | 4,969 | 4,724 | 5,417 |

| 현금흐름표 | 2013.12 | 2012.12 | 2011.12 | 2010.12 |
|---|---|---|---|---|
| 영업활동 현금흐름 | 8,613 | 6,542 | 7,236 | 8,219 |
| 투자활동 현금흐름 | -7,913 | -4,230 | -1,381 | -4,073 |
| 재무활동 현금흐름 | -4,258 | -3,257 | -2,803 | -3,982 |
| 현금 순증감액 | -3,576 | -949 | 3,030 | 151 |
| 기말 현금 | 5,401 | 8,977 | 9,926 | 6,896 |

| 대차대조표 | 2013.12 | 2012.12 | 2011.12 | 2010.12 |
|---|---|---|---|---|
| 유동자산 | 18,789 | 18,905 | 17,511 | 22,554 |
| 비유동자산 | 69,822 | 68,198 | 65,747 | 43,340 |
| 자산총계 | 88,612 | 87,103 | 83,258 | 65,895 |
| 유동부채 | 20,722 | 16,165 | 15,505 | 19,512 |
| 비유동부채 | 12,041 | 17,350 | 16,409 | 4,921 |
| 부채총계 | 32,763 | 33,514 | 31,914 | 24,434 |
| 자본금 | 22,755 | 22,755 | 22,755 | 20,991 |
| 자본잉여금 | 7,612 | 7,663 | 7,517 | 1,594 |
| 이익잉여금 | 3,437 | 2,900 | 2,227 | 1,798 |
| 지배회사지분 | 49,820 | 47,736 | 45,329 | 35,378 |
| 소수주주지분 | 6,029 | 5,853 | 6,015 | 6,083 |
| 자본총계 | 55,848 | 53,589 | 51,344 | 41,461 |

CODE 601106.SH .......................................................

# 中国第一重型机械股份公司 제일대형장비

## 중국 내 최대 대형 장비 제조기업

**기업개요**
상해 380지수 편입종목이다. 대형 장비 전문 제조기업으로 제련, 전력, 에너지, 교통운수, 광산, 석유화학, 국방시설 등에 장비 및 기술 서비스를 제공하고 있다. 중국 최대 대형 장비 제조기업이며 제조기술이 가장 높은 기업 중의 하나이다. 쇳물의 일회 최대 생산량은 700톤, 강괴는 600톤, 주물은 500톤, 단조물은 400톤이다.

**투자 포인트**
❶ 중국 최대의 대형 기계설비 제조업체

❷ 주력제품은 종합제련설비, 중형 석유화학 압력용기, 원자력설비, 대형 전력설비

❸ 현재 원전설비의 매출 비중은 10%지만 중국 시장에서의 원자력 단조물, 원자로 압력용기 공급점유율은 각각 90%, 80%로 향후 중국 원전개발 재개 시 수혜 예상

❹ 중국은 2015년까지 원전건설 목표는 운영 40GW, 건설 18GW로 향후 2년간 원전 건설에 4000억 위안의 약 50%가 설비 구매에 집행될 예정

❺ 2008년부터 제련장비 사업은 실적 둔화를 보이고 있지만 중국 시장점유율 80%를 차지하는 석유화학 분야. 대형 압력용기 사업부문은 안정 성장세 유지

❻ 원전설비 사업부문은 원전건설 재개로 향후 성장 견인사업

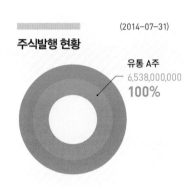

(2014-07-31)

**주식발행 현황**

유통 A주
6,538,000,000
**100%**

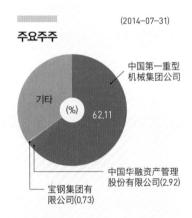

(2014-07-31)

**주요주주**

中国第一重型机械集团公司

기타

(%) 62.11

中国华融资产管理股份有限公司(2.92)

宝钢集团有限公司(0.73)

**최근 3년 주가차트**

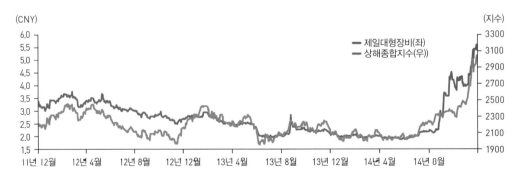

— 제일대형장비(좌)
— 상해종합지수(우))

## 매출구조

### 2013년 사업부문별 매출구조
(기준일: 2013-12-31/단위: 백만 위안)

| 매출구성 | 매출액 | | | 매출총이익률(GPM) | |
|---|---|---|---|---|---|
| | 매출 | 비중 | 전년 대비 | GPM | 전년 대비 |
| 제련설비 제조 | 3,250.6 | 38.84% | 42.83% | 4.79% | -0.97%p |
| 대형 압력용기 제조 | 1,576.6 | 18.84% | -48.25% | 28.09% | -1.97%p |
| 대형 제단설비 제조 | 1,091.7 | 13.04% | 14.85% | 6.01% | -0.54%p |
| 기타 기계 제조 | 1,010.3 | 12.07% | 36.13% | 21.89% | -5.86%p |
| 원전설비 제조 | 868.7 | 10.38% | 57.99% | 30.2% | -0.07%p |
| 광산설비 제조 | 302.4 | 3.61% | 9.69% | 26.08% | 2.83%p |
| 프레싱 설비 제조 | 268.5 | 3.21% | -43.79% | 2.64% | 1.8%p |
| 합계 | 8,368.8 | 100% | 0.6% | 14.74% | -3.89%p |

### 2012년 사업부문별 매출구조
(기준일: 2012-12-31/단위: 백만 위안)

| 매출구성 | 매출액 | | | 매출총이익률(GPM) | |
|---|---|---|---|---|---|
| | 매출 | 비중 | 전년 대비 | GPM | 전년 대비 |
| 대형 압력용기 제조 | 3,046.8 | 36.63% | 17.37% | 30.06% | 0.51%p |
| 제련설비 제조 | 2,275.8 | 27.36% | -2.89% | 5.75% | -3.37%p |
| 대형 제단설비 제조 | 950.5 | 11.43% | -34.37% | 6.55% | -17.99%p |
| 기타 기계 제조 | 742.2 | 8.92% | -11.83% | 27.76% | 4.83%p |
| 원전설비 제조 | 549.9 | 6.61% | -54.26% | 30.27% | -8.71%p |
| 프레싱 설비 제조 | 477.7 | 5.74% | 71.83% | 0.84% | 0.42%p |
| 광산설비 제조 | 275.7 | 3.31% | 598.2% | 23.25% | 22.56%p |
| 합계 | 8,318.5 | 100% | -4.92% | 18.63% | -4.22%p |

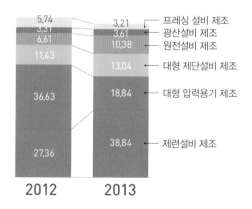

| 2012 | 2013 | |
|---|---|---|
| 5.74 | 3.21 | 프레싱 설비 제조 |
| 3.31 | 3.61 | 광산설비 제조 |
| 6.61 | 10.38 | 원전설비 제조 |
| 11.43 | 13.04 | 대형 제단설비 제조 |
| 36.63 | 18.84 | 대형 압력용기 제조 |
| 27.36 | 38.84 | 제련설비 제조 |

## 재무제표

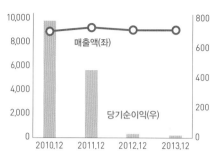

매출액(좌)
당기순이익(우)

(단위: 백만 위안)

| 손익계산서 | 2013.12 | 2012.12 | 2011.12 | 2010.12 |
|---|---|---|---|---|
| 매출액 | 8,369 | 8,319 | 8,749 | 8,591 |
| 매출총이익 | 1,234 | 1,550 | 1,999 | 2,238 |
| 영업이익 | 29 | -220 | 316 | 634 |
| 세전이익 | 156 | 82 | 528 | 1,147 |
| 당기순이익 | 17 | 29 | 423 | 790 |

| 현금흐름표 | 2013.12 | 2012.12 | 2011.12 | 2010.12 |
|---|---|---|---|---|
| 영업활동 현금흐름 | 1,485 | -1,874 | -1,644 | -1,707 |
| 투자활동 현금흐름 | 580 | 771 | -2,334 | -865 |
| 재무활동 현금흐름 | -1,257 | 2,047 | 3,279 | 3,842 |
| 현금 순증감액 | 803 | 951 | -711 | 1,260 |
| 기말 현금 | 4,537 | 3,735 | 2,784 | 3,494 |

| 대차대조표 | 2013.12 | 2012.12 | 2011.12 | 2010.12 |
|---|---|---|---|---|
| 유동자산 | 25,224 | 26,216 | 24,329 | 19,129 |
| 비유동자산 | 10,474 | 9,970 | 9,841 | 9,000 |
| 자산총계 | 35,698 | 36,186 | 34,170 | 28,129 |
| 유동부채 | 11,774 | 12,780 | 13,630 | 10,346 |
| 비유동부채 | 7,000 | 6,474 | 3,630 | 1,216 |
| 부채총계 | 18,774 | 19,253 | 17,260 | 11,561 |
| 자본금 | 6,538 | 6,538 | 6,538 | 6,538 |
| 자본잉여금 | 8,415 | 8,415 | 8,415 | 8,415 |
| 이익잉여금 | 126 | 126 | 126 | 115 |
| 지배회사지분 | 16,713 | 16,708 | 16,715 | 16,428 |
| 소수주주지분 | 211 | 225 | 196 | 140 |
| 자본총계 | 16,924 | 16,933 | 16,911 | 16,568 |

CODE 600765.SH

# 中航重机股份有限公司 중항중장비

## 제약, 석유, 화학공업, 군수산업 시장점유율 각 1위 기업

**기업개요**

상해 180지수 편입종목이다. 유압 펌프 및 모터의 전문생산과 자가용 차량용 원형 등속 조인트 제조사로 중국 항공장비 제조업의 선두기업이자 신재생에너지 산업 1위 기업이다. 회사는 항공단조물, 유압부품, 라디에이터 분야에서 국내 선두이자, 신재생에너지 영역에서도 매우 큰 영향력을 가지고 있다.

**투자 포인트**

❶ 중국 최대의 항공기 생산업체인 항공공업그룹AVI China 산하의 항공 분야 단조장비 생산 전문업체

❷ 현재 항공 분야 단조제품의 군수용 비중은 80%로 최근 3D 프린트, 지능장비 시장에도 진출

❸ 항공 단조사업은 항공기 구조물, 엔진 디스크, 프로펠러 제품이 주력으로 제품의 대형화와 다양화를 통해 지속 성장 가능

❹ 독보적인 2만 톤급 항온단조공법 기술개발로 80%의 항공단조제품 생산이 가능해져 수주 확대로 인한 수익 개선 기대

❺ 모그룹(비상장)인 중국항공공업그룹은 주로 군·민용 항공기와 이와 관련된 엔진, 기체 장비, 무기의 화력 통제 시스템과 각종 민수용 제품을 생산하는 회사로 그룹 자산 재편에 따른 관련 사업부문 이관 가능성 상존에 따른 수혜 예상

❻ 부가가치가 높은 사업 비중 확대로 견조한 실적 성장 예상

**주식발행 현황** (2014-07-31)

유통 A주
778,003,200
**100%**

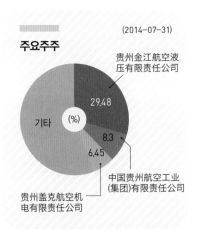

**주요주주** (2014-07-31)

贵州金江航空液压有限责任公司 29.48
기타 (%)
8.3
6.45
中国贵州航空工业(集团)有限责任公司
贵州盖克航空机电有限责任公司

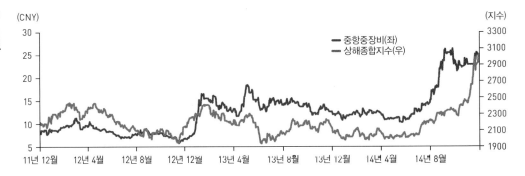

**최근 3년 주가차트**

중항중장비(좌)
상해종합지수(우)

11년 12월  12년 4월  12년 8월  12년 12월  13년 4월  13년 8월  13년 12월  14년 4월  14년 8월

## 매출구조

### 2013년 사업부문별 매출구조
(기준일: 2013-12-31/단위: 백만 위안)

| 매출구성 | 매출액 | | | 매출총이익률(GPM) | |
|---|---|---|---|---|---|
| | 매출 | 비중 | 전년 대비 | GPM | 전년 대비 |
| 항공단조물 제조 | 2,999.7 | 46.97% | 5.88% | 21.38% | -0.79%p |
| 단조자재 판매 | 1,287 | 20.15% | 159.63% | 4.79% | -1.35%p |
| 유압제품 제조 | 605 | 9.48% | 1.38% | 23.46% | 2.44%p |
| 가스터빈 제조 | 479.1 | 7.5% | -14.26% | 18.2% | -2.08%p |
| 라디에이터 제조 | 430.6 | 6.74% | 6.55% | 23.74% | -1.31%p |
| 금속재료 판매 | 391.3 | 6.13% | 11.6% | 8.58% | -0.91%p |
| 주력사업 외 기타 수입 | 107.7 | 1.69% | 21.26% | 38.21% | 14.16%p |
| 신재생에너지설비 | 85 | 1.33% | 94.68% | 47.25% | 22.1%p |
| 합계 | 6,385.9 | 100% | 18.87% | 18% | -1.81%p |

### 2012년 사업부문별 매출구조
(기준일: 2012-12-31/단위: 백만 위안)

| 매출구성 | 매출액 | | | 매출총이익률(GPM) | |
|---|---|---|---|---|---|
| | 매출 | 비중 | 전년 대비 | GPM | 전년 대비 |
| 항공단조물 제조 | 2,833.1 | 52.74% | 3.67% | 22.16% | -3.27%p |
| 유압제품 제조 | 597.2 | 11.12% | -7.4% | 21.02% | -1.02%p |
| 가스터빈 제조 | 558.7 | 10.4% | 37.54% | 20.29% | 1.55%p |
| 단조자재 판매 | 495.7 | 9.23% | -19.78% | 6.14% | -0.37%p |
| 라디에이터 제조 | 404.2 | 7.52% | -6.22% | 25.05% | 3.77%p |
| 금속재료 판매 | 350.7 | 6.53% | 6.37% | 9.49% | 3.8%p |
| 주력사업 외 기타 수입 | 88.8 | 1.65% | -63.51% | | |
| 신재생에너지설비 | 43.7 | 0.81% | -45.01% | 25.15% | 16.15%p |
| 합계 | 5,372 | 100% | -2.07% | 19.81% | -0.44%p |

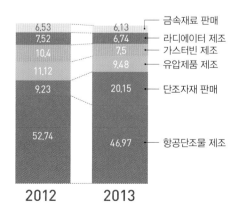

2012 2013

금속재료 판매 / 라디에이터 제조 / 가스터빈 제조 / 유압제품 제조 / 단조자재 판매 / 항공단조물 제조

## 재무제표

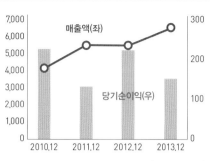

매출액(좌)
당기순이익(우)

2010.12  2011.12  2012.12  2013.12

(단위: 백만 위안)

| 손익계산서 | 2013.12 | 2012.12 | 2011.12 | 2010.12 |
|---|---|---|---|---|
| 매출액 | 6,386 | 5,372 | 5,485 | 4,191 |
| 매출총이익 | 1,149 | 1,064 | 1,110 | 1,013 |
| 영업이익 | 158 | 352 | 169 | 301 |
| 세전이익 | 192 | 388 | 202 | 317 |
| 당기순이익 | 153 | 213 | 146 | 230 |

| 현금흐름표 | 2013.12 | 2012.12 | 2011.12 | 2010.12 |
|---|---|---|---|---|
| 영업활동 현금흐름 | 208 | -126 | -399 | 32 |
| 투자활동 현금흐름 | -1,044 | -330 | -527 | -416 |
| 재무활동 현금흐름 | 352 | 369 | 578 | 858 |
| 현금 순증감액 | -485 | -87 | -348 | 473 |
| 기말 현금 | 1,021 | 1,506 | 1,593 | 1,941 |

| 대차대조표 | 2013.12 | 2012.12 | 2011.12 | 2010.12 |
|---|---|---|---|---|
| 유동자산 | 7,551 | 7,176 | 6,845 | 5,470 |
| 비유동자산 | 4,577 | 3,585 | 2,806 | 2,422 |
| 자산총계 | 12,129 | 10,760 | 9,650 | 7,892 |
| 유동부채 | 5,401 | 4,671 | 5,096 | 3,850 |
| 비유동부채 | 2,457 | 1,982 | 701 | 643 |
| 부채총계 | 7,857 | 6,653 | 5,797 | 4,492 |
| 자본금 | 778 | 778 | 778 | 778 |
| 자본잉여금 | 1,252 | 1,245 | 1,224 | 1,104 |
| 이익잉여금 | 96 | 88 | 79 | 72 |
| 지배회사지분 | 3,354 | 3,215 | 2,996 | 2,760 |
| 소수주주지분 | 917 | 893 | 858 | 640 |
| 자본총계 | 4,271 | 4,108 | 3,853 | 3,400 |

**CODE 600835.SH / 900925.SH**

# 上海机电股份有限公司 상해전기기계

상해전기그룹 산하 엘리베이터, 인쇄포장설비 및 오프셋인쇄기 분야 중국 1등 기업

**기업개요**

상해 380지수 편입종목이자, A/B주 동시상장 기업이다. 중국 대형 전기제품 및 설비 제조업체로 모회사인 상해전기(601927.SH/2727. HK)는 중국 최대의 장비 제조그룹이다. 현재 엘리베이터, 냉동에어컨 설비, 인쇄포장기계, 공사기계, 용접기계, 인조판기계, 인조판 판재, 액압기계, 전동기, 자동차 부품 등의 9개 사업부문과 미국, 일본, 프랑스 등의 글로벌 기업과 12개의 합자기업을 운영하고 있다. 일본 미쯔비시사와 합자 설립한 미쯔비시엘리베이터는 중국 최대의 엘리베이터 제조기업으로 중국 시장점유율은 20%이며 이 합자사의 지분 65%를 보유하고 있다. 인쇄포장설비는 중국 시장점유율 37%로 중국 1위, 이 중 오프셋인쇄기의 시장점유율은 70% 이상이다.

**투자
포인트**

❶ 중국 최대의 장비 제조그룹인 상해전기(601927.SH/2727.HK)의 자회사로 엘리베이터 생산 전문업체
❷ 최근 적자사업인 인쇄장비 사업을 분리하는 대신 '엘리베이터+지능장비+지분투자'로 사업 방향을 전환
❸ 2014년 상반기 엘레베이터 매출은 11% 증가, 매출총이익률은 1.2%p 상승한 22.4%로 앞으로는 유지보수 분야가 성장 견인
❹ 지능장비 분야는 일본 나브테스코와의 협력으로 감속기 사업에 신규 진출하였으며 모그룹에서 보유한 산업용 로봇을 생산하는 상해 FANUC가 국유기업 개혁 과정에서 주입될 가능성이 있음
❺ 엘리베이터와 고급장비 사업에 주력하면서 펀더멘탈의 개선과 밸류에이션 상승 기대

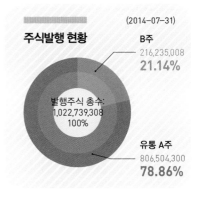

**주식발행 현황** (2014-07-31)

B주
216,235,008
**21.14%**

발행주식 총수:
1,022,739,308
100%

유통 A주
806,504,300
**78.86%**

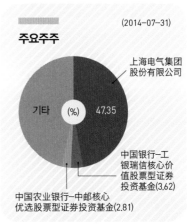

**주요주주** (2014-07-31)

上海电气集团
股份有限公司

기타  (%)  47.35

中国银行-工
银瑞信核心价
值股票型证券
投资基金(3.62)

中国农业银行-中邮核心
优选股票型证券投资基金(2.81)

**최근 3년
주가차트**

— 상해전기기계(좌)
— 상해종합지수(우)

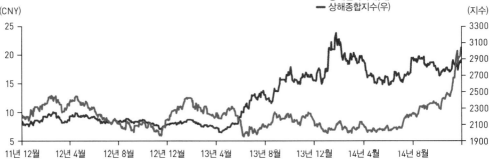

(CNY) / (지수)

## 매출구조

### 2013년 사업부문별 매출구조
(기준일: 2013-12-31/단위: 백만 위안)

| 매출구성 | 매출액 | | | 매출총이익률(GPM) | |
|---|---|---|---|---|---|
| | 매출 | 비중 | 전년 대비 | GPM | 전년 대비 |
| 엘리베이터 제조 | 16,229.1 | 81.52% | 28.52% | 23.16% | 1.28%p |
| 인쇄포장 기계 제조 | 2,253.6 | 11.32% | -36.61% | 15.96% | -0.41%p |
| 유압설비 제조 | 729.4 | 3.66% | -17.21% | 4.46% | 0.47%p |
| 주력사업 외 기타 수입 | 325 | 1.63% | 40.02% | 12.82% | -4.48%p |
| 용접자재 제조 | 209 | 1.05% | -35.32% | 11% | 4.05%p |
| 에너지 절약 시공 서비스 | 134.5 | 0.68% | 8.54% | 6.48% | 2.11%p |
| 동력전달장치 제조 | 26.5 | 0.13% | | 45.24% | |
| 합계 | 19,907.1 | 100% | 12.2% | 21.28% | 1.85%p |

### 2012년 사업부문별 매출구조
(기준일: 2012-12-31/단위: 백만 위안)

| 매출구성 | 매출액 | | | 매출총이익률(GPM) | |
|---|---|---|---|---|---|
| | 매출 | 비중 | 전년 대비 | GPM | 전년 대비 |
| 엘리베이터 제조 | 12,627.8 | 71.17% | 11.87% | 21.88% | 0.89%p |
| 인쇄포장 기계 제조 | 3,555.4 | 20.04% | -16.32% | 16.36% | 0.52%p |
| 유압설비 제조 | 881 | 4.97% | 37.74% | 3.99% | -2.2%p |
| 용접자재 제조 | 323.1 | 1.82% | -28.81% | 6.95% | 1.24%p |
| 주력사업 외 기타 수입 | 232.1 | 1.31% | -10.68% | 17.3% | -6.48%p |
| 에너지 절약 시공 서비스 | 123.9 | 0.7% | | 4.37% | |
| 합계 | 17,743.3 | 100% | -0.78% | 19.43% | 0.69%p |

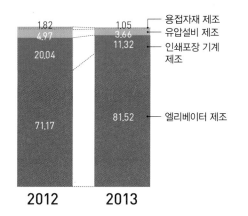

용접자재 제조
유압설비 제조
인쇄포장 기계 제조
엘리베이터 제조

2012년: 1.82 / 4.97 / 20.04 / 71.17
2013년: 1.05 / 3.66 / 11.32 / 81.52

---

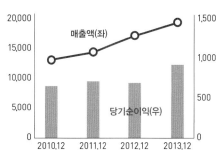

재무제표

매출액(좌), 당기순이익(우)
2010.12 / 2011.12 / 2012.12 / 2013.12

(단위: 백만 위안)

| 손익계산서 | 2013.12 | 2012.12 | 2011.12 | 2010.12 |
|---|---|---|---|---|
| 매출액 | 19,907 | 17,743 | 14,502 | 13,260 |
| 매출총이익 | 4,236 | 3,448 | 2,848 | 2,560 |
| 영업이익 | 1,727 | 1,500 | 1,279 | 1,127 |
| 세전이익 | 2,082 | 1,679 | 1,352 | 1,248 |
| 당기순이익 | 944 | 703 | 711 | 666 |

| 현금흐름표 | 2013.12 | 2012.12 | 2011.12 | 2010.12 |
|---|---|---|---|---|
| 영업활동 현금흐름 | 1,759 | 3,120 | 1,542 | 1,787 |
| 투자활동 현금흐름 | -39 | -539 | -40 | 38 |
| 재무활동 현금흐름 | -2,356 | 612 | -401 | -709 |
| 현금 순증감액 | -655 | 3,194 | 1,097 | 1,114 |
| 기말 현금 | 10,634 | 11,289 | 7,567 | 6,470 |

| 대차대조표 | 2013.12 | 2012.12 | 2011.12 | 2010.12 |
|---|---|---|---|---|
| 유동자산 | 22,227 | 20,933 | 14,522 | 11,649 |
| 비유동자산 | 4,894 | 4,811 | 3,389 | 3,539 |
| 자산총계 | 27,120 | 25,744 | 17,910 | 15,188 |
| 유동부채 | 18,272 | 16,314 | 10,038 | 7,684 |
| 비유동부채 | 782 | 2,299 | 47 | 110 |
| 부채총계 | 19,054 | 18,613 | 10,084 | 7,793 |
| 자본금 | 1,023 | 1,023 | 1,023 | 1,023 |
| 자본잉여금 | 1,662 | 1,598 | 1,476 | 1,471 |
| 이익잉여금 | 1,321 | 1,306 | 1,235 | 1,158 |
| 지배회사지분 | 5,754 | 5,105 | 5,934 | 5,487 |
| 소수주주지분 | 2,312 | 2,026 | 1,892 | 1,907 |
| 자본총계 | 8,067 | 7,130 | 7,826 | 7,394 |

高속철도 일대일로

CODE **600761.SH**

# 安徽合力股份有限公司 안휘합력

## 중국 지게차 1등 기업

**기업개요**

상해 380지수 편입종목이다. 지게차, 산업용 기기, 광산용 기중기와 부품, 주조물, 열처리 부품을 제조하고 판매하는 기업이다. 중국 내 지게차 제조기업 중 최대 규모와 최대 효율을 자랑하며 전국적으로 지게차 생산, 연구개발, 수출, 시장점유율 등 모든 분야에서 업계 선두를 달리고 있다.

**투자 포인트**

❶ 중국 내 대표적인 지게차 생산기업으로 '합력(合力)' 브랜드로 유명하며 시장점유율은 25% 내외

❷ 500여 개 시리즈와 1700여 개 타입의 제품에 대한 특허권 보유 외에 전기 배터리 차량 등 새로운 제품 개발에 주력

❸ 물류 산업의 발전과 인력 대체 추이에 따라 지게차 수요는 GDP 성장률의 1.5배 내외

❹ 2015년경 중국 시장점유율 1/3 이상과 매출 150억 위안 돌파로 세계 5대 기업으로의 도약이 목표

❺ 재무구조가 안정적이며 향후 국유기업 개혁으로 경영혁신이 기대

**주식발행 현황** (2014-07-31)

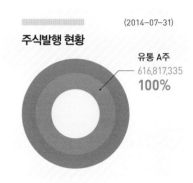

유통 A주
616,817,335
**100%**

**주요주주** (2014-07-31)

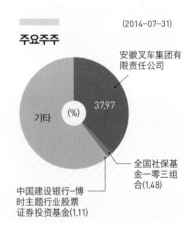

安徽叉车集团有限责任公司
37.97
기타 (%)
全国社保基金一零三组合(1.48)
中国建设银行-博时主题行业股票证券投资基金(1.11)

**최근 3년 주가차트**

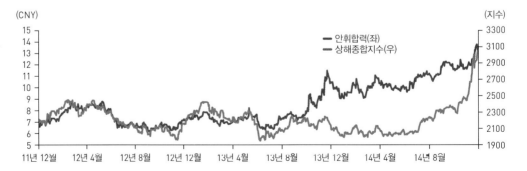

— 안휘합력(좌)
— 상해종합지수(우)

## 매출구조

### 2013년 사업부문별 매출구조

(기준일: 2013-12-31/단위: 백만 위안)

| 매출구성 | 매출액 | | | 매출총이익률(GPM) | |
|---|---|---|---|---|---|
| | 매출 | 비중 | 전년 대비 | GPM | 전년 대비 |
| 지게차 및 부품 재조 | 6,326.6 | 96.54% | 9.82% | 19.81% | 1.6%p |
| 로더 제조 | 161.1 | 2.46% | 0.78% | -0.9% | -6.87%p |
| 주력사업 외 기타 수입 | 65.6 | 1% | 19.44% | 49.16% | 11.26%p |
| 합계 | 6,553.4 | 100% | 9.67% | 19.59% | 1.54%p |

### 2012년 사업부문별 매출구조

(기준일: 2012-12-31/단위: 백만 위안)

| 매출구성 | 매출액 | | | 매출총이익률(GPM) | |
|---|---|---|---|---|---|
| | 매출 | 비중 | 전년 대비 | GPM | 전년 대비 |
| 지게차 및 부품 제조 | 5,760.9 | 96.41% | -5.3% | 18.2% | 0.31%p |
| 로더 제조 | 159.8 | 2.67% | 9.07% | 5.97% | 4.73%p |
| 주력사업 외 기타 수입 | 55 | 0.92% | -11.05% | 37.9% | 8.92%p |
| 합계 | 5,975.7 | 100% | -5.02% | 18.06% | 0.44%p |

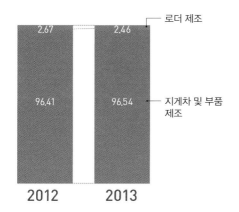

로더 제조 / 지게차 및 부품 제조

2012: 2.67 / 96.41
2013: 2.46 / 96.54

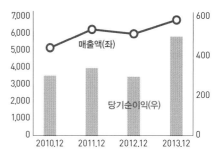

매출액(좌) / 당기순이익(우)

(단위: 백만 위안)

| 손익계산서 | 2013.12 | 2012.12 | 2011.12 | 2010.12 |
|---|---|---|---|---|
| 매출액 | 6,553 | 5,976 | 6,291 | 5,084 |
| 매출총이익 | 1,284 | 1,079 | 1,108 | 970 |
| 영업이익 | 552 | 410 | 477 | 452 |
| 세전이익 | 637 | 452 | 510 | 476 |
| 당기순이익 | 502 | 349 | 386 | 362 |

| 현금흐름표 | 2013.12 | 2012.12 | 2011.12 | 2010.12 |
|---|---|---|---|---|
| 영업활동 현금흐름 | 663 | 365 | 153 | 487 |
| 투자활동 현금흐름 | -362 | -393 | -276 | -373 |
| 재무활동 현금흐름 | -221 | -22 | -132 | -103 |
| 현금 순증감액 | 74 | -50 | -257 | 8 |
| 기말 현금 | 391 | 317 | 367 | 624 |

| 대차대조표 | 2013.12 | 2012.12 | 2011.12 | 2010.12 |
|---|---|---|---|---|
| 유동자산 | 3,087 | 2,691 | 2,619 | 2,380 |
| 비유동자산 | 1,985 | 1,973 | 1,715 | 1,567 |
| 자산총계 | 5,073 | 4,664 | 4,333 | 3,947 |
| 유동부채 | 1,401 | 1,238 | 1,269 | 1,295 |
| 비유동부채 | 102 | 261 | 167 | 57 |
| 부채총계 | 1,503 | 1,499 | 1,436 | 1,352 |
| 자본금 | 514 | 514 | 428 | 357 |
| 자본잉여금 | 556 | 556 | 642 | 713 |
| 이익잉여금 | 396 | 351 | 322 | 285 |
| 지배회사지분 | 3,413 | 3,019 | 2,755 | 2,476 |
| 소수주주지분 | 157 | 147 | 143 | 119 |
| 자본총계 | 3,570 | 3,165 | 2,898 | 2,595 |

CODE **600677.SH** ....................................................................

# 航天通信控股集团股份有限公司 항천통신

## 군용 통신설비와 유도미사일 시스템 개발기업

**기업개요**

상해 380지수 편입종목이다. 모회사인 중국항천과공그룹CASIC은 각종 미사일 무기 체계와 기타 우주 산업 제품을 주요 업무로 하고, 기계, 전자, 화공, 통신, 컴퓨터 및 그 응용, 위성 응용의 업무를 하는 회사로 이 회사의 유일한 상장 자회사이다. 사업부문은 방직품 생산 및 수출입, 통신설비 제조, 전자 시스템 개발 등이다. 항천과공그룹(航天科工集團) 산하의 6개 상장사 중 하나로 주력제품은 군용 통신설비와 유도미사일 시스템이다.

**투자 포인트**

❶ 중국항천과공그룹 산하의 상장사로 주력사업은 전문통신장비, 우주항공 방위사업

❷ 군 통신장비 자문기업으로 군사지휘 통신망C4ISR과 군수사업 뿐 아니라 민수 분야에도 적극 진출

❸ 미래 무기의 정보화 추진에 따라 통신지휘 시스템은 방위 산업과 국방건설의 핵심으로 중점 추진될 전망

❹ 중국 2대 무기제조그룹 산하의 유일한 통신 분야 상장사로 앞으로 그룹사 자산 재편 가능성 상존

❺ 모회사인 중국항천과공그룹은 각종 미사일 무기 체계와 기타 우주 산업 제품을 주요 업무로 하고, 기계, 전자, 화공, 통신, 컴퓨터 및 그 응용, 위성 응용까지 하는 회사로 그룹사의 자산 재편으로 관련 사업 이관에 따른 수혜 예상

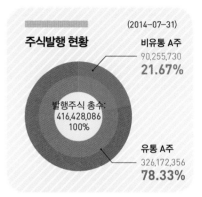

**주식발행 현황** (2014-07-31)

비유통 A주
90,255,730
**21.67%**

발행주식 총수:
416,428,086
100%

유통 A주
326,172,356
**78.33%**

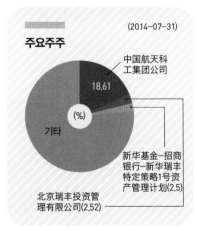

**주요주주** (2014-07-31)

中国航天科工集团公司 18.61

(%)

기타

新华基金-招商银行-新华瑞丰特定策略1号资产管理计划(2.5)

北京瑞丰投资管理有限公司(2.52)

**최근 3년 주가차트**

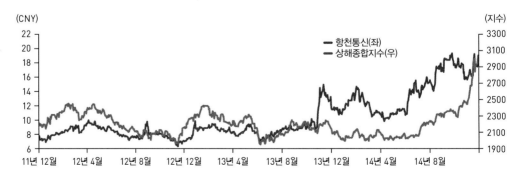

(CNY) / (지수)
━ 항천통신(좌)
━ 상해종합지수(우)

## 매출구조

### 2013년 사업부문별 매출구조
(기준일: 2013-12-31/단위: 백만 위안)

| 매출구성 | 매출액 | | | 매출총이익률(GPM) | |
|---|---|---|---|---|---|
| | 매출 | 비중 | 전년 대비 | GPM | 전년 대비 |
| 방직품 유통 | 3,090.4 | 34.93% | -19.07% | 3.5% | 0.18%p |
| 방직품 제조 | 2,470.7 | 27.93% | -6.93% | 3.27% | -2.76%p |
| 통신설비 제조 | 2,162.8 | 24.45% | 38.05% | 25.17% | -4.84%p |
| 통신부가서비스 | 800 | 9.04% | -7.92% | 5.83% | 1.27%p |
| 우주항공 및 국방장비 제조 | 375.3 | 4.24% | -25.1% | 0.97% | -5.97%p |
| 부동산 관리 | 58.3 | 0.66% | -22.56% | 54.71% | 12.09%p |
| 사업부문간 매출조정 | -111.3 | -1.26% | | | |
| 합계 | 8,846.3 | 100% | -4.9% | 9.22% | -0.07%p |

### 2012년 사업부문별 매출구조
(기준일: 2012-12-31/단위: 백만 위안)

| 매출구성 | 매출액 | | | 매출총이익률(GPM) | |
|---|---|---|---|---|---|
| | 매출 | 비중 | 전년 대비 | GPM | 전년 대비 |
| 방직품 유통 | 3,818.8 | 41.05% | 6.96% | 3.32% | 0.62%p |
| 방직품 제조 | 2,654.8 | 28.54% | 5.3% | 6.03% | -1.16%p |
| 통신설비 제조 | 1,566.7 | 16.84% | 72.63% | 30.01% | 4.58%p |
| 통신부가서비스 | 868.8 | 9.34% | 2.08% | 4.56% | 0.61%p |
| 우주항공 및 국방장비 제조 | 501.1 | 5.39% | -16.65% | 6.93% | -9.98%p |
| 부동산 관리 | 75.3 | 0.81% | -1.42% | 42.62% | 8.28%p |
| 사업부문간 매출조정 | -183 | -1.97% | 311.14% | | |
| 합계 | 9,302.5 | 100% | 9.66% | 9.28% | 1.41%p |

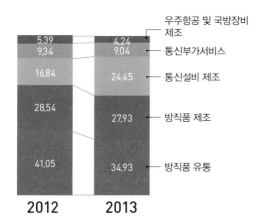

| 2012 | 2013 | |
|---|---|---|
| 5.39 | 4.24 | 우주항공 및 국방장비 제조 |
| 9.34 | 9.04 | 통신부가서비스 |
| 16.84 | 24.45 | 통신설비 제조 |
| 28.54 | 27.93 | 방직품 제조 |
| 41.05 | 34.93 | 방직품 유통 |

## 재무제표

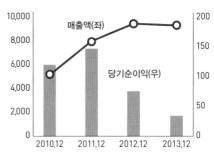

(단위: 백만 위안)

| 손익계산서 | 2013.12 | 2012.12 | 2011.12 | 2010.12 |
|---|---|---|---|---|
| 매출액 | 8,846 | 9,302 | 7,912 | 5,023 |
| 매출총이익 | 815 | 863 | 559 | 427 |
| 영업이익 | -122 | -27 | 55 | 18 |
| 세전이익 | 149 | 211 | 206 | 153 |
| 당기순이익 | 34 | 84 | 151 | 116 |

| 현금흐름표 | 2013.12 | 2012.12 | 2011.12 | 2010.12 |
|---|---|---|---|---|
| 영업활동 현금흐름 | 406 | 92 | -50 | -169 |
| 투자활동 현금흐름 | -417 | -436 | -245 | 251 |
| 재무활동 현금흐름 | 812 | 408 | 174 | 254 |
| 현금 순증감액 | 802 | 64 | -122 | 337 |
| 기말 현금 | 1,610 | 808 | 585 | 707 |

| 대차대조표 | 2013.12 | 2012.12 | 2011.12 | 2010.12 |
|---|---|---|---|---|
| 유동자산 | 5,982 | 5,203 | 3,625 | 2,539 |
| 비유동자산 | 2,034 | 1,807 | 1,192 | 1,138 |
| 자산총계 | 8,016 | 7,009 | 4,818 | 3,677 |
| 유동부채 | 5,094 | 4,830 | 2,902 | 1,919 |
| 비유동부채 | 583 | 591 | 636 | 718 |
| 부채총계 | 5,677 | 5,421 | 3,538 | 2,636 |
| 자본금 | 416 | 326 | 326 | 326 |
| 자본잉여금 | 659 | 9 | 84 | 84 |
| 이익잉여금 | 4 | 0 | 59 | 59 |
| 지배회사지분 | 1,793 | 1,045 | 1,066 | 915 |
| 소수주주지분 | 546 | 544 | 213 | 125 |
| 자본총계 | 2,339 | 1,589 | 1,279 | 1,040 |

CODE **600089.SH**

# 特变电工股份有限公司 TBEA

## 중국 최대의 변압기 제조판매 기업

**기업개요**

상해 180지수, CSI 300(호심 300)지수 편입종목이다. 중국 최대 변압기 제조기업이고 변압기 전선 케이블 및 보조설비의 제조와 판매에 종사하고 있다. 포스코는 2012년 1월 17일 인도 구자라트Gujarat 주 케다Kheda에 방향성 전기강판 전용 가공센터인 POSCO-Poggen Amp를 준공했으며, TBEA 입주 이후 방향성 전기강판 수요가 계속 늘고 있다.

**투자 포인트**

❶ 세계 3위, 중국 1위의 변압기 생산업체로 고압(110kV~220kV), 초고압(330kV~500kV), 특고압(1000kV) 분야에서 선두기업

❷ 지난 3년 변압기 사업은 전력망에 대한 투자 둔화로 기업 성장에 부담요인이 되었음

❸ 현재 주요 사업은 변압기와 케이블 생산이지만 향후 성장견인 사업은 태양광과 플랜트 공사

❹ 태양광 사업은 폴리실리콘 생산에서 발전소 건설에 이르는 수직계열화 구축, 석탄광산과 화력발전소를 보유하고 있어 폴리실리콘 생산원가가 업계에서 낮은 수준

❺ 해외 송변전 시설 시장은 잠재력이 매우 클 뿐만 아니라 현재 수주잔액은 30억 달러를 초과

❻ 사업 구조조정으로 수익성 확대 예상

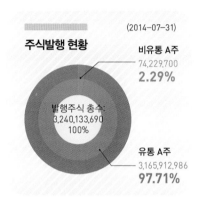

**주식발행 현황** (2014-07-31)

- 비유통 A주 74,229,700 **2.29%**
- 발행주식 총수: 3,240,133,690 100%
- 유통 A주 3,165,912,986 **97.71%**

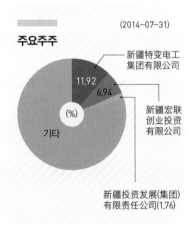

**주요주주** (2014-07-31)

- 新疆特变电工集团有限公司 11.92
- 新疆宏联创业投资有限公司 6.94
- 기타 (%)
- 新疆投资发展(集团)有限责任公司(1.76)

**최근 3년 주가차트**

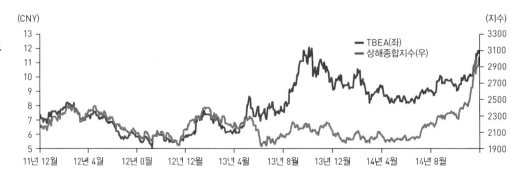

(CNY) / (지수)

— TBEA(좌)
— 상해종합지수(우)

11년 12월 · 12년 4월 · 12년 8월 · 12년 12월 · 13년 4월 · 13년 8월 · 13년 12월 · 14년 4월 · 14년 8월

## 2013년 사업부문별 매출구조

(기준일: 2013-12-31/단위: 백만 위안)

| 매출구성 | 매출액 | | | 매출총이익률(GPM) | |
|---|---|---|---|---|---|
| | 매출 | 비중 | 전년 대비 | GPM | 전년 대비 |
| 변압기 제조 | 9,952.5 | 34.11% | 10.16% | 23.93% | 0.56%p |
| 와이어 및 케이블 제조 | 6,028.5 | 20.66% | 30.04% | 9.48% | -1.26%p |
| 태양광제품 및 집열 설비공사 | 5,178.8 | 17.75% | 111.71% | 10.31% | 5.42%p |
| 변압기 수출입 | 3,021.8 | 10.36% | 176.61% | 2.77% | -0.51%p |
| 송변전 플랜트공사 | 2,923.4 | 10.02% | 41.31% | 22.57% | 0.31%p |
| 주력사업 외 기타 수입 | 1,081.4 | 3.71% | 69.45% | 12.6% | -1.37%p |
| 기타 | 988.2 | 3.39% | 141.39% | 35.69% | 7.79%p |
| 합계 | 29,174.7 | 100% | 43.54% | 16.18% | -0.69% |

## 2012년 사업부문별 매출구조

(기준일: 2012-12-31/단위: 백만 위안)

| 매출구성 | 매출액 | | | 매출총이익률(GPM) | |
|---|---|---|---|---|---|
| | 매출 | 비중 | 전년 대비 | GPM | 전년 대비 |
| 변압기 제조 | 9,034.3 | 44.45% | 1.61% | 23.37% | -4.1%p |
| 와이어 및 케이블 제조 | 4,635.9 | 22.81% | 13.13% | 10.74% | 3.14%p |
| 태양광 제품 및 집열 설비공사 | 2,446.2 | 12.04% | -23.29% | 4.9% | -5.08%p |
| 변압소 시공 서비스 | 2,068.8 | 10.18% | 89.43% | 22.26% | 1.02%p |
| 변압기 수출입 | 1,092.5 | 5.37% | | 3.28% | |
| 주력사업 외 기타 수입 | 638.2 | 3.14% | 5.02% | 13.97% | 2.67%p |
| 기타 | 409.4 | 2.01% | 42.54% | 27.89% | -8.6%p |
| 합계 | 20,325.1 | 100% | 11.89% | 16.87% | -2.27%p |

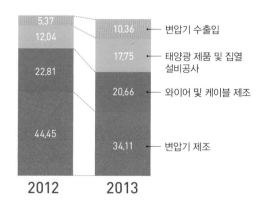

| | 2012 | 2013 | |
|---|---|---|---|
| | 5.37 | 10.36 | 변압기 수출입 |
| | 12.04 | 17.75 | 태양광 제품 및 집열 설비공사 |
| | 22.81 | 20.66 | 와이어 및 케이블 제조 |
| | 44.45 | 34.11 | 변압기 제조 |

## 재무제표

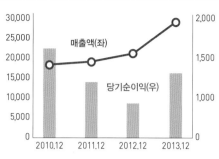

(단위: 백만 위안)

| 손익계산서 | 2013.12 | 2012.12 | 2011.12 | 2010.12 |
|---|---|---|---|---|
| 매출액 | 29,175 | 20,325 | 18,165 | 17,770 |
| 매출총이익 | 4,720 | 3,429 | 3,477 | 3,748 |
| 영업이익 | 1,292 | 756 | 1,130 | 1,762 |
| 세전이익 | 1,554 | 1,055 | 1,388 | 1,848 |
| 당기순이익 | 1,328 | 981 | 1,229 | 1,611 |

| 현금흐름표 | 2013.12 | 2012.12 | 2011.12 | 2010.12 |
|---|---|---|---|---|
| 영업활동 현금흐름 | 1,780 | 1,918 | 1,768 | 1,943 |
| 투자활동 현금흐름 | -2,506 | -5,097 | -4,073 | -1,773 |
| 재무활동 현금흐름 | -328 | 3,625 | 4,927 | 2,773 |
| 현금 순증감액 | -1,082 | 418 | 2,601 | 2,922 |
| 기말 현금 | 9,223 | 10,306 | 9,887 | 7,287 |

| 대차대조표 | 2013.12 | 2012.12 | 2011.12 | 2010.12 |
|---|---|---|---|---|
| 유동자산 | 27,673 | 23,206 | 20,313 | 14,486 |
| 비유동자산 | 22,987 | 18,839 | 13,300 | 9,130 |
| 자산총계 | 50,660 | 42,045 | 33,612 | 23,616 |
| 유동부채 | 24,360 | 17,479 | 13,993 | 8,917 |
| 비유동부채 | 10,349 | 9,670 | 5,567 | 2,043 |
| 부채총계 | 34,709 | 27,149 | 19,559 | 10,960 |
| 자본금 | 2,636 | 2,636 | 2,636 | 2,027 |
| 자본잉여금 | 4,736 | 4,714 | 4,662 | 5,225 |
| 이익잉여금 | 735 | 672 | 584 | 441 |
| 지배회사지분 | 14,601 | 13,661 | 12,850 | 11,797 |
| 소수주주지분 | 1,350 | 1,236 | 1,203 | 859 |
| 자본총계 | 15,952 | 14,896 | 14,053 | 12,656 |

CODE **600517.SH** ·········································

# 置信电气股份股份有限公司 상해치신전기

중국 최대 생산규모의 비결정질합금 변압기 생산판매 기업

·······································································································

**기업개요**

상해 380지수 편입종목이다. 비결정질합금 변압기Amorphous alloy transformer 및 관련 부품의 연구개발, 생산, 가공, 판매 등에 종사하고 있으며, 국내 생산 규모가 가장 크고 기술력이 가장 우수한 기업이다.

**투자 포인트**

❶ 현재 독자생산이 가능한 중국 최대의 비결정질정합금 변압기 생산기업

❷ 2013년 초 모그룹으로부터 여러 종류의 변압기 자산의 추가 주입을 통해 현재 국가전력망 산하 기업 중 유일한 송배전 변압기 생산기업으로 부상

❸ 2013년 중국 시장점유율에서 송배전 변압기가 20%, 이 중 비결정합금 변압기가 35%

❹ '12차 5개년 계획' 기간 동안 송배전망에 대한 투자 규모는 8000억 위안이지만 2011~2013년 중 일부만 투자되어 2014~2015년에 집중 투자 예상

❺ 3세대 비결정질합금 변압기 출시에 따라 시장점유율 확대와 수익성 개선 기대

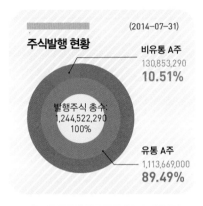

**주식발행 현황** (2014-07-31)

비유통 A주
130,853,290
**10.51%**

발행주식 총수:
1,244,522,290
100%

유통 A주
1,113,669,000
**89.49%**

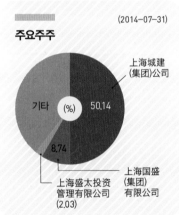

**주요주주** (2014-07-31)

上海城建
(集团)公司
50.14

기타 (%)

8.74

上海盛太投资
管理有限公司
(2.03)

上海国盛
(集团)
有限公司

**최근 3년 주가차트**

(CNY) / (지수)

상해치신전기(좌)
상해종합지수(우)

11년 12월 / 12년 4월 / 12년 8월 / 12년 12월 / 13년 4월 / 13년 8월 / 13년 12월 / 14년 4월 / 14년 8월

## 매출구조

### 2013년 사업부문별 매출구조
(기준일: 2013-12-31/단위: 백만 위안)

| 매출구성 | 매출액 | | | 매출총이익률(GPM) | |
|---|---|---|---|---|---|
| | 매출 | 비중 | 전년 대비 | GPM | 전년 대비 |
| 비결정질합금 변압기 생산 및 판매 | 1,468 | 44.91% | -0.33% | 23.25% | -0.79%p |
| 규소강 철심 배전 변압기 생산 및 판매 | 589.3 | 18.03% | 3499.28% | 19.32% | -5.39%p |
| Integrated변전소 생산 및 판매 | 545.6 | 16.69% | | 17.82% | |
| 전기 변압기 생산 및 판매 | 228.8 | 7% | | | |
| 기타 제품 | 191.3 | 5.85% | | 10.42% | |
| 비결정질 철심 생산 및 판매 | 97.1 | 2.97% | 86.85% | 15.76% | -5%p |
| 주력사업 외 기타 수입 | 93.7 | 2.87% | 1,936.97% | 50.87% | 25.78%p |
| 운영 및 유지보수 서비스 | 55.1 | 1.69% | | | |
| 합계 | 3,268.9 | 100% | 111.45% | 21.12% | -2.82%p |

### 2012년 사업부문별 매출구조
(기준일: 2012-12-31/단위: 백만 위안)

| 매출구성 | 매출액 | | | 매출총이익률(GPM) | |
|---|---|---|---|---|---|
| | 매출 | 비중 | 전년 대비 | GPM | 전년 대비 |
| 비결정질합금 변압기 생산 및 판매 | 1,473 | 95.28% | 17.89% | 24.04% | -1.86%p |
| 비결정질 철심 생산 및 판매 | 52 | 3.36% | 84.84% | 20.76% | -4.79%p |
| 규소강 철심 배전 변압기 생산 및 판매 | 16.4 | 1.06% | | 24.71% | |
| 주력사업 외 기타 수입 | 4.6 | 0.3% | 138.19% | 25.09% | -41.69%p |
| 합계 | 1,545.9 | 100% | 20.83% | | |

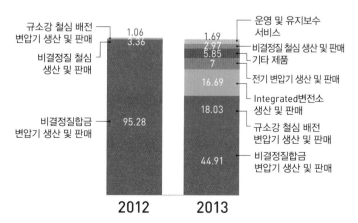

규소강 철심 배전 변압기 생산 및 판매 — 1.06 / 1.69 — 운영 및 유지보수 서비스
비결정질 철심 생산 및 판매 — 3.36 / 2.97 — 비결정질 철심 생산 및 판매
5.85 — 기타 제품
7 — 전기 변압기 생산 및 판매
16.69 — Integrated변전소 생산 및 판매
18.03 — 규소강 철심 배전 변압기 생산 및 판매
비결정질합금 변압기 생산 및 판매 — 95.28 / 44.91 — 비결정질합금 변압기 생산 및 판매

2012        2013

## 재무제표

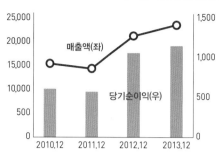

매출액(좌)
당기순이익(우)

(단위: 백만 위안)

| 손익계산서 | 2013.12 | 2012.12 | 2011.12 | 2010.12 |
|---|---|---|---|---|
| 매출액 | 23,501 | 21,989 | 14,192 | 15,174 |
| 매출총이익 | 2,941 | 2,835 | 1,863 | 1,771 |
| 영업이익 | 1,365 | 1,276 | 499 | 546 |
| 세전이익 | 1,659 | 1,612 | 610 | 686 |
| 당기순이익 | 1,289 | 1,151 | 517 | 553 |

| 현금흐름표 | 2013.12 | 2012.12 | 2011.12 | 2010.12 |
|---|---|---|---|---|
| 영업활동 현금흐름 | 697 | 1,978 | 1,978 | 301 |
| 투자활동 현금흐름 | -2,590 | -1,860 | -1,682 | -2,305 |
| 재무활동 현금흐름 | 1,842 | 159 | 18 | 436 |
| 현금 순증감액 | -48 | 278 | 314 | -1,568 |
| 기말 현금 | 5,629 | 5,677 | 4,033 | 3,719 |

| 대차대조표 | 2013.12 | 2012.12 | 2011.12 | 2010.12 |
|---|---|---|---|---|
| 유동자산 | 25,259 | 21,195 | 14,626 | 12,992 |
| 비유동자산 | 31,795 | 28,165 | 7,965 | 7,123 |
| 자산총계 | 57,054 | 49,360 | 22,590 | 20,115 |
| 유동부채 | 26,350 | 24,677 | 12,302 | 10,038 |
| 비유동부채 | 18,197 | 13,535 | 5,408 | 5,615 |
| 부채총계 | 44,547 | 38,212 | 17,710 | 15,654 |
| 자본금 | 1,299 | 1,299 | 734 | 734 |
| 자본잉여금 | 5,886 | 5,465 | 1,817 | 1,817 |
| 이익잉여금 | 501 | 426 | 283 | 243 |
| 지배회사지분 | 12,425 | 11,026 | 4,844 | 4,427 |
| 소수주주지분 | 82 | 122 | 36 | 34 |
| 자본총계 | 12,507 | 11,148 | 4,880 | 4,461 |

# 경기소비재 산업

앞으로 중국의 경기소비재 산업에서는 다음과 같은 기회에 주목해볼 만하다. 첫째, 중산층 확대 과정에서 소비 증가와 함께 새로운 소비 트렌드에 따른 투자 기회가 생기고 있다. 둘째, 도시화 진척과 주민 소득 증가로 가전 등 전통 소비품이 2차 성장 기회를 맞이하고 있다. 셋째, 2008년 경제위기 이후 부진했던 소비 시장에서는 구조조정이 있었고, 경쟁에서 살아남아 더 커진 업계 1등 기업들의 성장 전망이 밝다. 넷째, 화장품 등 아직은 시장 규모가 작지만 아모레퍼시픽과 같이 토종 선두기업들의 탄생이 기대되는 시장에 관심을 둘 필요가 있다.

## ★ 소비 증대 대표 업종: 여행과 극장 수익

미국 경제는 1인당 GDP가 5000달러를 넘어설 때 소비가 한 단계 상승하여 문화, 오락, 관광 등 소비 시장이 빠르게 성장했다. 1970년에 1인당 GDP가 5000달러가 넘었는데, 1970~1980년의 10년 동안 1인당 출행률은 2.1회에서 4.6회로 연평균 8% 증가했고 극장의 흥행 수익도 연평균 9% 증가하면서 미국 역사상 관광과 영화 관람 수익 성장이 가장 빨랐던 10년으로 기록되고 있다. 중국은 2011년에 1인당 GDP 5000달러를 돌파(약 5600달러)했으며 2013년은 6700달러에 달했다. 중국의 2013년 1인당 출행 횟수는 2.7회, 2014년 극장 수익은 296억 위안(약 48억 달러)이다.

중국에서 극장 1등 기업(흥행 수익 기준 시장 점유율 14%)인 완다Wan Da영화관(002739.SZ)이 2015년 1월 상장을 앞두고 있고 영화, 드라마, 예능 콘텐츠 제작부터 배급, 영화관 운영까지 문화, 오락 등 미디어와 문화 산업 전반의 열기 또한 확산되고 있다. 후강퉁에 이어 이후 선전 증시와 홍콩 증시 간 교차거래인 '선강퉁深港通'까지 열린다면 완다는 전망이 매우 좋은 기업으로 각광 받을 것이다. 여행업 역시 중국인들의 출행률과 해외여행 증가로 빠른 성장 단계로 진입할 전망이다. 앞으로 10년, 경기소비재에서 미디어와 여행 산업은 전망이 밝은 영역이지만 앞서 여행업에서 자세히 다루었기 때문에 본문에서는 여기까지만 언급하겠다.

### ★ 의류 시장의 새로운 트렌드

현재 중국에서는 1980~1990년대생이 주요 소비자층으로 자리 잡았고 이들은 브랜드보다 패션과 가격 성능비를 중시하고 있다. 의류는 자주 구입하는 편이며 각종 코디를 통해 개성을 드러내고 있다. 이들은 과거 저소득 시대의 초저가 소비와는 질적으로 다른 품질과 가격 성능비를 모두 중시하는 경향을 보인다. 이는 유니클로, ZARA, H&M 등 SPA 브랜드들이 중국에서 빠르게 성장할 수 있는 배경이기도 하다. 게다가 온라인 판매까지 늘어나면서 과거 중간 도매업체와 매장 확장을 통해 성장하

| 중국 도시 인구 변화 추이 | | |
| --- | --- | --- |
| 구분 | 도시 인구(백만 명) | 도시 인구 비중(%) |
| 1990 | 301.95 | 26.41 |
| 1991 | 312.03 | 26.94 |
| 1992 | 321.75 | 27.46 |
| 1993 | 331.73 | 27.99 |
| 1994 | 341.69 | 28.51 |
| 1995 | 351.74 | 29.04 |
| 1996 | 373.04 | 30.48 |
| 1997 | 394.49 | 31.91 |
| 1998 | 416.08 | 33.35 |
| 1999 | 437.48 | 34.78 |
| 2000 | 459.06 | 36.22 |
| 2001 | 480.64 | 37.66 |
| 2002 | 502.12 | 39.09 |
| 2003 | 523.76 | 40.53 |
| 2004 | 542.83 | 41.76 |
| 2005 | 562.12 | 42.99 |
| 2006 | 582.88 | 44.34 |
| 2007 | 606.33 | 45.89 |
| 2008 | 624.03 | 46.99 |
| 2009 | 645.12 | 48.34 |
| 2010 | 669.78 | 49.95 |
| 2011 | 690.79 | 51.27 |
| 2012 | 711.82 | 52.57 |
| 2013 | 731.11 | 53.73 |

출처: 국가통계국, 차이나윈도우

던 전통적인 의류 업체들은 2012~2014년에 매우 어려운 시기를 겪었다. 치피랑 (002029.SZ), 보스덩(0399.HK) 등 전통 선두 업체들이 모두 실적 부진과 매장 폐쇄 등 3중고를 겪고 있는 상황은 시사하는 바가 크다.

반면, 유니클로는 중국 70여 개 도시에 300개 매장을 열었는데, 중국 시장 급 성장에 따라 앞으로도 매년 80~100개가량의 매장을 확장해나갈 계획이다. 중 국에서 유니클로와 같이 가격 성능비를 강조하면서 크게 성공한 회사는 2014년 2월 우회상장을 통해 A주 시장에 들어온 하이란홈(600398.SH)이다. 하이란홈은 '하이란즈쟈海蓝之家' 브랜드를 위주로 하는 남성 캐주얼 시장점유율 1위 기업이다. 가격 성능비가 높고 의류 기업이나 제조업이 아닌 플랫폼 성격의 회사로 각광받 고 있다. 하이란홈은 디자인을 회사와 납품 업체가 공동으로 한다. 그리고 제조 는 제휴 기업들이, 매장 확장은 가맹점 위주로 한다. 그래서 투자는 적지만 관리 는 직영점과 다를 게 없어 소비자 평가와 접점이 상당히 좋은 기업이다. 제품 가 격 역시 중저가로 대중 소비자가 구매하기 적당해 2014년의 빠른 성장에 이어 2015~2016년도 25% 이상의 성장률이 기대되고 있다.

최근 중국인들은 한국인들처럼 해외 직구에 열광하고 있다. 이와 관련한 통관 과 물류 서비스 제공 기업들이 새로운 기회를 맞이하고 있다. 대표 기업으로는 중 외운항공운수발전(600270.SH) 등을 들 수 있다. 전통 영역인 의류와 신발 업계에 서는 2011~2013년의 경기 부진으로 많은 기업이 퇴출되었으며, 그중에서 살아남 아 시장점유율이 확대된 기업으로는 ANTA스포츠(2020.HK), 백려국제(1880.HK) 등을 꼽을 수 있다. 이 기업들에 대한 장기적인 투자 기회는 여전하다.

## ★ 도시화 진척에 따른 투자 기회

중국의 도시 인구는 2013년 말 기준으로 7억 3100만 명이며 도시화율 은 53.7%다. 이는 선진국의 80~90%에 비해서는 현저히 낮은 수준이다. 1999~2013년 15년 사이 중국의 연평균 도시화율은 1.35%씩 확대되었다.

1999년의 34.78%에서 2005년의 42.99%, 2010년 49.95%, 2013년 53.73%까지 늘어나며 속도를 붙이고 있다. 이러한 도시화 진척은 2020년까지는 꾸준히 이어져 도시화율이 약 60%에 달할 전망이다. 도시 인구의 증가로 전통적인 소비품역시 계속 늘어나고 있다.

2008년 경제위기 이후로 중국은 내수 소비 시장 부양에 나섰다. 한때 각종 가전 및 자동차 부양책을 시행했다. 보조금 정책으로 가전제품 보유량이 늘어나고 소비를 진작했지만 2011년 이후부터 조정기에 들어섰다. 그러나 현재 부동산 가격 제한 정책들이 잇달아 풀리고 원유, 플라스틱 등 원재료 가격이 하락하며 침체되었던 가전 소비 시장도 다시 활기를 찾고 있다. 특히 지난 몇 년간의 시장 부진으로 소형 업체들이 퇴출되면서 GREE가전(000651.SZ) 등의 산업 집중도가 오히려 높아졌고 하이얼을 비롯한 선두 업체들은 네트워크 구축에 집중하고 있다.

청도하이얼(600690.SH)은 에어컨, 냉장고 등 가전 사업 발전이 양호하다. 모기업은 2016년 2월까지 해외 가전 사업과 컬러TV 사업을 상장기업에 이관시킬 예정이다. 하이얼전기(1169.HK)는 온수기와 세탁기 시장에서 국내 1위일 뿐만 아니라 향후의 주력인 '르르순日日順' 유통 사업을 전개한다. 하이얼그룹 제품에 대한 물류, 유통, A/S, 온라인 판매 등을 위주로 하는 동시에 중국 최대의 온라인 전자상거래인 T-MALL(타오바오의 B2C 플랫폼)의 가전·가구 운송 대행을 포함한 유통 서비스를 제공하고 있다. 2014년 3월 알리바바에서 '르르순'에 지분을 투자한 만큼 앞으로 T-MALL의 대형 가전과 가구 운송 분야에서 큰 수혜가 예상된다. 이는 알리바바와 동반 성장할 수 있는 기업이 될 것이라는 의미다. 이외에 로우반가전(002508.SZ) 등 가스레인지 후드, 가스레인지를 생산하는 주방 가전 업체들도 높은 성장성을 유지하고 있다.

### ★ 무한한 상상력의 화장품 시장

중국의 화장품 시장은 해외 기업이 장악하고 있어 상대적으로 국산 업체들의

## 상해가화 매출 구성

(단위: 100만 위안)

| 구분 | 2013년 | | | 2012년 | |
|---|---|---|---|---|---|
| | 매출 | 증가율 | 비중 | 매출 | 증가율 |
| 류선(六神) | 1,640 | 5.5% | 36.7% | 1,555 | 34.5% |
| 메이쟈징(美加淨) | 494 | 18.2% | 11.1% | 418 | 9.3% |
| HERBORIST | 1,457 | 9.7% | 32.6% | 1,328 | 29.5% |
| GF(高夫) | 238 | -4.8% | 5.3% | 250 | 5.6% |
| Jiaan | 73 | 7.4% | 1.6% | 68 | 1.5% |
| 기타 | 567 | -35.9% | 12.7% | 885 | 19.6% |
| 매출 합계 | 4,469 | -0.8% | 100% | 4,504 | 100% |

출처: 공개자료, 차이나윈도우

입지가 좁은 편이다. 아모레퍼시픽에 대응되는 중국 기업으로는 상해가화연합 (600315.SH)이 있다. 이 회사는 중국의 대표적인 국산 생활용품과 화장품 생산기업으로 사람들에게 널리 알려진 '류선六神(바디워시, 샴푸 등)', 'HERBORIST佰草集 (중저가 화장품)', '메이쟈징美加淨(저가 화장품)', 'GF高夫(남성 화장품)', 'Giving啟初(어린이용품)' 등의 브랜드를 보유하고 있다.

상해가화는 중국 화장품 분야에서 최고의 품질을 자랑하며 지난 20년 동안 약 20여 개의 브랜드를 육성했고 이 중 현재까지 인기 있는 브랜드는 5~6개이다. 브랜드 생명력이 여느 기업보다 강하다고 할 수 있다. 중국 기업으로는 드물게 매년 연구개발에만 매출의 3%를 투자하고 있어 신제품 개발에 대한 투자와 연구에 주력하고 있다. 신제품 출시 능력은 중국 타 업체들이 따라잡을 수 없는 핵심 경쟁력으로 꼽히고 있다. 이는 이후에도 시장 변화에 따라 새로운 브랜드와 제품을 육성하는 바탕이 되기도 한다.

상해가화는 2011년 말 평안그룹이 대주주로 등장하면서 국유기업에서 민영기업으로 탈바꿈한 기업이다. 또한 화장품에서부터 샴푸, 바디워시 등의 생활용품, 세탁용품, 어린이용품에 이르기까지 포트폴리오가 가장 잘 갖추어진 기업이다.

소득 증가로 중국에서 화장품 수요는 빠르게 성장하고 있다. 아직도 기초화장품 위주로 팔리는 시장이 나중에 한국처럼 색조와 기능성 화장품 시장으로 성장한다고 생각해보면 중국 화장품 대표 기업에 대한 확신이 더욱 견고해질 것이다. 이는 많은 전문가들이 상해가화가 장래 중국의 아모레퍼시픽이 될 것이라고 입을 모아 전망하는 이유이기도 하다.

**CODE 600315.SH**

# 上海家化联合股份有限公司 상해가화연합

## 중국 내 국산품 일용품과 화장품 생산기업

**기업개요**

상해 180지수, CSI 300(호심 300)지수 편입종목이다. 중국 화장품 생산 분야 대표 기업으로 일본 LION(獅王)과 공동개발하기도 하고 '마마(媽媽)', '리커(力克)' 브랜드의 가정용 주방 및 욕실 화학품과 화장품은 자체생산하고 있다. 산하 화장품 브랜드로는 '류선(六神)', '메이쟈징(美加淨)', '바이차오지(伯草集)', '칭페이(淸妃)' 등이 있다.

**투자 포인트**

❶ 1889년 설립된 중국 국산 화장품 1등 기업

❷ 류선(六神), 허보리스트Herborist(佰草集), 메이쟈징Maxam(美加淨), GF(高夫)와 신규 브랜드 Giving(启初) 보유

❸ 중국 약초 성분 제품, 탁월한 유통관리 능력, 시장 피드백에 빠르게 반응, 빅데이터 클라우드 시스템 보유 등이 최대 강점

❹ 2013년 중·고가 라인의 영·유아용품 브랜드 출시, 향후 5년간 초고속 성장이 기대

❺ 중국 현지 기관들의 장기보유 선호종목

**주식발행 현황** (2014-07-31)

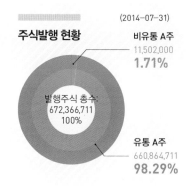

비유통 A주
11,502,000
**1.71%**

발행주식 총수:
672,366,711
100%

유통 A주
660,864,711
**98.29%**

**주요주주** (2014-07-31)

上海家化(集团)
有限公司
27.13

기타

(%)

**최근 3년 주가차트**

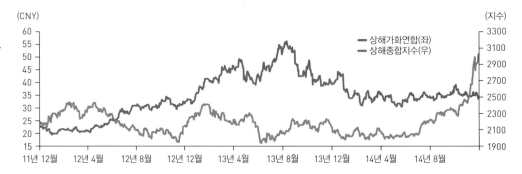

— 상해가화연합(좌)
— 상해종합지수(우)

## 매출구조

### 2013년 사업부문별 매출구조

(기준일: 2013-12-31/단위: 백만 위안)

| 매출구성 | 매출액 | | | 매출총이익률(GPM) | |
|---|---|---|---|---|---|
| | 매출 | 비중 | 전년 대비 | GPM | 전년 대비 |
| 바디케어제품 | 2,616.2 | 58.55% | 13.5% | 48.41% | 46.01% |
| 화장품 | 1,694.7 | 37.92% | 9.18% | 85.4% | 84.99% |
| 일용화학품 | 73 | 1.63% | 24.51% | 65.06% | 64.82% |
| 관광 및 요식 서비스 | 69.1 | 1.55% | 3.7% | 68.54% | 67.73% |
| 주력사업 외 기타 수입 | 15.5 | 0.35% | -5.44 | 29.56% | 38.94% |
| 합계 | 4,468.5 | 100% | 11.74% | 62.96% | 61.75% |

### 2012년 사업부문별 매출구조

(기준일: 2012-12-31/단위: 백만 위안)

| 매출구성 | 매출액 | | | 매출총이익률(GPM) | |
|---|---|---|---|---|---|
| | 매출 | 비중 | 전년 대비 | GPM | 전년 대비 |
| 자사 및 타사 화장품 판매 | 4,538.5 | 100.76% | 34.13% | 37.61% | 41.52%p |
| 화장품 및 일용화학품 생산 | 1,441,6 | 32.01% | 17.28% | 53.9% | 52.25%p |
| 주력사업 외 기타 수입 | 428.6 | 9.52% | 11.84% | | |
| 관광 및 요식 서비스 | 28.4 | 0.63% | 4.28% | 95.9% | 93.89%p |
| 사업부문 간 매출 조정 | -1,933 | -42.92% | 33.61% | 3.16% | 2.23%p |
| 합계 | 4,504.1 | 100% | 25.93% | 60.17% | 55.45%p |

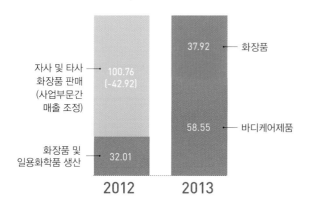

자사 및 타사 화장품 판매 (사업부문간 매출 조정)

100.76 [-42.92]

화장품 및 일용화학품 생산 32.01

37.92 화장품

58.55 바디케어제품

2012  2013

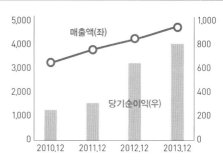

매출액(좌)

당기순이익(우)

(단위: 백만 위안)

| 손익계산서 | 2013.12 | 2012.12 | 2011.12 | 2010.12 |
|---|---|---|---|---|
| 매출액 | 4,469 | 3,999 | 3,577 | 3,094 |
| 매출총이익 | 2,813 | 2,469 | 2,057 | 1,695 |
| 영업이익 | 936 | 716 | 436 | 292 |
| 세전이익 | 961 | 730 | 452 | 302 |
| 당기순이익 | 800 | 621 | 361 | 276 |

| 현금흐름표 | 2013.12 | 2012.12 | 2011.12 | 2010.12 |
|---|---|---|---|---|
| 영업활동 현금흐름 | 1,029 | 833 | 347 | 329 |
| 투자활동 현금흐름 | -313 | -614 | -131 | -144 |
| 재무활동 현금흐름 | -311 | 238 | -113 | -116 |
| 현금 순증감액 | 405 | 457 | 103 | 68 |
| 기말 현금 | 1,733 | 1,329 | 872 | 768 |

| 대차대조표 | 2013.12 | 2012.12 | 2011.12 | 2010.12 |
|---|---|---|---|---|
| 유동자산 | 3,284 | 2,503 | 1,767 | 1,435 |
| 비유동자산 | 1,236 | 1,163 | 779 | 688 |
| 자산총계 | 4,520 | 3,666 | 2,547 | 2,122 |
| 유동부채 | 1,130 | 977 | 763 | 600 |
| 비유동부채 | 25 | 11 | 2 | 4 |
| 부채총계 | 1,155 | 988 | 765 | 604 |
| 자본금 | 672 | 448 | 423 | 423 |
| 자본잉여금 | 1,051 | 868 | 378 | 371 |
| 이익잉여금 | 299 | 221 | 162 | 119 |
| 지배회사지분 | 3,325 | 2,656 | 1,759 | 1,497 |
| 소수주주지분 | 40 | 21 | 23 | 21 |
| 자본총계 | 3,365 | 2,678 | 1,782 | 1,518 |

# 青岛海尔股份有限公司 청도하이얼

**중국 유명 백색가전 제조업체로 냉장고와 세탁기 분야 1위, 세계 4위의 백색가전 제조사**

**기업개요**

상해 180지수, CSI 300(호심 300)지수 편입종목이다. 세계 4위의 백색가전 제조업체로 중국 유명 가전브랜드 '하이얼'의 운영기업이다. 주요 사업은 냉장고, 에어컨, 냉동고 등이다.

**투자 포인트**

❶ 세계 1위 가전 기업으로 냉장고, 세탁기, 온수기 시장점유율 중국 1위 기업

❷ 2016년 2월까지 모그룹의 TV, 핸드폰, 컴퓨터 및 기타 해외 자산을 전체 편입 예정

❸ 최근 해외 투자자를 유치해 '스마트가전 창업투자 산업펀드'를 설립해 향후 스마트가전 진출에 유리한 고지 선점

❹ 주요 전략인 스마트가전의 플랫폼과 O2O 판매 플랫폼으로 향후 시장선점에 유리한 기반 조성

❺ 2014년 9월 기준 밸류에이션이 높은 편으로 후강통 시행에 따른 수혜 예상

**주식발행 현황** (2014-07-31)

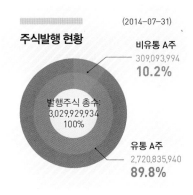

비유통 A주
309,093,994
**10.2%**

발행주식 총수:
3,029,929,934
100%

유통 A주
2,720,835,940
**89.8%**

**주요주주** (2014-07-31)

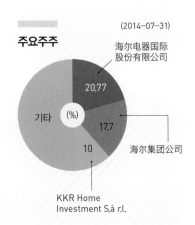

海尔电器国际
股份有限公司
20.77

(%)

17.7

海尔集团公司

10

KKR Home
Investment S.à r.l.

기타

**최근 3년 주가차트**

청도하이얼(좌)
상해종합지수(우)

**매출구조**

## 2013년 사업부문별 매출구조
(기준일: 2013-12-31/단위: 백만 위안)

| 매출구성 | 매출액 | | | 매출총이익률(GPM) | |
|---|---|---|---|---|---|
| | 매출 | 비중 | 전년 대비 | GPM | 전년 대비 |
| 냉장고 | 25,329.6 | 29.29% | 0.63% | 29.95% | -0.71%p |
| 에어컨 | 17,925.4 | 20.73% | 21.37% | 28.48% | 1.17%p |
| 물류 서비스(자사 및 타사 제품) | 16,306.8 | 18.85% | 29.46% | 10.82% | 3.19%p |
| 세탁기 | 14,178.1 | 16.39% | 6.82% | 29.14% | -0.36%p |
| 설비부품 | 5,824.3 | 6.73% | -18.79% | 14.57% | 3.73%p |
| 온수기 | 4,353.2 | 5.03% | -2.96% | 36.1% | -8.73%p |
| 소형가전 | 1,673 | 1.93% | -0.77% | 29.42% | 3.38%p |
| 주력사업 외 기타 수입 | 897.2 | 1.04% | 27.35% | | |
| 합계 | 86,487.7 | 100% | 8.3% | 25.32% | 0.09%p |

## 2012년 사업부문별 매출구조
(기준일: 2012-12-31/단위: 백만 위안)

| 매출구성 | 매출액 | | | 매출총이익률(GPM) | |
|---|---|---|---|---|---|
| | 매출 | 비중 | 전년 대비 | GPM | 전년 대비 |
| 냉장고 | 25,170.5 | 31.52% | 0.49% | 30.66% | 1.45%p |
| 에어컨 | 14,768.7 | 18.49% | 22.04% | 27.31% | 5.65%p |
| 세탁기 | 13,272.7 | 16.62% | 8.66% | 29.5% | 0.63%p |
| 물류 서비스(자사 및 타사 제품) | 12,596.2 | 15.77% | 26.83% | 7.63% | 0.35%p |
| 설비부품 | 7,171.8 | 8.98% | -13.67% | 10.84% | 1.28%p |
| 온수기 | 4,486.2 | 5.62% | 17.19% | 44.83% | 1.43%p |
| 소형가전 | 1,686 | 2.11% | -3.12% | 26.05% | -1.98%p |
| 주력사업 외 기타 수입 | 704.6 | 0.88% | 3.56% | | |
| 합계 | 79,856.6 | 100% | 8.13% | 25.24% | 1.64%p |

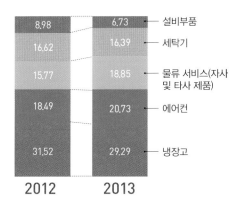

| | 2012 | 2013 | |
|---|---|---|---|
| 설비부품 | 8.98 | 6.73 | |
| 세탁기 | 16.62 | 16.39 | |
| 물류 서비스(자사 및 타사 제품) | 15.77 | 18.85 | |
| 에어컨 | 18.49 | 20.73 | |
| 냉장고 | 31.52 | 29.29 | |

## 재무제표

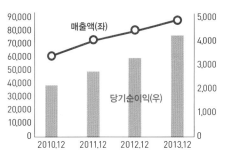

(단위: 백만 위안)

| 손익계산서 | 2013.12 | 2012.12 | 2011.12 | 2010.12 |
|---|---|---|---|---|
| 매출액 | 86,488 | 79,857 | 73,663 | 60,588 |
| 매출총이익 | 21,902 | 20,153 | 17,399 | 14,168 |
| 영업이익 | 6,169 | 5,270 | 4,063 | 2,987 |
| 세전이익 | 6,714 | 5,428 | 4,414 | 3,712 |
| 당기순이익 | 4,168 | 3,269 | 2,690 | 2,035 |

| 현금흐름표 | 2013.12 | 2012.12 | 2011.12 | 2010.12 |
|---|---|---|---|---|
| 영업활동 현금흐름 | 6,510 | 5,519 | 6,207 | 5,584 |
| 투자활동 현금흐름 | -1,376 | -1,181 | -4,512 | -3,530 |
| 재무활동 현금흐름 | -925 | -469 | 755 | -171 |
| 현금 순증감액 | 4,183 | 3,860 | 2,384 | 1,818 |
| 기말 현금 | 20,405 | 16,222 | 12,360 | 9,629 |

| 대차대조표 | 2013.12 | 2012.12 | 2011.12 | 2010.12 |
|---|---|---|---|---|
| 유동자산 | 49,547 | 39,700 | 31,334 | 23,571 |
| 비유동자산 | 11,469 | 9,989 | 8,389 | 5,696 |
| 자산총계 | 61,016 | 49,688 | 39,723 | 29,267 |
| 유동부채 | 38,006 | 31,341 | 25,933 | 18,673 |
| 비유동부채 | 3,016 | 2,921 | 2,252 | 1,105 |
| 부채총계 | 41,022 | 34,262 | 28,185 | 19,778 |
| 자본금 | 2,721 | 2,685 | 2,685 | 1,340 |
| 자본잉여금 | 578 | 427 | 271 | 1,781 |
| 이익잉여금 | 1,949 | 1,727 | 1,667 | 1,462 |
| 지배회사지분 | 14,467 | 11,129 | 8,338 | 7,020 |
| 소수주주지분 | 5,527 | 4,298 | 3,201 | 2,469 |
| 자본총계 | 19,994 | 15,426 | 11,539 | 9,489 |

## CODE 600398.SH

# 海澜之家股份有限公司 하이란홈

**남성 캐주얼 브랜드 '하이란즈쟈' 브랜드 운영업체**

**기업개요**

상해 380지수 편입종목이다. 고급 정밀 방직 모직물 및 고급 양복, 유니폼을 생산, 판매하는 기업으로 고급 정밀 방직 모직물은 과학기술부, 상무부, 국가품질감독관리위원회로부터 각종 상을 수상했다. 이와 동시에 정부에서 지정된 벤처기업이다. 2014년 4월 11일부터 기업명을 개낙테크놀로지에서 '하이란홈'으로 변경했다.

**투자
포인트**

❶ '하이란즈쟈(海蓝之家)', 'EICHITOO', '백의백순(百衣百顺)' 등 3대 브랜드를 보유한 남성 캐주얼 의류 시장점유율 1위 기업

❷ 품질 대비 가격이 저렴한 중저가의 남성 의류 브랜드로 자리매김 하면서 소비자 타깃을 25~45세까지 확대

❸ 온·오프라인 제품군 통합, 향후 수천 개의 매장 모두 O2O 방식으로 전환 중에 있어 판매 효과 기대

❹ EICHITOO의 제품군을 여성 의류에서 아동복까지 확대 전망

❺ 중국 의류 소비 패턴이 '일상 소비재화'되고 있어 향후 국민 브랜드로 성장할 가능성

❻ A주에 상장된 의류 기업 중 시가총액 기준 최대 종목

**주식발행 현황** (2014-07-31)

유통 A주
646,604,078
**14.39%**

발행주식 총수:
4,492,757,924
100%

비유통 A주
3,846,153,846
**85.61%**

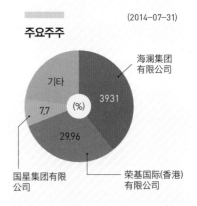

**주요주주** (2014-07-31)

海澜集团有限公司

기타

3931

(%)

7.7

29.96

国星集团有限公司

荣基国际(香港)有限公司

**최근 3년
주가차트**

(CNY)

— 하이란홈(좌)
— 상해종합지수(우)

(지수)

## 매출구조

### 2013년 사업부문별 매출구조
(기준일: 2013-12-31/단위: 백만 위안)

| 매출구성 | 매출액 | | | 매출총이익률(GPM) | |
| --- | --- | --- | --- | --- | --- |
| | 매출 | 비중 | 전년 대비 | GPM | 전년 대비 |
| 의류 제조 | 1,208.8 | 88.53% | 5.53% | 47.86% | 5.11%p |
| 전력 및 증기 생산 | 62.7 | 4.59% | -9.82% | 16% | -0.2%p |
| 날염가공 | 51.1 | 3.74% | -6.54% | 4.92% | -1.15%p |
| 소모직물 생산 | 23.2 | 1.7% | -70.63% | 10.88% | 16.6%p |
| 임대 및 기타 | 14.2 | 1.04% | -20.48% | 10.17% | 2.83%p |
| 자재 판매 | 5.5 | 0.4% | 219.4% | 3.28% | -5.64%p |
| 합계 | 1,365.4 | 100% | -0.19% | 43.59% | 6.96%p |

### 2012년 사업부문별 매출구조
(기준일: 2012-12-31/단위: 백만 위안)

| 매출구성 | 매출액 | | | 매출총이익률(GPM) | |
| --- | --- | --- | --- | --- | --- |
| | 매출 | 비중 | 전년 대비 | GPM | 전년 대비 |
| 의류 제조 | 1,145.5 | 83.73% | 8.65% | 42.75% | 2.76%p |
| 소모직물 생산 | 78.9 | 5.77% | -62.2% | -5.72% | 1.19%p |
| 전력 및 증기 생산 | 69.5 | 5.08% | -3.91% | 16.2% | 0.3%p |
| 날염가공 | 54.6 | 3.99% | 29.4% | 6.07% | 1.31%p |
| 주력사업 외 기타 수입 | 19.6 | 1.43% | 11.95% | 7.48% | 13.15%p |
| 합계 | 1,368 | 100% | -1.93% | 36.63% | 6.55%p |

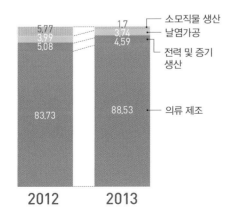

- 소모직물 생산
- 날염가공
- 전력 및 증기 생산
- 의류 제조

2012 / 2013

매출액(좌)
당기순이익(우)

2010.12　2011.12　2012.12　2013.12

(단위: 백만 위안)

| 손익계산서 | 2013.12 | 2012.12 | 2011.12 | 2010.12 |
| --- | --- | --- | --- | --- |
| 매출액 | 1,365 | 1,368 | 1,395 | 1,146 |
| 매출총이익 | 595 | 501 | 420 | 302 |
| 영업이익 | 183 | 140 | 137 | 103 |
| 세전이익 | 175 | 133 | 129 | 98 |
| 당기순이익 | 142 | 105 | 103 | 86 |

| 현금흐름표 | 2013.12 | 2012.12 | 2011.12 | 2010.12 |
| --- | --- | --- | --- | --- |
| 영업활동 현금흐름 | 458 | 366 | 276 | 210 |
| 투자활동 현금흐름 | -40 | -33 | -139 | -45 |
| 재무활동 현금흐름 | -60 | -32 | -65 | -60 |
| 현금 순증감액 | 357 | 301 | 70 | 103 |
| 기말 현금 | 1,585 | 1,227 | 926 | 857 |

| 대차대조표 | 2013.12 | 2012.12 | 2011.12 | 2010.12 |
| --- | --- | --- | --- | --- |
| 유동자산 | 2,282 | 1,856 | 1,479 | 1,317 |
| 비유동자산 | 1,032 | 1,095 | 1,175 | 1,094 |
| 자산총계 | 3,314 | 2,951 | 2,654 | 2,410 |
| 유동부채 | 1,096 | 847 | 625 | 423 |
| 비유동부채 | 1 | 1 | 1 | 1 |
| 부채총계 | 1,098 | 848 | 626 | 425 |
| 자본금 | 647 | 647 | 647 | 647 |
| 자본잉여금 | 432 | 432 | 432 | 432 |
| 이익잉여금 | 153 | 140 | 131 | 121 |
| 지배회사지분 | 2,159 | 2,049 | 1,977 | 1,939 |
| 소수주주지분 | 58 | 53 | 50 | 47 |
| 자본총계 | 2,217 | 2,103 | 2,028 | 1,986 |

CODE **600612.SH / 900905.SH**

# 老凤祥股份有限公司 노봉상

## 유명 귀금속 생산, 유통업체

**기업개요**

상해 380지수 편입종목이자 A/B주 동시상장 기업이다. 상해의 대표 귀금속 생산 및 유통기업이며 주력사업을 공예품, 필기류 관련 제품 생산, 판매에서 귀금속 가공 및 생산, 판매로 전환했다.

**투자 포인트**

❶ 1848년 설립되어 166년의 역사를 지닌 중국의 1등 금 액세서리 기업

❷ 2014년 '노봉상' 브랜드 가치 136억 9200만 위안, 중국 시장점유율 15%

❸ 뛰어난 보석 세공실력을 인정받으며 브랜드 가치도 동반 상승

❹ 소득수준 향상으로 보석 및 액세서리가 주택, 자동차와 함께 3대 소비품으로 자리매김

❺ 금 액세서리 1등 기업으로서 절대적인 브랜드와 유통망 우세로 100년 기업의 명성을 이어갈 전망

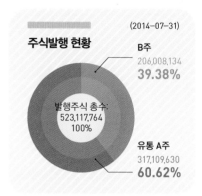

**주식발행 현황** (2014-07-31)

B주
206,008,134
**39.38%**

발행주식 총수:
523,117,764
100%

유통 A주
317,109,630
**60.62%**

**주요주주** (2014-07-31)

上海市黄浦区国有资产监督管理委员会

42.09

기타 (%)

GUOTAI JUNAN SECURITIES (HONGKONG) LIMITED(4.23)

Golden China Master Fund(2.88)

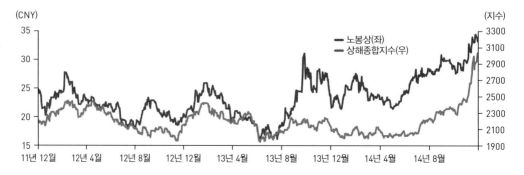

**최근 3년 주가차트**

(CNY) / (지수)

노봉상(좌)
상해종합지수(우)

11년 12월, 12년 4월, 12년 8월, 12년 12월, 13년 4월, 13년 8월, 13년 12월, 14년 4월, 14년 8월

**매출구조**

## 2013년 사업부문별 매출구조
(기준일: 2013-12-31/단위: 백만 위안)

| 매출구성 | 매출액 | | | 매출총이익률(GPM) | |
|---|---|---|---|---|---|
| | 매출 | 비중 | 전년 대비 | GPM | 전년 대비 |
| 주얼리 가공판매 | 25,843.5 | 78.35% | 33.16% | 8.77% | -0.73%p |
| 주력사업 외 기타 수입 | 5,042.4 | 15.29% | 40.79% | | |
| 금 현물 및 선물 거래 | 1,415.9 | 4.29% | -21.97% | 9.64% | 10.9%p |
| 필기류 등 문구용품 생산 | 391.5 | 1.19% | -2.04% | 28.27% | -1.1%p |
| 공예품 판매 | 181.7 | 0.55% | 9.48% | 18.27% | -12.91%p |
| 도소매 사업 | 66.8 | 0.2% | -53.12% | 13.73% | 8.83%p |
| 화학원료(잉크, 페인트) 생산 | 26.3 | 0.08% | 24.58% | 32.61% | 3.7%p |
| 경매 증개수수료 | 12.6 | 0.04% | -8.73% | | |
| 부동산 관리 | 3.9 | 0.01% | 2.5% | | |
| 연필 생산기계 제조 | 0.1 | 0% | -95.94% | -662.18% | -683.19%p |
| 합계 | 32,984.7 | 100% | 29.08% | 7.97% | -0.23%p |

## 2012년 사업부문별 매출구조
(기준일: 2012-12-31/단위: 백만 위안)

| 매출구성 | 매출액 | | | 매출총이익률(GPM) | |
|---|---|---|---|---|---|
| | 매출 | 비중 | 전년 대비 | GPM | 전년 대비 |
| 주얼리 가공판매 | 19,407.8 | 75.95% | 21.49% | 9.5% | -0.02%p |
| 주력사업 외 기타 수입 | 3,581.4 | 14.02% | 121.83% | | |
| 금 현물 및 선물 거래 | 1,814.6 | 7.1% | -34% | -1.26% | -3.3%p |
| 필기류 등 문구용품 생산 | 399.7 | 1.56% | -5.68% | 29.37% | -2.99%p |
| 공예품 판매 | 165.9 | 0.65% | 5.01% | 31.18% | 8.91%p |
| 도소매 사업 | 142.5 | 0.56% | -9.41% | 4.9% | -9.58%p |
| 화학원료(잉크, 페인트) 생산 | 21.1 | 0.08% | -14.8% | 28.91% | 13.12%p |
| 경매 증개수수료 | 13.8 | 0.05% | -39.57% | | |
| 부동산 관리 | 3.8 | 0.01% | 1,828.41% | | |
| 연필 생산기계 제조 | 2.9 | 0.01% | 162.4% | 21.01% | -28.94%p |
| 합계 | 25,553.4 | 100% | 20.95% | 8.19% | -0.53%p |

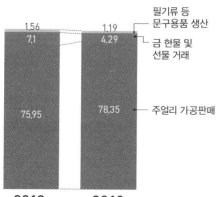

1.56 / 7.1 / 75.95 (2012)
1.19 / 4.29 / 78.35 (2013)

필기류 등 문구용품 생산
금 현물 및 선물 거래
주얼리 가공판매

---

### 재무제표

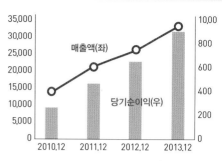

매출액(좌)
당기순이익(우)

(단위: 백만 위안)

| 손익계산서 | 2013.12 | 2012.12 | 2011.12 | 2010.12 |
|---|---|---|---|---|
| 매출액 | 32,985 | 25,553 | 21,126 | 14,311 |
| 매출총이익 | 2,628 | 2,094 | 1,844 | 1,290 |
| 영업이익 | 1,264 | 1,004 | 845 | 540 |
| 세전이익 | 1,477 | 1,067 | 911 | 563 |
| 당기순이익 | 890 | 611 | 523 | 292 |

| 현금흐름표 | 2013.12 | 2012.12 | 2011.12 | 2010.12 |
|---|---|---|---|---|
| 영업활동 현금흐름 | 1,522 | 751 | -88 | -207 |
| 투자활동 현금흐름 | -90 | -54 | -98 | -139 |
| 재무활동 현금흐름 | -522 | 66 | 399 | 409 |
| 현금 순증감액 | 909 | 762 | 212 | 62 |
| 기말 현금 | 2,788 | 1,878 | 1,116 | 903 |

| 대차대조표 | 2013.12 | 2012.12 | 2011.12 | 2010.12 |
|---|---|---|---|---|
| 유동자산 | 8,188 | 7,717 | 6,206 | 4,532 |
| 비유동자산 | 1,149 | 1,168 | 1,070 | 951 |
| 자산총계 | 9,337 | 8,885 | 7,277 | 5,483 |
| 유동부채 | 5,320 | 5,357 | 4,461 | 3,304 |
| 비유동부채 | 149 | 351 | 312 | 293 |
| 부채총계 | 5,469 | 5,708 | 4,773 | 3,597 |
| 자본금 | 523 | 523 | 436 | 335 |
| 자본잉여금 | 618 | 622 | 684 | 692 |
| 이익잉여금 | 231 | 189 | 159 | 139 |
| 지배회사지분 | 3,333 | 2,761 | 2,169 | 1,656 |
| 소수주주지분 | 535 | 416 | 335 | 230 |
| 자본총계 | 3,868 | 3,177 | 2,504 | 1,887 |

# 中外运空运发展股份有限公司
## 중외운항공운수발전

국제 항공택배 시장점유율 40%의 항공화물 전문운송 기업

**기업개요**

상해 380지수 편입종목이다. 항공화물 운송업체로 국제 항공화물 운송, 국제 항공택배업, 중국 내의 물류종합 서비스 등에 주력하고 있으며 전국적으로 지사 35개와 시(市)급 규모 물류센터 80개, 일반 물류센터 200개 등 전국적인 유통망을 구축하고 있다. 이와 동시에 국제적으로 50여 개의 해외 포워딩 회사와 사업 제휴를 체결해 국제 항공택배와 국제 항공화물 운송 분야의 시장점유율이 각각 40% 및 10%이다.

**투자 포인트**

❶ 중국 항공화물 업계 최대의 중국외운장항그룹Sinotrans&CSC의 자회사로 국내외 항공화물과 택배 사업이 주력
❷ 지난 3년간 수출입 둔화로 60%의 매출을 차지하는 국제화물 부문의 성장성은 둔화되고 있으나 세계적인 운송업체인 DHL과의 조인트 벤처회사에 대한 투자수익은 증가
❸ 항공화물 물동량은 2014년 들어 신흥시장 수요 증가로 회복세
❹ 크로스보더Cross-border 전자상거래 시장은 매년 20%씩 성장할 것으로 추정되어 2016년에는 1000억 위안 이상 내외로 확대 예상

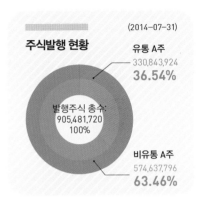

**주식발행 현황** (2014-07-31)

유통 A주
330,843,924
**36.54%**

발행주식 총수:
905,481,720
100%

비유통 A주
574,637,796
**63.46%**

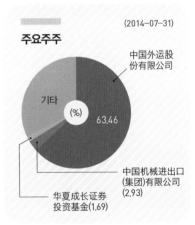

**주요주주** (2014-07-31)

中国外运股份有限公司
기타
(%) 63.46
中国机械进出口(集团)有限公司(2.93)
华夏成长证券投资基金(1.69)

**최근 3년 주가차트**

(CNY) · (지수)

— 중외운항공운수발전(좌)
— 상해종합지수(우)

## 매출구조

### 2013년 사업부문별 매출구조
(기준일: 2013-12-31/단위: 백만 위안)

| 매출구성 | 매출액 | | | 매출총이익률(GPM) | |
|---|---|---|---|---|---|
| | 매출 | 비중 | 전년 대비 | GPM | 전년 대비 |
| 국제 항공화물 운송대행 | 2,677.7 | 68.63% | -4.75% | 7.58% | 0.76%p |
| 국내 화물운송 및 물류서비스 | 874.1 | 22.4% | 4.83% | 14.16% | -1.4%p |
| 택배서비스 | 336.6 | 8.63% | 10.52% | 12.16% | -3.31%p |
| 주력사업 외 기타 수입 | 13 | 0.33% | 7.3% | 44.83% | -9.16%p |
| 합계 | 3,901.4 | 100% | -1.52% | 9.57% | 0.1%p |

### 2012년 사업부문별 매출구조
(기준일: 2012-12-31/단위: 백만 위안)

| 매출구성 | 매출액 | | | 매출총이익률(GPM) | |
|---|---|---|---|---|---|
| | 매출 | 비중 | 전년 대비 | GPM | 전년 대비 |
| 국제 항공화물 운송대행 | 2,811.1 | 71.23% | -3.68% | 6.82% | 0.15%p |
| 국내 화물운송 및 물류서비스 | 818.8 | 20.75% | 18.07% | 15.02% | 0.77%p |
| 택배서비스 | 304.6 | 7.72% | 12.31% | 15.47% | 3.91%p |
| 주력사업 외 기타 수입 | 12 | 0.3% | 45.74% | 54.25% | -25.83%p |
| 합계 | 3,946.5 | 100% | 1.42% | 9.33% | 0.82%p |

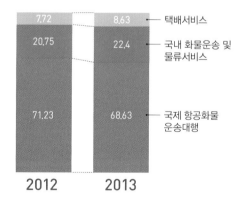

- 택배서비스
- 국내 화물운송 및 물류서비스
- 국제 항공화물 운송대행

2012: 7.72 / 20.75 / 71.23
2013: 8.63 / 22.4 / 68.63

## 재무제표

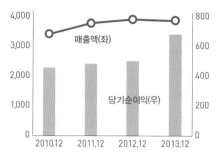

매출액(좌)
당기순이익(우)

(단위: 백만 위안)

| 손익계산서 | 2013.12 | 2012.12 | 2011.12 | 2010.12 |
|---|---|---|---|---|
| 매출액 | 3,901 | 3,947 | 3,891 | 3,397 |
| 매출총이익 | 373 | 368 | 331 | 300 |
| 영업이익 | 709 | 632 | 466 | 424 |
| 세전이익 | 704 | 594 | 467 | 425 |
| 당기순이익 | 681 | 567 | 452 | 446 |

| 현금흐름표 | 2013.12 | 2012.12 | 2011.12 | 2010.12 |
|---|---|---|---|---|
| 영업활동 현금흐름 | 33 | -57 | -77 | 22 |
| 투자활동 현금흐름 | 390 | 565 | 100 | -36 |
| 재무활동 현금흐름 | -150 | -203 | -99 | -65 |
| 현금 순증감액 | 271 | 303 | -76 | -80 |
| 기말 현금 | 2,173 | 1,891 | 1,588 | 1,664 |

| 대차대조표 | 2013.12 | 2012.12 | 2011.12 | 2010.12 |
|---|---|---|---|---|
| 유동자산 | 3,354 | 2,883 | 2,697 | 2,422 |
| 비유동자산 | 3,095 | 3,121 | 2,826 | 3,720 |
| 자산총계 | 6,449 | 6,004 | 5,523 | 6,142 |
| 유동부채 | 775 | 647 | 637 | 721 |
| 비유동부채 | 69 | 96 | 23 | 247 |
| 부채총계 | 844 | 743 | 660 | 969 |
| 자본금 | 905 | 905 | 905 | 905 |
| 자본잉여금 | 497 | 686 | 675 | 1,347 |
| 이익잉여금 | 490 | 490 | 490 | 490 |
| 지배회사지분 | 5,570 | 5,257 | 4,859 | 5,169 |
| 소수주주지분 | 36 | 4 | 4 | 4 |
| 자본총계 | 5,605 | 5,261 | 4,863 | 5,173 |

# 海尔电器集团有限公司 하이얼전기그룹

## 중국 세탁기와 온수기 1등 제조기업

**기업개요**

중국 세탁기와 온수기 1등 제조기업인 동시에 3·4급 도시의 유통망 운영 종합 서비스 제공업체이다. 백색가전은 '하이얼' 브랜드를 중심으로 하고 있고 유통망 운영 서비스는 'RIRISHUN'으로 운영되고 있다.

**투자 포인트**

❶ 칭다오하이얼그룹은 중국 최대의 백색가전 생산업체로 산하에 상장사로는 칭다오하이얼(600690.SH)과 하이얼전기(01169)를 보유

❷ 칭다오하이얼은 주로 에어컨과 냉장고를 생산하며 하이얼전기는 종합 유통사업 및 세탁기와 온수기 생산이 주력

❸ 중국 국내 세탁기 1위(28.1%), 온수기 1위(18.3%) 기업

❹ 유통 사업부문은 향후 주력사업이 될 전망이며 주로 자회사 르르순을 통해 유통사업을 추진하되, 대부분 하이얼그룹 제품에 대한 물류, 유통, A/S, 온라인 판매와 중국 최대 온라인 전자상거래 T-MALL의 가전/가구 배송을 포함한 타 업체 상품 유통도 대행

❺ 2014년 3월 알리바바가 르르순에 34% 지분투자하면서 이후 T-MALL의 가전과 가구 등의 배송을 르르순 유통망을 이용함에 따른 수혜 예상

❻ 르르순의 유통망은 9만 대의 보유 차량과 11만 명의 인력으로 전국 2583개 지역으로 배송이 가능하고 특히 소도시까지 진출해 향후 매년 20% 내외의 성장이 예상

❼ 세탁기와 온수기는 제품 프리미엄화와 신제품 출시로 성장률과 이익률이 개선될 전망

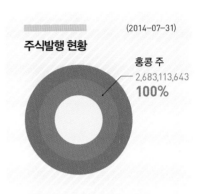

(2014-07-31)

**주식발행 현황**

홍콩 주
2,683,113,643
**100%**

(2014-07-31)

**주요주주**

海尔股份(香港)有限公司 31.06

青岛海尔股份有限公司 14.66

青岛海尔投资发展有限公司 12.91

기타 (%)

**최근 3년 주가차트**

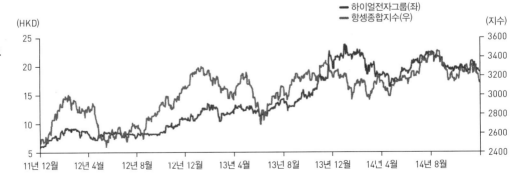

— 하이얼전자그룹(좌)
— 항셍종합지수(우)

## 매출구조

### 2013년 사업부문별 매출구조

(기준일: 2013-12-31/단위: 백만 위안)

| 매출구성 | 매출 | 비중 | 전년 매출 | 비중 | 전년 대비 |
|---|---|---|---|---|---|
| 종합 마케팅 채널 서비스 | 56,551 | 90.8% | 49,568 | 89.1% | 14.1% |
| 세탁기 | 4,804 | 7.7% | 5,197 | 9.3% | -7.6% |
| 온수기 | 907 | 1.5% | 848 | 1.5% | 6.9% |
| 합계 | 62,263 | 100% | 55,615 | 100% | 12% |

### 2012년 사업부문별 매출구조

(기준일: 2012-12-31/단위: 백만 위안)

| 매출구성 | 매출 | 비중 | 전년 매출 | 비중 | 전년 대비 |
|---|---|---|---|---|---|
| 종합 마케팅 채널 서비스 | 49,568 | 89.1% | 44,654 | 89.1% | 11% |
| 세탁기 | 5,197 | 9.3% | 4,886 | 9.8% | 6.4% |
| 온수기 | 848 | 1.5% | 549 | 1.1% | 54.6% |
| 합계 | 55,615 | 100% | 50,089 | 100% | 11% |

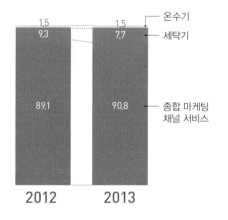

## 재무제표

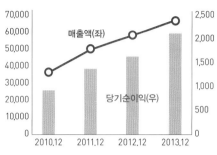

(단위: 백만 위안)

| 손익계산서 | 2013.12 | 2012.12 | 2011.12 | 2010.12 |
|---|---|---|---|---|
| 매출액 | 62,263 | 55,615 | 49,900 | 35,807 |
| 매출총이익 | 9,138 | 8,941 | 7,484 | 4,773 |
| 세전이익 | 2,638 | 2,244 | 1,849 | 1,435 |
| 당기순이익 | 2,037 | 1,695 | 1,406 | 964 |

| 현금흐름표 | 2013.12 | 2012.12 | 2011.12 | 2010.12 |
|---|---|---|---|---|
| 영업활동 현금흐름 | 2,210 | 1,740 | 1,320 | 1,294 |
| 투자활동 현금흐름 | -1,654 | -649 | -251 | -256 |
| 재무활동 현금흐름 | 73 | 115 | 356 | 97 |
| 현금 순증감액 | 609 | 1,198 | 1,379 | 1,113 |
| 기말 현금 | 5,743 | 5,134 | 3,935 | 2,536 |

| 대차대조표 | 2013.12 | 2012.12 | 2011.12 | 2010.12 |
|---|---|---|---|---|
| 유동자산 | 19,030 | 16,041 | 12,554 | 8,437 |
| 비유동자산 | 2,851 | 2,173 | 1,740 | 1,284 |
| 자산총계 | 21,881 | 18,213 | 14,294 | 9,721 |
| 유동부채 | 12,431 | 10,921 | 8,953 | 6,773 |
| 비유동부채 | 1,392 | 1,452 | 1,061 | 204 |
| 부채총계 | 13,823 | 12,373 | 10,013 | 6,977 |
| 자본금 | 2,762 | 2,501 | 2,338 | 2,249 |
| 자본/ 이익잉여금 | 4,959 | 3,039 | 1,679 | 304 |
| 지배회사지분 | 7,721 | 5,540 | 4,017 | 2,553 |
| 소수주주지분 | 337 | 301 | 264 | 191 |
| 자본총계 | 8,058 | 5,840 | 4,281 | 2,744 |

PART2 중국을 움직이는 100대 기업 221

CODE 1929.HK ·····························································

# 周大福珠宝集团有限公司 주대복

## 세계 최대 주얼리 소매업체

·····························································

**기업개요**

중화권 최대의 주얼리 회사로 중국 귀금속 시장에서 인지도가 가장 높은 CHOW TAI FOOK(周大福) 브랜드를 보유하고 있다. 보석 시장에서만 80년의 노하우로 주로 다이아몬드, 백금, 황금 등의 원재료를 구입, 자체 가공을 통해 주대복 매장에서 판매하는 사업구조를 가지고 있다. 시계 분야에서는 LVMH 그룹, 리치몬트, 로렉스, 스와치 등 세계적으로 유명한 시계 브랜드와 장기적인 파트너십을 체결한 상태이다.

**투자 포인트**

❶ 세계 최대 주얼리 소매업체로 중국 본토와 홍콩, 마카오 보석 시장에서 1등 보석 유통기업

❷ 2014년 3월 기준 약 2000개의 매장 중 주얼리 매장 1938개, 시계 전문매장 139개 보유

❸ 매출은 중국 본토 비중이 약 55%이며 홍콩과 마카오 매출의 과반 이상은 중국 본토인들이 기여

❹ 중국인들의 명품 선호도 조사에서 핸드백은 루이비통, 보석은 주대복을 선호할 정도로 인기

❺ 중국인들의 소득 향상과 소비력이 강한 1985~1990년대생이 결혼 적령기에 들면서 주얼리 시장 수요 지속 예상

(2014-07-31)

**주식발행 현황**

홍콩 주
10,000,000,000
**100%**

(2014-07-31)

**주요주주**

기타

Chow Tai Fook (Holding) Limited

(%) 89.34

**최근 3년 주가차트**

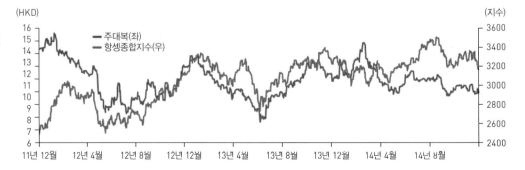

(HKD) / (지수)

— 주대복(좌)
— 항셍종합지수(우)

**매출구조**

## 2014년 사업부문별 매출구조
(기준일: 2014-03-31/단위: 백만 홍콩달러)

| 매출구성 | 매출 | 비중 | 전년 매출 | 비중 | 전년 대비 |
|---|---|---|---|---|---|
| 소매 | 67,179 | 86.8% | 50,304 | 87.6% | 33.5% |
| 도매 | 10,288 | 13.2% | 7,129 | 12.4% | 43.5% |
| 합계 | 77,407 | 100% | 57,433 | 100% | 34.8% |

## 2013년 사업부문별 매출구조
(기준일: 2013-03-31/단위: 백만 홍콩달러)

| 매출구성 | 매출 | 비중 | 전년 매출 | 비중 | 전년 대비 |
|---|---|---|---|---|---|
| 소매 | 50,304 | 87.6% | 47,242 | 83.5% | 6.5% |
| 도매 | 7,129 | 12.4% | 9,328 | 16.5% | -23.6% |
| 합계 | 57,433 | 100% | 56,571 | 100% | 1.5% |

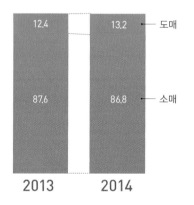

| | 도매 |
|---|---|
| 2013: 12.4 | 2014: 13.2 |
| 2013: 87.6 | 2014: 86.8 → 소매 |

## 재무제표

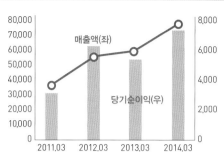

매출액(좌) / 당기순이익(우)

(단위: 백만 홍콩 달러)

| 손익계산서 | 2014.03 | 2013.03 | 2012.03 | 2011.03 |
|---|---|---|---|---|
| 매출액 | 77,407 | 57,434 | 56,571 | 35,043 |
| 매출총이익 | 21,152 | 16,283 | 16,448 | 9,928 |
| 세전이익 | 9,163 | 7,095 | 8,166 | 4,620 |
| 당기순이익 | 7,272 | 5,505 | 6,341 | 3,538 |

| 현금흐름표 | 2014.03 | 2013.03 | 2012.03 | 2011.03 |
|---|---|---|---|---|
| 영업활동 현금흐름 | -5,420 | 10,030 | -6,654 | -2,612 |
| 투자활동 현금흐름 | -1,727 | -1,113 | 477 | -76 |
| 재무활동 현금흐름 | 8,221 | -10,623 | 10,497 | 6,107 |
| 현금 순증감액 | 1,162 | -1,683 | 4,383 | 3,498 |
| 기말 현금 | 9,467 | 8,305 | 9,988 | 5,605 |

| 대차대조표 | 2014.03 | 2013.03 | 2012.03 | 2011.03 |
|---|---|---|---|---|
| 유동자산 | 57,554 | 39,777 | 45,258 | 27,503 |
| 비유동자산 | 4,263 | 3,442 | 2,156 | 1,546 |
| 자산총계 | 61,817 | 43,219 | 47,414 | 29,049 |
| 유동부채 | 22,507 | 8,413 | 14,218 | 17,213 |
| 비유동부채 | 858 | 945 | 3,623 | 163 |
| 부채총계 | 23,365 | 9,358 | 17,841 | 17,376 |
| 자본금 | 10,000 | 10,000 | 10,000 | 700 |
| 자본/이익잉여금 | 27,173 | 22,926 | 18,978 | 10,607 |
| 지배회사지분 | 37,173 | 32,926 | 28,978 | 11,307 |
| 소수주주지분 | 1,279 | 935 | 595 | 366 |
| 자본총계 | 38,452 | 33,861 | 29,573 | 11,673 |

CODE **2020.HK** ..............................................................................

# 安踏体育用品有限公司 ANTA스포츠

### 중국 종합 스포츠용품 제조, 판매 1등 기업

..............................................................................

**기업개요**

중국 내 대표 스포츠용품 제조업체로서 주요 사업으로는 ANTA 브랜드의 스포츠용품 디자인, 개발, 제조 및 마케팅 등이며 주요 제품으로는 운동화, 의류 및 액세서리 등이 포함된다. 운동화 시장에서 11년 연속 중국 시장점유율 1위를 차지하고 있다.

**투자 포인트**

❶ 운동화와 스포츠 의류 제조, 종합 스포츠용품 1등 기업

❷ 직영매장인 ANTA 스포츠매장, ANTA Kids와 FILA로부터 중국, 홍콩, 마카오 판매권을 인수해 중국 FILA 매장을 운영

❸ 2014년 6월 기준 ANTA 스포츠 매장 7701개, ANTA Kids 987개, FILA 매장 441개 운영

❹ 2014년 10월까지 30개 프로농구팀의 농구화 로고 사용권한 계약을 체결했고 앞으로는 의류까지도 적용할 가능성이 높아 향후 3~5년간 사업 특수 기대

❺ 최근 스포츠 분야 경기 호전과 재고 소진으로 당분간 두 자릿수 성장 유지 예상

(2014-07-31)

**주식발행 현황**

홍콩 주
2,496,616,000
**100%**

(2014-07-31)

**주요주주**

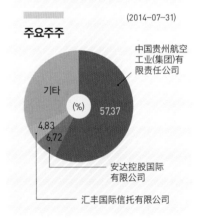

中国贵州航空工业(集团)有限责任公司

기타

(%) 57.37

4.83
6.72

安达控股国际有限公司

汇丰国际信托有限公司

**최근 3년 주가차트**

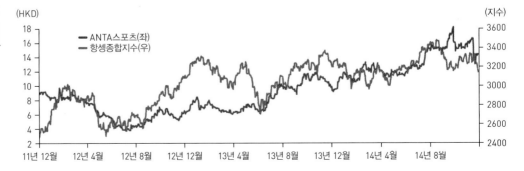

## 매출구조

### 2013년 사업부문별 매출구조
(기준일: 2013-12-31/단위: 백만 위안)

| 매출구성 | 매출 | 비중 | 전년 매출 | 비중 | 전년 대비 |
|---|---|---|---|---|---|
| 의류 | 3,574 | 49.1% | 3,677 | 48.2% | -2.8% |
| 신발류 | 3,420 | 47% | 3,706 | 48.6% | -7.7% |
| 액세서리 | 286 | 3.9% | 239 | 3.1% | 19.5% |
| 합계 | 7,281 | 100% | 7,622 | 100% | -4.5% |

### 2012년 사업부문별 매출구조
(기준일: 2012-12-31/단위: 백만 위안)

| 매출구성 | 매출 | 비중 | 전년 매출 | 비중 | 전년 대비 |
|---|---|---|---|---|---|
| 스포츠 의류 및 신발 | 6,533 | 85.7% | 7,886 | 88.6% | -17.2% |
| 기타 | 1,089 | 14.3% | 1,019 | 11.4% | 6.9% |
| 합계 | 7,622 | 100% | 8,905 | 100% | -14.4% |

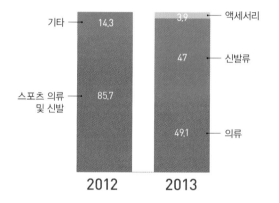

## 재무제표

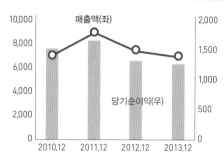

(단위: 백만 위안)

| 손익계산서 | 2013.12 | 2012.12 | 2011.12 | 2010.12 |
|---|---|---|---|---|
| 매출액 | 7,281 | 7,622 | 8,905 | 7,408 |
| 매출총이익 | 3,039 | 2,893 | 3,762 | 3,171 |
| 세전이익 | 1,753 | 1,730 | 2,160 | 1,843 |
| 당기순이익 | 1,315 | 1,359 | 1,730 | 1,551 |

| 현금흐름표 | 2013.12 | 2012.12 | 2011.12 | 2010.12 |
|---|---|---|---|---|
| 영업활동 현금흐름 | 1,128 | 1,965 | 1,448 | 1,433 |
| 투자활동 현금흐름 | 620 | -976 | -738 | 496 |
| 재무활동 현금흐름 | -1,408 | -3 | -1,059 | -939 |
| 현금 순증감액 | 337 | 989 | -373 | 954 |
| 기말 현금 | 4,344 | 4,008 | 3,018 | 3,391 |

| 대차대조표 | 2013.12 | 2012.12 | 2011.12 | 2010.12 |
|---|---|---|---|---|
| 유동자산 | 8,187 | 8,102 | 6,770 | 5,745 |
| 비유동자산 | 1,931 | 1,934 | 1,425 | 1,309 |
| 자산총계 | 10,118 | 10,036 | 8,194 | 7,054 |
| 유동부채 | 2,574 | 2,898 | 1,604 | 1,163 |
| 비유동부채 | 195 | 205 | 171 | 160 |
| 부채총계 | 2,769 | 3,103 | 1,776 | 1,324 |
| 자본금 | 242 | 242 | 242 | 242 |
| 자본/ 이익잉여금 | 6,912 | 6,510 | 6,130 | 5,436 |
| 지배회사지분 | 7,154 | 6,752 | 6,372 | 5,678 |
| 소수주주지분 | 195 | 180 | 47 | 53 |
| 자본총계 | 7,349 | 6,933 | 6,419 | 5,731 |

**CODE 1880.HK** ······························································

# 百丽国际控股有限公司 백려국제

## 중고급 여성화에서 독보적인 1위 기업

·································································································

**기업개요**

신발 디자인에서 생산, 유통까지 일원화된 신발 종합기업으로 벨르Belle가 메인 브랜드이다. 이외에도 Teenmix, Tata, Staccato, Senda, Basto, JipiJapa, Millies, Joy & Peace 및 Mirabell 등 10여 개의 여성용 신발 브랜드를 보유하고 있다. 이상의 브랜드들은 중고가 여성용 신발의 대표 브랜드로 독보적인 1등 기업이다. 이외에 Bata, Geox, Clarks, Mephisto, BCBG, ELLE, Merrell 및 Caterpillar 등의 브랜드는 판매대행을 하고 있다. 또한 현재 중국에서의 나이키와 아디다스 등 양대 스포츠용품 브랜드 판매대행 1위 기업이기도 하다.

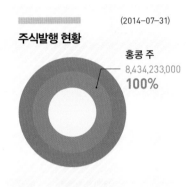

**주식발행 현황** (2014-07-31)

홍콩 주
8,434,233,000
**100%**

**투자 포인트**

❶ 메인 브랜드인 벨르는 중고급 여성화에서 독보적인 1위 기업
❷ 중국에서의 나이기와 이디디스 판매대행 1위
❸ 2014년 8월 기준 신발 유통매장 1만 2000개와 스포츠용품 매장 6000개 보유
❹ 스포츠용품 업황이 최저점에서 회복되면서 2014년부터 두 자릿수 성장으로 회복
❺ 여성화의 경우 백화점 전문매장 중심의 판매에서 현재는 쇼핑몰과 온라인 거래로 소비 트렌드 변화에 발빠르게 대처
❻ 매장의 급속한 확장 단계는 이미 지나갔고 배당 성향이 높아지고 있으며 2014년 배당 성향은 60%에 달할 전망
❼ 향후 안정 성장을 바탕으로 대표 배당주로 성장 가능성에 주목

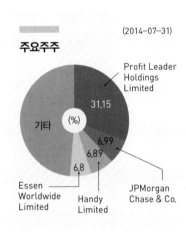

**주요주주** (2014-07-31)

Profit Leader Holdings Limited
31.15
(%)
기타
6.99
6.89
6.8
Essen Worldwide Limited
Handy Limited
JPMorgan Chase & Co.

**최근 3년 주가차트**

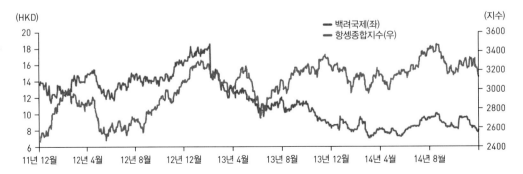

(HKD) / (지수)
— 백려국제(좌)
— 항셍종합지수(우)

## 매출구조

### 2013년 사업부문별 매출구조
(기준일: 2013-12-31/단위: 백만 위안)

| 매출구성 | 매출 | 비중 | 전년 매출 | 비중 | 전년 대비 |
|---|---|---|---|---|---|
| 신발 | 22,277 | 61.5% | 21,045 | 64% | 5.9% |
| 스포츠웨어 | 13,971 | 38.5% | 11,813 | 36% | 18.3% |
| 합계 | 36,249 | 100% | 32,859 | 100% | 10.3% |

### 2012년 사업부문별 매출구조
(기준일: 2012-12-31/단위: 백만 위안)

| 매출구성 | 매출 | 비중 | 전년 매출 | 비중 | 전년 대비 |
|---|---|---|---|---|---|
| 신발 | 21,045 | 64% | 18,533 | 64% | 13.6% |
| 스포츠웨어 | 11,814 | 36% | 10,412 | 36% | 13.5% |
| 합계 | 32,859 | 100% | 28,945 | 100% | 13.5% |

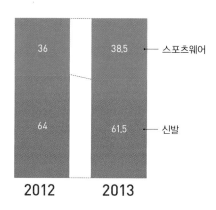

36 / 38.5 ─── 스포츠웨어

64 / 61.5 ─── 신발

2012  2013

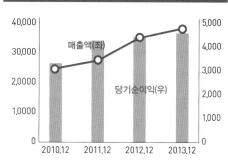

매출액(좌)

당기순이익(우)

2010.12  2011.12  2012.12  2013.12

(단위: 백만 위안)

| 손익계산서 | 2013.12 | 2012.12 | 2011.12 | 2010.12 |
|---|---|---|---|---|
| 매출액 | 36,249 | 32,859 | 28,945 | 23,706 |
| 매출총이익 | 20,860 | 18,598 | 16,556 | 13,208 |
| 세전이익 | 6,005 | 5,677 | 5,471 | 4,125 |
| 당기순이익 | 4,492 | 4,352 | 4,255 | 3,425 |

| 현금흐름표 | 2013.12 | 2012.12 | 2011.12 | 2010.12 |
|---|---|---|---|---|
| 영업활동 현금흐름 | 5,089 | 4,394 | 3,031 | 2,649 |
| 투자활동 현금흐름 | -2,955 | -4,143 | -1,922 | -232 |
| 재무활동 현금흐름 | -857 | -852 | -382 | -1,915 |
| 현금 순증감액 | 1,268 | -600 | 714 | 482 |
| 기말 현금 | 3,555 | 2,287 | 2,887 | 2,173 |

| 대차대조표 | 2013.12 | 2012.12 | 2011.12 | 2010.12 |
|---|---|---|---|---|
| 유동자산 | 20,696 | 19,616 | 17,816 | 14,174 |
| 비유동자산 | 11,698 | 8,987 | 7,865 | 6,658 |
| 자산총계 | 32,394 | 28,603 | 25,681 | 20,832 |
| 유동부채 | 5,837 | 5,859 | 5,830 | 3,460 |
| 비유동부채 | 222 | 180 | 258 | 257 |
| 부채총계 | 6,059 | 6,039 | 6,087 | 3,717 |
| 자본금 | 83 | 83 | 83 | 83 |
| 자본/ 이익잉여금 | 26,106 | 22,337 | 19,341 | 17,032 |
| 지배회사지분 | 26,189 | 22,421 | 19,424 | 17,115 |
| 소수주주지분 | 146 | 143 | 170 | 0 |
| 자본총계 | 26,335 | 22,563 | 19,594 | 17,115 |

# 원자력발전 및
# 유틸리티 산업

2014년 12월 10일, 중국 최대의 원자력발전 운영업체인 중광핵전력(1816.HK)이 홍콩거래소에 상장했다. 이번 IPO를 통한 조달 자금은 245억 홍콩달러이며 첫날 19% 올라 시가총액은 1461억 홍콩달러에 달했다. IPO를 통한 중광핵CGN의 대규모 자금 조달과 중국핵공업그룹CNNC의 A주 상장 계획은 중국의 원전건설 붐을 여실히 보여준다. 중국은 2011년 일본 후쿠시마福島 원전 사고 이후 원전건설 계획을 잠정 보류했으나 2012년 10월부터 부분적으로 재개해 최근에는 다시 활발히 추진하고 있다.

## ★중국 원전의 발전 잠재력 막강

중국은 세계 최대 에너지 소비 국가로 원유의 대외 의존도가 60%이며 에너지에서 석탄 비중이 약 60%로 매우 높기에 에너지 안전과 환경오염 문제가 계속 제기되어 왔다.

중국은 신재생에너지를 '7대 전략적 신흥 산업'의 하나로 확정하고 대대적으로 육성 중이다. 현재 수력과 풍력 설비용량은 세계 1위이고 태양광 산업도 세계 최대 규모이다. 태양광, 풍력, 원전 등의 신재생에너지 중에서 날씨에 영향을 받는 태양광과 풍력에 비해 원자력발전의 지속성은 매우 높다. 실제로 원자력발전소 이용 시간은 풍력의 4배, 태양광의 6배에 달한다.

2014년 6월 말 기준 중국은 원자력발전소 20기를 가동하고 있고 설비용량은 18.1GW이다. 추가로 28기를 건설 중인데 설비용량은 31.6GW이며 2014~2018년 기간에 생산에 투입할 계획이다. 2014년 11월에 국무원의 '에너지 발전 전략 행동 계획(2014~2020)'에 따르면 2020년에는 설비용량을 58GW까지 끌어올릴 계획이며 건설 중의 설비용량은 30GW에 달할 예정이다. 중국 원자력발전이 차지하는 비중은 전체의 2.2%에 불과해 세계 평균치 11%를 고려해볼 때 잠재력이 크다. 정부 방침에 따라 2015~2020년 중에 중국 설비용량은 20%의 증가세를 보일 전망이다.

## ★ 중국 원전 관련 주요 업체와 투자 기회

건설 중인 원자력발전소가 2015년 대거 가동될 예정이어서 원전 운영기업의 수혜가 예상된다. 또한 기술력 측면에서도 중국이 추진하는 제3세대 기술 도입이 명확해지면서 중국 원전건설의 재가동이 본격 추진될 전망이다. 이 밖에 대형 원자력 국유 그룹 산하의 자산들이 상장되고 자산 통합이 추진되면서 투자 기회도 크게 늘어나는 상황이다.

중국에서 원자력발전소를 가진 업체는 중국광핵그룹과 중국핵공업그룹 등인데 시장점유율은 각각 60%와 30%이다. 국가핵전기술공사는 웨스팅하우스로부터 AP1000을 도입한 회사로 기술 발전에 집중하고 있다. 중국핵공업건설그룹의 중국 내 원전 건설 관련 시장점유율은 85%로 절대적이다. 원전설비 업체로는 상해전기그룹(601727.SH/2727.HK), 동방전기(600875.SH/1072.HK), 하얼빈동력설비(1133.HK) 등의 종합 전력 설비 업체들이 있는데 매출구조에서 원자력 사업 비중은 모두 10% 미만이다.

중국광핵그룹 산하 주요 플랫폼으로 최근 상장한 중광핵전력(1816.HK)은 주목할 필요가 있다. 이 기업은 중국 최대의 원자력발전 업체로 총 설비용량 기준에서 보면 64%의 시장점유율을 차지하고 있다. 지난 20년간의 안전한 운영 경험을 통해 현재 11개의 원자력발전소를 운영하고 있고 총 설비용량이 1만 1624MW에 달하는 기업이다.

중광핵전력의 원자력발전 및 유틸리티 사업은 매우 빠르게 성장하고 있다. 중광핵전력의 원자력발전소는 2014년부터 2017년 말까지 매년 총 설비용량이 각각 11.62GW, 16.04GW, 21.71GW, 22.79GW에 달할 것으로 예측된다. 4년간 연복합성장률이 28.6%에 달할 정도로 고속 성장 중이며, 관련 원전 사업에 대해 보유한 실제 지분 비중에 따라 수익을 차지하게 되는 설비용량도 연간 각각 7.89GW, 9.94GW, 12.93GW, 13.78GW로 4년간 연복합성장률은 22%를 기록할 것으로 예상된다.

공공사업에서 원자력발전 외에 수력발전과 도시가스 사업에도 주목할 필요가 있다. 장강전력(600900.SH), 신오가스(2688.HK), 화윤가스(1193.HK) 등은 한

### 중국 에너지발전 12.5계획에서 설치용량 목표

(단위: GW)

| 구분 | 2010년 | | 2015년 | | GAGR (%) |
|---|---|---|---|---|---|
| | 설비용량 | 비중 | 설비용량 | 비중 | |
| 석탄 | 660 | 68.0% | 960 | 64.4% | 7.8% |
| 가스 | 26.4 | 2.7% | 56 | 3.8% | 16.2% |
| 수력 | 220 | 22.7% | 290 | 19.5% | 5.7% |
| 원자력 | 10.8 | 1.1% | 40 | 2.7% | 29.9% |
| 풍력(on-grid) | 31 | 3.2% | 100 | 6.7% | 26.4% |
| 태양에너지(on-grid) | 0.9 | 0.1% | 21 | 1.4% | 89.5% |
| 중국 총 설비용량 | 970 | 100% | 1,490 | 100% | 9.0% |
| 2009년 | 85,518 | 2,699 | 7,013 | 6,006 | 781 |
| 2010년 | 91,178 | 5,133 | 8,427 | 7,075 | 1,067 |
| 2011년 | 93,250 | 6,601 | 5,906 | 4,611 | 1,049 |
| 2012년 | 97,625 | 9,356 | 6,340 | 5,185 | 900 |
| 2013년 | 103,145 | 11,028 | 6,657 | 5,328 | 1,038 |

출처: 국가에너지국(National Energy Administration)

국에서 볼 수 없는 대형 유틸리티 업체이다. 2013년 기준 중국 수력발전의 전체 비중은 22%인데, 64%를 차지하는 화력발전에 비해 탄소 배출이 없는 재생에너지이다. 또한 1차 에너지에서 차지하는 천연가스 소비 비중을 2020년까지 10%(2013년 5.8%)로 늘릴 계획이다. 중국은 국토 면적이 넓고 인구가 많기에 아직 대형 에너지 기업들의 성장 공간이 크다. 따라서 장기적으로 주목할 필요가 있다.

CODE **600900.SH**

# 中国长江电力股份有限公司 장강전력

## 중국 최대의 수력발전 기업

**기업개요**

상해 180지수, CSI 300(호심 300)지수 편입종목이다. 중국 최대의 수력발전 기업으로 장강(長江)의 수자원을 이용해 산샤(三峽)와 거저우파(葛洲壩) 발전소를 운영 중이며 현금흐름이 안정적이다.

**투자
포인트**

❶ 중국 최대의 수력발전 기업으로 2013년 말 기준 2527만 kw의 설비용량 보유, 이외에 지분참여를 통해 280만 kw를 추가 확보

❷ 수력발전의 설비용량은 2527만 kw로 중국 1위, 세계 3위

❸ 향후 모그룹인 삼협그룹(三峽集团)이 진사강(金沙江) 유역에 4개의 대형 수력발전소를 이 회사에 투입하기로 해 향후 시장점유율 확대와 수익성 향상 예상

❹ 모회사인 삼협그룹은 중핵그룹(中核集团)과의 전략적 제휴를 통해 원전 사업 및 원전 신기술 연구개발 등의 합작을 추진해 향후 원자력발전 진출에 교두보 확보

❺ 안정적인 현금흐름과 A주 희소기업으로 향후 수혜 예상

**주식발행 현황** (2014-07-31)

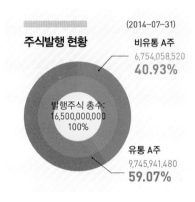

비유통 A주
6,754,058,520
**40.93%**

발행주식 총수:
16,500,000,000
100%

유통 A주
9,745,941,480
**59.07%**

**주요주주** (2014-07-31)

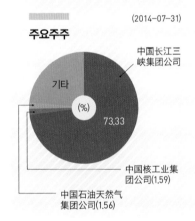

中国长江三峡集团公司

기타

(%)

73.33

中国核工业集团公司(1.59)

中国石油天然气集团公司(1.56)

**최근 3년
주가차트**

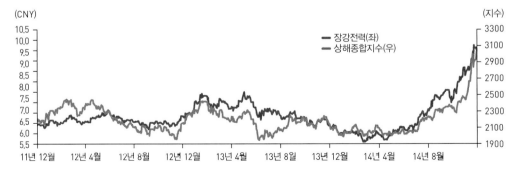

(CNY)

— 장강전력(좌)
— 상해종합지수(우)

(지수)

11년 12월 · 12년 4월 · 12년 8월 · 12년 12월 · 13년 4월 · 13년 8월 · 13년 12월 · 14년 4월 · 14년 8월

## 매출구조

### 2013년 사업부문별 매출구조
(기준일: 2013-12-31/단위: 백만 위안)

| 매출구성 | 매출액 | | | 매출총이익률(GPM) | |
|---|---|---|---|---|---|
| | 매출 | 비중 | 전년 대비 | GPM | 전년 대비 |
| 수력발전 사업 | 21,373.7 | 94.17% | -14.21% | 60.49% | -4.79%p |
| 기타 | 781.7 | 3.44% | 13.79% | 19.75% | -1.38%p |
| 주력사업 외 기타 수입 | 542.2 | 2.39% | 199.83% | 14.73% | 6.23%p |
| 합계 | 22,697.6 | 100% | -11.96% | 57.99% | -5.71%p |

### 2012년 사업부문별 매출구조
(기준일: 2012-12-31/단위: 백만 위안)

| 매출구성 | 매출액 | | | 매출총이익률(GPM) | |
|---|---|---|---|---|---|
| | 매출 | 비중 | 전년 대비 | GPM | 전년 대비 |
| 수력발전 사업 | 24,914.1 | 96.63% | 23.93% | 65.28% | 4.88%p |
| 기타 | 687 | 2.66% | 17.8% | 21.13% | -0.38%p |
| 주력사업 외 기타 수입 | 180.8 | 0.7% | 1274.83% | 8.5% | -79.37%p |
| 합계 | 25,782 | 100% | 24.55% | 63.7% | 4.39%p |

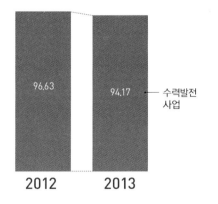

96.63 / 94.17 — 수력발전 사업

2012    2013

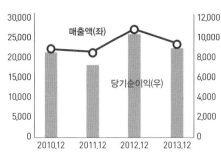

## 재무제표

매출액(좌)
당기순이익(우)

(단위: 백만 위안)

| 손익계산서 | 2013.12 | 2012.12 | 2011.12 | 2010.12 |
|---|---|---|---|---|
| 매출액 | 22,698 | 25,782 | 20,700 | 21,880 |
| 매출총이익 | 13,163 | 16,423 | 12,278 | 13,545 |
| 영업이익 | 9,703 | 11,451 | 8,385 | 8,783 |
| 세전이익 | 11,730 | 13,577 | 10,104 | 10,886 |
| 당기순이익 | 9,071 | 10,352 | 7,700 | 8,225 |

| 현금흐름표 | 2013.12 | 2012.12 | 2011.12 | 2010.12 |
|---|---|---|---|---|
| 영업활동 현금흐름 | 18,091 | 21,461 | 15,450 | 17,326 |
| 투자활동 현금흐름 | 544 | -4,031 | -5,346 | -12,921 |
| 재무활동 현금흐름 | -17,919 | -19,638 | -8,248 | -4,619 |
| 현금 순증감액 | 716 | -2,208 | 1,855 | -214 |
| 기말 현금 | 2,264 | 1,548 | 3,756 | 1,901 |

| 대차대조표 | 2013.12 | 2012.12 | 2011.12 | 2010.12 |
|---|---|---|---|---|
| 유동자산 | 5,058 | 4,651 | 7,859 | 6,560 |
| 비유동자산 | 144,549 | 150,582 | 150,527 | 150,901 |
| 자산총계 | 149,607 | 155,233 | 158,385 | 157,461 |
| 유동부채 | 38,789 | 49,715 | 59,224 | 59,222 |
| 비유동부채 | 32,637 | 30,631 | 30,915 | 32,074 |
| 부채총계 | 71,426 | 80,346 | 90,139 | 91,296 |
| 자본금 | 16,500 | 16,500 | 16,500 | 16,500 |
| 자본잉여금 | 30,814 | 31,110 | 30,622 | 32,012 |
| 이익잉여금 | 11,133 | 9,354 | 7,250 | 6,109 |
| 지배회사지분 | 78,179 | 74,880 | 68,240 | 66,160 |
| 소수주주지분 | 2 | 7 | 6 | 5 |
| 자본총계 | 78,181 | 74,887 | 68,246 | 66,166 |

# 中国中广核电力股份有限公司 중광핵전력

## 중국 최대의 원자력발전 회사

**기업개요**

중국 최대의 원자력발전 회사로 2014년 3월 31일 기준 선전시 다야완의 원자력발전소 3개와 광둥성 양강원자력발전소의 총 7대 원전 설비의 운영권을 가지고 있다.

**투자 포인트**

❶ 중국 원자력 관련 대표적인 상장사(2014년 12월 10일 상장)이며 중국 최대의 원자력발전 업체로 총설비용량 기준 64%의 시장점유율을 차지

❷ 20년 간의 안전 운영을 통해 현재 11개의 원자력발전소를 보유, 총설비용량은 1만 1624MW 도달

❸ 원자력이 중국 전체 발전량에서 차지하는 비중이 2%에 불과해 세계 평균 11%와 큰 차이가 나고 환경오염과 에너지 안전 측면에서 원전 개발이 필수

❹ 2011년 후쿠시마 원전사고로 중단되어 왔던 원전건설이 최근 재개 움직임

❺ 2014년 6월 말 기준 원전 설비용량은 18GW에 불과, 정부 계획에 따르면 2020년까지 58GW로 늘릴 계획으로 직접적 수혜 예상

❻ 설비용량 증가에 따라 2014~2016년간의 순이익 연복합증가율은 20%대를 보일 예상

**주식발행 현황** (2014-07-31)

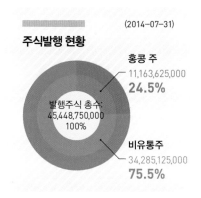

홍콩 주
11,163,625,000
**24.5%**

발행주식 총수:
45,448,750,000
100%

비유통주
34,285,125,000
**75.5%**

**주요주주** (2014-07-31)

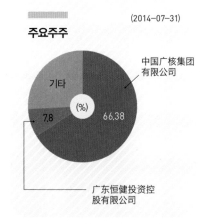

中国广核集团有限公司

기타

(%)

7.8

66.38

广东恒健投资控股有限公司

**최근 3년 주가차트**

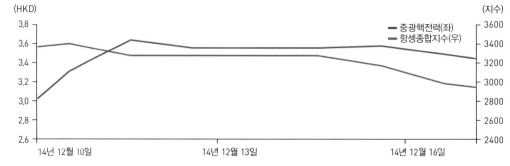

(HKD) / (지수)

중광핵전력(좌)
항셍종합지수(우)

3.8 / 3600
3.6 / 3400
3.4 / 3200
3.2 / 3000
3.0 / 2800
2.8 / 2600
2.6 / 2400

14년 12월 10일        14년 12월 13일        14년 12월 16일

## 매출구조

### 2013년 사업부문별 매출구조

(기준일: 2013–12–31/단위: 백만 위안)

| 매출구성 | 매출 | 비중 | 전년 매출 | 비중 | 전년 대비 |
|---|---|---|---|---|---|
| 원자력발전 및 유틸리티 | 16,268 | 93.68% | 16,514 | 93.96% | -1.49% |
| 원전건설 관련 기술지원 서비스 | 843 | 4.86% | 796 | 4.53% | 5.94% |
| 기타 상품 판매 | 254 | 1.46% | 265 | 1.51% | -4.13% |
| 합계 | 17,365 | 100% | 17,575 | 100% | -1.2% |

### 2012년 사업부문별 매출구조

(기준일: 2012–12–31/단위: 백만 위안)

| 매출구성 | 매출 | 비중 | 전년 매출 | 비중 | 전년 대비 |
|---|---|---|---|---|---|
| 원자력발전 및 유틸리티 | 16,514 | 93.96% | 14,972 | 94.27% | 10.30% |
| 원전건설 관련 기술지원 서비스 | 796 | 4.53% | 755 | 4.75% | 5.45% |
| 기타 상품 판매 | 265 | 1.51% | 154 | 0.97% | 71.5% |
| 합계 | 17,575 | 100% | 15,881 | 100% | 10.67% |

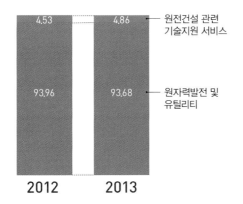

| | 2012 | 2013 | |
|---|---|---|---|
| 원전건설 관련 기술지원 서비스 | 4.53 | 4.86 | |
| 원자력발전 및 유틸리티 | 93.96 | 93.68 | |

## 재무제표

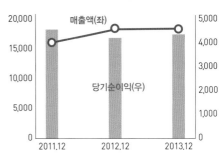

(단위: 백만 위안)

| 손익계산서 | 2013.12 | 2012.12 | 2011.12 | 2010.12 |
|---|---|---|---|---|
| 매출액 | 17,365 | 17,575 | 15,881 | |
| 매출총이익 | 8,148 | 8,170 | 7,674 | |
| 세전이익 | 6,070 | 5,868 | 6,332 | |
| 당기순이익 | 4,195 | 4,145 | 4,727 | |

| 현금흐름표 | 2013.12 | 2012.12 | 2011.12 | 2010.12 |
|---|---|---|---|---|
| 영업활동 현금흐름 | 9,493 | 8,660 | 10,218 | |
| 투자활동 현금흐름 | -4,482 | -14,979 | -11,818 | |
| 재무활동 현금흐름 | -3,937 | 1,301 | 5,692 | |
| 현금 순증감액 | 1,206 | -5,018 | 4,258 | |
| 기말 현금 | 6,640 | 5,434 | 10,453 | |

| 대차대조표 | 2013.12 | 2012.12 | 2011.12 | 2010.12 |
|---|---|---|---|---|
| 유동자산 | 21,761 | 27,096 | 26,287 | |
| 비유동자산 | 105,914 | 95,167 | 87,421 | |
| 자산총계 | 127,675 | 122,263 | 113,708 | |
| 유동부채 | 26,462 | 39,887 | 40,546 | |
| 비유동부채 | 69,521 | 58,226 | 49,619 | |
| 부채총계 | 95,983 | 98,114 | 90,165 | |
| 자본금 | 19,768 | 18,280 | 15,709 | |
| 자본/ 이익잉여금 | 3,284 | -1,976 | 1,743 | |
| 지배회사지분 | 23,052 | 16,304 | 17,452 | |
| 소수주주지분 | 8,640 | 7,845 | 6,091 | |
| 자본총계 | 31,692 | 24,150 | 23,543 | |

CODE **2688.HK**

# 新奧能源控股有限公司 신오가스

## 중국 최대의 민영 도시가스 공급사

**기업개요**

신오가스는 중국의 최대 도시가스 유통판매 업체 중 하나이다. 주로 도시가스 파이프 인프라 시설에 대한 투자, 건설 운영 사업을 진행하고 있으며 가계용, 상업, 제조업 사용자에 대한 각종 가스를 수송하며 차량 및 선박용 가스 충전소 등을 건설한다. 2013년 기준 중국 15개 지역에서 134개의 도시가스 프로젝트를 운영하고 있고 105개 도시에서 448개의 천연가스 충전소에 투자 운영하고 있다. 또한 20여 개 중대 도시 계획 및 청정 에너지 솔루션을 제공하고 있으며 2013년 천연가스 판매량은 80억 ㎥에 달했다.

(2014-07-31)

**주식발행 현황**

홍콩 주
1,083,059,397
**100%**

**투자 포인트**

❶ 중국 최대의 민영 도시가스 공급사로 중국 내 140개 도시에서 약 6200만 가구에 도시가스를 공급

❷ 천연가스 출고가는 정부가 결정하면 지역 도시가스 업체들은 출고가에 마진을 더해 판매

❸ 2014년 상반기 기준 천연가스 판매량은 50억 ㎥로 전년 대비 34% 늘어 업계 평균을 크게 상회(연간 25% 증가 예상)

❹ 진출한 도시에서의 도시가스 보급률은 48%에 불과해 앞으로도 성장 기대감 충분

❺ 486개의 LNG 및 CNG 가스충전소 보유, 가스차량 증가에 따른 수혜 기대

❻ 2014년에 실적 턴어라운드를 보이면서 2015년까지 20% 이상의 성장을 보일 전망

(2014-07-31)

**주요주주**

ENN Group International Investment Limited 30.11

11.83 Capital Research and Management Company

7.96 Commonwealth Bank of Australia

7.04 JPMorgan Chase & Co.

기타 (%)

**최근 3년 주가차트**

## 매출구조

### 2013년 사업부문별 매출구조
(기준일: 2013-12-31/단위: 백만 홍콩달러)

| 매출구성 | 매출 | 비중 | 전년 매출 | 비중 | 전년 대비 |
|---|---|---|---|---|---|
| 수송관 가스 판매 | 14,102 | 61.4% | 10,516 | 53.3% | 34.1% |
| 가스 수송관 인입 연결비용 | 3,843 | 16.7% | 2,307 | 17.5% | 66.6% |
| 자동차용 가스 충전소 | 3,085 | 13.4% | 1,031 | 9.4% | 199.2% |
| 천연가스 도매 | 1,551 | 6.8% | 127 | 12.1% | 1121.3% |
| 가스 수송관용 자재 판매 | 216 | 0.9% | 103 | 5.1% | 109.7% |
| 가스기기 판매 | 108 | 0.5% | 310 | 1.3% | -65.2% |
| 기타 에너지 판매 | 61 | 0.3% | 3,633 | 1.3% | -98.3% |
| 합계 | 22,966 | 100% | 18,027 | 100% | 27.4% |

### 2012년 사업부문별 매출구조
(기준일: 2012-12-31/단위: 백만 홍콩달러)

| 매출구성 | 매출 | 비중 | 전년 매출 | 비중 | 전년 대비 |
|---|---|---|---|---|---|
| 수송관 가스 판매 | 10,516 | 58.3% | 7,980 | 53% | 31.8% |
| 가스 수송관 인입 연결비용 | 3,633 | 20.2% | 3,415 | 22.7% | 6.4% |
| 자동차용 가스 충전소 | 2,307 | 12.8% | 1,620 | 10.8% | 42.4% |
| 천연가스 도매 | 1,031 | 5.7% | 1,172 | 7.8% | -12% |
| 가스 수송관용 자재 판매 | 310 | 1.7% | 592 | 3.9% | -47.6% |
| LPG 유통 판매 | 127 | 0.7% | 192 | 1.3% | -33.9% |
| 가스기기 판매 | 103 | 0.6% | 97 | 0.6% | 6.2% |
| 합계 | 18,027 | 100% | 15,068 | 100% | 19.6% |

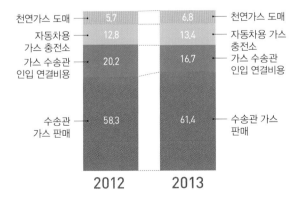

천연가스 도매 — 5.7 / 6.8 — 천연가스 도매
자동차용 가스 충전소 — 12.8 / 13.4 — 자동차용 가스 충전소
가스 수송관 인입 연결비용 — 20.2 / 16.7 — 가스 수송관 인입 연결비용
수송관 가스 판매 — 58.3 / 61.4 — 수송관 가스 판매

2012    2013

## 재무제표

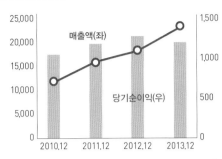

(단위: 백만 홍콩달러)

| 손익계산서 | 2013.12 | 2012.12 | 2011.12 | 2010.12 |
|---|---|---|---|---|
| 매출액 | 22,966 | 18,027 | 15,068 | 11,215 |
| 매출총이익 | 5,464 | 4,844 | 3,902 | 3,012 |
| 세전이익 | 2,760 | 2,852 | 2,327 | 1,811 |
| 당기순이익 | 1,252 | 1,482 | 1,253 | 1,013 |

| 현금흐름표 | 2013.12 | 2012.12 | 2011.12 | 2010.12 |
|---|---|---|---|---|
| 영업활동 현금흐름 | 4,026 | 3,868 | 2,557 | 2,715 |
| 투자활동 현금흐름 | -3,094 | -867 | -5,649 | -2,404 |
| 재무활동 현금흐름 | -223 | -200 | 3,596 | -172 |
| 현금 순증감액 | 666 | 2,801 | 504 | 139 |
| 기말 현금 | 6,822 | 6,156 | 3,355 | 2,851 |

| 대차대조표 | 2013.12 | 2012.12 | 2011.12 | 2010.12 |
|---|---|---|---|---|
| 유동자산 | 11,097 | 9,687 | 8,944 | 5,079 |
| 비유동자산 | 24,808 | 21,206 | 17,944 | 14,561 |
| 자산총계 | 35,905 | 30,893 | 26,888 | 19,640 |
| 유동부채 | 10,869 | 11,614 | 9,520 | 7,488 |
| 비유동부채 | 13,144 | 8,609 | 8,528 | 4,611 |
| 부채총계 | 24,013 | 20,223 | 18,048 | 12,100 |
| 자본금 | 113 | 113 | 110 | 110 |
| 자본/ 이익잉여금 | 9,430 | 8,540 | 6,936 | 5,922 |
| 지배회사지분 | 9,543 | 8,653 | 7,046 | 6,031 |
| 소수주주지분 | 2,349 | 2,017 | 1,794 | 1,508 |
| 자본총계 | 11,892 | 10,670 | 8,840 | 7,540 |

**CODE 1193.HK**

# 华润燃气控股有限公司 화윤가스

## 판매량 기준 중국 최대의 도시가스 공급사

**기업개요**

화윤가스는 중국에서 가장 큰 도시가스 유통업체 중 하나이다. 주로 도시가스 파이프 인프라 시설에 대한 투자, 건설, 운영 사업을 진행하고 있으며 구체적으로 주민, 기업 고객, 공공 인프라(정부 프로젝트), 공업용 사용자에게 각종 가스를 수송하며 차량 및 선박용 가스충전소를 건설하고 있다. 현재 중국 21개 성, 176개 도시에 가스 프로젝트를 보유하고 있으며 2013년 천연가스 판매량은 121억 ㎥에 달했다.

**투자
포인트**

❶ 2008년부터 모그룹의 지원 하에 판매량 기준으로 중국 최대의 도시가스 공급사로 급성장

❷ 중국의 천연가스 소비는 2013년의 5.8%에서 2015년에는 7.5%로 급격하게 늘어 향후 가스 수요 증가에 따른 수혜 예상

❸ 2014년 상반기 천연가스 판매량은 69억 ㎥로 전년 대비 9% 증가에 그쳤지만 하반기에는 더욱 증가하면서 2014년 연간 증가율은 20%를 보일 전망

❹ 현재 천연가스 구입원가 인상 부담은 소비자에 전가 가능한 수준이며 2015년 판매 목표는 적자 사업을 정리하면서 초기의 200억 ㎥에서 160억 ㎥로 하향 조정해 수지 개선

❺ 기업의 안정 성장과 수익 개선으로 향후 3년간 예상 실적증가율은 20%로 전망

(2014-07-31)

**주식발행 현황**

홍콩 주
2,224,012,871
**100%**

(2014-07-31)

**주요주주**

华润集团(燃气)有限公司

기타

(%) 63.3

Capital Research and Management Company(5.07)

华润(集团)有限公司(0.65)

**최근 3년
주가차트**

**매출구조**

## 2013년 사업부문별 매출구조
(기준일: 2013-12-31/단위: 백만 홍콩달러)

| 매출구성 | 매출 | 비중 | 전년 매출 | 비중 | 전년 대비 |
|---|---|---|---|---|---|
| 가스 및 관련 제품의 판매 유통 | 17,164 | 77% | 10,725 | 78.7% | 60% |
| 가스 수송관 인입 연결비용 | 5,123 | 23% | 2,741 | 21.3% | 86.9% |
| 합계 | 22,288 | 100% | 13,560 | 100% | 64.4% |

주: 전년 매출은 2013년 기준으로 수정 보완한 데이터임.

## 2012년 사업부문별 매출구조
(기준일: 2012-12-31/단위: 백만 홍콩달러)

| 매출구성 | 매출 | 비중 | 전년 매출 | 비중 | 전년 대비 |
|---|---|---|---|---|---|
| 가스 및 관련 제품의 판매 유통 | 15,540 | 79.3% | 10,765 | 79.7% | 44.4% |
| 가스 수송관 인입 연결비용 | 4,049 | 20.7% | 2,741 | 20.3% | 47.7% |
| 합계 | 19,591 | 100% | 13,560 | 100% | 44.5% |

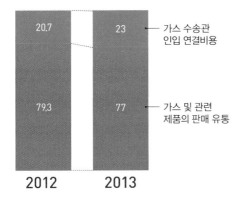

가스 수송관 인입 연결비용 / 가스 및 관련 제품의 판매 유통

2012: 20.7 / 79.3
2013: 23 / 77

매출액(좌) / 당기순이익(우)

(단위: 백만 홍콩달러)

| 손익계산서 | 2013.12 | 2012.12 | 2011.12 | 2010.12 |
|---|---|---|---|---|
| 매출액 | 22,288 | 19,591 | 13,507 | 8,327 |
| 매출총이익 | 7,622 | 6,019 | 3,972 | 2,475 |
| 세전이익 | 3,811 | 2,803 | 2,148 | 1,275 |
| 당기순이익 | 2,161 | 1,651 | 1,200 | 734 |

| 현금흐름표 | 2013.12 | 2012.12 | 2011.12 | 2010.12 |
|---|---|---|---|---|
| 영업활동 현금흐름 | 5,671 | 5,043 | 2,110 | 1,502 |
| 투자활동 현금흐름 | -6,587 | -6,302 | -2,569 | -1,484 |
| 재무활동 현금흐름 | -386 | 6,422 | 245 | 3,756 |
| 현금 순증감액 | -955 | 5,162 | 183 | 3,849 |
| 기말 현금 | 9,584 | 12,286 | 6,890 | 6,521 |

| 대차대조표 | 2013.12 | 2012.12 | 2011.12 | 2010.12 |
|---|---|---|---|---|
| 유동자산 | 18,219 | 18,406 | 10,777 | 8,756 |
| 비유동자산 | 32,263 | 23,993 | 14,628 | 10,403 |
| 자산총계 | 50,482 | 42,399 | 25,406 | 19,159 |
| 유동부채 | 17,956 | 14,928 | 9,169 | 5,931 |
| 비유동부채 | 13,910 | 12,667 | 5,618 | 5,649 |
| 부채총계 | 31,866 | 27,595 | 14,787 | 11,580 |
| 자본금 | 222 | 222 | 199 | 183 |
| 자본/ 이익잉여금 | 13,961 | 11,482 | 7,903 | 5,501 |
| 지배회사지분 | 14,183 | 11,704 | 8,102 | 5,685 |
| 소수주주지분 | 4,433 | 3,100 | 2,516 | 1,895 |
| 자본총계 | 18,616 | 14,804 | 10,619 | 7,579 |

# 미디어 산업

2014년 8월 18일 중국 시진핑 주석이 '중앙 전면 심화 개혁 영도 소조 회의'를 주재한 자리에서 "전통 매체와 신흥 매체 간의 콘텐츠, 채널, 플랫폼, 경영 등에서 융합을 추진하고 전파력, 공신력, 영향력을 겸비한 새로운 미디어 그룹을 육성해야 함"을 강조하면서부터 증시에서도 미디어 관련 상장사들이 상승세를 타고 있다.

현재 미디어 산업에 알리바바를 포함한 인터넷 기업들이 대거 진출 중이다. 알리바바의 창업자인 마윈은 2014년에 문화중국이라는 영화 및 드라마 제작사에 62억 HKD(약 8662억 원)를 투자해 60%의 지분을 확보했다. 2014년 11월에는 알리바바와 Tencent가 중국 대형 민영 영화제작사인 화이브라더스(300027.SH)의 증자 배정 발행에 참여해 각 15억 위안(약 2619억 원)과 12억 8000만 위안(약 2235억 원)을 투자하기로 발표하면서 주목을 끌고 있다. 이 증자안은 2015년에 증감위 허가를 거쳐야 본격 시행될 수 있다.

2014년 1월에서 10월까지 10개월 동안 문화 미디어 업계의 인수합병 건수는 무려 200건에 달한다. 이는 영화, 드라마 제작사, 출판사, 광고, 온라인 게임 등 문화 산업계 전반에서 활발하게 진행되고 있다. 중국 미디어 산업은 기존의 전통적인 미디어에서 온라인과 모바일을 주축으로 하는 신형 미디어로 전환되는 길목에서 있다. 정부도 '뉴미디어' 그룹 육성을 기본 모델로 삼고 있어 조만간 산업집중도가 강화되고 규모와 역량을 갖춘 초대형 그룹사가 탄생할 분위기이다.

## ★중국 영화 시장

현재 미디어 산업은 영화, 드라마, 출판, 광고, 교육, 스포츠를 아우르는 매우 커다란 산업이지만, 중국은 아직 산업적 위치와 역량이 실제로 낮다는 점을 인식하고 있다. 그래서 문화 콘텐츠의 디지털화와 온라인 시대의 새로운 미디어 그룹의 성장에 주력하고 있다. 중국 정부 스스로 '하드웨어'는 어느 정도 되었으나 문화에 대한 누림과 소비가 아직 낮다고 보고 상대적으로 '왜소한' 중국 미디어 산업에 대해 강력한 보호주의를 펼치고 있다. 예를 들어 외화 수입이 자유롭지 않으며 매년 엄격한 쿼터를 시행하고 있다. 드라마 역시 TV 프라임 타임인 오후 7시 30분부터 오후 10시 사이에는 수입 프로그램 방영을 금지하고 있다.

그러나 완전히 개방되지 않은 중국 영화 시장 규모가 이미 세계 2위로 성장하면서 한국을 포함한 여러 나라가 중국 미디어 산업에 대한 투자를 모색하고 있다.

2013년 말 기준으로 중국의 흥행 수익은 217억 7000만 위안(약 3조 9000억 원)으로 2006년에 비해서는 8.2배나 커졌고 2014년 말에는 약 280억 위안(약 5조 원), 2015년에는 350억 위안(약 6조 3000억 원)을 돌파할 추세이다. 스크린 수

| 구분 | 중국의 흥행 수익(억 위안) | | | 스크린 수 | | |
|------|------------|--------|------------|------------|--------|--------|
| | 흥행 수익 | 증가율 | 국산 흥행 수익 | 국산화 비중 | (개) | 증가율 |
| 2005 | | | 11 | | | |
| 2006 | 26.4 | | 14 | 53% | 3,034 | |
| 2007 | 33.3 | 26.1% | 18 | 54.1% | 3,527 | 16.2% |
| 2008 | 43.4 | 30.4% | 26 | 59.9% | 4,097 | 16.2% |
| 2009 | 62.1 | 43% | 35 | 56.4% | 4,723 | 15.3% |
| 2010 | 101.7 | 63.9% | 57 | 56% | 6,256 | 32.5% |
| 2011 | 131.2 | 28.9% | 70 | 53.4% | 9,286 | 48.4% |
| 2012 | 170.7 | 30.2% | 82.7 | 48.5% | 13,118 | 41.3% |
| 2013 | 217.7 | 27.5% | 127.7 | 58.7% | 18,195 | 38.7% |

**중국 흥행 수익 현황**

출처: Wind, 차이나윈도우

만 해도 2006년의 3034개에서 2013년 1만 8195개로 6배나 늘어났다. 특히 2010~2013년 4년간 스크린 수는 해마다 30~50%씩 경이적인 성장을 계속하고 있다.

중국에서 영화관 입장권은 평균 70위안(약 1만 2600원)으로 현지 물가를 볼 때 매우 비싼 편이다. 그렇지만 중국인들의 소비 증대와 도시화율 상승에 따른 3~4선급 도시의 최신 영화관 증설, 정부의 미디어 산업(영화 제작 포함)에 대한 지원 등으로 중국의 흥행 수익은 연평균 30% 내외의 성장을 이어갈 전망이다. 특히 인구당 스크린 수는 미국, 한국 등과 비교했을 때 턱없이 부족해 앞으로 성장 여력은 충분하다. 영화 제작에서 대표적인 중국 기업으로는 광선엔터테인먼트(300251.SZ)와 화이브라더스(300027.SZ) 등이 있다.

## ★중국 드라마 시장

2013년 중국 드라마 시장 규모는 약 108억 위안(약 1조 8860억 원)으로 전년 대비 20% 증가했으며 2014년에는 약 130억 위안(약 2조 2702억 원) 내외로 예상된다. 중국 드라마는 한국과 달리 사전 제작해 공급한다. 주 고객은 CCTV와 각 성省의 약 30여 개 방송국이다. 2015년 1월 1일부터는 하나의 드라마를 프라임

| 중국 수입산 드라마 방송 편수 | | | |
|---|---|---|---|
| 구분 | 중국 드라마 방송 편수(편) | 수입 드라마 방송 편수(편) | 수입 비중 |
| 2006 | 227,600 | 13,311 | 5.8% |
| 2007 | 225,800 | 10,652 | 4.7% |
| 2008 | 225,700 | 9,251 | 4.1% |
| 2009 | 238,300 | 9,099 | 3.8% |
| 2010 | 249,200 | 8,800 | 3.5% |
| 2011 | 247,100 | 6,377 | 2.6% |
| 2012 | 242,300 | 4,872 | 2% |
| 2013 | 241,000 | 3,616 | 1.5% |

출처: WIND, 차이나윈도우

타임(오후 7시 30분~오후 10시)에 동시에 2개의 성급 방송국에서만 방송할 수 있으며, 한 방송국은 같은 드라마를 두 번 이상 방송하지 못하게 제한되어 있다. 이 때문에 경쟁력 있는 드라마를 유치하기 위한 각 성급 방송국 간의 치열한 경쟁이 불가피해졌다. 자연스럽게 제작능력이 우수한 제작사일수록 선호도가 높아지는 경향이 있어 제작사의 영향력이 더욱 강화될 수밖에 없다.

현재 중국 드라마 시장은 아직 산업화되지 못해 상당수 드라마 제작사는 투자규모가 큰 대작을 제작할 엄두를 내지 못하고 있고, 이럴수록 잘 팔리지 않는 악순환이 반복되고 있다. 시청자가 많은 성급 방송국들은 시청률을 위해 높은 가격을 부담해서라도 품질이 좋은 드라마 유치에 치중하고 있어 소형 제작사들은 퇴출 위기에 놓여 있다.

영화, 드라마, 애니메이션, 오락 프로그램 제작을 기반으로 한 콘텐츠는 유선 TV에서 디지털, 온라인, 모바일로 계속 발전 중인데 이 분야 최대의 수혜자로 백시통미디어(600637.SH) 등이 있다.

백시통미디어는 상해동방미디어그룹SMG 산하의 뉴미디어 분야 상장기업으로 중국 내 20개 성과 시뿐만 아니라 동남아를 포함해 약 200여 개의 IPTV 라이선스를 획득하고 있으며 현재 중국 내 70% 지역에 IPTV 서비스를 하고 있다.

2014년 11월 말 모그룹이 같은 계열사인 동방명주(600832.SH)에 대한 흡수합병안을 발표해 조만간 중국 최대의 뉴미디어 그룹이 탄생할 전망이다. 향후 백시통을 플랫폼으로 상해동방미디어그룹이 보유한 우수한 사업부문 전체 또는 일부 자산을 전격 편입시키면서 점차 그룹 전체의 상장을 구상하고 있어 최대 규모의 뉴미디어 그룹 탄생을 볼 날이 멀지 않아 보인다.

백시통미디어는 동방명주와의 합병으로 영화, 드라마 등 콘텐츠 제작에서부터 IPTV, 인터넷 TV, 모바일 TV, 온라인 동영상 판권 거래 플랫폼, 온라인·모바일 홈쇼핑 센터 등 새로운 매스미디어 운영에 필요한 모든 라이선스를 보유하게 된다. 시진핑 주석이 언급했던 "실력과 전파력, 공신력과 영향력을 겸비한 신형 미디어

그룹"에 가장 부합하는 것이다. 따라서 이 회사가 중국 미디어 산업의 대기업으로 성장할 가능성이 매우 높다.

### ★온라인 교육

다음으로 온라인 교육 분야를 살펴보자. 2013년 중국의 온라인 교육 참여자 수는 6720만 명으로 전년 대비 13.8% 증가했고 시장 규모는 약 839억 위안(약 14조 6515억 원)으로 전년 대비 19.9% 증가했다. 온라인 시장 규모는 매년 15~20% 내외로 성장해왔으며 앞으로 중국의 인터넷 속도가 빨라짐에 따라 온라인·모바일 교육 시장은 급성장 기회가 있는 영역으로 자리 잡을 것이다. 아직은 학생이 주요 대상인데 이들 비중이 전체의 70%이고 외국어 교육이 19%이지만 앞으로 직장인 대상의 직업 교육도 시장 규모가 대폭 확대될 전망이다. 향후 매년 20% 이상의 성장이 기대된다.

대표 기업으로 중남미디어(601098.SH)가 있다. 이 회사는 연간 매출이 80억 위안(약 1조 4000억 원, 2013년)인 후난湖南성 소속의 국유기업으로 서적, 신문, 잡지

| 중남미디어 2013년 매출구조 | | | |
|---|---|---|---|
| | | | (단위 : 백만 위안) |
| 구분 | 매출액 | 비중 | 전년대비 |
| 발행 | 5,625 | 70% | 16.1% |
| 출판 | 2,106 | 26.2% | 12.6% |
| 인쇄용 소모재 | 985 | 12.3% | 5.2% |
| 인쇄 | 938 | 11.7% | 4.4% |
| 신문매체 | 705 | 8.8% | -8.9% |
| 디지털출판 | 134 | 1.7% | 1269.8% |
| 기타 | 160 | 2% | 34.8% |
| 사업부문 간 매출조정 | -2,621 | -32.6% | - |
| 합계 | 8,033 | 100% | 15.9% |

출처: 연간보고서, 차이나윈도우

등의 인쇄물 발행과 배급 및 후난성 최대의 지역 신문 발간 기업으로 2010년에 온라인 교육 사업에 적극 진출했다. '클라우드 교육云课程'은 교사와 학생이 실시간 채팅과 관리를 할 수 있는 프로그램으로, 교육 시장에서 유행하는 인기 상품이다. 2013년 관련 사업의 매출은 1억 4000만 위안(약 245억 원)이나 2014년은 약 4억 ~5억 위안(약 699억~873억 원)에 달할 전망이며 2015년 내 약 500~600개의 학교에 진출할 예정이다. 이러한 온라인 교육 프로그램은 선점이 매우 중요해 일단 판매만 시작되면 지속적으로 성장할 수 있는 사업이다. 따라서 향후 실적 성장 모멘텀으로 작용할 것이다.

중국의 문화 미디어 산업은 소득수준 향상으로 성장성이 돋보이며 국가의 소프트 파워 육성 의지와도 맞물리면서 매년 20% 이상의 빠른 성장을 유도해나갈 전망이다. 또한 뉴미디어 그룹들이 탄생하고 많은 신규 기업이 시장에 상장되면서 주식시장에서의 영향력도 확대될 것으로 보인다.

# 百视通新媒体股份有限公司 백시통뉴미디어

**상해SMG 산하 중국 최대 규모의 IPTV 운영기업**

**기업개요**

상해 180지수, CSI 300(호심 300)지수 편입종목이다. 중국 최대의 IPTV 운영업체로 콘텐츠 제작, 온라인 동영상, 게임, 전자상거래, 온라인 결제 등 다양한 사업을 계획 중이고, 동시에 TV 콘텐츠 서비스 (IPTV, 스마트 TV, 인터넷 TV)를 통합할 수 있는 잠재력을 지니고 있다. 2012년 말 기준으로 IPTV 운영부문의 매출 비중은 70%, IPTV 사용자 수는 1600만 명이다.

**투자 포인트**

❶ 주력사업은 IPTV, 인터넷 TV, 스마트 TV 및 모바일 TV 등 미디어 서비스 기업으로 현재 20여 개 성과 시 외에 동남아 지역에도 서비스 제공

❷ 모그룹인 상해동방미디어그룹을 통해 방송 라이선스 확보와 콘텐츠의 질적 측면에서 확실한 우위로 현재 11개의 방송 주파수, 15개의 TV 채널과 디지털 TV 유료채널을 운영

❸ CNTV와 합작해 전국적인 IPTV 운영 라이선스를 독점함으로써 향후 ARPU 제고로 높은 성장과 수익성이 기대되는 기업

❹ IPTV 운영 경험을 바탕으로 'IPTV+OTT+운영' 모델로 OTT 사업을 적극 추진 중에 있음

❺ 마이크로소프트사와 합작하여 출시한 Xbox One이 2014년 9월부터 중국에서 판매

❻ 국유기업 개혁과 높은 수익 성장률이 후강통 출시와 맞물려 향후 주가 상승 기대

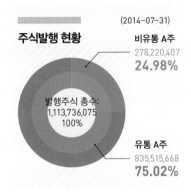

**주식발행 현황** (2014-07-31)

발행주식 총수: 1,113,736,075 100%

비유통 A주 278,220,407 **24.98%**

유통 A주 835,515,668 **75.02%**

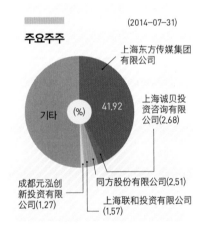

**주요주주** (2014-07-31)

기타 (%) 41.92

上海东方传媒集团有限公司

上海诚贝投资咨询有限公司(2.68)

同方股份有限公司(2.51)

上海联和投资有限公司(1.57)

成都元泓创新投资有限公司(1.27)

**최근 3년 주가차트**

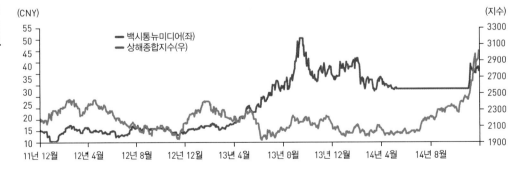

## 매출구조

### 2013년 사업부문별 매출구조
(기준일: 2013-12-31/단위: 백만 위안)

| 매출구성 | 매출액 | | | 매출총이익률(GPM) | |
|---|---|---|---|---|---|
| | 매출 | 비중 | 전년 대비 | GPM | 전년 대비 |
| IPTV 및 OTT(인터넷 동영상 콘텐츠 서비스) 운영 | 1,854.7 | 70.33% | 38.71% | 49.4% | -3.07%p |
| 광고수입 | 224.4 | 8.51% | 177.35% | 53.96% | -31.91%p |
| 정보기술설비 판매 및 임대 | 188.8 | 7.16% | 51.16% | 11.46% | -2.01%p |
| 무대미술공연 기획제작 | 119 | 4.51% | -22.43% | 49.35% | 30.08%p |
| 모바일 TV 운영 | 112.1 | 4.25% | 62.75% | 38.84% | -12.85%p |
| 정보전송 및 기술 서비스 | 70.9 | 2.69% | 131.07% | 40.94% | 77.72%p |
| 주력사업 외 기타 수입 | 36.3 | 1.38% | 108.99% | | |
| 기타 | 15.5 | 0.59% | -24.25% | 5.45% | 33.46%p |
| 인터넷 네트워크 임대 | 13.3 | 0.51% | -88.36% | 3.79% | -16.05%p |
| 건축시공 | 2.2 | 0.08% | -97.21% | 16.33% | -11.92%p |
| 합계 | 2,637.4 | 100% | 30.06% | 45.93% | 1.63%p |

### 2012년 사업부문별 매출구조
(기준일: 2012-12-31/단위: 백만 위안)

| 매출구성 | 매출액 | | | 매출총이익률(GPM) | |
|---|---|---|---|---|---|
| | 매출 | 비중 | 전년 대비 | GPM | 전년 대비 |
| IPTV 운영 | 1,418.1 | 69.93% | 73.4% | 54.38% | -8.29%p |
| 무대미술공연 기획제작 | 153.4 | 7.56% | -7.92% | 19.27% | -7.08%p |
| 정보기술설비 판매 및 임대 | 124.9 | 6.16% | 32.36% | 13.47% | -19.94%p |
| 인터넷 네트워크 임대 | 114.6 | 5.65% | 24.06% | 19.84% | 10.96%p |
| 건축시공 | 79.3 | 3.91% | 100.76% | 28.25% | 2.12%p |
| 모바일 TV 운영 | 68.9 | 3.4% | 8.55% | 51.68% | -7.09%p |
| 정보전송 및 기술 서비스 | 30.7 | 1.51% | -25.75% | -36.78% | -71.82%p |
| 기타 | 20.5 | 1.01% | 21.77% | -28.01% | -40.89%p |
| 주력사업 외 기타 수입 | 17.4 | 0.86% | 442.67% | | |
| 합계 | 2,027.7 | 100% | 51.84% | 44.3% | -5.39%p |

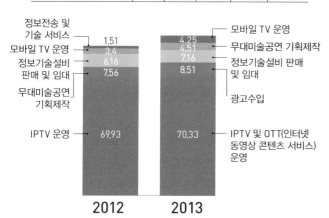

## 재무제표

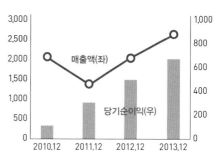

(단위: 백만 위안)

| 손익계산서 | 2013.12 | 2012.12 | 2011.12 | 2010.12 |
|---|---|---|---|---|
| 매출액 | 2,637 | 2,028 | 1,335 | 2,134 |
| 매출총이익 | 1,211 | 898 | 664 | 174 |
| 영업이익 | 709 | 554 | 400 | 48 |
| 세전이익 | 771 | 583 | 408 | 110 |
| 당기순이익 | 677 | 516 | 355 | 106 |

| 현금흐름표 | 2013.12 | 2012.12 | 2011.12 | 2010.12 |
|---|---|---|---|---|
| 영업활동 현금흐름 | 742 | 923 | 545 | 80 |
| 투자활동 현금흐름 | -604 | -518 | 319 | 118 |
| 재무활동 현금흐름 | 153 | -9 | 12 | -335 |
| 현금 순증감액 | 291 | 394 | 873 | -139 |
| 기말 현금 | 2,231 | 1,939 | 1,545 | 520 |

| 대차대조표 | 2013.12 | 2012.12 | 2011.12 | 2010.12 |
|---|---|---|---|---|
| 유동자산 | 3,100 | 2,371 | 1,972 | 930 |
| 비유동자산 | 2,049 | 1,512 | 1,144 | 2,007 |
| 자산총계 | 5,149 | 3,883 | 3,116 | 2,937 |
| 유동부채 | 1,251 | 725 | 443 | 1,500 |
| 비유동부채 | 19 | 17 | 6 | 67 |
| 부채총계 | 1,270 | 742 | 448 | 1,567 |
| 자본금 | 1,114 | 1,114 | 1,114 | 709 |
| 자본잉여금 | 1,090 | 1,089 | 1,108 | 1,638 |
| 이익잉여금 | 12 | 0 | 0 | 0 |
| 지배회사지분 | 3,720 | 3,085 | 2,589 | 1,290 |
| 소수주주지분 | 159 | 56 | 79 | 80 |
| 자본총계 | 3,879 | 3,141 | 2,668 | 1,370 |

# 人民网股份有限公司 인민망

인민일보, 환구시보 등 중국 기관지가 설립한 뉴스 위주의 종합 정보 서비스 기업

**기업개요**

상해 180지수, CSI 300(호심 300)지수 편입종목이다. 뉴스를 위주로 하는 종합정보 서비스 기업으로 인민망(人民网)과 글로벌망(環球网) 두 사이트를 운영하며 콘텐츠를 제공하고 있다. 두 홈페이지 방문객 수는 모두 업계 3위권이다.

**투자
포인트**

❶ 대형 종합 포털인 '인민망' 운영기업으로 주력은 인터넷 광고, 뉴스정보 제공, 모바일 부가 서비스, 기술 서비스임

❷ '인밀일보'의 자회사로 관영 매체의 장점을 이용해 향후 사업 확장에 매우 유리

❸ 향후 모바일 동영상, 전자책을 포함한 모바일 콘텐츠 사업과 자회사인 'Okooo' 복권 사이트를 통해 지속적인 성장이 예상

❹ 2014년 상반기 기준 '인민망'의 1일 페이지 뷰는 전년 동기 대비 29%가 늘었으며 지속적인 트래픽 유입이 예상

**주식발행 현황** (2014-07-31)

유통 A주
223,045,528
**40.34%**

발행주식 총수:
552,845,528
100%

비유통 A주
329,800,000
**59.66%**

**주요주주** (2014-07-31)

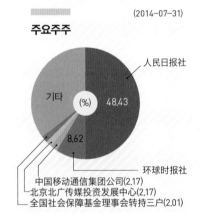

人民日报社
(%) 48.43

기타

8.62

环球时报社

中国移动通信集团公司(2.17)
北京北广传媒投资发展中心(2.17)
全国社会保障基金理事会转持三户(2.01)

**최근 3년
주가차트**

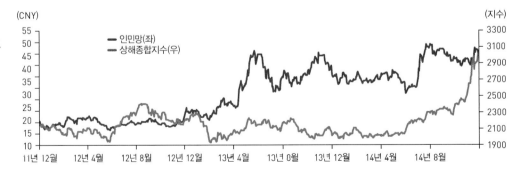

(CNY)

── 인민망(좌)
── 상해종합지수(우)

(지수)

## 매출구조

### 2013년 사업부문별 매출구조
(기준일: 2013-12-31/단위: 백만 위안)

| 매출구성 | 매출액 | | | 매출총이익률(GPM) | |
|---|---|---|---|---|---|
| | 매출 | 비중 | 전년 대비 | GPM | 전년 대비 |
| 온라인 광고 및 홍보 서비스 | 541 | 52.63% | 37.27% | 61.3% | -5.97%p |
| 모바일 부가서비스 | 254.4 | 24.75% | 116.21% | 54.03% | 12.26%p |
| 여론정보 서비스 | 187.1 | 18.2% | 3.9% | 45.03% | -19.23%p |
| 기술자문 서비스 | 24.2 | 2.35% | 49.14% | 62.41% | -1.78%p |
| 인터넷 복권 서비스 | 21.1 | 2.05% | | 86.83% | |
| 합계 | 1,027.9 | 100% | 45.18% | 57.1% | -5.1%p |

### 2012년 사업부문별 매출구조
(기준일: 2012-12-31/단위: 백만 위안)

| 매출구성 | 매출액 | | | 매출총이익률(GPM) | |
|---|---|---|---|---|---|
| | 매출 | 비중 | 전년 대비 | GPM | 전년 대비 |
| 온라인 광고 및 홍보 서비스 | 394.1 | 55.66% | 32.49% | 67.27% | 6.24%p |
| 여론정보 서비스 | 180 | 25.43% | 28.7% | 64.26% | -4.27%p |
| 모바일 부가서비스 | 117.7 | 16.62% | 140.63% | 41.77% | 5.57%p |
| 기술자문 서비스 | 16.2 | 2.29% | 47.16% | 64.2% | -1.63%p |
| 합계 | 708 | 100% | 42.38% | 62.2% | 1.39%p |

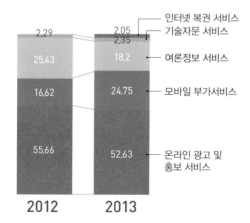

인터넷 복권 서비스
기술자문 서비스
여론정보 서비스
모바일 부가서비스
온라인 광고 및 홍보 서비스

| 2012 | 2013 |
|---|---|
| 2.29 | 2.05 |
| | 2.35 |
| 25.43 | 18.2 |
| 16.62 | 24.75 |
| 55.66 | 52.63 |

## 재무제표

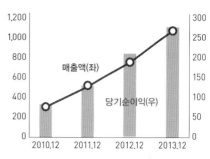

매출액(좌)
당기순이익(우)

(단위: 백만 위안)

| 손익계산서 | 2013.12 | 2012.12 | 2011.12 | 2010.12 |
|---|---|---|---|---|
| 매출액 | 1,028 | 708 | 497 | 332 |
| 매출총이익 | 587 | 440 | 302 | 192 |
| 영업이익 | 302 | 212 | 122 | 79 |
| 세전이익 | 305 | 224 | 142 | 79 |
| 당기순이익 | 273 | 210 | 139 | 82 |

| 현금흐름표 | 2013.12 | 2012.12 | 2011.12 | 2010.12 |
|---|---|---|---|---|
| 영업활동 현금흐름 | 257 | 93 | 201 | 109 |
| 투자활동 현금흐름 | 516 | -869 | -27 | -31 |
| 재무활동 현금흐름 | -118 | 1,284 | -2 | 338 |
| 현금 순증감액 | 652 | 506 | 170 | 416 |
| 기말 현금 | 1,842 | 1,191 | 684 | 514 |

| 대차대조표 | 2013.12 | 2012.12 | 2011.12 | 2010.12 |
|---|---|---|---|---|
| 유동자산 | 2,268 | 2,336 | 786 | 578 |
| 비유동자산 | 520 | 109 | 82 | 72 |
| 자산총계 | 2,788 | 2,445 | 868 | 651 |
| 유동부채 | 352 | 258 | 182 | 100 |
| 비유동부채 | 1 | 0 | 0 | 0 |
| 부채총계 | 353 | 258 | 182 | 100 |
| 자본금 | 276 | 276 | 207 | 207 |
| 자본잉여금 | 1,540 | 1,504 | 233 | 233 |
| 이익잉여금 | 71 | 44 | 23 | 8 |
| 지배회사지분 | 2,297 | 2,144 | 656 | 533 |
| 소수주주지분 | 138 | 43 | 31 | 18 |
| 자본총계 | 2,435 | 2,187 | 687 | 551 |

# 환경보호 산업

## ★ 중국의 환경보호 정책 강화

중국 정부가 환경보호에 적극 나서고 있다. 2014년 1~3분기까지 중국의 지방정부들은 총 1200여 건의 환경오염 사건을 공안기관에 넘겨 형사처벌을 요구했는데 이는 전년 같은 기간보다 약 70%나 늘어난 수치다. 전국적으로 심각한 스모그가 빈번해 국민 불만이 쏟아지자 중국 당국은 환경오염 행위에 대해 벌금과 같은 행정처벌에 그치지 않고 적극적인 형사처벌에 나서고 있다.

중국의 환경보호 산업은 이미 중점 국가 전략 사업으로 환경보호 정책 지원이 추진되고 있다. 2014년 9월 1일에 발개위, 재정부, 환경보호부 등 3개 정부기관에서 공동으로 '오염 배출 비용 징수 기준의 조정 등 관련 문제에 관한 통지'를 정식 발표했다. 이를 통해 2015년 6월 말까지 각 지방정부가 주요 오염물질 배출 징수 기준을 조정하도록 요구했다. 오수류와 폐기류 오염물의 배출비 징수 기준을 각각 1000g당 0.7위안(약 122원) 및 0.6위안(약 105원)에서 1.4위안(약 245원) 및 1.2위안(약 210원)으로 크게 상향 조정했다. 현행 오염물 배출 비용 징수 제도는 2003년부터 시작하여 이미 11년이 경과한 것이다. 동시에 오염물질 배수 비용의 차별화 정책을 시행하여 기업이 오염물 배출을 감소하도록 구속력과 인센티브를 병행하도록 규정했다.

2014년 4월 중국의 새로운 환경보호법이 전인대에서 통과되었다. 이는 25년 만에 개정된 것으로 지방정부와 감독기관의 책임을 강조하고 오염 유발자에 대한 민·형사처벌을 강화하며 시민단체가 환경 감시에 참여할 수 있게 되었다. 2015년 1월 1일부터 시행된 새로운 '환경보호법'은 궁극적으로 정부의 환경보호 투자 확대를 이끌 전망이다. 또한 벌금 상한선을 없애고 기존처럼 한 번 적발될 때마다 부과되는 방식에서 오염물질의 총 배출 시간을 따져 산정하는 방식으로 전환하는 등 위법 행위에 대한 처벌이 가중되면서 기업 차원에서 환경보호에 대한 투자가 강화될 것으로 보인다.

### ★ 중국 환경보호 산업 투자 증가

2013년 기준으로 중국 환경오염 관리 투자 규모는 9500억 위안(약 171조 원)으로 전년 대비 15% 증가했다.

지난 2000~2013년의 환경보호 투자 연복합증가율은 19%에 달했다. 세계은행에 따르면 환경보호 투자 규모가 GDP 대비 1.5~2%의 비중일 때에 오염 통제가 가능하며 비중이 2~3%일 때 비로소 환경을 개선할 수가 있다. 중국의 2013년 환경보호 투자 비중은 1.67%로 여전히 낮은 수준이다. 정부의 환경보호 강화와 정책 지원으로 이런 통제 비중이 앞으로 늘어날 수밖에 없다.

2013년 8월, 국무원은 '에너지 절약 환경보호 산업 개발 가속화에 대한 의견'에서 2015년까지 에너지 절약 환경보호 산업의 총생산액은 4조 5000억 위안(약 786조 원)으로 설정하고 국민 경제의 새로운 기간 산업으로 육성할 것임을 천명했다. 계획에 따르면 에너지 절약과 환경보호 산업의 평균 증가율은 15% 이상 도달할 것이며 대기오염 관리, 오·폐수 처리, 고체 폐기물 처리 등 3개 분야에 집중적으로 관리가 강화된다.

과거 미국은 환경보호 투자 규모 대비 GDP 비중이 상승세를 보였다. 중국의 현재 비중은 미국의 1980년대와 비슷한데, 미국의 발전 추이를 보면 중국의 환경보호 투자 규모의 증가 여력이 클 것으로 예측된다. 중국의 환경보호 산업은 초기

| 미국 환경보호 투자(억 USD) 및 GDP 대비 비중 | | | | | |
|---|---|---|---|---|---|
| 구분 | 1972 | 1980 | 1987 | 1990 | 2000 |
| 환경보호 투자 | 300 | 724 | 770 | 1,150 | 1,710 |
| GDP 대비 비중(%) | 0.9 | 1.49 | 1.7 | 2.1 | 2.6 |

출처: U.S. Environmental Protection Agency

| 중국 환경보호 투자(억 위안) 및 GDP 대비 비중 | | | | | |
|---|---|---|---|---|---|
| 구분 | 1972 | 1980 | 1987 | 1990 | 2000 |
| 환경보호 투자 | 300 | 724 | 770 | 1,150 | 1,710 |
| GDP 대비 비중(%) | 0.9 | 1.49 | 1.7 | 2.1 | 2.6 |

출처: 중국 환경부

발전 단계로 산업의 과점도는 낮은 수준이어서 환경보호 시장의 산업 내 대표 기업에 주목할 필요가 있다. 중국광대국제(0257.HK), 북경수도그룹(0371.HK), 국전하이테크환경보호그룹(1296.HK) 등은 고체 폐기물 처리, 오·폐수 처리, 대기오염 관리 등의 산업 내 1등 기업이다.

경제 성장, 도시 인구 증가, 소비 수준 향상으로 생활 쓰레기가 증가하면서 주거 환경 개선에 대한 중국 국민의 열망이 더 강해지고 있다. 이에 따라 중국의 쓰레기 소각 발전 산업의 전망도 한층 밝아졌다.

쓰레기 소각 발전 기업은 정책적 호재와 시장의 요구로 비즈니스 모델과 자금 조달 능력, 브랜드를 갖추게 되었다. 이러한 조건을 갖춘 우수한 기업들이 앞으로 큰 발전 기회를 맞이할 것으로 보인다. 소각 발전 산업은 비즈니스 모델이 명확하고 시장 집중도가 높은 편이다. 현재 관련 산업의 비즈니스 모델은 대부분 BOT<sub>Build-Operate-Transfer</sub>와 TOT<sub>Transfer-Operate-Transfer</sub> 위주의 자산 집약적 형태로, 이미 많은 발전을 거두고 있다. 중국의 쓰레기 소각 발전 기업은 100군데가 안 되지만, 6개 업체가 시장의 52%를 차지하고 있고, 1~3위 기업의 시장점유율은 39%에 달한다.

정부가 폐기물 처리 기준을 강화하고 노후 또는 낙후 시설을 강제 퇴출시키면서 환경보호 산업 육성 정책에 따라 급성장하고 있는 효자 산업이다. 특히 폐기물 발전發電에 사용하는 폐기물의 양을 2010년에 8.96만 톤/일에서 2015년까지 30.7만 톤/일 규모로 확대하여 연평균 28%의 고성장이 예상된다. 이 산업에서 주목받고 있는 중국광대국제(0257.HK)의 경우 전체 폐기물 처리에서 폐기물 발전 사업부문의 성장률이 2012년 27%에서 2015년에는 35%로 늘어 수익성 증대가 기대된다.

중국의 1인당 수자원량은 2055$m^3$로 전 세계 평균의 1/4 규모다. 현재 중국 내 640개 도시에서 300여 도시가 물이 부족한 상황임을 알고 있는 사람은 많지 않다. '전국 도시 식수 안전 보장 계획(2006~2020년)'에 따르면, 전국의 약 20% 도시들의 지하 수자원이 오염된 것으로 나타났으며 일부 도시의 식수 수질은 암과 기형을 유발할 수 있는 수준인 것으로 나타나 충격을 주고 있다. 현재 지하수 오염 상태는 주변 도시로 퍼져나가는 상황이다. 앞으로 수질 개선 수요는 지속해서 늘어날 전망이다.

북경수도그룹(0371.HK)은 중국 최대의 수자원 및 종합 서비스 회사로 2013년 말 기준 282개의 상·하수 시설을 보유하고 있으며 총용량은 1670만 톤/일에 달한다. 모그룹인 북경홀딩스그룹유한회사北京控股集團有限公司는 국유기업이어서 상대적으로 사업 입찰과 낙찰이 쉽고 자금조달 시 대출 비용도 저렴하다. 브랜드 효과와 규모의 경제로 동종 기업에 비해 원가가 낮고 향후 지속적인 M&A와 내부 확장을 통하여 지속적인 성장을 유지할 것으로 전망되는 기업이다. 현재 중국 수처리 시장은 매우 분산되어 있으며 상위 3사의 시장점유율은 8%에 불과하다. 이 회사의 시장점유율은 현재 5% 내외이며 2018년까지 10%까지 늘 것으로 예상된다.

지난 몇 년간 건설 중인 프로젝트들이 잇따라 생산 투입될 예정이며 현재도 지속적으로 신규 사업에 계속 투자를 늘리고 있어 장기 실적 성장 전망이 우수하다. 향후 5년간 수처리 시장 규모는 연평균 15% 내외로 증가할 것으로 추정된다.

## CODE **0257.HK**

# 中国光大国际有限公司 중국광대국제

## 중국 환경보호 산업의 대표 종목

**기업개요**

홍콩에 본사를 두고 있는 투자회사로 중국에서 영향력 있는 중앙 국유그룹인 광대그룹의 자회사이다. 핵심사업은 환경보호와 신에너지에 대한 투자로 홍콩에 상장된 중국 환경보호 산업에서 대표 종목 중의 하나다. 중국 연해 20여 개 도시에서 70여 개 프로젝트를 추진하고 있으며 주로 쓰레기 재활용, 오수 처리, 태양광발전 사업에 진출해 있다.

**투자
포인트**

❶ 빠른 도시화 진척으로 생활 폐기물까지 급증하고 있는 상황에서 고체 폐기물 처리(소각 및 발전) 전문기업에 대한 수요 증가

❷ 정부의 폐기물 처리 기준 강화, 낙후시설 강제 폐쇄조치 등으로 환경 산업 급성장 중

❸ 특히 폐기물발전에 시용히는 폐기물을 2010년의 일간 8.96톤에서 2015년에는 일간 30.7만톤 규모로 확대키로 해 연평균 28% 성장 예상

❹ 광대국제의 경우 폐기물 발전 사업부문은 2012년의 27%에서 2015년에는 35%로 늘 것으로 예상되며 이러한 추세는 당분간 지속 예상

❺ 2014년 6월, 싱가포르에 상장된 HanKore 인수로 오·폐수 처리 부문은 회사의 새로운 성장 동력으로 기대

❻ 향후 3년간 폐기물발전, 오수처리, 신재생에너지 등으로 연평균 20%대의 성장이 기대

**주식발행 현황** (2014-07-31)

홍콩 주
4,483,711,700
**100%**

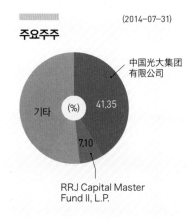

**주요주주** (2014-07-31)

中国光大集团
有限公司
41.35

기타

(%)

7.10

RRJ Capital Master
Fund II, L.P.

**최근 3년
주가차트**

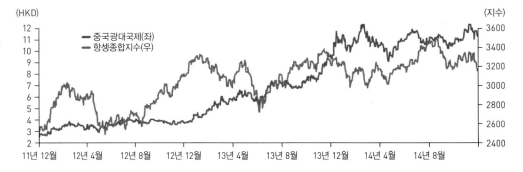

중국광대국제(좌)
항생종합지수(우)

## 매출구조

### 2013년 사업부문별 매출구조
(기준일: 2013-12-31/단위: 백만 홍콩달러)

| 매출구성 | 매출 | 비중 | 전년 매출 | 비중 | 전년 대비 |
|---|---|---|---|---|---|
| 쓰레기 발전소, 제조업 고체 폐기물 처리장 및 위험폐기물 처리장 건설 | 2,517 | 47.3% | 933 | 27.4% | 169.8% |
| 재무 투자 수익 | 744 | 14% | 595 | 17.4% | 25.1% |
| 쓰레기 발전소, 제조업 고체 폐기물 처리장 및 위험폐기물 처리장 건설 | 635 | 11.9% | 453 | 13.3% | 40.1% |
| 수처리시설 운영 | 558 | 10.5% | 502 | 14.7% | 11.1% |
| 수처리시설 건설 서비스 | 449 | 8.5% | 530 | 15.5% | -15.2% |
| 메탄가스 발전소, 태양광발전소, 생물질 발전소건설 | 259 | 4.9% | 256 | 7.5% | 1.5% |
| 신재생에너지 사업 건설 서비스 | 150 | 2.8% | 138 | 4.1% | 8.7% |
| 부동산 임대료 | 4 | 0.1% | 1 | 0% | 724.2% |
| 합계 | 5,320 | 100% | 3,410 | 100% | 56% |

### 2012년 사업부문별 매출구조
(기준일: 2012-12-31/단위: 백만 홍콩달러)

| 매출구성 | 매출 | 비중 | 전년 매출 | 비중 | 전년 대비 |
|---|---|---|---|---|---|
| 쓰레기 발전소, 제조업 고체 폐기물 처리장 및 위험폐기물 처리장 건설 | 933 | 27.4% | 1,536 | 44.1% | -39.3% |
| 재무 투자 수익 | 595 | 17.4% | 527 | 15.1% | 12.9% |
| 수처리시설 건설 서비스 | 530 | 15.5% | 129 | 3.7% | 310.9% |
| 수처리시설 운영 | 503 | 14.7% | 431 | 12.4% | 16.7% |
| 쓰레기 발전소, 제조업 고체 폐기물 처리장 및 위험폐기물 처리장 건설 | 454 | 13.3% | 347 | 10% | 30.8% |
| 메탄가스 발전소, 태양광발전소, 생물질 발전소 건설 | 256 | 7.5% | 62 | 1.8% | 312.9% |
| 신재생에너지 사업 건설 서비스 | 139 | 4.1% | 454 | 13% | -69.4% |
| 부동산 임대료 | 0 | 0% | 1 | 0% | -100% |
| 합계 | 3,410 | 100% | 3,487 | 100% | -2.2% |

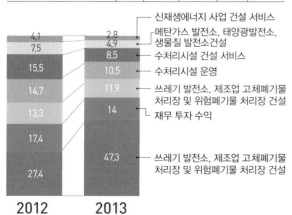

- 신재생에너지 사업 건설 서비스
- 메탄가스 발전소, 태양광발전소, 생물질 발전소건설
- 수처리시설 건설 서비스
- 수처리시설 운영
- 쓰레기 발전소, 제조업 고체폐기물 처리장 및 위험폐기물 처리장 건설
- 재무 투자 수익
- 쓰레기 발전소, 제조업 고체폐기물 처리장 및 위험폐기물 처리장 건설

2012: 4.1 / 7.5 / 15.5 / 14.7 / 13.3 / 17.4 / 27.4
2013: 2.8 / 4.9 / 8.5 / 10.5 / 11.9 / 14 / 47.3

## 재무제표

매출액(좌)
당기순이익(우)

2010.12  2011.12  2012.12  2013.12

(단위: 백만 홍콩달러)

| 손익계산서 | 2013.12 | 2012.12 | 2011.12 | 2010.12 |
|---|---|---|---|---|
| 매출액 | 5,320 | 3,410 | 3,664 | 2,929 |
| 매출총이익 | 2,375 | 1,684 | 1,575 | 1,146 |
| 세전이익 | 1,812 | 1,171 | 1,135 | 845 |
| 당기순이익 | 1,325 | 1,123 | 801 | 616 |

| 현금흐름표 | 2013.12 | 2012.12 | 2011.12 | 2010.12 |
|---|---|---|---|---|
| 영업활동 현금흐름 | -364 | -290 | 528 | -575 |
| 투자활동 현금흐름 | -950 | -1,063 | -874 | -513 |
| 재무활동 현금흐름 | 3,894 | 1,458 | 642 | 455 |
| 현금 순증감액 | 2,619 | 123 | 343 | -602 |
| 기말 현금 | 4,426 | 1,807 | 1,684 | 1,341 |

| 대차대조표 | 2013.12 | 2012.12 | 2011.12 | 2010.12 |
|---|---|---|---|---|
| 유동자산 | 8,244 | 4,739 | 3,513 | 2,484 |
| 비유동자산 | 15,227 | 11,844 | 10,366 | 8,387 |
| 자산총계 | 23,471 | 16,583 | 13,880 | 10,870 |
| 유동부채 | 3,572 | 2,884 | 2,539 | 1,615 |
| 비유동부채 | 6,120 | 5,028 | 4,679 | 3,507 |
| 부채총계 | 9,692 | 7,913 | 7,218 | 5,122 |
| 자본금 | 448 | 404 | 368 | 365 |
| 자본/ 이익잉여금 | 12,926 | 7,946 | 5,822 | 4,973 |
| 지배회사지분 | 13,374 | 8,350 | 6,190 | 5,338 |
| 소수주주지분 | 405 | 321 | 472 | 411 |
| 자본총계 | 13,779 | 8,670 | 6,662 | 5,749 |

# 北控水务集团有限公司 북경수도그룹

## 중국 수처리 규모 1위 기업

**기업개요**

중국의 대표적인 대형 용수공급 업체 중 하나다. 주요 사업은 오수처리, 상하수도 관련 시설의 건설과 운영, 기술 서비스 등이다.

**투자
포인트**

❶ 중국 수처리 1위 기업으로 2013년 말 기준 일일 수처리 능력은 1670만 톤으로 실제 처리량은 950만 톤 수준임. 미운행 시설이 추가 가동되면 실적 기여 예상

❷ 주요 사업은 오수처리, 상하수도 관련 시설의 건설과 운영 등으로 2013년 말 기준 총 282개의 수처리 공장 중 188개가 가동 중이며 나머지는 건설 및 운행 준비 중에 있음

❸ 2014년 수처리 사업부문 매출이 50% 가까이 늘 것으로 보는 이유는 2013년의 약 15개의 수처리장의 가격 평균 인상률 15%가 2014년 반영 예상

❹ 지난 수년간 건설 중인 공사들이 조만간 잇따라 생산투입될 예정인 데다가 용수 공급 신규 투자도 계속 늘리고 있어 장기성장 전망 양호

❺ 현재 중국 수처리 업계의 상위 3사의 시장점유율은 8%로 이 중 이 회사의 점유율은 5%로 2018년 10%까지 늘 것으로 예측. 향후 5년간 일일 수처리 규모의 연복합증가율은 15% 내외로 추정

**주식발행 현황** (2014-07-31)

홍콩 주
8,665,391,659
**100%**

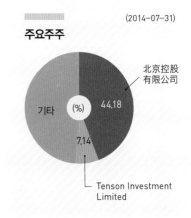

**주요주주** (2014-07-31)

北京控股
有限公司
44.18

기타 (%)

7.14

Tenson Investment
Limited

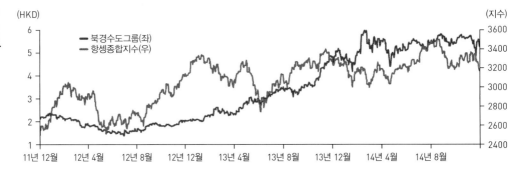

**최근 3년
주가차트**

(HKD)

— 북경수도그룹(좌)
— 항셍종합지수(우)

(지수)

## 매출구조

### 2013년 사업부문별 매출구조

(기준일: 2013-12-31/단위: 백만 홍콩달러)

| 매출구성 | 매출 | 비중 | 전년 매출 | 비중 | 전년 대비 |
|---|---|---|---|---|---|
| 수처리시설 건설 | 3,764 | 58.8% | 1,974 | 53% | 90.7% |
| 오수처리 | 2,140 | 33.4% | 1,425 | 38.2% | 50.2% |
| 용수 공급 | 383 | 6% | 105 | 2.8% | 263.3% |
| 기술자문 서비스 | 117 | 1.8% | 222 | 6% | -47.1% |
| 합계 | 6,406 | 100% | 3,727 | 100% | 71.9% |

### 2012년 사업부문별 매출구조

(기준일: 2012-12-31/단위: 백만 홍콩달러)

| 매출구성 | 매출 | 비중 | 전년 매출 | 비중 | 전년 대비 |
|---|---|---|---|---|---|
| 수처리시설 건설 | 1,974 | 53% | 1,365 | 51.4% | 44.6% |
| 오수처리 | 1,425 | 38.2% | 995 | 37.5% | 43.2% |
| 기술자문 서비스 | 222 | 6% | 212 | 8% | 4.7% |
| 용수 공급 | 106 | 2.8% | 83 | 3.1% | 27.7% |
| 합계 | 3,727 | 100% | 2,654 | 100% | 40.4% |

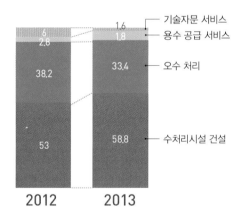

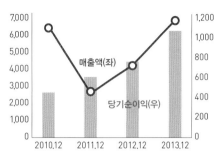

## 재무제표

(단위: 백만 홍콩달러)

| 손익계산서 | 2013.12 | 2012.12 | 2011.12 | 2010.12 |
|---|---|---|---|---|
| 매출액 | 6,406 | 3,727 | 2,654 | 6,348 |
| 매출총이익 | 2,506 | 1,437 | 908 | 1,122 |
| 세전이익 | 1,497 | 1,092 | 861 | 695 |
| 당기순이익 | 1,084 | 750 | 601 | 513 |

| 현금흐름표 | 2013.12 | 2012.12 | 2011.12 | 2010.12 |
|---|---|---|---|---|
| 영업활동 현금흐름 | -936 | -773 | -2,198 | -3,238 |
| 투자활동 현금흐름 | -2,857 | -560 | -1,496 | -831 |
| 재무활동 현금흐름 | 5,425 | 2,969 | 3,576 | 5,101 |
| 현금 순증감액 | 1,726 | 1,717 | -39 | 1,085 |
| 기말 현금 | 5,366 | 3,640 | 1,923 | 1,962 |

| 대차대조표 | 2013.12 | 2012.12 | 2011.12 | 2010.12 |
|---|---|---|---|---|
| 유동자산 | 15,212 | 13,679 | 11,654 | 8,820 |
| 비유동자산 | 28,974 | 17,611 | 13,095 | 8,405 |
| 자산총계 | 44,187 | 31,290 | 24,750 | 17,225 |
| 유동부채 | 11,651 | 9,258 | 6,671 | 8,617 |
| 비유동부채 | 16,611 | 11,300 | 8,368 | 3,540 |
| 부채총계 | 28,262 | 20,558 | 15,039 | 12,157 |
| 자본금 | 844 | 691 | 691 | 457 |
| 자본/ 이익잉여금 | 12,454 | 7,776 | 7,391 | 3,436 |
| 지배회사지분 | 13,298 | 8,467 | 8,082 | 3,893 |
| 소수주주지분 | 2,627 | 2,264 | 1,629 | 1,175 |
| 자본총계 | 15,924 | 10,731 | 9,711 | 5,068 |

# 기타 산업

## ★ 군수 산업

중국의 군수 장비의 현대화는 1950~1960년대에 중시되면서 큰 발전을 이루다가 1980~1990년대에는 경제 성장에 소외되어 오히려 퇴보했다. 그러나 1990년대 말부터 국방에 대한 투자가 확대되면서 2005년 이후에야 비로소 현대전에 대응할 신형 장비와 자산을 갖추기 시작했다. 2011년 이후에도 이러한 추세가 지속되고 있다. 2000년대 들어 중국의 국방백서에는 군 장비의 질적인 구조 개선 방향이 제시되었는데 제2세대 장비를 기본으로 하되 3세대 장비를 핵심으로 한 무장 체계 구축이 장비 현대화의 방향성이다.

최근 이러한 방향성에 무게를 더한 현상들이 점점 노출되고 있다. 후강퉁 시행 다음 달인 2014년 12월 초, 중국 증시에선 방산주가 한때 크게 올랐다. 그 배경에는 12월 3~4일 이틀간 베이징에서 개최된 전군 군수 장비 사업 회의가 있다. 이 회의는 시진핑 주석이 직접 참석해 '군수 장비 건설 가속화'를 강조하고 나섰는데 이에 대해 업계는 앞으로 군수 섹터 전반이 새로운 상승 국면을 맞을 것으로 보았던 것이다. 현재 중국의 군수 장비는 전반적으로 보면 매우 낙후되어 있어 대대적인 장비 현대화를 추진 중이다.

중국군 장비의 현대화는 두 가지 측면에서 이루어진다. 하나는 장비의 현대화 플랫폼 구축이고 다른 하나는 정보화이다. 이외에도 국유기업 개혁에 따른 방산

(단위 : 억 위안)

■ 국방비 지출　── YoY

출처: 중국 국방부

그룹사 내의 자산증권화 등도 눈여겨볼 대목이다.

2015년 군수 산업 투자를 위해서는 방산 국유기업 개혁에 따른 전자 기술 장비 및 항공우주 기술 장비와 관련한 그룹사들을 유심히 보기 바란다. 이들 기업의 자산증권화율이 20% 미만인 상황이므로 앞으로 기업 개혁 추진에 따라 관련 기업 중에서 수혜를 볼 기업이 적지 않을 것이기 때문이다. 여기에서 '자산증권화율'이란 국유기업의 상장 비율을 의미한다. 상장되어야 할 국유기업들이 여러 이유로 IPO할 수 없었기에 그룹 내의 이미 상장된 관계사를 통해 그룹 주요 자산을 주입시키는 등의 조치들이 나올 것이다. 따라서 장비의 현대화 능력을 갖춘 1등 기업이 장기투자 종목으로 적합한데 대표 종목으로는 항공동력(600893.SH), 중항항공전자설비(600372.SH), 중국위성(600118.SH), 중항광전(002179.SH), 해격통신(002465.SZ) 등이 있다.

★ **석유가스 산업**

중국은 지난 1950년대부터 전국 82개의 중대형 침전 분지에서 석유가스 탐사를 해서 약 500개의 유전을 발견했다. 현재 가장 규모가 큰 유전은 사천유전이며 헤이룽장성 서부에 있는 대경유전은 지난 1976년 원유 생산량 5000만 톤을 돌파한 바 있다. 또 장경長庆유전의 경우 현재 중국의 주요 천연가스 산지로 베이징의 천연가스를 담당하는 기지이다.

중국 정부의 적극적인 유전 개발에도 아직 생산량이 소비를 따라가지 못하고 있는 실정이다. 중국의 원유 소비량이 연평균 약 10%씩 늘면서 원유 수입도 덩달아 크게 늘고 있다. 2001년에는 원유의 수입 의존도가 30%에도 못 미쳤지만 2014년에는 60%에 육박하고 있다. 페트로차이나 경제기술연구소는 2040년경 중국의 원유 수입 의존도가 80%에 달할 것이라고 전망했다.

2014년 말부터 유가가 급락하면서 중국 석유 개발사들은 상황을 예의주시하고 있지만, 석탄 소비를 줄이려는 중국 정부의 환경보호 의지로 셰일가스와 천연가스 개발에 주력할 것으로 보인다. 2014년 11월 상무부가 발표한 중장기 에너지 개발 전략에 따르면 2020년까지 남중국해에 대형 유전을 건설할 계획이어서 이에 따라 해양 유전 서비스 개발 기업이나 관련 개발 장비 기업들이 유망할 것으로 보인다.

## ★시멘트 산업

부동산, SOC 인프라 건설과 연관성이 높은 중국 시멘트 산업에는 현재 통폐합 바람이 불고 있다. 중국 정부는 환경보호와 생산 과잉 문제를 해결하기 위해 각 지역의 낙후된 생산설비를 대거 퇴출시키면서 시멘트 산업의 집중도를 높이고 있다. 자금력이나 생산력을 갖춘 대기업 위주로 통폐합이 진행되고 있는데, 안휘해라시멘트 등 대표 기업이 수혜를 보고 있다.

원가 측면에서 보면 시멘트 생산원가의 60%인 석탄과 전력 요금이 내려가면서 원가절감 효과가 극대화되고 있고 2014년 하반기 이후 부동산 시장에 대한 조정 정책도 어느 정도 마무리되면서 호전되고 있다. 이런 상황에서 '일대일로' 건설, 베이징, 톈진, 허베이 지역을 하나로 잇는 '징진지 경제구' 개발 등이 활발해 2015년 이후 당분간 시멘트 수요는 계속 증가할 것으로 보인다.

## ★철강 산업

세계 최대의 철강 생산국이자 소비국인 중국의 철강 산업은 부동산과 인프라 투자 둔화에 따른 수요 감소로 침체했다. 2014년 기준 중국의 철강 소비량은 지난 10년 사이 최저치까지 떨어졌다. 그러나 철광석 가격이 이보다 더 많이 떨어지면서 중국 철강 업계의 수익은 오히려 회복세를 보이고 있다. 2015년 이후에도 이 같은 추세는 당분간 계속될 전망이다.

'클린 중국'을 원하는 중국 정부의 엄격한 환경 기준 때문에 철강 업체들의 환경 관리 비용 지출이 늘어나고 있다. 소형 기업들은 퇴출되고 낙후된 생산 시설의 폐쇄 조치도 계속되고 있어 오히려 대기업에 유리한 산업 구도가 점차 뚜렷해지고 있다. 2015년 이후 부동산과 인프라 투자 확대와 원자재 가격 하락이 계속되면 보산철강과 같은 대형 철강 기업들의 우위는 계속될 전망이다.

| 전 세계 조강 생산량과 중국의 생산비중 | | | | | | | | |
|---|---|---|---|---|---|---|---|---|
| | | | | | | | (단위 : 억 톤) | |
| | 2013 | 2012 | 2011 | 2010 | 2009 | 2008 | 2007 | 2006 |
| 전 세계 | 16.1 | 15.5 | 14.9 | 14.1 | 12.2 | 13.3 | 13.4 | 12.5 |
| 중국 | 7.8 | 7.2 | 7.0 | 6.3 | 5.7 | 5.0 | 4.9 | 4.2 |
| 중국 비중 | 49% | 46% | 47% | 44% | 47% | 38% | 36% | 34% |

출처: IISI(국제철강협회), SBB(Steel Business Briefing)

## ★비철금속

비철금속 분야에서 구리와 알루미늄은 부동산과 경기의 영향을 많이 받는 산업이다. 최근 생산 과잉까지 겹치면서 2015년 역시 업황 부진이 예상되고 있다. 하지만 희토류 관련 기업들은 호전세를 보이고 있다.

'첨단 산업의 비타민'이자 중국의 전략 자원인 희토류에 대해 중국 정부가 수출 쿼터 제도를 전격 폐지했다. 2014년 마지막 날인 12월 31일에 발표된 중국 상무부의 '2015년 수출 허가 관리 상품 목록'을 보면 앞으로는 수출업자들이 별도의 승인 없이 희토류 수출을 할 수 있게 되었다. 이 같은 정부의 입장 변화는 WTO가 중국의 희토류 수출 쿼터제가 협정 위반이라고 판정한 것을 수용함과 동시에 그동안의 수출 쿼터 축소로 희토류 수요가 감소한 데 대한 조치로 보인다.

중국 내에서는 희토류 불법 채굴 단속 강화, 자원세 인상뿐만 아니라 내몽고포두철강희토, 하문텅스텐과 같은 대기업을 위주로 '초대형' 희토류 그룹 건설을 위해 산업을 통폐합하려는 움직임을 보이고 있어 관련 기업들의 수혜가 예상된다.

## ★ 화학 산업

화학 산업 중 최근 경기가 가장 좋은 분야는 MDI이다. MDI(메틸렌, 디페닐, 디이소시아네이트)는 자동차 내장재, 냉장고, 단열재, 합성섬유에 이르기까지 광범위하게 사용되는 폴리우레탄의 핵심 원료 중 하나로 TDI(톨루엔디이소시아네이트)와 함께 사용하는 필수 원료이다. 그러나 MDI는 생산 공정이 매우 까다로워 현재까지 전 세계적으로 바스프, 바이엘, 다우케미컬, 헌츠만, 미쓰이, NPU 그리고 중국의 만화화학만이 MDI 생산 기술을 갖고 있으며 산업집중도가 무려 90%에 달한다.

특히 만화화학은 2014년 초를 기준으로 MDI 생산량 연간 140만 톤으로 세계 1위이며 2014년까지는 생산설비 확장을 통해 200만 톤까지 늘린다는 계획이다. 만화화학은 중국에서 풍부한 자원인 저가 석탄을 원료로 하고 있어 원가절감에 우위가 있고, 최근 몇 년간 생산량 확충이 기존 시설을 업그레이드하는 방식으로 이루어져 투자 비용이 타사보다 낮고, 품질 면에서도 인정받고 있다.

전 세계적으로 MDI는 건축, 가전, 자동차, 전자 분야에서 수요가 크지만, 중국에서는 냉장고, 펄프, 신발 등에 주로 사용되고 있다. 그러나 중국 정부가 건축물에 대한 원자재 사용 기준을 강화하고 있어 이후 중국에서도 MDI 사용 범위가 크게 확대될 것으로 기대되고 있다. 현재 중국의 MDI 수요 증가율은 세계 평균치를 훨씬 웃돌고 있으며, 기존에는 국내 공급 부족으로 수입이 많았지만, 앞으로는 만화화학의 설비 확충으로 점차 국산 비중이 늘어날 전망이다.

CODE **601989.SH**

# 中国船舶重工股份有限公司 중국조선중공업

## 중국 최대의 조선 기업

**기업개요**

상해 180지수, CSI 300(호심 300)지수 편입종목이다. 연구개발 및 생산 시스템이 완비되었으며 다양한 선박 관련 장비부품 제조기업으로 연구개발과 기술수준이 높고 회사의 주력제품 시장점유율이 높다. 주요 사업으로 선박용 엔진 및 관련 부품, 선박용 보조설비와 교통운송 장비 등을 생산하고 있다.

**투자 포인트**

❶ 중국 선박 건조 2위 기업으로 2013년에 모그룹으로부터 군함 건조 사업부문이 편입

❷ 모그룹인 중국선박중공그룹CSIC은 중국 해군의 군함 60% 이상을 건조, 90% 이상의 함내 부대장비 제조

❸ 2013년 기준 해군함 건조 관련 사업 비중은 전체의 20%이며 매출총이익률은 50%로 비교적 높은 수준

❹ 국방비 지출 증가와 특히 해군의 현대화 추진에 따라 향후 수년간 20~30% 고성장이 예상

❺ 2013년 말 기준 모그룹(비상장됨)의 군함 관련 사업부문을 이 회사로 이관 가능성 상존에 따른 수혜 예상

❻ 주력사업인 선박 건조와 해양 플랜트 사업이 회복되면서 기업에 대한 투자가치도 상승

(2014-07-31)

**주식발행 현황**

비유통 A주
2,019,047,619
**11.52%**

발행주식 총수:
17,531,193,190
100%

유통 A주
15,512,145,571
**88.48%**

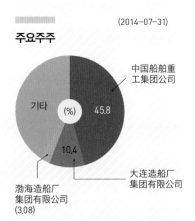

(2014-07-31)

**주요주주**

中国船舶重工集团公司

(%)  45.8

기타

10.4

大连造船厂集团有限公司

渤海造船厂集团有限公司
(3.08)

**최근 3년 주가차트**

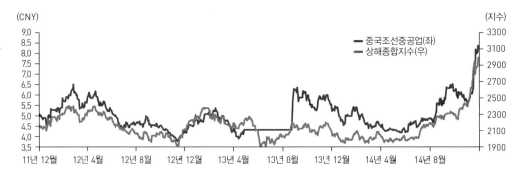

(CNY)

— 중국조선중공업(좌)
— 상해종합지수(우)

(지수)

## 매출구조

### 2013년 사업부문별 매출구조
(기준일: 2013-12-31/단위: 백만 위안)

| 매출구성 | 매출액 | | | 매출총이익률(GPM) | |
|---|---|---|---|---|---|
| | 매출 | 비중 | 전년 대비 | GPM | 전년 대비 |
| 선박건조 및 수리 개조 | 23,850.3 | 46.52% | -18.53% | 12.42% | 0.5%p |
| 에너지 교통 및 첨단기술 장비 제조 | 13,496.2 | 26.32% | 6.21% | 14.72% | 1.13%p |
| 선박 부대장비 제조 | 8,858.5 | 17.28% | -14.88% | 20.89% | 2.85%p |
| 해양 플랜트 | 6,054.2 | 11.81% | -17.32% | 6.03% | 2.22%p |
| 주력사업 외 기타 수입 | 1,430.4 | 2.79% | 5.62% | | |
| 사업부문 간 매출조정 | -2,420.4 | -4.72% | | | |
| 합계 | 51,269.2 | 100% | -12.36% | 14.6% | 1.28%p |

### 2012년 사업부문별 매출구조
(기준일: 2012-12-31/단위: 백만 위안)

| 매출구성 | 매출액 | | | 매출총이익률(GPM) | |
|---|---|---|---|---|---|
| | 매출 | 비중 | 전년 대비 | GPM | 전년 대비 |
| 선박건조 및 수리 개조 | 27,599 | 47.18% | -32.76% | 12.33% | 0.91%p |
| 에너지 교통 및 첨단기술 장비 제조 | 12,707.4 | 21.72% | 62.4% | 13.4% | -2.85%p |
| 선박 부대장비 제조 | 7,841.6 | 13.4% | -29.21% | 25.4% | 1.41%p |
| 해양플랜트 | 7,322.6 | 12.52% | 606.07% | 3.8% | -17.09%p |
| 선박 부품 생산 | 1,676.4 | 2.87% | -8.83% | 3.18% | -17.07%p |
| 주력사업 외 기타 수입 | 1,354.3 | 2.31% | -31.59% | | |
| 합계 | 58,501.4 | 100% | -9.72% | 13.33% | -1.41%p |

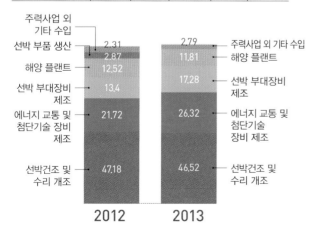

주력사업 외 기타 수입 2.31 / 선박 부품 생산 2.87 / 해양 플랜트 12.52 / 선박 부대장비 제조 13.4 / 에너지 교통 및 첨단기술 장비 제조 21.72 / 선박건조 및 수리 개조 47.18 — **2012**

주력사업 외 기타 수입 2.79 / 해양 플랜트 11.81 / 선박 부대장비 제조 17.28 / 에너지 교통 및 첨단기술 장비 제조 26.32 / 선박건조 및 수리 개조 46.52 — **2013**

## 재무제표

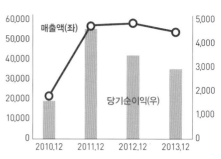

매출액(좌) / 당기순이익(우)

(단위: 백만 위안)

| 손익계산서 | 2013.12 | 2012.12 | 2011.12 | 2010.12 |
|---|---|---|---|---|
| 매출액 | 51,269 | 58,501 | 58,045 | 20,473 |
| 매출총이익 | 7,487 | 7,797 | 8,468 | 4,028 |
| 영업이익 | 2,894 | 3,187 | 4,889 | 1,899 |
| 세전이익 | 3,410 | 4,405 | 5,645 | 1,964 |
| 당기순이익 | 2,935 | 3,577 | 4,706 | 1,599 |

| 현금흐름표 | 2013.12 | 2012.12 | 2011.12 | 2010.12 |
|---|---|---|---|---|
| 영업활동 현금흐름 | -1,328 | -7,166 | -9,875 | -1,124 |
| 투자활동 현금흐름 | -2,277 | -2,849 | -3,811 | -792 |
| 재무활동 현금흐름 | 3,249 | 10,541 | 4,179 | -614 |
| 현금 순증감액 | -491 | 520 | -9,554 | -2,531 |
| 기말 현금 | 46,447 | 46,938 | 43,969 | 18,758 |

| 대차대조표 | 2013.12 | 2012.12 | 2011.12 | 2010.12 |
|---|---|---|---|---|
| 유동자산 | 126,694 | 133,544 | 124,630 | 34,110 |
| 비유동자산 | 46,716 | 45,620 | 35,556 | 9,905 |
| 자산총계 | 173,410 | 179,164 | 160,186 | 44,016 |
| 유동부채 | 91,386 | 98,370 | 82,479 | 15,700 |
| 비유동부채 | 31,626 | 36,348 | 36,752 | 5,226 |
| 부채총계 | 123,012 | 134,718 | 119,232 | 20,925 |
| 자본금 | 15,465 | 14,668 | 14,668 | 6,651 |
| 자본잉여금 | 16,451 | 13,236 | 13,478 | 12,626 |
| 이익잉여금 | 1,206 | 1,114 | 840 | 113 |
| 지배회사지분 | 47,838 | 41,810 | 39,317 | 22,831 |
| 소수주주지분 | 2,560 | 2,636 | 1,637 | 260 |
| 자본총계 | 50,398 | 44,446 | 40,954 | 23,090 |

# 西安航空动力股份有限公司 항공동력

## 중국 내 최대 항공기 엔진 생산기업

**기업개요**

상해 180지수, CSI 300(호심 300)지수 편입종목이다. 중국 내 최대 항공기 엔진 생산기업으로 항공기 엔진 생산 및 기타 비항공기 제품을 생산하고 있으며 선진기술 설비를 다량 보유하고 있다.

**투자 포인트**

❶ 중국 최대의 항공기 생산업체인 중국항공공업그룹AVI China 산하의 항공기 엔진을 생산하는 유일한 상장사

❷ 모그룹의 2020년 매출 목표는 1조 위안으로 이로 인한 항공 엔진 시장 규모는 1500억~2000억 위안 내외 예상

❸ 엔진은 항공기 가격의 20~25% 내외로 전투기, 헬기, 대형 수송기, 일반 민용기 등에서의 신규 및 교체 수요 증가와 엔진 생산의 국산화 정책에 따라 장기적으로 20% 이상 성장 예상

❹ 현재 3세대 주력 전투기에 사용되는 타이항(太行) 시리즈 엔진 수요의 안정 성장 기반 하에서 대형 바이패스비 엔진의 대량생산과 대형 수송기인 '윈20'의 생산투입 등에 따라 관련 신제품 비중 확대 예상

❺ 2013년 1월 모그룹의 자산 재편으로 향후 추가 자산 주입 가능성, 신제품 출시로 인한 수익성 개선 기대

**주식발행 현황** (2014-07-31)

비유통 A주
862,494,794
**44.26%**

발행주식 총수:
1,948,718,750
100%

유통 A주
1,086,223,956
**55.74%**

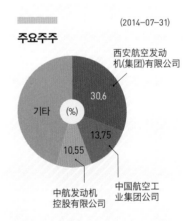

**주요주주** (2014-07-31)

西安航空发动机(集团)有限公司 30.6

中国航空工业集团公司 13.75

中航发动机控股有限公司 10.55

기타 (%)

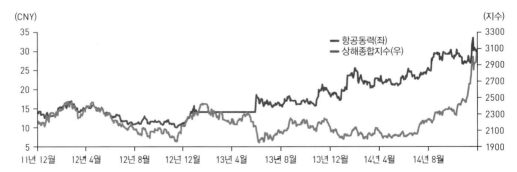

**최근 3년 주가차트**

(CNY)　　　　　　　　　　　　　　　　　　　　　　　　　　　　(지수)

— 항공동력(좌)
— 상해종합지수(우)

11년 12월　12년 4월　12년 8월　12년 12월　13년 4월　13년 8월　13년 12월　14년 4월　14년 8월

## 매출구조

### 2013년 사업부문별 매출구조

(기준일: 2013-12-31/단위: 백만 위안)

| 매출구성 | 매출액 | | | 매출총이익률(GPM) | |
|---|---|---|---|---|---|
| | 매출 | 비중 | 전년 대비 | GPM | 전년 대비 |
| 항공 엔진 및 관련 제품 제조 | 3,973.6 | 50.12% | 3.23% | 23.74% | 1.98%p |
| 항공 이외 기타 제품 생산 | 2,409.3 | 30.39% | 42.7% | 2.32% | -0.32%p |
| OEM 생산 | 1,451.3 | 18.31% | -0.96% | 11.29% | -1.88%p |
| 주력사업 외 기타 수입 | 93.2 | 1.18% | -7.77% | | |
| 합계 | 7,927.4 | 100% | 11.59% | 14.91% | -0.46%p |

### 2012년 사업부문별 매출구조

(기준일: 2012-12-31/단위: 백만 위안)

| 매출구성 | 매출액 | | | 매출총이익률(GPM) | |
|---|---|---|---|---|---|
| | 매출 | 비중 | 전년 대비 | GPM | 전년 대비 |
| 항공 엔진 및 관련 제품 제조 | 3,849.1 | 54.18% | -5.34% | 21.76% | 4.57%p |
| 항공 이외 기타 제품 생산 | 1,688.3 | 23.77% | 28.14% | 2.64% | -3.19%p |
| OEM 생산 | 1,465.4 | 20.63% | 10.49% | 13.17% | -1.06%p |
| 주력사업 외 기타 수입 | 101.1 | 1.42% | 5.63% | 17% | -1.27%p |
| 합계 | 7,104 | 100% | 4.38% | 15.37% | 0.95%p |

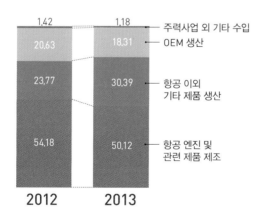

### 재무제표

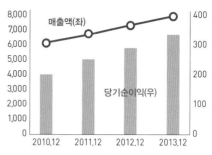

(단위: 백만 위안)

| 손익계산서 | 2013.12 | 2012.12 | 2011.12 | 2010.12 |
|---|---|---|---|---|
| 매출액 | 7,927 | 7,104 | 6,806 | 6,085 |
| 매출총이익 | 1,182 | 1,092 | 982 | 823 |
| 영업이익 | 375 | 322 | 297 | 243 |
| 세전이익 | 387 | 343 | 304 | 254 |
| 당기순이익 | 330 | 292 | 259 | 209 |

| 현금흐름표 | 2013.12 | 2012.12 | 2011.12 | 2010.12 |
|---|---|---|---|---|
| 영업활동 현금흐름 | 318 | 177 | 356 | 462 |
| 투자활동 현금흐름 | -282 | -183 | -239 | -238 |
| 재무활동 현금흐름 | -175 | -19 | 376 | -1,553 |
| 현금 순증감액 | -163 | -26 | 475 | -1,339 |
| 기말 현금 | 1,672 | 1,835 | 1,861 | 1,386 |

| 대차대조표 | 2013.12 | 2012.12 | 2011.12 | 2010.12 |
|---|---|---|---|---|
| 유동자산 | 6,404 | 5,978 | 5,940 | 5,629 |
| 비유동자산 | 2,542 | 2,520 | 2,503 | 2,523 |
| 자산총계 | 8,946 | 8,498 | 8,443 | 8,152 |
| 유동부채 | 3,967 | 3,560 | 3,740 | 3,506 |
| 비유동부채 | 392 | 616 | 606 | 756 |
| 부채총계 | 4,359 | 4,176 | 4,346 | 4,262 |
| 자본금 | 1,090 | 1,090 | 1,090 | 545 |
| 자본잉여금 | 2,404 | 2,389 | 2,389 | 2,933 |
| 이익잉여금 | 100 | 71 | 47 | 26 |
| 지배회사지분 | 4,486 | 4,220 | 3,995 | 3,795 |
| 소수주주지분 | 101 | 102 | 102 | 96 |
| 자본총계 | 4,587 | 4,323 | 4,097 | 3,890 |

**CODE 600372.SH**

# 中航机载电子股份有限公司 중항항공전자설비

### 중국 최대 항공기 외부조명 제조기업

**기업개요**

상해 180지수, CSI 300(호심 300)지수 편입종목이다. 항공우주설비 제조업체로 2011년 6월 자산 구조조정 완료 후 항공기 탑재용 조명 및 제어 시스템 제품 제조 사업에서 항공기 탑재용 주요 전자설비 전체 분야로 사업을 확대했다. 모회사인 창비그룹은 중국의 헬기 및 소형 자동차 주요 연구개발 생산기지로 중국 500대 최대 제조기업 이고 또한 중국 10대 자동차 제조회사이다.

**투자 포인트**

❶ 중국 최대의 항공기 생산업체인 중국항공공업그룹 산하의 항공 전자 전문업체

❷ 2014년 자산 재편을 통해 항공전자 분야 핵심부품 생산 가능

❸ 항공기 내의 전자 시스템과 전자장비 등의 분야에서 독점적인 위치 확보

❹ 세계적인 항공전자 시스템 및 항공전자 장비 제조업체로 부상이 목표

❺ 전자기술 발전과 정보화 요구가 높아지면서 신규 수요뿐만 아니라 교체 수요도 따라서 증가

❻ 중국 항공전자 분야의 대표 기업으로 연평균 15% 성장이 가능한 기업

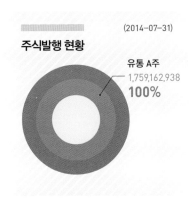

**주식발행 현황** (2014-07-31)

유통 A주
1,759,162,938
**100%**

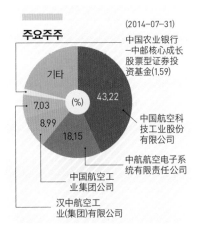

**주요주주** (2014-07-31)

(%)
中国农业银行
—中邮核心成长
股票型证券投
资基金(1.59)
43.22
中国航空科
技工业股份
有限公司
中航航空电子系
统有限责任公司
기타
7.03
8.99
18.15
中国航空工
业集团公司
汉中航空工
业(集团)有限公司

**최근 3년 주가차트**

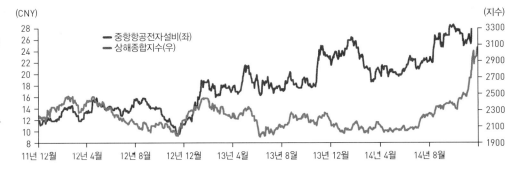

(CNY) (지수)
— 중항항공전자설비(좌)
— 상해종합지수(우)

## 매출구조

### 2013년 사업부문별 매출구조

(기준일: 2013-12-31/단위: 백만 위안)

| 매출구성 | 매출액 | | | 매출총이익률(GPM) | |
|---|---|---|---|---|---|
| | 매출 | 비중 | 전년 대비 | GPM | 전년 대비 |
| 항공기 제조 | 4,743.9 | 79.08% | 6.35% | 34.35% | -2.63%p |
| 기타 제조 | 753.5 | 12.56% | 31.46% | 21.33% | -0.26%p |
| 방직전용설비 제조 | 349.7 | 5.83% | -8.25% | 7.71% | 0.33%p |
| 주력사업 외 기타 수입 | 144.6 | 2.41% | 20.31% | 69.92% | 19.64%p |
| 태양광발전설비 제조 | 6.9 | 0.12% | -19.91% | 18.51% | 83.27%p |
| 합계 | 5,998.6 | 100% | 8.2% | 32% | -1.49%p |

### 2012년 사업부문별 매출구조

(기준일: 2012-12-31/단위: 백만 위안)

| 매출구성 | 매출액 | | | 매출총이익률(GPM) | |
|---|---|---|---|---|---|
| | 매출 | 비중 | 전년 대비 | GPM | 전년 대비 |
| 항공기 제조 | 3,388.9 | 78.82% | 21.31% | 34.74% | -0.33%p |
| 기타 제조 | 487.9 | 11.35% | 11.73% | 17.56% | 2.2%p |
| 방직전용설비 제조 | 381.2 | 8.87% | 1.78% | 7.38% | 1.35%p |
| 주력사업 외 기타 수입 | 116.6 | 2.71% | 95.42% | 50.31% | -11.47%p |
| 태양광발전설비 제조 | 8.6 | 0.2% | -85.39% | -64.76% | -85.07%p |
| 사업부문간 매출조정 | -83.5 | -1.94% | 39.48% | -17.77% | -19.34%p |
| 합계 | 4,299.7 | 100% | 17.36% | 31.61% | 1.11%p |

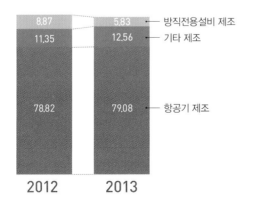

### 재무제표

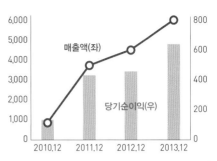

(단위: 백만 위안)

| 손익계산서 | 2013.12 | 2012.12 | 2011.12 | 2010.12 |
|---|---|---|---|---|
| 매출액 | 5,999 | 4,300 | 3,664 | 873 |
| 매출총이익 | 1,920 | 1,359 | 1,117 | 301 |
| 영업이익 | 709 | 539 | 471 | 187 |
| 세전이익 | 770 | 564 | 510 | 190 |
| 당기순이익 | 627 | 470 | 411 | 135 |

| 현금흐름표 | 2013.12 | 2012.12 | 2011.12 | 2010.12 |
|---|---|---|---|---|
| 영업활동 현금흐름 | 305 | -112 | 102 | 119 |
| 투자활동 현금흐름 | -1,006 | -773 | -276 | -37 |
| 재무활동 현금흐름 | 936 | 898 | 113 | 12 |
| 현금 순증감액 | 235 | 14 | -63 | 95 |
| 기말 현금 | 1,581 | 1,129 | 1,116 | 279 |

| 대차대조표 | 2013.12 | 2012.12 | 2011.12 | 2010.12 |
|---|---|---|---|---|
| 유동자산 | 9,133 | 6,252 | 4,705 | 831 |
| 비유동자산 | 4,105 | 2,389 | 2,361 | 373 |
| 자산총계 | 13,237 | 8,641 | 7,067 | 1,204 |
| 유동부채 | 6,906 | 3,307 | 2,627 | 331 |
| 비유동부채 | 1,216 | 481 | 717 | 13 |
| 부채총계 | 8,122 | 3,788 | 3,344 | 344 |
| 자본금 | 1,759 | 1,353 | 822 | 485 |
| 자본잉여금 | 1,340 | 2,653 | 2,501 | 1,117 |
| 이익잉여금 | 328 | 172 | 160 | 81 |
| 지배회사지분 | 4,891 | 4,658 | 3,483 | 829 |
| 소수주주지분 | 224 | 195 | 240 | 30 |
| 자본총계 | 5,116 | 4,853 | 3,723 | 860 |

CODE **600118.SH**

# 中国东方红卫星股份有限公司 중국위성

## 중국 소형 인공위성 제조 분야의 강자

**기업개요**

상해 180지수, CSI 300(호심 300)지수 편입종목이다. 국내 소형 인공위성의 연구, 제작 및 인공위성 응용 분야의 강자로, 중국 내 우주 항공 항법 시스템인 베이더우(北斗) 시장의 1/3 이상을 차지하고 있다. 인공위성 제작 및 응용 사업부문의 매출이 대부분이다.

**투자 포인트**

❶ 중국항천과기집단공사CASC 산하의 위성 관련 대표 상장사로 주력사업은 소형 위성 제조와 관련 응용 분야

❷ 중국 내 소형 위성 시장의 점유율은 80%로 '12차 5개년 계획' 기간 중 소형 위성 30개 수주 예정으로 연간 15%의 성장을 보일 전망

❸ 위성 관련 통신, 항법 시스템, 원격탐사 등 3대 응용 분야는 국가 지원과 기술 축적을 통해 향후 30%대의 성장이 예상

❹ 미국 GNSS의 GPS에 대응하는 '베이더우 위성항법 시스템 Beidou navigation satellite system' 산업의 성장으로 직접 수혜 예상

❺ 모그룹(비상장)인 '중국항천과기집단공사'는 우주운반체, 우주선, 각종 전략 및 전술 미사일 및 위성의 지상 응용 시스템 제작 및 국제 상업위성 발사 업무를 하는 회사로 그룹 자산 재편에 따른 관련 사업부문 이관 가능성으로 인한 수혜 예상

❻ 향후 3~5년간 20% 이상 성장 예상

(2014-07-31)

**주식발행 현황**

유통 A주
1,182,489,135
**100%**

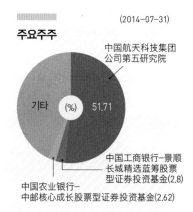

(2014-07-31)

**주요주주**

中国航天科技集团公司第五研究院

기타 (%) 51.71

中国工商银行-景顺长城精选蓝筹股票型证券投资基金(2.8)

中国农业银行-中邮核心成长股票型证券投资基金(2.62)

**최근 3년 주가차트**

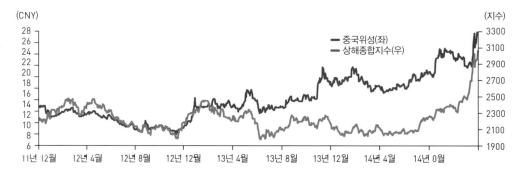

(CNY) — 중국위성(좌)　— 상해종합지수(우)　(지수)

## 매출구조

### 2013년 사업부문별 매출구조

(기준일: 2013-12-31/단위: 백만 위안)

| 매출구성 | 매출액 | | | 매출총이익률(GPM) | |
|---|---|---|---|---|---|
| | 매출 | 비중 | 전년 대비 | GPM | 전년 대비 |
| 소형 위성 연구개발 및 응용 | 4,792.3 | 99.77% | 12.47% | 11.36% | -2.06%p |
| 주력사업 외 기타 수입 | 11.3 | 0.23% | | 84.47% | |
| 합계 | 4,803.5 | 100% | 12.74% | 11.53% | -1.89%p |

### 2012년 사업부문별 매출구조

(기준일: 2012-12-31/단위: 백만 위안)

| 매출구성 | 매출액 | | | 매출총이익률(GPM) | |
|---|---|---|---|---|---|
| | 매출 | 비중 | 전년 대비 | GPM | 전년 대비 |
| 소형 위성 연구개발 및 응용 | 4,260.9 | 100% | 17.99% | 13.43% | -0.54%p |
| 합계 | 4,260.9 | 100% | 17.99% | 13.43% | -0.54%p |

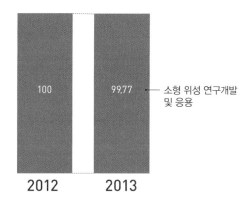

소형 위성 연구개발 및 응용

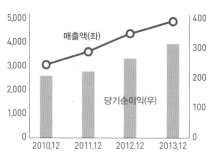

매출액(좌)
당기순이익(우)

(단위: 백만 위안)

| 손익계산서 | 2013.12 | 2012.12 | 2011.12 | 2010.12 |
|---|---|---|---|---|
| 매출액 | 4,804 | 4,261 | 3,611 | 3,031 |
| 매출총이익 | 554 | 572 | 504 | 438 |
| 영업이익 | 312 | 293 | 257 | 239 |
| 세전이익 | 384 | 349 | 283 | 248 |
| 당기순이익 | 306 | 271 | 233 | 210 |

| 현금흐름표 | 2013.12 | 2012.12 | 2011.12 | 2010.12 |
|---|---|---|---|---|
| 영업활동 현금흐름 | 79 | 380 | 376 | 4 |
| 투자활동 현금흐름 | -259 | -321 | -251 | -167 |
| 재무활동 현금흐름 | 1,350 | 446 | 69 | 210 |
| 현금 순증감액 | 1,171 | 505 | 194 | 47 |
| 기말 현금 | 3,849 | 2,678 | 2,173 | 1,979 |

| 대차대조표 | 2013.12 | 2012.12 | 2011.12 | 2010.12 |
|---|---|---|---|---|
| 유동자산 | 6,820 | 4,715 | 4,003 | 3,480 |
| 비유동자산 | 1,094 | 921 | 606 | 543 |
| 자산총계 | 7,914 | 5,636 | 4,609 | 4,023 |
| 유동부채 | 3,161 | 2,512 | 2,299 | 1,970 |
| 비유동부채 | 182 | 259 | 63 | 69 |
| 부채총계 | 3,343 | 2,770 | 2,362 | 2,039 |
| 자본금 | 1,182 | 917 | 705 | 705 |
| 자본잉여금 | 1,624 | 454 | 448 | 444 |
| 이익잉여금 | 56 | 53 | 43 | 24 |
| 지배회사지분 | 4,050 | 2,400 | 2,017 | 1,815 |
| 소수주주지분 | 522 | 465 | 230 | 169 |
| 자본총계 | 4,571 | 2,865 | 2,247 | 1,984 |

CODE **600038.SH**

# 哈飞航空工业股份有限公司 합비항공공업

헬기와 고정익 항공기 생산능력을 겸비한 중국 유일의 항공기 제조기업

**기업개요**

상해 380지수 편입종목이다. 항공 제품 및 부품 개발제조사로 주력 제품은 헬기와 소형 여객수송기이며 국가과학기술부 등의 5개 부처에 의해 국가 중점 신제품으로 선정되었다. 회사는 중국 헬기와 범용항공기의 과학연구개발 생산지이며 선진적인 항공 분야 첨단기술을 갖추고 있다. 2012년 5월 헬기 회사와의 자산 구조조정을 통해 헬기 사업을 더욱 강화했다.

**투자 포인트**

❶ 중국 최대의 항공기 생산업체인 중국항공공업그룹의 자회사로 헬리콥터 제조 관련 유일한 상장사

❷ 중국의 무장헬기 보유대수는 750대로 미국의 13% 수준이며 향후 5~10년 내에 무장헬기 도입 규모는 연 15% 정도 늘어날 전망

❸ 민수용 헬기 보유량은 200대 정도로 저공 공역 개방에 따라 민수용 헬기 수요 증가

❹ 모그룹(비상장)인 중국항공공업그룹은 주로 군·민용 항공기와 이와 관련된 엔진, 기체 장비, 무기의 화력 통제 시스템과 각종 민수용 제품을 생산하는 회사로 그룹 자산 재편에 따른 헬기 제조 관련 사업부문의 이관 가능성이 상존

❺ 헬리콥터 산업은 중국 항공기 제조업에서 확실한 성장 분야 중의 하나로 주목받고 있는 상황

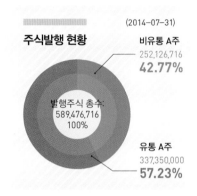

**주식발행 현황** (2014-07-31)

비유통 A주
252,126,716
**42.77%**

발행주식 총수:
589,476,716
100%

유통 A주
337,350,000
**57.23%**

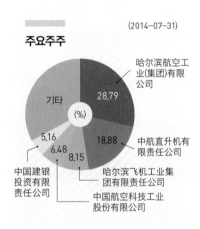

**주요주주** (2014-07-31)

(%)

哈尔滨航空工业(集团)有限公司 28.79

中航直升机有限责任公司 18.88

哈尔滨飞机工业集团有限责任公司 8.15

中国航空科技工业股份有限公司 6.48

中国建银投资有限责任公司 5.16

기타

**최근 3년 주가차트**

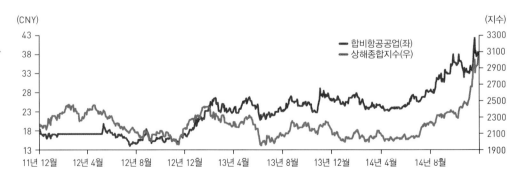

- 합비항공공업(좌)
- 상해종합지수(우)

## 매출구조

### 2013년 사업부문별 매출구조

(기준일: 2013–12–31/단위: 백만 위안)

| 매출구성 | 매출액 | | | 매출총이익률(GPM) | |
|---|---|---|---|---|---|
| | 매출 | 비중 | 전년 대비 | GPM | 전년 대비 |
| 헬기 및 항공기 제조 | 10,514.3 | 97.08% | 23.62% | 10.84% | -0.5%p |
| 주력사업 외 기타 수입 | 168.9 | 1.56% | 5.68% | 12.72% | -16.4%p |
| 송풍기 제조 | 119.1 | 1.1% | 13.01% | 1.34% | -5.98%p |
| 기타 | 28.4 | 0.26% | -46.03% | 47.94% | 46.97%p |
| 합계 | 10,830.7 | 100% | 22.75% | 10.86% | -0.69%p |

### 2012년 사업부문별 매출구조

(기준일: 2012–12–31/단위: 백만 위안)

| 매출구성 | 매출액 | | | 매출총이익률(GPM) | |
|---|---|---|---|---|---|
| | 매출 | 비중 | 전년 대비 | GPM | 전년 대비 |
| 헬기 및 항공기 제조 | 2,737.3 | 95.77% | 1.45% | 13.29% | 1.94%p |
| 주력사업 외 기타 수입 | 108.9 | 3.81% | 99.59% | 14.95% | 1.15%p |
| 기타 | 11.9 | 0.42% | -28.13% | 54.3% | 16.76%p |
| 합계 | 2,858.2 | 100% | 3.2% | 13.53% | 1.97%p |

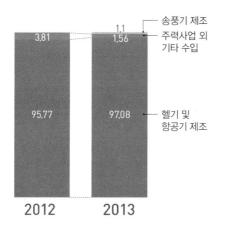

송풍기 제조
주력사업 외 기타 수입
헬기 및 항공기 제조

---

### 재무제표

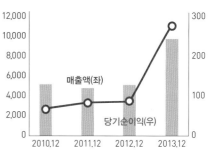

(단위: 백만 위안)

| 손익계산서 | 2013.12 | 2012.12 | 2011.12 | 2010.12 |
|---|---|---|---|---|
| 매출액 | 10,831 | 2,858 | 2,769 | 2,270 |
| 매출총이익 | 1,176 | 387 | 320 | 298 |
| 영업이익 | 292 | 131 | 115 | 132 |
| 세전이익 | 301 | 133 | 123 | 132 |
| 당기순이익 | 247 | 116 | 110 | 120 |

| 현금흐름표 | 2013.12 | 2012.12 | 2011.12 | 2010.12 |
|---|---|---|---|---|
| 영업활동 현금흐름 | 231 | 457 | 70 | 99 |
| 투자활동 현금흐름 | -289 | -3 | -4 | -68 |
| 재무활동 현금흐름 | 662 | -37 | -34 | -34 |
| 현금 순증감액 | 604 | 417 | 32 | -3 |
| 기말 현금 | 2,958 | 568 | 151 | 119 |

| 대차대조표 | 2013.12 | 2012.12 | 2011.12 | 2010.12 |
|---|---|---|---|---|
| 유동자산 | 16,984 | 4,571 | 2,686 | 2,314 |
| 비유동자산 | 3,747 | 415 | 444 | 471 |
| 자산총계 | 20,730 | 4,986 | 3,130 | 2,785 |
| 유동부채 | 14,135 | 3,390 | 1,625 | 1,356 |
| 비유동부채 | 689 | 0 | 0 | 0 |
| 부채총계 | 14,823 | 3,390 | 1,625 | 1,356 |
| 자본금 | 589 | 337 | 337 | 337 |
| 자본잉여금 | 4,233 | 625 | 625 | 625 |
| 이익잉여금 | 288 | 156 | 145 | 134 |
| 지배회사지분 | 5,892 | 1,596 | 1,505 | 1,429 |
| 소수주주지분 | 15 | 0 | 0 | 0 |
| 자본총계 | 5,907 | 1,596 | 1,505 | 1,429 |

**CODE 600879.SH** ············································

# 航天时代电子技术股份有限公司 항천전자

로켓, 우주선, 위성 분야의 우주항공 전자설비와 부품 제조기업

**기업개요**
상해 380지수 편입종목이다. 우주항공 분야 첨단기술 제품 제조사이다. 회사는 우주항공전자 분야의 주요 설비 제조업체로 회사의 제품 기술은 주로 탑재 로켓, 우주선, 위성 등의 분야에 널리 사용되고 있다.

**주식발행 현황** (2014-07-31)

유통 A주
1,039,537,037
**100%**

**투자 포인트**

❶ 로켓, 우주선, 전략 미사일을 생산하는 우주항공 분야 중국 대표 기업인 중국항천과기집단공사 산하의 자회사로 전자제어, 전자감시, 역감시 분야의 첨단제품 제조사

❷ 앞으로 5~10년 내에 유인우주선, 달탐사, 위성 위치추적 시스템 등에 대한 투자 지속적 증가

❸ 주력사업은 레이더 시스템인 '베이더우 위성항법 시스템', 무인기 시스템 제조로 현대전에서 정보전, 정밀타격 등의 수요는 15% 이상 급증하고 있음

❹ 모그룹(비상장)인 중국항천과기집단공사는 우주운반체, 우주선, 각종 전략 및 전술 미사일, 위성의 지상 응용 시스템 제작, 국제 상업위성 발사 업무를 하는 회사로 그룹 자산 재편에 따른 관련 사업부문 이관 가능성 상존에 따른 수혜 예상

❺ 2013년에 무인기와 인공지능 시스템 사업의 신규 진출로 2014년부터 기업 성장 견인에 기여

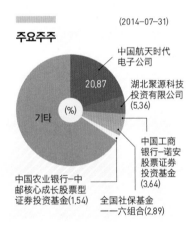

**주요주주** (2014-07-31)

中国航天时代电子公司 20,87
湖北聚源科技投资有限公司 (5.36)
기타 (%)
中国工商银行-诺安股票证券投资基金 (3.64)
中国农业银行-中邮核心成长股票型证券投资基金(1.54)
全国社保基金——六组合(2.89)

**최근 3년 주가차트**

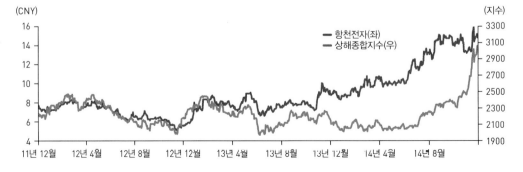

항천전자(좌)
상해종합지수(우)

## 매출구조

### 2013년 사업부문별 매출구조
(기준일: 2013-12-31/단위: 백만 위안)

| 매출구성 | 매출액 | | | 매출총이익률(GPM) | |
|---|---|---|---|---|---|
| | 매출 | 비중 | 전년 대비 | GPM | 전년 대비 |
| 우주항공 군용설비 제조 | 3,595.5 | 87.56% | 12.56% | 23.53% | -1.61%p |
| 민용품 제조 | 489 | 11.91% | 1.21% | 23.12% | 0.13%p |
| 주력사업 외 기타 수입 | 21.9 | 0.53% | -40% | | |
| 합계 | 4,106.5 | 100% | 10.57% | 23.81% | -1.42%p |

### 2012년 사업부문별 매출구조
(기준일: 2012-12-31/단위: 백만 위안)

| 매출구성 | 매출액 | | | 매출총이익률(GPM) | |
|---|---|---|---|---|---|
| | 매출 | 비중 | 전년 대비 | GPM | 전년 대비 |
| 우주항공 군용설비 제조 | 3,194.3 | 86.01% | 21.82% | 25.14% | -0.73%p |
| 민용품 제조 | 483.2 | 13.01% | -42.02% | 23% | 3.75%p |
| 주력사업 외 기타 수입 | 36.5 | 0.98% | -31.6% | | |
| 합계 | 3,714 | 100% | 5.85% | 25.23% | 0.63%p |

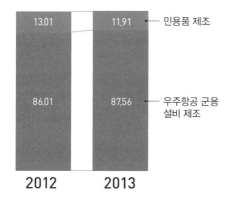

민용품 제조 / 우주항공 군용설비 제조

| 2012 | 2013 |
|---|---|
| 13.01 | 11.91 |
| 86.01 | 87.56 |

## 재무제표

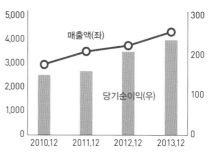

매출액(좌) / 당기순이익(우)

(단위: 백만 위안)

| 손익계산서 | 2013.12 | 2012.12 | 2011.12 | 2010.12 |
|---|---|---|---|---|
| 매출액 | 4,106 | 3,714 | 3,509 | 2,962 |
| 매출총이익 | 978 | 937 | 863 | 776 |
| 영업이익 | 265 | 221 | 163 | 195 |
| 세전이익 | 283 | 258 | 214 | 199 |
| 당기순이익 | 230 | 205 | 168 | 162 |

| 현금흐름표 | 2013.12 | 2012.12 | 2011.12 | 2010.12 |
|---|---|---|---|---|
| 영업활동 현금흐름 | 10 | -44 | 221 | 61 |
| 투자활동 현금흐름 | -434 | -174 | -253 | -506 |
| 재무활동 현금흐름 | 346 | 273 | -96 | 248 |
| 현금 순증감액 | -79 | 55 | -128 | -198 |
| 기말 현금 | 250 | 329 | 274 | 402 |

| 대차대조표 | 2013.12 | 2012.12 | 2011.12 | 2010.12 |
|---|---|---|---|---|
| 유동자산 | 5,621 | 5,083 | 4,219 | 3,864 |
| 비유동자산 | 2,963 | 2,582 | 2,576 | 2,520 |
| 자산총계 | 8,585 | 7,666 | 6,795 | 6,384 |
| 유동부채 | 2,889 | 3,486 | 2,913 | 2,708 |
| 비유동부채 | 565 | 560 | 550 | 539 |
| 부채총계 | 3,454 | 4,047 | 3,463 | 3,247 |
| 자본금 | 1,040 | 811 | 811 | 811 |
| 자본잉여금 | 1,904 | 784 | 804 | 783 |
| 이익잉여금 | 107 | 106 | 103 | 93 |
| 지배회사지분 | 4,955 | 3,455 | 3,269 | 3,086 |
| 소수주주지분 | 175 | 164 | 63 | 52 |
| 자본총계 | 5,130 | 3,619 | 3,332 | 3,137 |

**CODE 601808.SH / 2883.HK**

# 中海油田服务股份有限公司 중국해양유전서비스

## 시누크의 자회사로 중국 최대의 종합유전 서비스 기업

**기업개요**

상해 180지수, CSI 300(호심 300)지수 편입종목이자, A/H주 동시 상장 기업이다. 중국 최대 규모의 유전개발 전문회사로 해상 원유 및 가스 탐사, 채굴, 가공 등의 서비스를 제공하고 있다. 주력사업은 탐사 서비스, 시추 서비스, 유전기술 지원, 선박 지원 서비스이다. 광범위한 해양개발 관련 장비와 기술을 가지고 있고 중국 연해 지역의 유전개발에 절대적 우위를 보이고 있다.

**투자 포인트**

❶ 중국 최대의 해상 유전(원유 및 가스) 탐사, 채굴 기업
❷ 2013년 기준 30개의 Jack-up 리그와 10개의 반잠수식 해양 시추 플랫폼을 보유
❸ 심해(수심 3000m 이상) 개발기술을 갖춘 노르웨이 북해 지역의 자문기업 인수로 국외 시장을 개척(해외 매출 비중 33%)
❹ 높은 기술력으로 슐룸베르거의 중국 시장점유율 잠식
❺ 해상 유전개발 수요 지속과 고급화로 수익 개선 기대
❻ 모기업의 비상장 사업과의 자산 통합 가능성 존재

**주식발행 현황** (2014-07-31)

홍콩 주
1,811,124,000
**37.96%**

발행주식 총수:
4,771,592,000
100%

유통 A주
2,960,468,000
**62.04%**

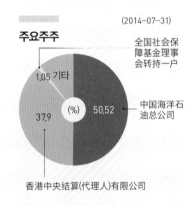

**주요주주** (2014-07-31)

全国社会保障基金理事会转持一户

1.05 기타

中国海洋石油总公司

50.52

37.9

(%)

香港中央结算(代理人)有限公司

**최근 3년 주가차트**

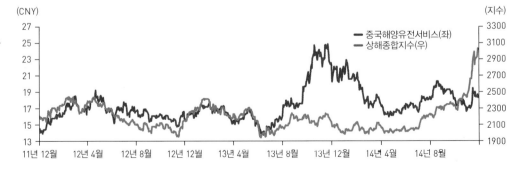

중국해양유전서비스(좌)
상해종합지수(우)

**매출구조**

## 2013년 사업부문별 매출구조

(기준일: 2013-12-31/단위: 백만 위안)

| 매출구성 | 매출액 | | | 매출총이익률(GPM) | |
|---|---|---|---|---|---|
| | 매출 | 비중 | 전년 대비 | GPM | 전년 대비 |
| 시추 서비스 | 14,924.4 | 53.38% | 30.08% | 38.63% | 6.24%p |
| 유전개발 기술 서비스 | 6,638.1 | 23.74% | 33.15% | 14.17% | -1.22%p |
| 물리적 탐사 및 공사현장 조사 서비스 | 3,321.2 | 11.88% | -2.36% | 25.37% | -1.18%p |
| 작업선 및 운송선 서비스 | 3,074.2 | 11% | 9.92% | 13.87% | -4.19%p |
| 합계 | 27,957.9 | 100% | 23.55% | 28.42% | 2.51%p |

## 2012년 사업부문별 매출구조

(기준일: 2012-12-31/단위: 백만 위안)

| 매출구성 | 매출액 | | | 매출총이익률(GPM) | |
|---|---|---|---|---|---|
| | 매출 | 비중 | 전년 대비 | GPM | 전년 대비 |
| 시추 서비스 | 11,472.9 | 50.7% | 18.17% | 37.55% | -2.95%p |
| 유전개발 기술 서비스 | 4,985.5 | 22.03% | 22.34% | 15.19% | -1.6%p |
| 물리적 탐사 및 공사현장 조사 서비스 | 3,148.6 | 13.91% | 25.38% | 29.89% | 0.64%p |
| 작업선 및 운송선 서비스 | 3,021.5 | 13.35% | 15.71% | 22.38% | -2.81%p |
| 합계 | 22,628.5 | 100% | 19.69% | 29.53% | -2.25%p |

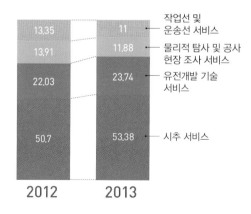

작업선 및 운송선 서비스
물리적 탐사 및 공사현장 조사 서비스
유전개발 기술 서비스
시추 서비스

2012 — 13.35 / 13.91 / 22.03 / 50.7
2013 — 11 / 11.88 / 23.74 / 53.38

---

**재무제표**

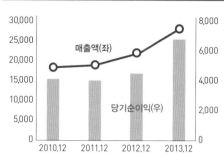

매출액(좌)
당기순이익(우)

2010.12   2011.12   2012.12   2013.12

(단위: 백만 위안)

| 손익계산서 | 2013.12 | 2012.12 | 2011.12 | 2010.12 |
|---|---|---|---|---|
| 매출액 | 27,958 | 22,629 | 18,906 | 18,060 |
| 매출총이익 | 8,770 | 6,682 | 6,008 | 6,343 |
| 영업이익 | 7,396 | 5,323 | 4,752 | 4,610 |
| 세전이익 | 7,520 | 5,437 | 4,812 | 4,834 |
| 당기순이익 | 6,716 | 4,559 | 4,039 | 4,128 |

| 현금흐름표 | 2013.12 | 2012.12 | 2011.12 | 2010.12 |
|---|---|---|---|---|
| 영업활동 현금흐름 | 8,463 | 8,739 | 6,349 | 7,855 |
| 투자활동 현금흐름 | -4,785 | -8,415 | -4,654 | -3,574 |
| 재무활동 현금흐름 | -3,693 | 3,933 | -1,737 | -1,578 |
| 현금 순증감액 | -214 | 4,169 | -201 | 2,633 |
| 기말 현금 | 9,601 | 9,815 | 5,646 | 5,847 |

| 대차대조표 | 2013.12 | 2012.12 | 2011.12 | 2010.12 |
|---|---|---|---|---|
| 유동자산 | 21,591 | 22,228 | 13,547 | 11,836 |
| 비유동자산 | 57,672 | 52,481 | 51,455 | 51,758 |
| 자산총계 | 79,262 | 74,710 | 65,002 | 63,593 |
| 유동부채 | 12,544 | 7,984 | 7,256 | 6,738 |
| 비유동부채 | 29,458 | 34,521 | 29,287 | 31,266 |
| 부채총계 | 42,002 | 42,505 | 36,543 | 38,003 |
| 자본금 | 4,495 | 4,495 | 4,495 | 4,495 |
| 자본잉여금 | 8,060 | 8,075 | 8,075 | 8,075 |
| 이익잉여금 | 2,509 | 2,509 | 2,071 | 1,687 |
| 지배회사지분 | 37,239 | 32,194 | 28,459 | 25,590 |
| 소수주주지분 | 21 | 11 | 1 | 0 |
| 자본총계 | 37,260 | 32,205 | 28,459 | 25,590 |

**CODE 600585.SH / 0914.HK**

# 海螺水泥股份有限公司 안휘해라시멘트

## 중국 시멘트 생산 분야 1등 기업

**기업개요**

상해 180지수 편입종목이자, A/H주 동시상장 기업이다. 시멘트 생산업체로 화동 및 화남 지역에서 클링커 생산공장이 총 11곳에 분포되어 있다. 연간 생산 규모는 2억 90만 톤에 달하며 클링커 연산 규모는 1억 8400만 톤이다. 또한 여열발전 용량은 881MW이다.

**투자 포인트**

❶ 안휘성의 국유 시멘트 기업으로 현재 시멘트 생산량 기준, 중국 2위이며 동종 기업 대비 높은 마진율을 유지

❷ 2014년 상반기 시멘트 생산량 증가율은 전년 대비 9.85% 증가해 전국 평균 3.58%보다 높아 지속적인 시장점유율 확대가 예상

❸ 2014년 상반기 시장점유율은 10% 내외로 향후 해외투자 설비 준공 시 시장점유율은 더욱 확대

❹ 최근 환경보호 이슈와 산업 구조조정으로 1등 기업 시장점유율 집중도 향상이 예상

❺ 2014년 9월 A주는 H주에 비해 20% 내외 할인되어 후강퉁 시행으로 수혜 예상

**주식발행 현황** (2014-07-31)

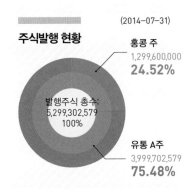

홍콩 주
1,299,600,000
**24.52%**

발행주식 총수:
5,299,302,579
100%

유통 A주
3,999,702,579
**75.48%**

**주요주주** (2014-07-31)

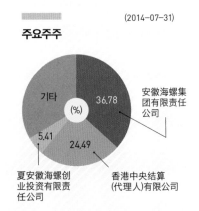

기타
5.41
(%)
36.78
24.49

安徽海螺集团有限责任公司

夏安徽海螺创业投资有限责任公司

香港中央结算(代理人)有限公司

**최근 3년 주가차트**

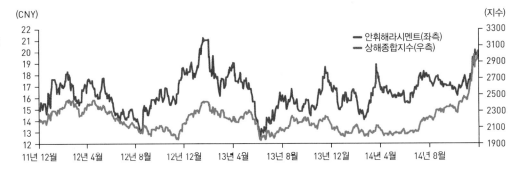

— 안휘해라시멘트(좌측)
— 상해종합지수(우측)

## 매출구조

### 2013년 사업부문별 매출구조

(기준일: 2013-12-31/단위: 백만 위안)

| 매출구성 | 매출액 | | | 매출총이익률(GPM) | |
|---|---|---|---|---|---|
| | 매출 | 비중 | 전년 대비 | GPM | 전년 대비 |
| 42.5급 시멘트제품 | 30,586.8 | 55.35% | 29.26% | 32.74% | 5.5%p |
| 32.5급 시멘트제품 | 15,791.2 | 28.58% | 17.13% | 37.43% | 4.47%p |
| 클링커 제품 생산 | 7,799.2 | 14.11% | -1.5% | 28.01% | 6.2%p |
| 주력사업 외 기타 수입 | 1,061.1 | 1.92% | 50.85% | | |
| 골재 생산 | 23.4 | 0.04% | | 29.98% | |
| 합계 | 55,261.7 | 100% | 20.75% | 33.01% | 5.25%p |

### 2012년 사업부문별 매출구조

(기준일: 2012-12-31/단위: 백만 위안)

| 매출구성 | 매출액 | | | 매출총이익률(GPM) | |
|---|---|---|---|---|---|
| | 매출 | 비중 | 전년 대비 | GPM | 전년 대비 |
| 42.5급 시멘트제품 | 23,662.7 | 51.7% | -11.04% | 27.24% | -12.26%p |
| 32.5급 시멘트제품 | 13,482.1 | 29.46% | 6.04% | 32.96% | -11.6%p |
| 클링커 제품 생산 | 7,918 | 17.3% | -10.35% | 21.8% | -13.75%p |
| 주력사업 외 기타 수입 | 703.4 | 1.54% | 38.75% | | |
| 합계 | 45,766.2 | 100% | -5.94% | 27.76% | -12.13%p |

- 17.3 / 14.11 클링커 제품 생산
- 29.46 / 28.58 32.5급 시멘트제품
- 51.7 / 55.35 42.5급 시멘트제품

2012   2013

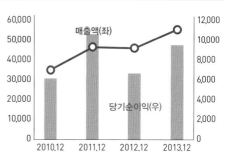

매출액(좌)
당기순이익(우)

2010.12  2011.12  2012.12  2013.12

(단위: 백만 위안)

| 손익계산서 | 2013.12 | 2012.12 | 2011.12 | 2010.12 |
|---|---|---|---|---|
| 매출액 | 55,262 | 45,766 | 48,654 | 34,508 |
| 매출총이익 | 18,244 | 12,704 | 19,408 | 11,072 |
| 영업이익 | 11,743 | 7,016 | 14,960 | 7,616 |
| 세전이익 | 12,631 | 8,088 | 15,652 | 8,078 |
| 당기순이익 | 9,380 | 6,308 | 11,590 | 6,171 |

| 현금흐름표 | 2013.12 | 2012.12 | 2011.12 | 2010.12 |
|---|---|---|---|---|
| 영업활동 현금흐름 | 15,199 | 11,509 | 10,492 | 6,010 |
| 투자활동 현금흐름 | -12,476 | -8,470 | -10,162 | -10,341 |
| 재무활동 현금흐름 | -4,289 | -2,671 | 4,728 | 3,447 |
| 현금 순증감액 | -1,592 | 364 | 5,058 | -884 |
| 기말 현금 | 6,519 | 8,111 | 7,747 | 2,689 |

| 대차대조표 | 2013.12 | 2012.12 | 2011.12 | 2010.12 |
|---|---|---|---|---|
| 유동자산 | 24,624 | 23,129 | 25,850 | 13,228 |
| 비유동자산 | 68,470 | 64,394 | 58,153 | 47,183 |
| 자산총계 | 93,094 | 87,524 | 84,003 | 60,412 |
| 유동부채 | 14,545 | 14,521 | 16,991 | 13,077 |
| 비유동부채 | 19,784 | 21,826 | 20,170 | 11,703 |
| 부채총계 | 34,329 | 36,347 | 37,162 | 24,780 |
| 자본금 | 5,299 | 5,299 | 5,299 | 3,533 |
| 자본잉여금 | 10,273 | 11,141 | 11,529 | 13,989 |
| 이익잉여금 | 2,650 | 2,650 | 1,803 | 1,142 |
| 지배회사지분 | 56,118 | 48,901 | 44,840 | 35,003 |
| 소수주주지분 | 2,647 | 2,275 | 2,002 | 629 |
| 자본총계 | 58,765 | 51,176 | 46,842 | 35,632 |

CODE 600019.SH

# 宝山钢铁股份有限公司 보산철강

연간 조강 생산량 2000만 톤 중국 철강 업계 1위

**기업개요**

상해 180지수, CSI 300(호심 300)지수 편입종목이다. 현대화가 가장 잘되어 있는 철강 기업으로 연간 조강 생산 규모는 2000만 톤 안팎으로 수익성이 매우 높은 수준이다. 중국 제련 업계 중 최초로 ISO14001 인증을 받은 기업이기도 하다. 주요 사업은 고급 철강재와 기타 철강 제품의 제련, 가공, 판매이다.

**투자 포인트**

❶ 중국 탄소강 판재 1등 기업으로 현재 2300만 톤의 조강 생산능력을 보유하고 있으며 향후 건설 중인 잔장(湛江) 공장이 2016년에 완공되면 조강 생산능력은 3200만 톤에 달할 전망

❷ 현재 자동차용 판재 시장에서 50% 시장점유율로 자동차 시장의 성장과 수입제품 대체효과로 시장점유율의 지속적인 확대 예상

❸ 2013년 가선용 판재의 생산량은 220만 톤으로 시장점유율은 10% 내외. 향후 도시화율의 진척과 스마트가전 교체 수요로 안정 성장 기대

❹ 현재 톤당 순이익이 포스코, 뉴코, 신일본제철 등 해외 기업보다 높고 조강 가격도 3150위안/t으로 해외 기업에 비해 20~50% 저렴

❺ 해외 동종 기업에 비해 PB가 40% 정도 낮고 배당수익률은 5.4%로 상대적으로 높지만 밸류에이션이 저평가되어 있음

❻ 향후 국유기업 개혁의 직접적인 수혜 기업으로 예상

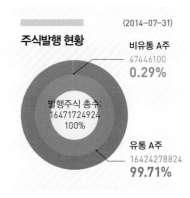

**주식발행 현황** (2014-07-31)

비유통 A주
47446100
0.29%

발행주식 총수:
16471724924
100%

유통 A주
16424278824
99.71%

**주요주주** (2014-07-31)

中国光大银行股份有限公司
一光大保德信量化核心证券投资基金(0.34)

기타

(%)

79.71

宝钢集团有限公司

招商银行股份有限公司
一光大保德信优质配置股票型证券投资基金(0.38)

**최근 3년 주가차트**

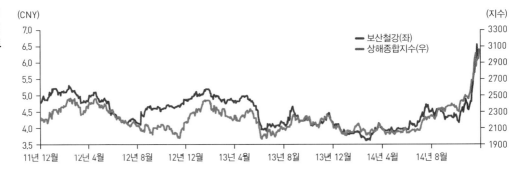

(CNY) / (지수)

— 보산철강(좌)
— 상해종합지수(우)

7.0 / 3300
6.5 / 3100
6.0 / 2900
5.5 / 2700
5.0 / 2500
4.5 / 2300
4.0 / 2100
3.5 / 1900

11년 12월 · 12년 4월 · 12년 8월 · 12년 12월 · 13년 4월 · 13년 8월 · 13년 12월 · 14년 4월 · 14년 8월

## 매출구조

### 2013년 사업부문별 매출구조

(기준일: 2013-12-31/단위: 백만 위안)

| 매출구성 | 매출액 | | | 매출총이익률(GPM) | |
|---|---|---|---|---|---|
| | 매출 | 비중 | 전년 대비 | GPM | 전년 대비 |
| 철강 | 171,273.4 | 90.29% | 0.38% | 9% | 2.1%p |
| 화학제품 | 10,678.3 | 5.63% | -6.12% | 9.59% | 1.14%p |
| 정보 서비스 | 3,646.7 | 1.92% | 7.04% | 25.13% | 4.78%p |
| 기타 | 2,730 | 1.44% | -36.61% | 15.38% | 1.61%p |
| 주력사업 외 기타 수입 | 1,360.1 | 0.72% | -4.4% | | |
| 합계 | 189,688.4 | 100% | -0.76% | 9.47% | 2.02%p |

### 2012년 사업부문별 매출구조

(기준일: 2012-12-31/단위: 백만 위안)

| 매출구성 | 매출액 | | | 매출총이익률(GPM) | |
|---|---|---|---|---|---|
| | 매출 | 비중 | 전년 대비 | GPM | 전년 대비 |
| 철강 | 182,177.3 | 95.31% | -14.75% | 6.99% | -1.17%p |
| 기타 | 7,713.7 | 4.04% | 6.68% | 16.68% | -6.99%p |
| 주력사업 외 기타 수입 | 1,244.6 | 0.65% | -20.85% | | |
| 합계 | 191,135.5 | 100% | -14.1% | 7.46% | -1.29%p |

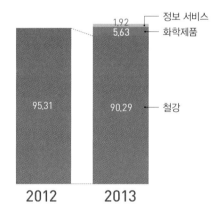

## 재무제표

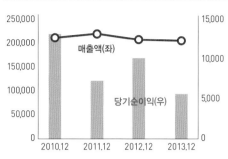

(단위: 백만 위안)

| 손익계산서 | 2013.12 | 2012.12 | 2011.12 | 2010.12 |
|---|---|---|---|---|
| 매출액 | 189,688 | 191,136 | 222,505 | 202,149 |
| 매출총이익 | 17,970 | 14,256 | 19,464 | 24,332 |
| 영업이익 | 7,684 | 3,597 | 8,839 | 16,666 |
| 세전이익 | 8,010 | 13,140 | 9,260 | 17,076 |
| 당기순이익 | 5,818 | 10,386 | 7,362 | 12,889 |

| 현금흐름표 | 2013.12 | 2012.12 | 2011.12 | 2010.12 |
|---|---|---|---|---|
| 영업활동 현금흐름 | 12,090 | 22,202 | 12,142 | 18,856 |
| 투자활동 현금흐름 | -8,717 | 2,649 | -16,130 | -12,610 |
| 재무활동 현금흐름 | 599 | -30,351 | 9,293 | -3,167 |
| 현금 순증감액 | 3,967 | -5,559 | 5,242 | 3,114 |
| 기말 현금 | 11,599 | 7,621 | 13,180 | 7,938 |

| 대차대조표 | 2013.12 | 2012.12 | 2011.12 | 2010.12 |
|---|---|---|---|---|
| 유동자산 | 78,056 | 69,381 | 79,234 | 68,864 |
| 비유동자산 | 148,612 | 144,976 | 151,865 | 147,201 |
| 자산총계 | 226,668 | 214,357 | 231,100 | 216,065 |
| 유동부채 | 94,634 | 82,227 | 98,838 | 73,176 |
| 비유동부채 | 11,968 | 14,789 | 18,792 | 31,54 |
| 부채총계 | 106,602 | 97,016 | 117,630 | 104,723 |
| 자본금 | 16,472 | 17,122 | 17,512 | 17,512 |
| 자본잉여금 | 32,967 | 35,892 | 37,331 | 37,566 |
| 이익잉여금 | 24,528 | 23,230 | 21,132 | 20,124 |
| 지배회사지분 | 110,512 | 111,387 | 106,495 | 104,746 |
| 소수주주지분 | 9,554 | 5,954 | 6,975 | 6,596 |
| 자본총계 | 120,066 | 117,342 | 113,470 | 111,342 |

## CODE 600111.SH

# 内蒙古包钢稀土(集团)高科技股份有限公司
## 내몽고포두철강희토

### 중국 주요 희토류 생산업체로 세계 최대 규모의 희토류 광산 보유

**기업개요**

상해 180지수, CSI 300(호심 300)지수 편입종목이다. 중국의 주요 희토류 생산가공 기업으로 주요 사업은 희토류 정광, 회토류 심가공 제품, 희토류 신소재를 생산하고 있다. 희토류의 선광, 제련, 분리, 연구개발, 심가공 등에서 사용까지 일체화된 전 세계 최대 규모의 희토류 생산기지를 갖추고 있다.

**투자 포인트**

❶ 희토류 업계 세계 최대의 제련 및 수출입 대표 기업

❷ 2014년 3월 희토류 금속의 쿼터제도가 WTO에서 패소해 해외 수출이 늘 것으로 전망

❸ 2014년 초 모그룹인 바오스틸Baosteel그룹이 업스트림 자원을 계열사인 내몽고포두철강연합(600010.SH)에 투입하면서 향후 평균 구매단가 17% 정도 상승은 부담 요인

❹ 2014년 수요 부진 및 가격 하락으로 수익성이 둔화되고 있으나 하반기에 정부의 물자 비축이 시행되면서 가격하락 부담은 완화 예상

❺ A주에만 있는 희소종목, 후강통으로 수혜 예상

**주식발행 현황** (2014-07-31)

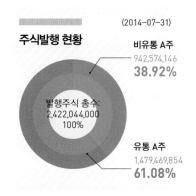

비유통 A주
942,574,146
**38.92%**

발행주식 총수:
2,422,044,000
100%

유통 A주
1,479,469,854
**61.08%**

**주요주주** (2014-07-31)

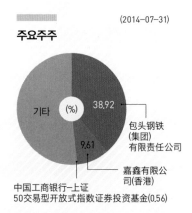

(%)

기타

38.92

9.61

包头钢铁
(集团)
有限责任公司

嘉鑫有限公司(香港)

中国工商银行-上证
50交易型开放式指数证券投资基金(0.56)

**최근 3년 주가차트**

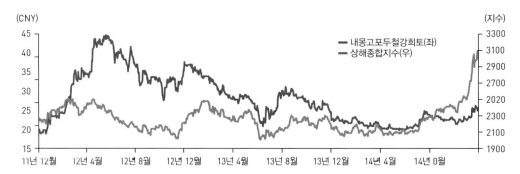

내몽고포두철강희토(좌)
상해종합지수(우)

## 매출구조

### 2013년 사업부문별 매출구조

(기준일: 2013-12-31/단위: 백만 위안)

| 매출구성 | 매출액 | | | 매출총이익률(GPM) | |
|---|---|---|---|---|---|
| | 매출 | 비중 | 전년 대비 | GPM | 전년 대비 |
| 희토류 산화물 제품 생산 | 4,370 | 51.58% | 1.47% | 44.36% | -6.59%p |
| 희토류 기능성 자재 및 응용제품 생산 | 2,278.2 | 26.89% | 2.2% | 21.15% | 0.01%p |
| 희토류 금속제품 생산 | 1,101.1 | 13% | -18.13% | 32.49% | -2.49%p |
| 희토염류 생산 | 608.3 | 7.18% | -47.87% | 46.6% | -4.01%p |
| 기타 | 88.4 | 1.04% | -47.33% | 15.06% | -36%p |
| 주력사업 외 기타 수입 | 25.9 | 0.31% | -1.33% | 24.4% | 10.17%p |
| 합계 | 8,471.9 | 100% | -8.33% | 36.37% | -4.92%p |

### 2012년 사업부문별 매출구조

(기준일: 2012-12-31/단위: 백만 위안)

| 매출구성 | 매출액 | | | 매출총이익률(GPM) | |
|---|---|---|---|---|---|
| | 매출 | 비중 | 전년 대비 | GPM | 전년 대비 |
| 희토류 산화물 제품 생산 | 4,306.7 | 46.6% | -13.33% | 50.95% | -28.81%p |
| 희토류 기능성 자재 및 응용제품 생산 | 2,229.1 | 24.12% | -7.25% | 21.14% | -40.41%p |
| 희토류 금속제품 생산 | 1,344.8 | 14.55% | -47.18% | 34.98% | -36.36%p |
| 희토염류 생산 | 1,166.9 | 12.63% | -12.74% | 50.61% | -27.98%p |
| 기타 | 167.9 | 1.82% | -24.83% | 51.06% | 23.92%p |
| 주력사업 외 기타 수입 | 26.3 | 0.28% | -46.18% | 14.23% | -27.13%p |
| 합계 | 9,241.8 | 100% | -19.83% | 41.29% | -31.5%p |

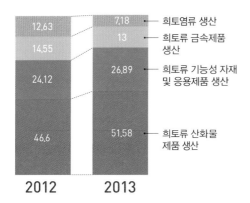

희토염류 생산
희토류 금속제품 생산
희토류 기능성 자재 및 응용제품 생산
희토류 산화물 제품 생산

2012    2013

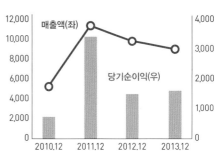

매출액(좌)
당기순이익(우)

(단위: 백만 위안)

| 손익계산서 | 2013.12 | 2012.12 | 2011.12 | 2010.12 |
|---|---|---|---|---|
| 매출액 | 8,472 | 9,242 | 11,528 | 5,258 |
| 매출총이익 | 3,081 | 3,816 | 8,391 | 2,589 |
| 영업이익 | 1,041 | 2,023 | 7,266 | 1,822 |
| 세전이익 | 1,208 | 2,096 | 7,276 | 1,842 |
| 당기순이익 | 1,574 | 1,510 | 3,478 | 751 |

| 현금흐름표 | 2013.12 | 2012.12 | 2011.12 | 2010.12 |
|---|---|---|---|---|
| 영업활동 현금흐름 | 1,135 | -983 | 1,948 | 943 |
| 투자활동 현금흐름 | -195 | -462 | -290 | -586 |
| 재무활동 현금흐름 | 271 | 1,651 | -826 | -26 |
| 현금 순증감액 | 1,211 | 206 | 832 | 331 |
| 기말 현금 | 3,813 | 2,602 | 2,396 | 1,564 |

| 대차대조표 | 2013.12 | 2012.12 | 2011.12 | 2010.12 |
|---|---|---|---|---|
| 유동자산 | 13,251 | 11,578 | 10,083 | 5,130 |
| 비유동자산 | 5,212 | 6,072 | 4,643 | 3,660 |
| 자산총계 | 18,463 | 17,650 | 14,727 | 8,790 |
| 유동부채 | 7,679 | 7,033 | 4,945 | 3,350 |
| 비유동부채 | 493 | 683 | 704 | 1,168 |
| 부채총계 | 8,173 | 7,716 | 5,649 | 4,518 |
| 자본금 | 2,422 | 2,422 | 1,211 | 807 |
| 자본잉여금 | 153 | 147 | 147 | 320 |
| 이익잉여금 | 1,079 | 933 | 501 | 216 |
| 지배회사지분 | 7,820 | 6,720 | 5,633 | 2,416 |
| 소수주주지분 | 2,470 | 3,214 | 3,444 | 1,855 |
| 자본총계 | 10,290 | 9,934 | 9,078 | 4,271 |

CODE **600549.SH**

# 厦门钨业股份有限公司 하문텅스텐

## 세계 최대의 필라멘트 생산업체

**기업개요**

상해 180지수, CSI 300(호심 300)지수 편입종목이다. 전 세계적으로 가장 선진적인 텅스텐 및 탄화텅스텐분말 생산기술을 갖춘 우수 경질합금 반가공품과 텅스텐 자재 제조업체 중 하나로, 세계 시장의 텅스텐 소비 중 25%를 공급하고 있다. 텅스텐 제련제품의 생산규모는 연간 1만 2000톤으로 세계 1위이며, 신소재 생산량은 수소저장합금분말 3500톤과 리튬코발트 산화물 1500톤이다.

**투자 포인트**

❶ 중국 최대의 텅스텐 제품 생산기업으로 생산규모 세계 1위
❷ 경기 부진으로 매출은 감소되고 있지만 희토류 사업부문의 흑자 전환과 리튬이온 부문의 호전으로 매출 성장 예상
❸ 테슬라 NCA 재료 공급업체인 파나소닉의 합작 파트너로 해외 전기차 제조업체들의 폭발적 성장에 따른 리튬전지 사업 성장 기대
❹ 희토그룹 개혁으로 향후 시장점유율 상승 예상
❺ 신에너지차의 보급으로 인한 가격 하락 완화와 국유기업 개혁으로 인한 수혜 예상

**주식발행 현황** (2014-07-31)

유통 A주
681,980,000
**100%**

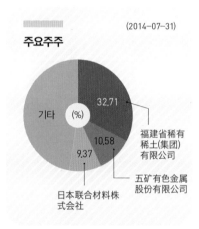

**주요주주** (2014-07-31)

(%)
32.71 福建省稀有稀土(集团)有限公司
10.58 五矿有色金属股份有限公司
9.37 日本联合材料株式会社
기타

**최근 3년 주가차트**

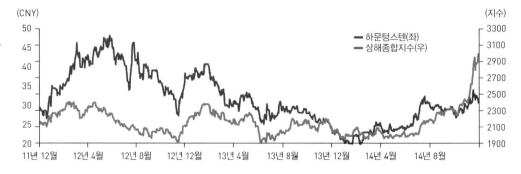

하문텅스텐(좌)
상해종합지수(우)

## 매출구조

### 2013년 사업부문별 매출구조
(기준일: 2013-12-31/단위: 백만 위안)

| 매출구성 | 매출액 | | | 매출총이익률(GPM) | |
|---|---|---|---|---|---|
| | 매출 | 비중 | 전년 대비 | GPM | 전년 대비 |
| 텅스텐 및 몰리브덴 등 비철금속 제품 | 5,695.6 | 57.67% | 0.43% | 28.68% | 3.32%p |
| 부동산 개발 및 부대시설 관리 | 2,501.9 | 25.33% | 69.95% | 52% | 13.46%p |
| 희토류 광석 채굴 및 가공 | 746.1 | 7.56% | -14.39% | 0.97% | -22.51%p |
| 전지재료 개발 | 700.5 | 7.09% | -10.84% | 1.74% | -0.5%p |
| 주력사업 외 기타 수입 | 231.4 | 2.34% | 224.74% | 27.31% | -40.56%p |
| 합계 | 9,875.4 | 100% | 11.31% | 30.55% | 4.89%p |

### 2012년 사업부문별 매출구조
(기준일: 2012-12-31/단위: 백만 위안)

| 매출구성 | 매출액 | | | 매출총이익률(GPM) | |
|---|---|---|---|---|---|
| | 매출 | 비중 | 전년 대비 | GPM | 전년 대비 |
| 텅스텐 및 몰리브덴 등 비철금속 제품 | 5,636.3 | 63.78% | -9.67% | 25.51% | -2.73%p |
| 희토류 사업 및 전지재료 개발 | 1,657.2 | 18.75% | -9.96% | 13.41% | -18.34%p |
| 부동산 개발 | 1,383.7 | 15.66% | -58.84% | 39.18% | 0.82%p |
| 부동산관리 및 기타 | 88.4 | 1% | -76.35% | 28.64% | 0.1%p |
| 주력사업 외 기타 수입 | 71.2 | 0.81% | -24.9% | 67.87% | 19.09%p |
| 합계 | 8,836.9 | 100% | -25.81% | 25.76% | -6.05%p |

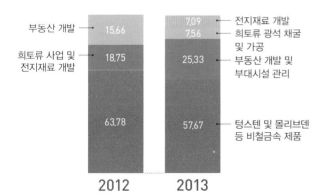

부동산 개발 → 15.66
희토류 사업 및 전지재료 개발 → 18.75
63.78
2012

7.09 ← 전지재료 개발
7.56 ← 희토류 광석 채굴 및 가공
25.33 ← 부동산 개발 및 부대시설 관리
57.67 ← 텅스텐 및 몰리브덴 등 비철금속 제품
2013

## 재무제표

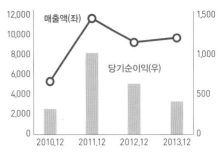

매출액(좌)
당기순이익(우)

(단위: 백만 위안)

| 손익계산서 | 2013.12 | 2012.12 | 2011.12 | 2010.12 |
|---|---|---|---|---|
| 매출액 | 9,875 | 8,837 | 11,910 | 5,538 |
| 매출총이익 | 3,017 | 2,276 | 3,789 | 1,198 |
| 영업이익 | 1,317 | 1,008 | 2,155 | 628 |
| 세전이익 | 1,337 | 1,045 | 2,147 | 652 |
| 당기순이익 | 460 | 526 | 1,021 | 350 |

| 현금흐름표 | 2013.12 | 2012.12 | 2011.12 | 2010.12 |
|---|---|---|---|---|
| 영업활동 현금흐름 | 2,798 | 1,680 | -490 | 671 |
| 투자활동 현금흐름 | -2,557 | -870 | -1,181 | -388 |
| 재무활동 현금흐름 | -315 | -548 | 1,442 | -692 |
| 현금 순증감액 | -81 | 260 | -229 | -417 |
| 기말 현금 | 688 | 767 | 507 | 736 |

| 대차대조표 | 2013.12 | 2012.12 | 2011.12 | 2010.12 |
|---|---|---|---|---|
| 유동자산 | 8,275 | 7,706 | 8,393 | 8,677 |
| 비유동자산 | 7,175 | 5,130 | 4,263 | 3,295 |
| 자산총계 | 15,450 | 12,836 | 12,656 | 11,972 |
| 유동부채 | 6,237 | 5,740 | 6,714 | 7,690 |
| 비유동부채 | 3,149 | 1,463 | 889 | 180 |
| 부채총계 | 9,386 | 7,202 | 7,603 | 7,870 |
| 자본금 | 682 | 682 | 682 | 682 |
| 자본잉여금 | 766 | 756 | 756 | 760 |
| 이익잉여금 | 244 | 202 | 160 | 117 |
| 지배회사지분 | 4,160 | 3,855 | 3,441 | 2,557 |
| 소수주주지분 | 1,904 | 1,779 | 1,612 | 1,546 |
| 자본총계 | 6,064 | 5,634 | 5,052 | 4,103 |

CODE **600259.SH** ..........................................

# 广晟有色金属股份有限公司 광성비철금속

### 비철금속의 채굴, 가공, 판매 기업
..........................................

**기업개요**

상해 180지수, CSI 300(호심 300)지수 편입종목이다. 비철금속의 채굴, 가공, 판매에 종사하고 있다. 8개 희토류 회사를 인수하면서 가장 선진적인 기술을 보유하고 있다. 광산 채굴 허가증은 2개, 희토 보유량은 713만 1500톤에 이른다

**투자 포인트**

❶ 희토류 및 텅스텐 채굴 및 제련 분야 대형 기업, 희토류 기업 8개, 텅스텐 기업 5개를 보유하고 있으며 텅스텐 매장량과 생산량 모두 세계 1위 기업

❷ 최근 대형 희토류 그룹에 대한 재편으로 향후 채굴 규모와 시장 점유율 확대가 예상

❸ 희토류는 환경보호, 신에너지 자동차, 신재생에너지, 신재료 등의 4대 신흥 전략 산업 성장에 쓰임새가 많고 국가적 비축자원으로 안정적인 성장 유지 예상

❹ 최근 2년 동안 희토류와 텅스텐 가격 하락 추세가 완화

**주식발행 현황** (2014-07-31)

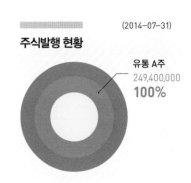

유통 A주
249,400,000
**100%**

**주요주주** (2014-07-31)

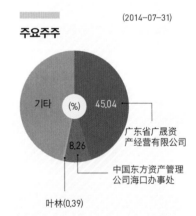

기타 (%) 45.04
广东省广晟资产经营有限公司

8.26
中国东方资产管理公司海口办事处

叶林(0.39)

**최근 3년 주가차트**

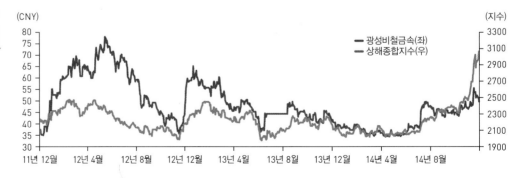

— 광성비철금속(좌)
— 상해종합지수(우)

**매출구조**

## 2013년 사업부문별 매출구조

(기준일: 2013-12-31/단위: 백만 위안)

| 매출구성 | 매출액 | | | 매출총이익률(GPM) | |
|---|---|---|---|---|---|
| | 매출 | 비중 | 전년 대비 | GPM | 전년 대비 |
| 희토류 및 관련 제품 | 1,367.9 | 85.47% | -36.98% | 15.16% | -1.6%p |
| 중석 및 관련 제품 | 189.3 | 11.83% | 4.98% | 27.05% | -8.09%p |
| 기타 상품 무역 (해외무역/내수) | 28.8 | 1.8% | -2.74% | 14.12% | 13.56%p |
| 주력사업 외 기타 수입 | 14.4 | 0.9% | | 48.91% | |
| 합계 | 1,600.4 | 100% | -32.77% | 16.85% | -1.1%p |

## 2012년 사업부문별 매출구조

(기준일: 2012-12-31/단위: 백만 위안)

| 매출구성 | 매출액 | | | 매출총이익률(GPM) | |
|---|---|---|---|---|---|
| | 매출 | 비중 | 전년 대비 | GPM | 전년 대비 |
| 희토류 및 관련 제품 | 2,170.6 | 91.18% | 8.31% | 16.77% | -5.63%p |
| 중석 및 관련 제품 | 180.3 | 7.57% | 5.21% | 35.14% | -6.68%p |
| 기타 상품 무역 (해외무역/내수) | 29.6 | 1.24% | -25.61% | 0.56% | -1.64%p |
| 합계 | 2,380.5 | 100% | 7.13% | 17.96% | -5.74%p |

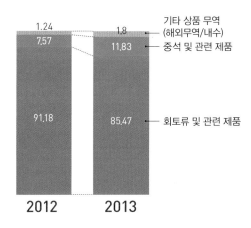

기타 상품 무역 (해외무역/내수)
중석 및 관련 제품
회토류 및 관련 제품

2012 / 2013

## 재무제표

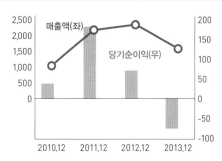

(단위: 백만 위안)

| 손익계산서 | 2013.12 | 2012.12 | 2011.12 | 2010.12 |
|---|---|---|---|---|
| 매출액 | 1,600 | 2,381 | 2,222 | 1,120 |
| 매출총이익 | 270 | 427 | 526 | 188 |
| 영업이익 | -106 | 109 | 278 | 45 |
| 세전이익 | -68 | 138 | 299 | 72 |
| 당기순이익 | -79 | 60 | 173 | 38 |

| 현금흐름표 | 2013.12 | 2012.12 | 2011.12 | 2010.12 |
|---|---|---|---|---|
| 영업활동 현금흐름 | -128 | 10 | -48 | 24 |
| 투자활동 현금흐름 | -159 | -35 | -137 | -44 |
| 재무활동 현금흐름 | 440 | 70 | 265 | 134 |
| 현금 순증감액 | 153 | 45 | 79 | 114 |
| 기말 현금 | 457 | 305 | 259 | 180 |

| 대차대조표 | 2013.12 | 2012.12 | 2011.12 | 2010.12 |
|---|---|---|---|---|
| 유동자산 | 1,814 | 1,812 | 1,663 | 1,156 |
| 비유동자산 | 966 | 702 | 637 | 586 |
| 자산총계 | 2,780 | 2,513 | 2,301 | 1,742 |
| 유동부채 | 1,757 | 1,467 | 1,510 | 1,261 |
| 비유동부채 | 298 | 286 | 153 | 62 |
| 부채총계 | 2,055 | 1,753 | 1,663 | 1,323 |
| 자본금 | 249 | 249 | 249 | 249 |
| 자본잉여금 | 447 | 446 | 446 | 446 |
| 이익잉여금 | 21 | 21 | 21 | 21 |
| 지배회사지분 | 454 | 532 | 471 | 298 |
| 소수주주지분 | 271 | 229 | 167 | 121 |
| 자본총계 | 725 | 761 | 637 | 419 |

CODE **600309.SH** ........................................................

# 万华化学集团股份有限公司 만화화학

**중국 MDI제품 최대 생산기업으로 세계 5대 생산기업** ........................................

**기업개요**

상해 180지수, CSI 300(호심 300)지수 편입종목이다. 중국 최대 MDI 생산기업으로 주요 사업은 폴리우레탄과 보충제, MDIMethylene Dipheny Dilsocyanate 및 파생제품 생산이다. 연간 MDI 생산 규모는 50만 톤으로 이 중 옌타이(烟台) 생산기지가 20만 톤, 닝보(宁波) 생산기지가 30만 톤이다.

**투자 포인트**

❶ 중국 최대 규모의 MDI 생산기업으로 양산능력은 120만 톤이며 2014년 말까지 200만 톤으로 확장

❷ 산업 일체화로 매출총이익률 증가 및 수익 변동성 감소

❸ 기업의 규모 효과로 원가경쟁력을 이용한 시장점유율 확대 예상

❹ 신규 수성도료 시장 진출로 향후 새로운 수익 성장 포인트가 될 것으로 전망

❺ 기술력과 시장경쟁력을 이용해 향후 대형 종합화학 기업으로 성장할 가능성이 높음

**주식발행 현황** (2014-07-31)

유통 A주
2,162,334,720
**100%**

**주요주주** (2014-07-31)

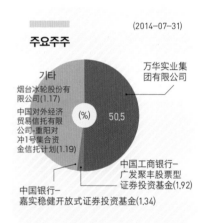

**최근 3년 주가차트**

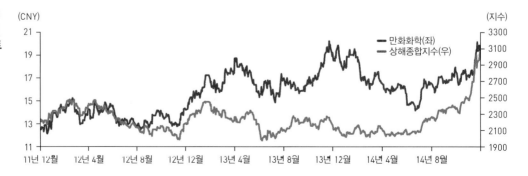

## 매출구조

### 2013년 사업부문별 매출구조

(기준일: 2013-12-31/단위: 백만 위안)

| 매출구성 | 매출액 | | | 매출총이익률(GPM) | |
|---|---|---|---|---|---|
| | 매출 | 비중 | 전년 대비 | GPM | 전년 대비 |
| MDI 생산 | 19,643.8 | 97.06% | 27.86% | 33.06% | -1.85%p |
| 기타 | 469.6 | 2.32% | -4.85% | 26.92% | -8.95%p |
| 주력사업 외 기타 수입 | 124.6 | 0.62% | 46.14% | 27.93% | 4.91%p |
| 합계 | 20,238 | 100% | 26.95% | 32.88% | -1.99%p |

### 2012년 사업부문별 매출구조

(기준일: 2012-12-31/단위: 백만 위안)

| 매출구성 | 매출액 | | | 매출총이익률(GPM) | |
|---|---|---|---|---|---|
| | 매출 | 비중 | 전년 대비 | GPM | 전년 대비 |
| MDI 생산 | 15,363.3 | 96.37% | 16.91% | 34.91% | 4.39%p |
| 기타 | 493.5 | 3.1% | 1.31% | 35.87% | 4.58%p |
| 주력사업 외 기타 수입 | 85.3 | 0.54% | 150.62% | | |
| 합계 | 15,942.1 | 100% | 16.69% | 34.88% | 4.33%p |

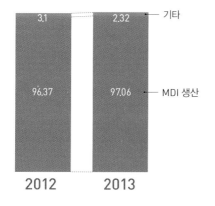

## 재무제표

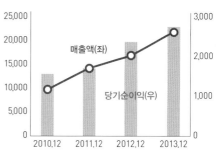

(단위: 백만 위안)

| 손익계산서 | 2013.12 | 2012.12 | 2011.12 | 2010.12 |
|---|---|---|---|---|
| 매출액 | 20,238 | 15,942 | 13,662 | 9,430 |
| 매출총이익 | 6,655 | 5,560 | 4,174 | 2,388 |
| 영업이익 | 4,261 | 3,614 | 2,731 | 1,673 |
| 세전이익 | 4,426 | 3,566 | 2,815 | 1,938 |
| 당기순이익 | 2,891 | 2,349 | 1,854 | 1,530 |

| 현금흐름표 | 2013.12 | 2012.12 | 2011.12 | 2010.12 |
|---|---|---|---|---|
| 영업활동 현금흐름 | 3,869 | 3,806 | 2,012 | 413 |
| 투자활동 현금흐름 | -6,816 | -3,922 | -2,870 | -1,443 |
| 재무활동 현금흐름 | 2,607 | -292 | 1,751 | 1,587 |
| 현금 순증감액 | -384 | -403 | 881 | 549 |
| 기말 현금 | 989 | 1,373 | 1,776 | 895 |

| 대차대조표 | 2013.12 | 2012.12 | 2011.12 | 2010.12 |
|---|---|---|---|---|
| 유동자산 | 8,189 | 8,363 | 7,638 | 4,801 |
| 비유동자산 | 22,954 | 14,179 | 9,781 | 8,142 |
| 자산총계 | 31,144 | 22,541 | 17,419 | 12,943 |
| 유동부채 | 10,441 | 8,227 | 6,757 | 3,722 |
| 비유동부채 | 8,921 | 4,472 | 2,446 | 2,066 |
| 부채총계 | 19,363 | 12,699 | 9,203 | 5,788 |
| 자본금 | 2,162 | 2,162 | 2,162 | 1,663 |
| 자본잉여금 | 30 | 34 | 48 | 109 |
| 이익잉여금 | 1,579 | 1,579 | 1,478 | 1,150 |
| 지배회사지분 | 9,678 | 8,304 | 7,267 | 6,146 |
| 소수주주지분 | 2,103 | 1,538 | 948 | 1,009 |
| 자본총계 | 11,781 | 9,843 | 8,216 | 7,155 |

## CODE 600884.SH

# 宁波杉杉股份有限公司 녕파삼삼

**의류 업체이지만 리튬전지 소재사업 집중 육성 기업**

**기업개요**

상해 380지수 편입종목이다. 의류 제조와 리튬전지 소재 및 태양 전지 소재 생산을 주력사업으로 하는 회사이다. 중국 최대의 리튬 전지 자재 종합 공급업체이며 주력제품인 리튬전지 음극자재 관련 CMS 사업은 국가 차원의 863첨단기술연구개발계획 사업으로 선정되었고 기술력과 시장점유율 모두 업계 상위권이다. 특히 리튬전 지 양극자재 분야에서 중국 1위, 세계 3위이다.

**투자 포인트**

❶ 유명한 의류 브랜드에서 전기차에 공급하는 리튬전지 사업으로 주력사업 전환

❷ 중국 리튬전지 관련 여러 가지 소재를 제공하는 유일한 종합 기업으로 최근 실적 급성장

❸ 2013년 말 기준 리튬전지 소재 생산량은 2만 2600톤으로 이 중 음극재, 양극재, 전해질의 생산량은 모두 중국 3위권

❹ 일본의 토다공업사와 양극재 관련 사업합작으로 2014년에는 1.5만 톤의 생산설비를 추가 건설 예정

❺ 2014년부터 중국 전기차 수요는 대폭 늘고 있으며 리튬전지 사업부문도 고성장 예상

**주식발행 현황** (2014-07-31)

유통 A주
410,858,247
**100%**

**주요주주** (2014-07-31)

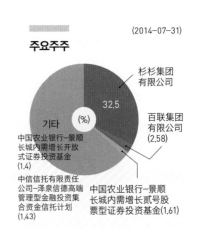

杉杉集团
有限公司
32.5

百联集团
有限公司
(2.58)

기타

中国农业银行-景顺
长城内需增长号开放
式证券投资基金
(1.4)

中信信托有限责任
公司-泽泉信德高端
管理型金融投资集
合资金信托计划
(1.43)

中国农业银行-景顺
长城内需增长贰号股
票型证券投资基金(1.61)

**최근 3년 주가차트**

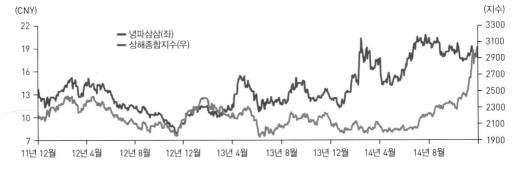

## 매출구조

### 2013년 사업부문별 매출구조
(기준일: 2013-12-31/단위: 백만 위안)

| 매출구성 | 매출액 | | | 매출총이익률(GPM) | |
|---|---|---|---|---|---|
| | 매출 | 비중 | 전년 대비 | GPM | 전년 대비 |
| 리튬전지 생산 | 2,163.9 | 53.46% | 28.92% | 19.21% | -1.52%p |
| 의류 생산 | 1,725.9 | 42.64% | -4.25% | 22.84% | -2.66%p |
| 주력사업 외 기타 수입 | 91.4 | 2.26% | -66.68% | | |
| 기타(투자 및 금융) | 66.7 | 1.65% | 11356.88% | 25.95% | |
| 합계 | 4,047.9 | 100% | 7.78% | 21.52% | -1.24%p |

### 2012년 사업부문별 매출구조
(기준일: 2012-12-31/단위: 백만 위안)

| 매출구성 | 매출액 | | | 매출총이익률(GPM) | |
|---|---|---|---|---|---|
| | 매출 | 비중 | 전년 대비 | GPM | 전년 대비 |
| 의류 생산 | 1,802.4 | 47.99% | 6.34% | 25.5% | 0.59%p |
| 리튬전지 생산 | 1,678.4 | 44.69% | 45.03% | 20.73% | -2.29%p |
| 주력사업 외 기타 수입 | 274.5 | 7.31% | 83.04% | | |
| 투자사업 | 0.6 | 0.02% | | | |
| 합계 | 3,755.9 | 100% | 25.11% | 22.76% | -1.67%p |

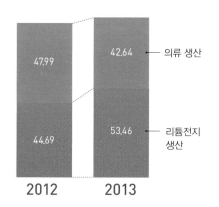

2012: 47.99 / 44.69
2013: 42.64 ← 의류 생산 / 53.46 ← 리튬전지 생산

## 재무제표

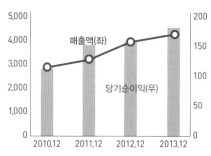

매출액(좌) / 당기순이익(우)

(단위: 백만 위안)

| 손익계산서 | 2013.12 | 2012.12 | 2011.12 | 2010.12 |
|---|---|---|---|---|
| 매출액 | 4,048 | 3,756 | 3,002 | 2,841 |
| 매출총이익 | 871 | 855 | 733 | 684 |
| 영업이익 | 167 | 157 | 180 | 140 |
| 세전이익 | 188 | 178 | 196 | 158 |
| 당기순이익 | 184 | 159 | 153 | 121 |

| 현금흐름표 | 2013.12 | 2012.12 | 2011.12 | 2010.12 |
|---|---|---|---|---|
| 영업활동 현금흐름 | -127 | 65 | 36 | 77 |
| 투자활동 현금흐름 | 1 | -231 | -225 | -541 |
| 재무활동 현금흐름 | 69 | 99 | 396 | 386 |
| 현금 순증감액 | -49 | -68 | 203 | -82 |
| 기말 현금 | 664 | 714 | 782 | 578 |

| 대차대조표 | 2013.12 | 2012.12 | 2011.12 | 2010.12 |
|---|---|---|---|---|
| 유동자산 | 3,221 | 3,228 | 2,798 | 2,451 |
| 비유동자산 | 4,229 | 4,396 | 3,834 | 4,406 |
| 자산총계 | 7,450 | 7,624 | 6,632 | 6,858 |
| 유동부채 | 2,887 | 2,923 | 2,328 | 2,061 |
| 비유동부채 | 1,043 | 1,120 | 1,007 | 1,165 |
| 부채총계 | 3,931 | 4,044 | 3,336 | 3,226 |
| 자본금 | 411 | 411 | 411 | 411 |
| 자본잉여금 | 1,573 | 1,758 | 1,552 | 2,049 |
| 이익잉여금 | 163 | 157 | 156 | 109 |
| 지배회사지분 | 3,217 | 3,238 | 2,899 | 3,279 |
| 소수주주지분 | 302 | 342 | 397 | 352 |
| 자본총계 | 3,519 | 3,580 | 3,296 | 3,631 |

PART **3**
—
중국 주식
장기투자와
리스크 관리

#  중국 기업의 향후 성장 방향

★ 용의 부활, 질적 성장 국면으로 진입하는 중국 경제

### 200년 만에 부활하는 세계 최고 경제국

200년쯤 전으로 돌아가 보자. 1820년, 세계 최대의 경제 규모를 갖춘 나라는 어디였을까? 빅토리아Victoria 여왕 치세의 영국을 떠올리는 사람이 많을 것이다. 하지만 이는 잘못된 판단일 가능성이 높다. 일부 경제학자들은 당시 세계 제1위 경제국으로 '청나라', 즉 중국을 꼽는다. 그때 청나라는 GDP가 세계의 32.9%를 차지했을 것으로 분석하기 때문이다.

2014년이 끝나고 2015년에 접어든 현재 시점에서 중국 경제는 미국에 이어 세계 2위 수준으로 성장했다. 미국 달러화의 명목가치를 기준으로 볼 때 2013년 중국의 GDP는 미국의 56%에 달한다. GDP 대신 실질 구매력 지수인 PPPPurchasing Power Parity를 기준으로 삼으면 중국 경제 규모가 더 크게 평가된다. IMF의 분석에 의하면 2013년 PPP 기준 중국 경제 규모는 미국 경제의 96%에 이른다. 이를 보면 2015년 중국은 거의 200년 만에 세계 1위 경제국의 지위를 되찾아 오는 중이다.

제조업만 놓고 본다면 중국은 이미 미국과 일본을 앞서는 세계 최대의 강국이다. 또한 세계 최대의 인터넷과 모바일 사용자 기반을 보유한 국가다. 소비 시장의 규모도 크다. 자동차와 스마트폰 시장은 전 세계 1등을 차지하고 있다.

그러나 중국 경제에 장밋빛 전망만 있는 것은 아니다. 양적 성장의 찬란함 뒤에

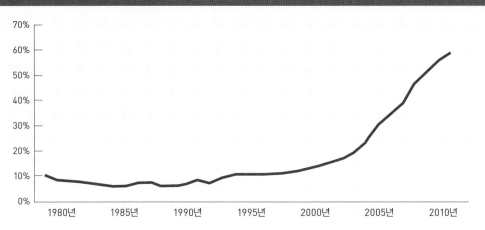

자료: 삼성증권

는 어두운 그림자도 있다. 규모로 세계를 제패하던 경제 성장 모델이 점차 한계에 직면하고 있다는 지적이 나오고 있다. '그림자 금융'으로 일컬어지는 부실채권, 지역·계층 간 소득 격차, 환경오염 등 고속 성장 과정에서 야기된 각종 부작용이 경제 발전을 좀먹는 요인으로 떠오르고 있다.

지금 중국 경제가 직면한 여러 문제는 규모를 넘어 '질'적인 측면에서 세계 1위 경제에 어울리는 모습을 갖추는 과정에서 생긴 일종의 성장통으로 이해할 수 있다. 중국 주식시장이 글로벌 금융위기 이후 2014년까지 5년간이나 박스권에 갇혀 있었던 이유도 바로 여기에 있다. 우리나라도 1998년 외환위기 이후 국가 경제와 기업 성장 모델이 '양'에서 '질'로 변화하는 과정을 거쳤다. 이때 코스피지수는 500~1000포인트의 박스권에서 벗어나지 못했다.

세계 경제 성장의 역사를 보면 여러 개발도상국의 경제 성장 축이 '양'에서 '질'로 이전하는 과정이 결코 순탄치 않았음을 발견할 수 있다. 하지만 그 고통을 이겨낸 국가와 기업들의 지배력은 과거에는 상상하기 어려운 수준까지 올라서기 마련이다. 바로 이 점이 2015년 이후 중국 주식시장을 긍정적으로 보는 가장 큰 이유가 된다.

## 양적 성장 모델의 한계

중국 내부에서도 이미 2007년 무렵부터 '덩치 불리기' 위주의 성장 구조가 장기적으로 유지되기 어렵다는 관측이 제기되었다. 2007년 3월, 국무원 총리였던 원자바오는 "중국 경제가 구조적인 위기 상황에 처해 있다"고 토로한 적이 있다. 당시 그는 중국 경제의 발전 방향에 대해 "착실하지 않고 균형이 없으며 상호 간 조정이 전혀 되지 않고 있다"고 혹독한 비판을 가했다. 심지어는 "이래서는 장기적으로 지속가능한 경제 성장이 불가능하다"며 심각한 경고를 던졌다.

우선 "착실하지 않다"는 말의 의미부터 생각해보자. 원자바오가 지적한 부분은 과잉 투자, 유동성의 지나친 쏠림, 수출에 과도하게 의존하는 구조 등이다. 한마디로 지속가능성이 의심되는 곳에 중국 경제의 성장 동력이 과도하게 의존하고 있다는 의미로 해석할 수 있다.

두 번째로 언급한 "균형이 없다"는 말은 도시와 농촌 간 발전 정도의 차이를 지적한 것이다. 즉 중국 사회가 부자와 빈자로 나뉘고, 사회적인 발전 정도가 지역에 따라 차이가 있음을 의미한다. 장기적으로 볼 때 중국 사회를 분열시키는 경제 발전은 큰 의미를 갖지 못한다는 경고로 받아들일 수 있다.

세 번째로 언급한 "조정이 되지 않았다"는 두 가지 의미로 해석할 수 있다. 먼저 특정 업종의 과잉 투자를 경계해야 한다는 의미이다. 유화나 에너지, 철강 등 일부 업종에 투자가 집중되면서 나타날 수 있는 공급 과잉 가능성에 대한 지적이라 볼 수 있다. 또 다른 하나는 GDP 구성요소들이 전혀 조정되지 않고 있다는 뜻이다. 즉 투자와 소비 간의 건전한 조정을 통해 중국 경제가 장기적으로 성장해야 한다는 바람을 표현한 말이다.

이런 측면을 살펴보면 "이대로 가면 중국의 장기적인 경제 성장은 불가능하다"는 원자바오의 우려를 이해할 수 있을 것이다. 과잉 투자가 견인한 빈부 격차, 견조한 내수 기반이 뒷받침되지 않는 경제 성장 모델은 중국이 원하는 성장을 가져다주지 못한다. 이런 식의 경제 성장 모델은 필연적으로 커다란 부작용을 가져올 수밖에 없기 때문이다. 대표적인 부작용으로 비효율적인 에너지 소모, 자원 고갈, 사회적 갈등, 환경 파괴 등을 들 수 있다.

그렇다면 중국 정부가 장기적인 성장을 이끌어올 수 있다고 보는 모델은 무엇인가? 앞에서 언급한 요인들을 반대의 관점에서 생각하면 자연스럽게 찾을 수 있다. 장기적인 관점의 효율적인 투자, 사회적인 통합을 추구하는 발전 모델, 투자와 수출이 아닌 내수 소비가 큰 비중을 차지하는 GDP, 그리고 미래를 대비하는 산업들에 대한 집중적인 육성이 그것이다. 그리고 이 방안들이 2011~2015년 중국 경제 성장의 틀을 제시한 제12차 경제 개발 5개년 계획의 골자를 이룬다.

2015년에 제12차 경제 개발 5개년 계획이 끝난다. 즉 2015년이 지나면 양적 성장의 한계를 극복하려는 중국 정부의 정책에 대한 평가가 내려지는 셈이다. 2015년을 중요하게 보는 이유도 여기에 있다. 2015년에는 중국 정부가 2011~2014년까지 4년간 다소 미진했던 여러 가지 개혁에 대해 더욱 속도를 낼 가능성이 높다. 그래야만 2016년부터 2020년까지의 청사진을 더욱 발전적으로 그릴 수 있기 때문이다.


### 질적 성장이 각 업종에 미치는 영향

중국 경제 성장의 축이 '양적 성장'에서 '질적 성장'으로 바뀐다는 점이 자본시장과 개별 업종의 성장에 장기적으로 미치는 영향은 매우 크다. 질적으로 성장하는 중국 경제와 그 축을 함께 해나가면서 장기적으로 성장할 수 있는 업종들을 정리하면 다음과 같다.

먼저 은행 업종이 가장 큰 수혜를 입으리라 보인다. 은행 업종은 그간 양호한 수익성을 기록했음에도 공기업과 지방정부의 대형 부실에 대한 우려로 타 업종보다 저평가되어 거래가 이루어져 왔기 때문이다. 중국 정부가 공기업과 지방정부 개혁에 적극 나선다면 대규모 부실채권 발생 우려를 대폭 줄일 수 있다. 그러면 그동안 상당히 저평가되었던 은행 업종의 주가 또한 재평가될 가능성이 커진다.

증권 업종도 질적으로 성장하는 중국 경제의 수혜를 크게 받을 수 있는 대표 업종이다. 중국의 자본시장이 현재와 같이 낙후된 수준에 머물러 있다면 앞으로 질적으로 성장하는 중국 경제의 인프라로서 충분한 역할을 하기 어렵다. 중국 정부도 이러한 점을 잘 알고 있기에 중국 자본시장을 글로벌 수준으로 끌어올리기 위해 많은 노력을 하고 있다. 특히 상해 주식시장의 문호를 외국인들에게 개방한 '후강퉁' 제도의 시행이야말로 자본시장 발전에 대한 중국 정부의 높은 관심과 의지를 드러낸 사례라고 볼 수 있다.

보험도 관심을 두어야 할 업종이다. 13억 인구가 고령화되면서 헬스케어 비용은 나날이 증가하는데 건강보험 수준은 선진국보다 크게 낙후되었기 때문이다. 이에 따라 2014년 11월 중국 각 지방정부 대표들은 2020년까지 민영 건강보험 시장을 확대하기 위한 대책을 내놓기도 했다.

환경 산업 역시 중국 경제의 질적 성장에 가장 큰 영향을 받는 업종 중 하나이다. 중국은 발전發電 부분에서 석탄 에너지에 과도하게 의존하는 등 탄소가스 배출량이 매우 높은 국가이다. 따라서 대기오염이 심각할 뿐만 아니라 수질오염 또한 우려할 만한 수준에 이르렀다. 이에 따라 중국 정부는 2015년부터 최고 수준의 환경법을 적용하는 등 환경 개선을 위해 안간힘을 쓰고 있다. 환경 관련 수혜 업종 중 대표적인 것으로 전기차, 수력발전, 오·폐수 처리 산업 등을 들 수 있다.


### 많이 상승하지도, 비싸지도 않은 시장

상해와 홍콩 증시 간 교차거래를 허용하는 후강퉁 시행 후 상해종합지수가 크게 오르다 보니 "중국 시장이 좋다는 것은 알겠는데, 그래도 너무 많이 올랐다"거나 "중국 주식이 너무 비싸다"는 등의 이야기가 많이 들린다. 이는 오늘 사서 내일 파는 단기매매 투자자의 관점으로 보면 맞는 표현일 수도 있다. 그러나 중국 시장의 큰 그림을 보고 장기투자를 하겠다는 투자자라면 이런 불평에 "천만의 말씀"이라고 답할 것이다.

우선 상해종합지수와 한국, 미국, 일본, 홍콩 등 세계 주요 지수들의 수익률 차이부터 따져보자. 지난 1년 수익률로 계산해보니 상해 시장이 50%가량의 수익률로 단연 1등이다. 하지만 기간을 5년으로 늘려놓고 보면 상황이 크게 달라진다. 지난 2009년 이후 연평균 수익률로 환산해보니 미국과 일본 시장은 약 10%의 수익률을 기록했고 한국 시장도 크지는 않지만, 수익을 내고 있다. 반면 상해 시장은 유일하게 지난 5년간 연평균 수익률이 마이너스다.

긴 관점에서 보면 상해 시장이 많이 오르지 않았다는 결론이다. 그저 차트를 보는 사람들 눈에 많이 오른 것처럼 보일 뿐이다. 최근 상해 시장의 급등은 2009년부터 2013년까지 다른 주식시장들이 상당히 뛰어오를 때 전혀 움직이지 못했던 것에 대한 '키 맞추기'로 보는 게 합리적이다.

그리고 비관론자들은 중국 시장이 비싸다는 논리를 앞세운다. 하지만 이 역시 이치에 맞지 않는다. 현재 상해 시장의 주가수익비율PER은 15배 수준에 불과하기 때문이다. 참고로 2009년 상해 시장의 PER은 20배가 넘기도 했다.

해외의 다른 시장과 비교해도 같은 결론이다. 지금 상해 시장은 PER 기준으로 보면 미국 시장의 80% 수준에서 거래되고 있다. 하지만 2010년만 해도 상해 시장은 미국 시장 대비 20%의 프리미엄을 받고 있었다. 결국 상해 시장의 현재 주가 수준은 "너무 가격이 낮았던 시장이 이제 합리적인 수준에 근접하게 밸류에이션이 형성되고 있다"고 정리할 수 있다.

최근 상해종합지수가 40%가량 오르기는 했지만 글로벌 시장을 둘러보면 2010년 이후 그 정도 랠리가 없었던 곳은 많지 않다. 실제로 미국 시장은 2010년에 비해 지금 2배 이상 상승한 상태다. 그런데 단순히 상승 폭만 놓고 미국 시장이 고평가됐다고 말하는 전문가들은 없다.

그럼에도 현재 중국 시장의 상승 폭만 놓고 비관과 우려를 표명하는 것은 과도하다. 지금 중국 시장이 많이 올랐다고 말하는 사람들의 논리로 따지자면 미국 시장은 말도 안 되는 버블이 형성된 셈이기 때문이다.

요컨대 지금 중국 시장이 비싸거나 버블이라는 주장에 대해서는 동의하기 어렵다. 그 주장을 따른다면 PER 15배, 배당수익률 3%, 자기자본이익률$_{ROE}$ 17%의 시장을 버블로 보는 것과 마찬가지이기 때문이다. 그런데도 상해 시장이 한국 증시보다 많이 상승한 것처럼 보이는 가장 큰 이유는 상해가 고평가된 것이 아니라 그만큼 우리 시장이 장기적으로 소외되었기 때문일 것이다.

## 🏵 중국 금융시장의 장기투자 원칙

2014년 중국 금융시장은 글로벌 금융시장에서 주목을 받기에 충분했다. 상해종합지수는 연초부터 불어온 부동산 버블과 제조업 공급 과잉 우려의 악재를 넘어서며 3000포인트를 돌파하였고 12월 한 달 동안만 20.6% 상승하면서 6년 만에 가장 뜨거운 강세장을 보여주었다. 이를 통해 중국 정부의 정책의 힘을 다시 한번 확인할 수 있었다.

투자자들은 무엇보다 중국 금융시장의 중장기적인 기회에 주목해야 한다. 중국 주식시장은 질풍노도의 시기로 접어들고 있으며 두 번의 큰 굴곡을 목전에 두고 있다. 중국 정부의 적극적인 구조 개혁이 중국 증시 레벨-업의 밑거름이 될 것이다. 중국 증시의 환경을 보면, 시진핑 구조 개혁을 발판으로 산업 구조 재편, 자본시장 성장, 투자자의 자산 재분배라는 세 부문에서 구조적인 변화가 나타나고 있기 때문이다.

첫째, 중국의 산업 구조조정은 주식시장 레벨-업에 중요한 단초가 될 것이다. 중국의 산업 재편은 1998년 주룽지 총리가 주도한 국유기업 개혁 이후 두 번째다. 시진핑 구조 개혁은 고부가가치 제조업과 서비스업 중심으로 전면적인 재편을 이끄는 방향으로 진행될 것이다. 이는 중국 주식시장이 1998년 한국 산업 구조조정 과정에서 경험했던 주가 레벨-업의 궤적을 보여줄 가능성이 높아졌음을 의미한다.

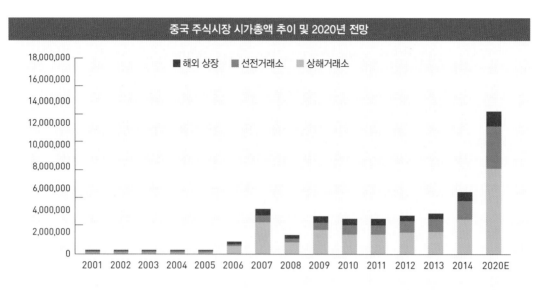

* 참고: 해외 상장=홍콩 H증시+나스닥+알리바바 총액, * 자료: CEIC, 삼성증권 추정

둘째, 중국 자본시장의 성장은 예고된 미래다. 중국의 자본시장 성숙도는 선진국보다 크게 낮은 수준에 머물러 있다. 경제 총량GDP에 대비한 중국 주식시장과 채권시장 규모는 각각 58%, 48%를 기록하고 있다. 이 수치는 선진국의 1/3~1/4 수준에 불과하다. 자본시장이 성숙한 선진국에서는 일반적으로 경제 규모와 증시의 규모가 비슷한 수준을 보인다. 하지만 중국은 그동안 중대형 기업의 증시 진입 부진과 저조한 외국인 개방률 때문에 주식시장 규모가 경제 규모를 따라오지 못했다. 하지만 정부의 자본시장 개방과 IPO 제도 개혁(등록제로 전환)을 통해 중국 증시는 2018~2020년까지 GDP 규모의 100% 수준인 16조 달러에 달하는 시가총액을 달성할 수 있을 것이다.

셋째, 중국 투자자의 자산 재분배에 주목해야 한다. 중국 증시에 중기적인 수급 변화가 시작되었다. 이는 중국 자본시장의 투자 주체인 개인, 기관, 외국인을 망라한 총체적인 변화다. 변화 양상을 구체적으로 살펴보자.

① 중국 개인투자자들의 중국 증시 회귀가 나타나고 있다. 1990년 상해거래소

개장 이후 중국의 개인 자산가들은 은행과 부동산에 집중했었다. 그러나 구조적인 저금리 시대로 접어들고 부동산 불패 신화가 깨지면서 주식시장에 눈을 돌리고 있다. 직·간접적인 루트를 통해 증시로의 자금 유입이 강화되는 기조가 형성될 것이다.

② 성장형 투자자산을 보유하고 있는 중국의 보험·기금사의 주식투자가 확대될 수밖에 없다.

③ 외국인 시장 개방 효과가 중국 증시의 버팀목이 될 것이다. 중국의 증시 개방은 점점 속도를 붙일 것이다. 사실 중국 증시의 개방은 다른 아시아 국가보다 너무나 더딘 속도로 진행되어 왔다. 한국과 대만이 각각 6년과 10년 만에 증시 완전 개방의 길을 걸었던 반면 중국은 2003년 QFII를 통한 간접투자 시장 개방에 이어 11년 만에야 직접투자의 길을 열었다. 중국 증시 개방 확대는 위안화 국제화와 중국 주식시장 정상화를 위해 불가피한 과정이다. 후강퉁이 시작되면서 중국 본토 시장의 외국인 투자 비율은 2.8%에서 4.2%까지 상승할 것이다. 또한 중국 본토 시장의 추가적인 개방이 이루어

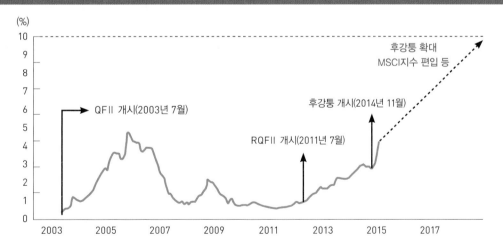

중국 상해종합지수 외국인 비중 및 추이

자료: CEIC, 삼성증권

지고 MSCI 신흥국지수에 편입될 경우 외국인의 중국 본토 시장 투자액은 2017년까지 2000억 달러에 달할 전망이다.

2015년에는 중국의 대형 금융주와 공기업 그리고 인구통계학적 구조상 필연적 성장이 예고된 헬스케어, 여유 소비재에 대한 관심이 필요하다. 우리나라는 산업의 구조조정과 외국인 개방이 맞물리는 증시의 강력한 레벨-업을 이미 경험한 바 있다. 과거 한국 증시가 경험했던 산업의 발전 궤적을 따라 중국 투자의 교훈을 얻는다면 성공의 확률은 그만큼 더 높아질 것이다. 중국 주식시장의 기회는 더는 남의 이야기가 아니다.

## 중국 주식 직접거래와 리스크 관리 원칙

홍콩 주식과 중국 주식(상해거래소) 간 교차거래를 허용하는 후강통이 본격적으로 실시됨에 따라 저금리와 저성장의 여파로 주춤했던 국내 투자자들이 중국 시장에 큰 관심을 보이며 투자 움직임 또한 활기를 찾고 있다. 여전히 7%대의 높은 경제성장률을 바탕으로 글로벌 경쟁력과 규모를 갖춰가는 중국 기업들에 대한 투자 기회라는 점은 분명하지만, 중국 시장 고유의 투자 위험을 간과해서는 안 될 것이다.

### ★ 높은 변동성으로 대표되는 센티멘털 시장

후강통 제도가 중국 자본시장 개방의 의미 있는 진전이라는 점은 분명하다. 하지만 중국 본토 시장은 여전히 외국인 투자자들에게 제한적인 주식 매매를 허용하고 있다. 그리고 현재 외국인 투자 비중은 2% 남짓에 머물고 있다. 또한 기관투자자 비중이 20% 미만으로 개인투자자 비중이 월등히 높은 시장이라는 점도 고려해야 한다.

글로벌 IB 등 외국인투자자와 기관투자자들은 독자적인 리서치나 운영능력을 보유하고 있어 기업 본연의 성장성, 수익성 및 밸류에이션 등에 따라 중장기적인 투자를 하지만, 개인투자자들이 대다수인 중국 본토 시장은 단기적인 투자 심리와 뉴스 등 센티멘털적인 요인들에 의해서 움직이며 높은 변동성을 나타내고 있다. 중국 본토 증시를 전망하는 다양한 선행 지표 중 하나로 '신규 증권 계좌 수 증가'를 꼽는다. 이는 개인투자자 중심의 중국 시장 특징을 단적으로 드러내는 현상이다.

중국은 국내 증시처럼 연기금 등 장기투자자가, 과도한 시장 급락이나 저평가 구간에서 증시 안정판 역할을 하는 것을 기대하기 어렵다. 그뿐만 아니라 글로벌 스마트 머니에 의한 시장 저점 시그널을 예상하기 어렵다.

중국 본토 시장의 악명 높은 변동성은 2006년에서 2008년 사이의 극심한 변화Boom-Bust 사이클에서 극명하게 확인할 수 있었다. 2006년과 2007년 각각 130%, 96%의 연간 상승률을 기록하였던 상해종합증시는 2008년 글로벌 금융위기를 겪으면서 1년 만에 -72%라는 기록적인 하락을 경험하게 된다.

당시 해외 펀드에 대한 매매차익 비과세 혜택으로 해외투자가 급격히 확대되는 상황에서, 우리나라 투자자들도 급등한 중국 시장에 펀드투자를 확대했다. 이때 많은 투자자가 시장 급락과 함께 투자 손실을 경험한 기억은 지금까지 중국 투자를 꺼리는 트라우마로 작용하고 있다.

## ★ 정부 정책에 대한 높은 의존도와 투자 정보의 비대칭성

서구 자본주의를 대표하는 선진 시장 대부분은 수요와 공급에 의한 자율적인 시장 메커니즘을 중시한다. 이에 비해 중국 금융시장은 폐쇄적이다. 중국 정부가 시장경제를 강화하고 자본시장 개방을 확대하기 위한 노력을 보이고 있지만, 여전히 사회주의 기반의 계획경제를 유지하고 있다. 그래서 중국 경제는 시장 메커니

즘보다는 정부 정책에 대한 의존도가 강하며, 정책 영향력이 매우 높은 상황이다.

정부 정책에 민감한 증시는 경기 지표와 기업 실적을 기반으로 하는 시장과 다른 양상을 보인다. 투자자의 예측 가능성이 낮고 시장 불확실성이 높기 때문이다. 매년 3월 개최되는 중국의 양회(전국인민대표대회와 전국인민정치협상회의)에서 발표되는 내용에 전 세계가 귀 기울이는 이유가 바로 이것이다.

중국 본토 증시 투자 접근이 제한적이기 때문에 MSCI China에는 홍콩 시장에 동시상장된 기업들 외에 편입된 종목이 거의 없다. 아직도 중국 본토 증시의 많은 종목이 글로벌 IB의 리서치 커버리지에 포함되어 있지 않다. 당연히 투자 정보에 대한 접근도 제한적일 수밖에 없다. 국내 증권사들의 리서치 커버리지도 이제 막 글로벌화를 시작한 단계이다. 그래서 우리나라 투자자들이 중국 본토 종목에 투자할 때 참고할 수 있는 투자 정보가 충분하지 않은 상황이다.

### ★ 위안화 환율 변동성

국내 주식에 투자할 때는 환율 변동성을 고려할 필요가 없다. 해외 펀드에 투자할 때도 환헤지 구조 선택을 통해 환율 변동성을 일정 부문 완화시킬 수 있다. 하지만 해외 주식을 직접투자할 때에는 환율의 움직임에 따라 투자 성과가 달라질 수 있다.

중국 위안화가 누적된 무역수지 흑자와 높은 외환 보유고를 통해 장기간 환율 강세를 이어온 것은 사실이다. 하지만 2005년 이후 관리변동환율제를 시행 중인 중국 정부는 몇 차례 위안화 일일 변동폭을 확대하며 점차 자유변동환율제로 나아가기 위한 제도적 변화를 모색하고 있다. 오랜 기간 강세 추이와 낮은 변동성을 보여온 위안화에도 변동성이 확대되며 약세 구간이 나타날 가능성이 높아졌다. 이런 점에서 중국 주식에 직접투자할 때 주의가 필요하다.

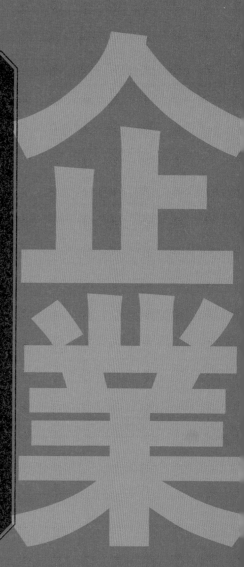

# 부록

1. 해외 주식투자 가이드
2. 중국을 움직이는
   100대 기업 리스트
3. 장기투자 유망주
4. 테마주 리스트

● **1. 해외 주식투자 가이드** ·····································································

## 해외 주식투자

### ★ 해외 주식투자의 원칙

2011년 금융위기 이후 대한민국 증시는 박스권에 갇혀 지지부진한 움직임을 보여주고 있습니다. 같은 기간 해외 증시의 상승 폭과 비교하면 그 차이는 더욱 크게 느껴집니다. 미국 증시는 2014년 연일 사상 최고치를 경신하며 상승세를 이어갔고, 후강퉁을 실시한 중국 증시도 많은 외국인 투자자들의 주목을 받으며 급격한 상승을 거듭하고 있습니다. 세계 자본시장에서 대한민국이 차지하는 비율은 약 2%에 불과합니다. 해외 주식 직접투자에 지금보다 더 나은, 그리고 더 많은 투자의 기회가 열려 있습니다.

해외 주식 직접투자를 꺼리는 가장 큰 이유로는 두려움을 들 수 있습니다. 많은 투자자분이 해외 주식에 대해 잘 모르고 어렵다는 이유로 직접투자를 망설입니다. 하지만 해외 주식 직접투자는 그렇게 어렵지 않습니다. 국내 주식과 약간의 차이가 있지만 몇 가지 사실만 인지하시면 얼마든지 투자를 시작하실 수 있습니다.

첫째, 매매를 위해서는 외화가 먼저 예수금으로 준비되어 있어야 합니다. 해외 주식이기 때문에 원화가 아닌 해당 종목이 거래되는 시장의 통화로 거래가 이루어지기 때문입니다. 환전은 매매 시스템(모바일 및 HTS)을 통하여 실시간으로 간편하게 하실 수가 있습니다. 물론, 외화를 직접 입금하여 매매할 수도 있습니다.

둘째, 거래 시간입니다. 중국(상해 A)은 한국 시간을 기준으로 오전장 10:30~12:30, 오후장 14:00~16:00로 나누어 거래됩니다. 홍콩은 오전장 10:30~13:00,

오후장 14:00~17:00로 나누어 거래됩니다. 미국은 23:30~06:00(서머타임 적용 시 22:30~05:00)에 거래됩니다. 해외 거래 시간에 관해서 지점, 패밀리센터, 홈페이지에서 자세한 안내를 받으실 수 있습니다.

셋째, 매매 단위입니다. 미국 주식은 1주 단위, 중국(상해 A)은 100주 단위로 거래하기 때문에 어렵지 않습니다. 하지만 홍콩 주식은 매매 단위가 500주, 1000주, 2000주 등으로 다양합니다. 매매할 때 유의할 부분입니다. 매매 단위에 관한 안내 역시 지점과 패밀리센터를 통해 받으실 수 있습니다. 또 HTS나 모바일로 매매하실 때에는 주문 창에 종목 코드를 입력하면 자동으로 해당 종목의 매매 단위가 설정됩니다.

넷째, 양도소득세입니다. 해외 주식투자를 할 때는 매매차익에 대해 양도소득세를 신고·납부해야 합니다. 양도소득세는 주식의 매도가 발생한 연도의 그다음 해 5월(2015년 주식 매도 시, 2016년 5월)에 신고·납부를 하시면 됩니다. 연간 수익 중 250만 원(기본 공제) 이상 금액에 대해서 세율(20%+주민세)을 적용하여 세금 신고액이 정해집니다. 해외 주식이 국내 주식과 가장 차이가 나는 부분이 바로 양도세 신고·납부이므로 투자 전 반드시 아셔야 합니다.

'국내 주식도 모르는데 해외 주식까지 투자해야 하나? 게다가 양도소득세까지 신고·납부해야 하니 불편하다'고 생각하실 수가 있습니다. 하지만 해외 주식투자 규모와 관심도는 증가하고 있습니다. 국내 시장의 정체도 이유 중 하나겠지만, 나머지 98%의 해외 시장이 우리에게 열려 있기 때문입니다. 더 많은 투자의 기회가 해외 주식투자에 있습니다.

# 왜 해외 직접투자를 해야 하는가?

## ★ 전 세계의 다양한 투자 기회 존재

전 세계에서 국내 자본시장이 차지하는 비율은 약 2% 정도입니다(2014년 9월 30일 기준). 바꿔 표현하면 국내 시장에만 투자할 경우 전 세계 98%의 다양한 투자 기회를 놓치는 것입니다. 세계 경제의 중심이자 전 세계 주식시장의 약 1/3을 차지하는 미국을 비롯하여 거대한 성장 잠재력을 바탕으로 우량기업들의 탄생을 기다리는 중국 등 현재 전 세계 80여 개 국가에서 약 6만 7000개 이상의 기업들이 활발히 거래되며, 다양한 투자 기회를 제공하고 있습니다.

혁신적인 기술력과 창의력을 바탕으로 세계 IT 시장을 선도하는 애플, 각 사업 영역에서 강력한 리더십을 발휘하고 있는 GE, 전 세계 어린이들에게 사랑받는 복합 엔터테인먼트 기업 월트디즈니, 세계적인 고급 자동차 업체인 BMW, PC에 이어 스마트폰까지 삼성전자의 아성에 도전하는 레노버와 같은 글로벌 기업들에 직접투자함으로써 미래의 성장을 공유하십시오.

## ★ 해외 분산 투자를 통한 위험의 감소

현대 포트폴리오 이론의 창시자인 마르코위츠에 따르면 투자 대상의 수를 늘릴수록 포트폴리오의 위험은 감소하게 됩니다. 그러나 투자 대상의 수를 늘려도 개별 국가의 위험은 남게 되는데 해외 시장의 분산 투자를 통하여 개별 국가의 위험을 감소시킬 수 있습니다. 기존의 포트폴리오에 해외 투자를 편입하면서 분산되는 위험으로 안정적인 포트폴리오 운용을 추구합니다.

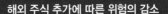

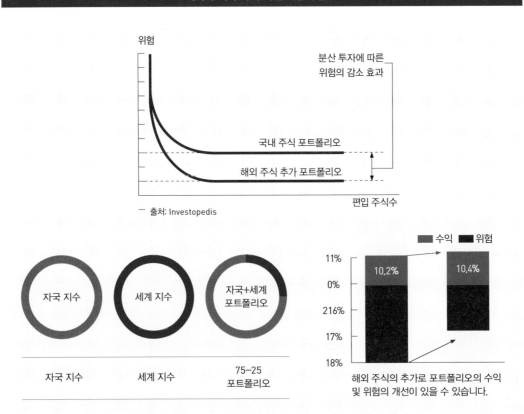

**해외 주식 추가에 따른 위험의 감소**

위험

분산 투자에 따른 위험의 감소 효과

국내 주식 포트폴리오

해외 주식 추가 포트폴리오

편입 주식수

— 출처: Investopedis

자국 지수

세계 지수

자국+세계 포트폴리오

자국 지수

세계 지수

75–25 포트폴리오

수익 · 위험

11%
0%
216%
17%
18%

10.2%  10.4%

해외 주식의 추가로 포트폴리오의 수익 및 위험의 개선이 있을 수 있습니다.

·자국 지수 (S&P 500 Index 사용), 세계 지수 (MSCI Europe, Australia and Far East Index) 사용
·1971년부터 2009년의 기간 동안의 시뮬레이션 결과
·75–25 포트폴리오 (75% 자국에 투자, 25% 해외주식 추가)
·과거의 운용실적이 미래의 수익을 보장하는 것은 아닙니다.

출처: Schwab Center for Investment Research (Data provided by Ibbotson Associates)

실제로 과거 데이터를 바탕으로 시뮬레이션을 한 결과 한 국가(미국)에만 투자했을 때보다 해외 주식을 기존의 포트폴리오에 추가했을 경우 위험이 감소하는 결과를 확인할 수 있었습니다.

## 🪭 해외시장 안내

### ★ 중국 기업과 세계 자본을 연결하는 교두보

#### 중국, 홍콩 시장 | CHINA&HONG KONG

후강퉁(沪港通, Shanghai-Hong Kong Stock Connect)이란?

- 상해거래소와 홍콩거래소 양 지역 투자자에 대해 상대 거래소에 상장된 주식 거래를 허용하는 제도입니다.
- 중국 투자자는 홍콩 시장에, 홍콩을 포함한 외국인 투자자는 중국 상해 A 주 시장에 투자가 가능합니다.
- 후강퉁은 해외 투자자들에게도 본토 A주 투자의 길이 열렸다는 점에서 큰 의미를 지닙니다.
- 후강퉁을 통해 국내 투자자로서는 기존에 매매가 불가능했던 상해 A시장 우량주 투자가 가능해졌습니다.
- A주와 H주에 중복 상장된 종목 중 상대적으로 디스카운트된 종목의 주가 괴리를 축소할 수 있습니다.
- 본토 A시장에만 상장되어 있던 특유 종목(예: 마오타이주 관련주 등)에 투자 유입이 기대되고 있습니다.

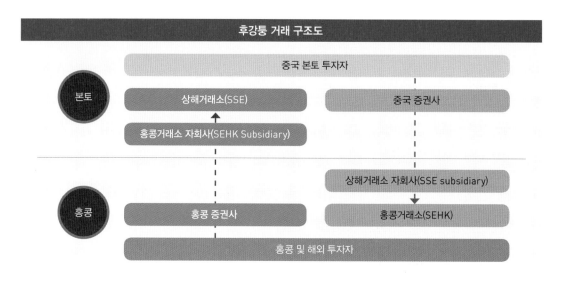

**후강퉁 거래 구조도**

중국 본토 투자자

본토

상해거래소(SSE) · 중국 증권사

홍콩거래소 자회사(SEHK Subsidiary)

상해거래소 자회사(SSE subsidiary)

홍콩

홍콩 증권사 · 홍콩거래소(SEHK)

홍콩 및 해외 투자자

## 홍콩 시장의 특성

홍콩은 중국과 세계 자본을 연결하는 교두보로서, 일찍부터 선진화된 금융 시스템으로 아시아의 금융 허브 역할을 해오고 있습니다. 상당수의 중국 우량기업 및 첨단 중소기업들이 홍콩 자본시장에 진출하여 거래되고 있습니다. 대부분의 외국인들이 투자하는 홍콩의 H-주식은 중국의 우량주들로 구성돼 있어서 투명성이 상대적으로 높은 데다 에너지, 소재, 산업재 등의 업종이 차지하는 비중이 70%를 넘어 중국 경제의 성장 동력을 가장 잘 반영하고 있습니다.

**홍콩 시장의 구조**

| | 거래소 | 상장종목 수 | 시가총액 | 대표 지수 / 주요 종목 |
|---|---|---|---|---|
| 홍콩 | 홍콩 거래소 | 1,759 | 3.73조 USD | H주: 중국 본토에 등록되어 있는 대형 우량주들로 구성<br>레드칩: 중국 본토 첨단 사업 등의 우량주들로 구성<br>G.E.M: 대부분의 종목이 IT, 벤처기업들로 구성<br>주요 종목: 페트로차이나, 차이나모바일, Tencent홀딩스, 레노버, 중국인민재산보험 등 |

출처: 홍콩증권거래소, 블룸버그(2014년 9월 30일)

| 후강퉁 | | |
|---|---|---|
| 채널 구분 | 온라인 | 오프라인 |
| 수수료 | 0.3% | 0.7% |
| 최소 수수료 | – | CNY 300 |
| 기타 거래세 | Handling Fee: 거래당 0.00696%<br>Securities Management Fee: 거래당 0.002%<br>Transfer Fee: 거래당 액면 금액의 0.06%<br>Stamp Duty: (매도 시 적용) 거래당 0.1% | |
| 주요 거래 통화 | CNY | |
| 결제일(당사 기준) | T일 | |
| 환전/출금 가능일 | T+2일 오전 11시 이후 | |

| 거래 시간 | 구분 | 거래소 거래 시간 | 주문 가능 시간 |
|---|---|---|---|
| | 동시호가 | 10:15~10:25 | 10:10~12:30 |
| | 오전장 | 10:30~12:30 | |
| | 오후장 | 14:00~16:00 | 13:55~16:00 |

※ 한국 시간 기준, 투자자는 오전과 오후장 시작 5분 전부터 주문 접수 가능
※ 10:20~10:25 시간 취소 주문 불가
※ 10:10~10:15, 10:25~10:30, 13:55~14:00 시간 내 접수된 주문 및 취소 주문은 상해거래소 거래 재개 시 집행
※ 동시호가에 체결되지 않은 주문은 오전장 개장 후 자동으로 유지

| | | |
|---|---|---|
| 주문 수량 단위 | 매수 시 100주 단위, 매도 시 단주 매매 가능 | |
| 호가 단위 | CNY 0.01 | |
| 가격 제한 폭 | ± 10% | |
| 주문 유형 | 지정가 주문 | |
| 정정 및 취소 주문 | 정정 주문 불가, 취소 주문 가능 | |
| 재매매 | 결제 전 재매매 불가, 단 매도 대금 당일 재매수 가능 | |
| 실시간 시세 이용료 | CNY 90 | |
| 거래 가능 종목 | 1) SSE 180 지수 편입 종목 / 2) SSE 380 지수 편입 종목 / 3) A주 + H주 동시 상장 종목 | |

| 투자 한도 | 전체 한도 | 3,000억 위안 | 투자 한도 초과 시 추가 매수 불가, 매도 주문은 항시 가능 |
|---|---|---|---|
| | 일일 한도 | 130억 위안 | |

| | |
|---|---|
| 휴일 거래 | 본토 또는 홍콩 시장 중 한 개 시장이라도 휴일이 있을 시 휴일 전일부터 휴일 익일까지 거래 불가<br>(전일과 익일 양일 모두 본토와 홍콩 두 시장 모두 개장해야 금일 거래 가능) |

출처: 블룸버그 (2014년 9월 30일)

※ 위의 내용은 홍콩거래소가 공시한 후강퉁 관련 자료를 기초로 작성되었습니다. 그러나 이는 추후 변경될 여지가 있으며 세금 등과 같은 중요 거래 규정이 아직 확정되지 않았으니 거래 전 반드시 업데이트된 사항을 확인 후 거래하시기 바랍니다.

## ★ 선진 경제 대국, 세계 최대의 ETF 시장

### 미국 시장 | USA

미국 시장의 특성

• 선진 경제 대국

미국은 세계 금융시장의 중심을 이루고 있는 경제 대국이며, 세계에서 가장 많은 글로벌 우량기업들이 거래되고 있는 세계 제1의 선진 시장입니다.

| 미국 시장의 구조 | | | |
| --- | --- | --- | --- |
| 거래소 | 상장종목 수 | 시가총액 | 대표 지수 / 주요 종목 |
| NYSE | 2,193 | 18.56조 USD | 최대 규모의 거래소로서 엄격한 상장 조건 요구로 양질의 기업들이 상장되어 있음<br>주요 종목: 엑슨모빌, 존슨앤드존슨, 웰스파고 |
| NASDAQ | 2,641 | 7.09조 USD | 미국 내 제2위 규모의 전자 거래소로서 주로 IT 기업들의 거래가 이루어짐<br>마이크로소프트나 구글 같은 대형 IT 우량주들도 상장되어 있음<br>주요 종목: 애플, 마이크로소프트, 페이스북 등 |
| OTC Markets | 7,438 | 1,741억 USD | 타 증권거래소에 상장되지 않은 장외 종목들을 거래하기 위한 시장으로 주로 재무구조가 취약한 기업이나 신생 기업들의 거래가 이루어지긴 하지만 아디다스나 BASF 같은 유럽의 우량기업들도 ADR을 통해 장외 시장으로 거래가 이루어짐 |

출처: 뉴욕증권거래소, 블룸버그(2014년 9월 30일)

• ETF가 가장 활발히 거래되는 시장

뉴욕증권거래소 최대 거래 금액 상위 10종목 중 과반수가 ETF 종목일 정도로 ETF의 거래가 활성화되어 있습니다.

• ADR을 통해 유수 글로벌 기업 투자 가능

ADR(미국 주식예탁증서)은 외국 기업들을 별도의 상장 절차 없이 미국 내 시장에서 거래 가능하도록 만든 제도입니다. ADR은 우량한 기업들만 선정되기 때문에 투자의 위험성을 한 단계 줄여주는 역할을 합니다.

★ 안정적인 펀더멘탈, 성장이 가능한 우량 주식시장

## 일본 시장 | JAPAN

### 일본 시장의 특성

일본은 미국에 이어 시가총액 기준 세계 2위의 선진 시장으로서 토요타, 소니, 소프트뱅크 등 국제적으로 인지도가 높은 우량주들이 대거 상장되어 있어 종목 선택의 폭이 넓은 시장입니다.

| 일본 시장의 구조 | | | |
|---|---|---|---|
| **주요 거래소** | **상장종목 수** | **시가총액** | **대표 지수 / 주요 종목** |
| 도쿄 | 3,615 | 4.70조 USD | 일본 시장 최대 규모의 거래소로서 1부와 2부로 구분<br>1부 시장 – 시가총액 500억 엔 이상 대형주<br>2부 시장 – 시가총액 20억 엔 이상 중형주<br>주요 종목: 토요타자동차, NTT도코모, 닛산자동차, 혼다, 미쓰비시 UFJ 등 |

출처: 도쿄증권거래소, 블룸버그(2014년 9월 30일)

★ 경제 문화적으로 유럽 전체를 대표하는 중요한 지역

## 서유럽 시장 | WESTERN EUROPE

### 서유럽 시장의 특성

서유럽은 지리상 서유럽 국가에 속하는 프랑스, 영국, 아일랜드 등을 비롯해 경제상 서유럽에 포함되는 독일, 스위스, 오스트리아를 일컫는데, 이 국가들은 경제·문화적으로 유럽 전체를 대표하는 중요한 지역입니다. 근대 민주주의와 자본주의의 발상지인 만큼 증권거래소 역시 잘 발달되어 있습니다. 영국과 독일이 대표적인 시장으로 꼽히며, 영국 시장은 유럽 내 1위로 미국 시장 못지않게 많은 DR(주식예탁증서)이 상장되어 있어 영국 시장을 통해서도 세계적인 기업들을 거래할 수 있습니다.

| 국 가 | 주요 거래소 | 상장종목 수 | 시가총액 | 대표 지수 / 주요 종목 |
|---|---|---|---|---|
| **서유럽 시장의 구조** | | | | |
| 영 국 | London Stock Exchange | 2,671 | 4.22조 USD | 대형주와 전 세계 유명 기업들로 구성된 Main Market과 소형주, 성장주 위주로 구성된 AIM으로 나뉘어짐<br>대표 지수: FTSE 100 Index<br>주요 종목: 로얄더치셸, HSBC, 보다폰, BP유니레버, 스탠다드차타드 등 |
| 독 일 | Frankfurt Stock Exchange | 1,719 | 1.95조 USD | 대표 지수: DAX Index<br>주요 종목: 지멘스, 바스프, 폭스바겐, BMW, 다임러, 아우디, 도이치뱅크 등 |
| 프 랑 스 | Euronext Paris | 1,288 | 2.15조 USD | 대표 지수: CAC 40 Index<br>주요 종목: 토탈, 사노피, 로레알, BNP파리바, 프랑스텔레콤, 에르메스, AXA 등 |
| 스 위 스 | Six Swiss Exchange | 469 | 1.58조 USD | 대표 지수: Swiss Market Index<br>주요 종목: 노바티스, 로슈홀딩, UBS, 크레디트스위스 등 |
| 오스트리아 | Vienna Stock Exchange | 98 | 1,038억 USD | 대표 지수: Austrian Traded ATX Index<br>주요 종목: OMV, 에르스트그룹은행, 비엔나인슈어런스그룹 등 |
| 벨 기 에 | Euronext Brussels | 346 | 3,842억 USD | 대표 지수: BEL20 Index<br>주요 종목: 안호이저부시 인베브, 포르티스 뱅크, 벨카콤 등 |
| 네덜란드 | Euronext Amsterdam | 141 | 6,271억 USD | 대표 지수: AEX Index<br>주요 종목: 하이네켄, KPN, 아르셀로 미탈 등 |
| 아일랜드 | Irish Stock Exchange | 40 | 1,611억 USD | 대표 지수: Irish Overall Index<br>주요 종목: 얼라이드아이리쉬은행, 뱅크오브아일랜드, 라이언에어 등 |

출처: 블룸버그 (2014년 9월 30일)

## ★ 오랜 전통의 강소기업들을 만날 수 있는 시장

### 북유럽 시장 | NORTHERN EUROPE

#### 북유럽 시장의 특성

일반적으로 북유럽은 스칸디나비아 반도 국가들(노르웨이, 스웨덴, 핀란드), 그리고 덴마크와 아이슬란드를 포함합니다. 북유럽 국가들의 특성상 유명 대기업이 있는 것은 아니지만, 오랜 전통과 틈새시장 공략으로 탄탄한 성장을 일구어가고 있는 기업들이 업계를 주도하고 있습니다. 이름은 낯설지만 각자의 분야에서 우수한 경쟁력을 갖춘 기업들을 만날 수 있습니다.

| 북유럽 시장의 구조 | | | | |
|---|---|---|---|---|
| 국 가 | 주요 거래소 | 상장종목 수 | 시가총액 | 대표 지수 / 주요 종목 |
| 덴 마 크 | Copenhagen Stock Exchange | 160 | 3,600억 USD | 대표 지수: OMX Copenhagen Index<br>주요 종목: 노보 노르디스크, 단스케 방크, 칼스버그 등 |
| 핀 란 드 | Helsinki Stock Exchange | 146 | 2,107억 USD | 대표 지수: OMX Helsinki Index<br>주요 종목: 노키아, 포르툼, 삼포 등 |
| 노르웨이 | Oslo Stock Exchange | 325 | 3,131억 USD | 대표 지수: OBX Stock Index<br>주요 종목: 스타트오일, 텔레노르, DnB노르 등 |
| 스 웨 덴 | Stockholm Stock Exchange | 291 | 6,669억 USD | 대표 지수: OMX Stockholm 30 Index<br>주요 종목: H&M, 에릭슨, 볼보 등 |

출처: 블룸버그 (2014년 9월 30일)

★ 관광 상품에서 발생하는 수익이 국가 수익의 큰 비중을 차지

## 남유럽 시장 | SOUTHERN EUROPE

### 남유럽 시장의 특성

남유럽 국가들은 대부분 산업에서 발생하는 수익보다는 관광 상품에서 발생하는 수익이 국가 수익의 큰 비중을 차지하고 있어 비교적 상장종목 수가 많지 않거나 시가총액이 크지 않습니다. 과거 재정위기 문제로 불확실성이 증대되었으나,

| 남유럽 시장의 구조 | | | | |
|---|---|---|---|---|
| 국 가 | 주요 거래소 | 상장종목 수 | 시가총액 | 대표 지수 / 주요 종목 |
| 그 리 스 | Athen Stock Exchange | 239 | 765억 USD | 대표 지수: FTSE/ASE 20 Index<br>주요 종목: 내셔널 뱅크 오브 그리스, 헬레닉 페트롤리움 등 |
| 이탈리아 | Borsa Italiana | 367 | 6,536억 USD | 대표 지수: FTSE MIB Index<br>주요 종목: 에니, 에넬, 텔레콤 이탈리아 등 |
| 스 페 인 | Madrid Stock Exchange | 171 | 7,950억 USD | 대표 지수: IBEX35 Index<br>주요 종목: 텔레포티카, 방코 산탄데르, BBVA 등 |
| 포르투갈 | Euronext Lisbon | 64 | 772억 USD | 대표 지수: PSI 20 Index<br>주요 종목: 갈프 에네르지아,<br>포르투갈 텔레콤, 제로니무 마르틴스 |

출처: 블룸버그 (2014년 9월 30일)

최근 세계 경제가 안정세를 찾으며 저평가된 종목들이 많은 남유럽 시장에서 새로운 투자 기회를 찾을 수 있을 것입니다.

★ 신흥 국가들로 구성되어 있는 미래가 더욱 기대되는 시장

### 동남아 / 미주 국가들 | SOUTHEAST ASIA / THE AMERICAS

동남아 / 미주 국가들 시장의 특성

신흥 국가들로 구성되어 있는 동남아의 경우 지금의 경제 상태보다 미래가 더욱 기대되는 시장입니다. 또한 최근 세계적으로 원자재 관련 국가들이 조명을 받으며 인도네시아와 같이 풍부한 자원을 보유한 동남아 국가들이 떠오르고 있습니다. 남태평양 국가들 못지않은 천연자원 보유 국가들로 구성된 동남아는 원자재 수요가 증가함에 따라 더욱 부각될 전망입니다. 캐나다의 경우에는 금, 은 등 귀금속 관련 세계적 기업들이 다수 상장되어 있는 시장의 특성을 가지고 있습니다.

| 동남아 / 미주 국가들 시장의 구조 | | | | |
|---|---|---|---|---|
| 국 가 | 주요 거래소 | 상장종목 수 | 시가총액 | 대표 지수 / 주요 종목 |
| 태 국 | Thailand Stock Exchange | 660 | 4,533억 USD | 대표 지수: Stock Exchange of Thai Index<br>주요 종목: PTT, 어드밴스드 인포 서비스, 시암 상업은행 등 |
| 인도네시아 | Jakarta Stock Exchange | 507 | 4,180억 USD | 대표 지수: Jakarta Composite Index<br>주요 종목: 아스트라 인터내셔널, 뱅크 센트럴 아시아 등 |
| 캐 나 다 | Toronto Stock Exchange | 1,245 | 2.10조 USD | 대표 지수: S&P/TSX Composite Index<br>주요 종목: 로열 뱅크 오브 캐나다, 바릭 골드, 골드코프, 포타쉬 등 |
| 멕 시 코 | Mexican Stock Exchange | 155 | 6,143억 USD | 대표 지수: MEXICO IPC Index<br>주요 종목: 아메리카 모빌, 포멘토, 그루포 모델로 등 |

출처: 블룸버그 (2014년 9월 30일)

★ 천연자원이 풍부하여 원자재 관련 종목들의 비중이 높음

## 아프리카 / 남태평양 국가들 ㅣ AFRICA / THE SOUTH PACIFIC

### 아프리카 / 남태평양 국가들 시장의 특성

아프리카와 남태평양 국가들의 특징은 천연자원이 풍부하다는 것입니다. 아프리카는 광산물, 호주와 뉴질랜드는 농산물 등 상대적으로 원자재 관련 종목들의 비중이 높습니다. 전 세계적으로 원자재에 대한 수요는 점점 커지고 있는 데 반해 공급은 한정되어 있기 때문에 최근 아프리카 및 남태평양 국가들이 관심을 받고 있습니다.

| 아프리카 / 남태평양 국가들 시장의 구조 | | | | |
|---|---|---|---|---|
| 국 가 | 주요 거래소 | 상장종목 수 | 시가총액 | 대표 지수 / 주요 종목 |
| 남아프리카 공화국 | Johannesburg Stock Exchange | 400 | 5,110억 USD | 대표 지수: FTSE/JSE Africa Top40 Index<br>주요 종목: 스탠다드 은행, Sasol, MTN 그룹 |
| 호 주 | Australian Stock Exchange | 1,971 | 1.47조 USD | 대표 지수: S&P/ASX200 Index<br>주요 종목: BHP 빌리톤, 리오틴토, 호주커먼웰스 은행, 맥쿼리 은행 등 |
| 뉴질랜드 | New Zealand Stock Exchange | 147 | 740억 USD | 대표 지수: NZX 50 Index<br>주요 종목: 플래처빌딩, 뉴질랜드 텔레콤, 컨택에너지 등 |

출처: 블룸버그 (2014년 9월 30일)

# 해외 상장 ETF 안내

최근 글로벌 변동성이 증가하면서 다양한 자산군에 투자가 가능한 ETF에 대한 관심이 빠르게 증가하고 있습니다. ETF는 이미 미국과 같은 선진 시장에서는 보편화된 투자 방법으로 기존 펀드의 약점을 보완하면서 다양한 투자를 가능하게 하는 등 여러 가지 장점이 있습니다.

## ★ 전 세계 다양한 지수 및 상품으로 포트폴리오를 구축할 수 있습니다

| 투자 대상 | |
| --- | --- |
| 국 가 | 글로벌·유럽·아시아·중국·일본·브릭스·브라질·인도·아프리카 등 |
| 섹 터 | 금융·에너지·소비재·IT·헬스케어 산업 등 |
| 스타일 | 대형·중형·소형·가치·성장·배당·변동성 등 |
| 원자재 | 금·은·구리·석유·천연가스·농산물 등 |
| 채 권 | 국채·지방채·장기·중기·단기 등 |
| 테 마 | 대체 에너지·풍력·태양광·바이오 연료 등 |

| 투자 대상 | |
| --- | --- |
| 인버스 (Inverse) | 약세장에서 수익을 거둘 수 있는 구조로 하락시 수익 추구 |
| 레버리지 (Leveraged) | 지수 성과의 배수를 추적하는 ETF로 강세형 / 약세형에 따라 +3배부터 −3배 성과 추구 |

글로벌 시장의 다양한 자산군(국가, 섹터, 채권, 상품, REITs 등)에 적은 금액으로도 투자가 가능합니다. 따라서 큰 금액을 투자해야 하는 부담 없이 투자 목적에 따라 맞춤형 포트폴리오 구성이 가능합니다. 미국, 중국, 브라질, 러시아 등 각 국가별로 투자가 가능하고 금융, IT 등 섹터별 투자도 가능합니다. 또한 금, 석유, 천연가스 등의 원자재에도 투자가 가능하여 손쉽게 다양한 투자 포트폴리오를 구축할 수 있습니다.

## ★ETF는 주식시장에 상장되어 있어 주식처럼 사고팔 수 있습니다

기존 펀드와는 달리 주식시장에 상장되어 있어 일반 주식을 거래하듯이 매매가 가능하므로 일반 펀드와 비교하여 매수와 매도가 편리합니다. 보통 일반 펀드가 가지고 있는 30일, 90일 환매 수수료 등 환매 제한도 없고, 장중 상황을 지켜보면서 장중에서 사고팔아 수익을 남길 수 있는 등 일반 펀드 대비 비교적 유연하게 거래할 수 있는 장점이 있습니다.

★ 레버리지, 헤징, 인버스 등 다양한 투자 전략이 가능합니다

ETF의 장점 중 하나는 레버리지 투자가 가능하다는 점을 들 수 있습니다. 다양한 지수, 섹터, 원자재에 대한 2배, 3배 레버리지가 가능합니다.

예를 들어 UGL<sub>Ultra Gold ProShares</sub> 같은 상품은 금 시세에 따라 가격이 결정되는데 그 폭이 2배로 결정됩니다. 즉, 런던 금 시세가 1% 상승하면 해당 ETF 가격은 2% 오르게 되어 100만 원 투자하면 200만 원을 투자한 것과 같은 레버리지 효과를 가질 수 있습니다(런던 금 시세 1% 하락 시 일반 ETF 대비 2배 손실 가능). 또한 지수가 하락하면 수익을 낼 수 있는 인버스 ETF도 투자 대안이 될 수 있습니다. 이처럼 ETF는 빠르게 변하는 시장 환경에 따라 다양한 투자 전략이 가능합니다. ETF 투자가 가지는 다양한 장점들로 인하여 선진국에서는 ETF 시장이 매우 활성화되어 있고 특히 미국은 전 세계에서 가장 큰 시장으로 약 1600개 이상의 다양한 ETF가 거래되고 있습니다.

|  | 해외 주식·ETF | 해외 펀드(역내 펀드) |
|---|---|---|
| 투자 타이밍 | 주식처럼 시장 가격을 참고하여 매매 가격과 투자 시점에 대해 직접 의사결정 | 미래의 펀드 순자산가치에 따라 설정/해지하는 방법으로 매매 가격을 모르는 상태에서 의사결정 |
| 투명성 | 투자 종목 현황과 투자 비중을 실시간 확인 가능 | 두 달 전 포트폴리오 내역만 공시 의무 |
| 보수 | ETF의 경우 일반 펀드 대비 낮은 보수 수준 (통상 1% 미만) | 운용 보수와 판매 보수가 모두 부과됨 (통상 2% 이상) |
| 간접비용 | 시장에서 형성되는 매수/매도 호가 차이에 의한 시장 충격 비용 － 거래량 많은 ETF선택으로 절감 가능 | 의사결정 시점과 실제 매매 시점의 불일치로 인한 기회 비용 |
| 세 금 | ·양도소득세 20%(지방소득세 별도)로 과세 종료 ·고율 과세 투자자에게 유리 ※양도소득세 세율 고려 시, 저율 과세 투자자에게는 해외 펀드 투자가 세율 측면에서 유리할 수 있음 | ·자본 이득과 배당 소득에 대해 15.4% 원천징수 후 소득에 따라 최고 41.8% 종합과세 부과 ·역내 펀드의 경우 환차익에 대해서도 소득세 부과 |

## ❀ 해외 주식 매매 안내

### ★ 해외 주식 거래절차 안내

| 1<br>계좌 개설 및<br>약정 등록 | **계좌 개설 및 약정 등록**<br>① 지점 내방하시어 종합계좌를 개설<br>② 해외 주식 거래를 위한 외화증권 거래약정 등록(지점 내방 또는 POP HTS/모바일<br>　해외 주식 앱)<br>※ 이미 종합계좌가 있으실 경우 기존 계좌에 외화증권 거래약정 가능합니다 |
|---|---|

▼

| 2<br>입금 | **원화 입금**<br>원화 투자 자금을 입금<br>※ 원화 자금은 외화로 환전 후 주문 가능하며, 수표로 입금 시 익일 12:30부터 환전 가능합니다.<br><br>**외화 입금**<br>① 삼성증권 외화 계좌로 외화 입금(삼성증권 외화계좌: 우리은행 1081400463633)<br>② 외화 입금 후 고객님께서 직접 지점으로 외화 입금 내역 접수<br>※ 외화 입금 접수 가능 시간: 09:00 ~ 16:00 (휴일 서비스 불가) |
|---|---|

▼

| 3<br>환전 | **환전 방법**<br>① POP HTS 또는 모바일 해외 주식 앱에서 실시간 직접 환전<br>② 지점 또는 패밀리센터로 전화하여 환전 (☎ 1588-2323)<br><br>※ 환전 가능시간 09:00 ~ 16:00<br>※ 삼성증권 고시 환율 적용 (은행 전신 환율과 유사한 수준) |
|---|---|

▼

| 4<br>주문 매수/매도 | **전화 주문**<br>지점 또는 패밀리센터로 전화하여 주문 (☎ 1588-2323)<br><br>**POP HTS · 모바일 해외 주식 앱**<br>미국/홍콩/일본/상해 A(후강퉁) 시장은 POP HTS, 모바일 앱에서 실시간 주문 가능<br><br>※ 주문 가능 시간은 다음 페이지 매매 안내 표 참고<br>※ 현지 개장 시간 외에는 예약 주문 가능합니다.<br>※ 해외 주식 나이트 데스크(☎ 02-2020-7306) 안내<br>미국 현지 개장시간 실시간 주문은 해외 주식 나이트 데스크로 전화하여 주문 가능 |
|---|---|

▼

| 5<br>출금 | **원화 출금**<br>외화 매도대금을 원화로 환전 후 출금 가능<br><br>**외화 송금**<br>지점에 내방하여 외화 송금 신청<br>※ 외화 송금 신청 가능 시간: 09:00 ~14:00(휴일 서비스 불가)<br>※ 외화 은행이체출금 약정 등록 시 유선으로 가능 |
|---|---|

## ★ 매매 가능 시장

| | 매매 가능 시장 | | | | | |
|---|---|---|---|---|---|---|
| | 홍콩 | | 미국 | | 일본 | |
| 채널 구분 | 온라인 | 오프라인 | 온라인 | 오프라인 | 온라인 | 오프라인 |
| 수수료 | 0.3% | 0.7% | 0.25% | 0.5% | 0.3% | 0.6% |
| 최소 수수료 | − | HKD 400 | USD 10 | USD 20 | − | JPY 5,000 |
| 기타 거래세 | ※ 표 아래 설명 참조 | | ※ 표 아래 설명 참조 | | 없음 | |
| 주요 거래통화 | HKD | | USD | | JPY | |
| 결제일(당사기준) | T+2일 | | T+4일 | | T+3일 | |
| 환전/출금 가능일 | T+3일 오전 11시 이후 | | T+5일 오전 11시 이후 | | T+4일 오전 11시 이후 | |
| 장 거래시간 (한국 시간) | 10:30 ~ 13:00 14:00 ~ 17:00 | | Summer time 적용 시, 22:30 ~ 05:00 Summer time 해제 시, 23:30 ~ 06:00 | | 09:00 ~ 11:30 12:30 ~ 15:00 | |
| 주문 가능 시간 (한국 시간) | ※ 현지 개장 시간 동안 실시간 고객용 전화/HTS/모바일 앱 주문 가능, 개장 시간 이외 시간에는 고객용 전화/HTS/모바일 앱 예약 주문 가능, 단, 휴일 예약주문의 경우 돌아오는 첫 개장일에 접수됨 | | | | | |
| 주문 수량단위 | 종목별 상이 | | 1주 | | 종목별 상이 | |
| 가격제한 폭 | 없음 | | 없음 | | 종목별 상이 | |
| 주문 유형 | 지정가 주문 | | 지정가 주문 | | 지정가 주문 | |
| 재매매 | Day trading 가능 | | Day trading 가능 | | Day trading 가능 | |
| 실시간 시세 이용료 | HKD 235.4 | | USD 10 | | JPY 1,500 | |

\* 홍콩 기타 거래세: 인지세 0.1%, Trading Fee 0.005%, Levy 0.0027%
\* 미국 기타 거래세: ECN Fee 주당 USD 0.003, SEC Fee 매도 금액의 0.00221%(매도 시에만 적용, 수시 변경 가능)

| 구분 | 중국 | | | |
|---|---|---|---|---|
| | 상해 A(후강퉁)* | | 상해 B | 선전 B |
| 수수료 | 온라인 | 오프라인 | 오프라인 | 오프라인 |
| | 0.3% + 기타 거래세 | 0.7% + 기타 거래세 | 0.8% + 기타 거래세 | 0.8% + 기타 거래세 |
| 최소 수수료 | 없음 | CNY300 | USD 50 | HKD 400 |
| 장 거래시간 (한국 시간) | 동시호가 10:15 ~ 10:25 오전장 10:30 ~ 12:30 \| 오후장 14:00 ~ 16:00 | | 10:30 ~ 12:30 14:00 ~ 16:00 | 10:30 ~ 12:30 14:00 ~ 15:57 |
| 주요 거래통화 | CNY | | USD | HKD |
| 결제일(당사 기준) | T일 | | T+3일 | T+3일 |
| 환전/출금 가능일 | T+2일 오전 11시 이후 | | T+4일 오전 11시 이후 | T+4일 오전 11시 이후 |

\* 상해 A(후강퉁) 기타 거래세: 인지세 0.1% (매도 시 적용), Handling Fee 거래당 0.00696%, Securities Management Fee 거래당 0.002%, Transfer Fee 거래당 액면금액의 0.06%
\* 상해B 기타 거래세: 인지세 0.1% (매도 시 적용), Levy 0.026%, CSRC 0.002%, Settlement fee 0.05%
\* 선전B 기타 거래세: 인지세 0.1% (매도 시 적용), Levy 0.0301%, CSRC 0.002%, Against fee HKD 50/transaction, Clearing 0.05% (Max HKD 500)

|  | 영국 | 독일 | 프랑스 | 스위스 |
|---|---|---|---|---|
| 수수료 | 0.7% + 기타 거래세 | 0.7% | 0.7% | 0.7% |
| 최소 수수료 | GBP 30 | EUR 40 | EUR 40 | CHF 50 |
| 장거래 시간<br>(한국 시간) | 17:00 ~ 01:30<br>(16:00 ~ 00:30) | 17:00 ~ 01:30<br>(16:00 ~ 00:30) | 17:00 ~ 01:30<br>(16:00 ~ 00:30) | 17:00 ~ 01:20<br>(16:00 ~ 00:20) |
| 주요 거래 통화 | GBP | EUR | EUR | CHF |
| 결제일(당사 기준) | T+3일 | T+3일 | T+3일 | T+3일 |
| 환전/출금 가능일 | T+5일 11시 이후 | T+5일 11시 이후 | T+5일 11시 이후 | T+5일 11시 이후 |

＊ 영국 기타 거래세: 인지세 0.5% (매수 시 적용), PTM Levy GBP 10,000 이상 거래 시 GBP 10,000 당 1GBP (매수, 매도 시 모두 적용)
＊ 상기 영국 시장 안내 내용은 런던거래소 관련 내용입니다.
　 런던인터내셔널거래소의 경우 장시간은 17:15~00:30 (서머타임 적용 시 16:15~23:30)이며, 통화는 USD로 거래합니다.
　 (최소 수수료 USD 50) 그 외 사항은 런던거래소와 동일합니다.

|  | 오스트리아 | 벨기에 | 네덜란드 | 아일랜드 |
|---|---|---|---|---|
| 수수료 | 0.7% | 0.7% | 0.7% | 0.7% + 기타 거래세 |
| 최소 수수료 | EUR 40 | EUR 40 | EUR 40 | EUR 40 |
| 장거래 시간<br>(한국 시간) | 17:00 ~ 01:30<br>(16:00 ~ 00:30) | 17:00 ~ 01:30<br>(16:00 ~ 00:30) | 17:00 ~ 01:30<br>(16:00 ~ 00:30) | 17:00 ~ 01:28<br>(16:00 ~ 00:28) |
| 주요 거래 통화 | EUR | EUR | EUR | EUR |
| 결제일(당사 기준) | T+3일 | T+3일 | T+3일 | T+3일 |
| 환전/출금 가능일 | T+5일 11시 이후 | T+5일 11시 이후 | T+5일 11시 이후 | T+5일 11시 이후 |

＊ 아일랜드 시장의 기타거래세: 인지세 1.00% (매수 시 적용)

|  | 덴마크 | 핀란드 | 노르웨이 | 스웨덴 |
|---|---|---|---|---|
| 수수료 | 0.7% | 0.7% | 0.7% | 0.7% |
| 최소 수수료 | DKK 300 | EUR 40 | NOK 300 | SEK 350 |
| 장거래 시간<br>(한국시간) | 17:00 ~ 01:00<br>(16:00 ~ 00:00) | 17:00 ~ 01:30<br>(16:00 ~ 00:30) | 17:00 ~ 01:20<br>(16:00 ~ 00:20) | 17:00 ~ 01:30<br>(16:00 ~ 00:30) |
| 주요 거래 통화 | DKK | EUR | NOK | SEK |
| 결제일(당사 기준) | T+3일 | T+3일 | T+3일 | T+3일 |
| 환전/출금 가능일 | T+5일 11시 이후 | T+5일 11시 이후 | T+5일 11시 이후 | T+5일 11시 이후 |

## 오프라인 거래 시장 남유럽 | SOUTHERN EUROPE

| | 그리스 | 이탈리아 | 포르투갈 | 스페인 |
|---|---|---|---|---|
| 수수료 | 0.7% + 기타 거래세 | 0.7% | 0.7% | 0.7% |
| 최소 수수료 | EUR 40 | EUR 40 | EUR 40 | EUR 40 |
| 장거래 시간<br>(한국 시간) | 17:30 ~ 00:00<br>(16:30 ~ 23:00) | 17:00 ~ 01:25<br>(16:00 ~ 00:25) | 17:00 ~ 01:30<br>(16:00 ~ 00:30) | 17:00 ~ 01:30<br>(16:00 ~ 00:30) |
| 주요 거래 통화 | EUR | EUR | EUR | EUR |
| 결제일(당사 기준) | T+3일 | T+3일 | T+3일 | T+4일 |
| 환전/출금 가능일 | T+5일 11시 이후 | T+5일 11시 이후 | T+5일 11시 이후 | T+6일 11시 이후 |

* 그리스 시장의 기타 거래세: Transfer Fee 0.0325%

## 오프라인 거래 시장 아시아 퍼시픽 | ASIA PACIFIC

| | 호주 | 뉴질랜드 | 인도네시아 | 태국 |
|---|---|---|---|---|
| 수수료 | 0.7% | 0.7% | 0.7% + 기타 거래세 | 0.7% |
| 최소 수수료 | AUD 50 | NZD 65 | IDR 450,000 | THB 2,000 |
| 장거래 시간<br>(한국 시간) | 09:00 ~ 15:00<br>(08:00 ~ 14:00) | 07:00 ~ 13:45<br>(06:00 ~ 12:45) | 11:30 ~ 14:00<br>15:30 ~ 18:00 | 12:00 ~ 14:30<br>16:30 ~ 18:30 |
| 주요 거래 통화 | AUD | NZD | IDR | THB |
| 결제일(당사 기준) | T+3일 | T+3일 | T+3일 | T+3일 |
| 환전/출금 가능일 | T+5일 11시 이후 | T+5일 11시 이후 | T+8일 11시 이후 | T+7일 11시 이후 |

* 인도네시아: Levy 0.043%, Transaction Fee 0.1% (매도 시 적용)
* 인도네시아 및 태국 시장은 현지 사정에 따라 주식 매도 대금과 배당금 등이 현지 통화가 아닌 USD로 자동 환전되어 입금됩니다.

## 오프라인 거래 시장 미주 및 기타 | THE AMERICAS / ETC

| | 캐나다 | 멕시코 | 싱가포르 | 남아프리카공화국 |
|---|---|---|---|---|
| 수수료 | 0.7% | 0.7% | 0.8% + 기타거래세 | 0.7% + 기타거래세 |
| 최소 수수료 | CAD 50 | MXN 600 | SGD 50 | ZAR 400 |
| 장거래 시간<br>(한국 시간) | 23:30 ~ 06:00<br>(22:30 ~ 05:00) | 23:30 ~ 06:00<br>(22:30 ~ 05:00) | 10:00 ~ 18:00 | 16:00 ~ 00:00 |
| 주요 거래 통화 | CAD | MXN | SGD | ZAR |
| 결제일(당사 기준) | T+4일 | T+4일 | T+3일 | T+6일 |
| 환전/출금 가능일 | T+6일 오전 11시 이후 | T+6일 오전 11시 이후 | T+5일 오전 11시 이후 | T+8일 오전 11시 이후 |

* 싱가포르 기타 거래세: Clearing Fee 0.0325%, SGX Access Fee 0.0075%
* 남아프리카공화국 기타거래세: Uncertified Securities Tax 0.25% (매수 시 적용), Levy 0.0002%, Starate Fee 0.005459% (Min R10.92, Max R54.59/Ticket)
* 멕시코 시장은 현지 사정에 따라 주식 매도 대금과 배당금 등이 현지 통화가 아닌 USD로 자동 환전되어 입금됩니다.

# 해외 주식 세금 안내

해외 주식 관련 세금으로는 크게 배당소득세와 양도소득세가 있습니다. 해외 주식투자에 따른 배당소득은 타 소득과 합산하여 종합소득세로 신고·납부하셔야 하며, 해외 주식을 처분하면서 발생한 양도차익에 대하여 양도소득세를 신고·납부하셔야 합니다.

- 해외 주식시장에 상장된 외국 법인의 주식 또는 외국 법인의 비상장 주식을 매매함에 따라 발생하는 양도차익은 양도소득세 과세 대상으로 분류됩니다.
- 양도소득 과세표준 = 양도차익 – 양도소득기본공제(연 250만 원)
- 양도소득 산출세액 = 양도소득 과세표준 × 20%(지방소득세 별도, 양도소득세의 10%)

| 세 목 | 구 분 | 주 요 사 항 |
|---|---|---|
| 배당<br>소득세 | 배당 지급 안내 | – 현금배당: 현지 외화(주식 배당은 현지 통화 주식)<br>– 배당소득세: 원천징수<br>– 지급일: 한국예탁결제원의 처리에 따라 현지 지급일과 차이 발생 가능<br>– 원화 징수에 다른 배당세의 적용 환율: 한국 지급일의 기준 환율<br>– 국가별 원천징수율: 국가별 상이 |
| | 배당 소득세율 | 소득세 = (14% – 현지 원천 징수 세율) X 배당 지급일의 기준 환율(주민세 별도)<br>* 현지에서 14%를 초과하여 원천징수할 경우 국내에서 소득세와 주민세를 징수하지 않으며, 추가로 징수된 세액에 대해서는 환급하지 않음 |
| 양도<br>소득세 | 신고 기간 및<br>납부 의무자 | – 확정신고: 양도소득이 발생한 연도의 다음해 5월 한 달간 확정 신고<br>– 소득자 본인이 관할 세무서에 자진 신고·납부 |
| | 양도세율 | – 양도소득 과세 표준의 20%(지방소득세 별도, 양도세의 10%)<br>– 2012년부터 예정 신고 폐지, 1년에 한 번 확정 신고만으로 신고 완료<br>* 신고 불성실 가산세(무신고 20%, 과소신고 10%), 납부 불성실 가산세(연 10.95%) |
| | 양도소득<br>기본 공제 | 국외에 있는 자산에서 양도소득이 발생한 거주자에 대해 부동산 및 주식 등<br>자산별 당해 연도 양도소득 금액에서 각각 연 250만 원 공제 |

# ❀ FAQ 해외 주식 매매관련

**Q1. 해외 주식투자 시 유의 사항은 어떤 것이 있을까요?**

A. 해외 주식은 해당 국가의 현지 통화로 거래가 이루어지므로 개별 종목의 상승·하락에 따른 변동뿐만 아니라 해당 통화의 환율 변동에 환차익(손)이 발생할 수 있고 당사를 통한 별도의 환헤지는 불가능하니 이 점을 유의하셔야 합니다. 또한 해외 주식이 상장되어 있는 시장의 특성에 따라 상·하한가, 호가 제도 및 공시 규정들이 다르므로 이 점을 확인하시고 투자하셔야 합니다.

**Q2. 해외 투자를 하고 싶은데 최소 투자금액 제한이 있나요?**

A. 최소 투자금액의 제한은 없습니다. 미국 같은 경우 1주로도 거래 가능하나, 홍콩이나 일본 등의 시장에서는 일정 수량 단위로 주식이 거래되므로 이 점을 확인하신 후에 거래하시기 바랍니다. 종목별로 수량 단위가 상이하므로 주문 전 확인이 필요합니다. 거래 전 POP HTS나 mPOP 해외 주식 앱을 통해 직접 확인하시거나, 지점 또는 패밀리센터(☎ 1588-2323)로 문의 바랍니다.

**Q3. 환전 시 적용되는 환율은 어떤 환율인가요?**

A. 삼성증권 고시 환율입니다.

이는 일반 은행의 전신 환율과 유사한 수준이며, 보편적으로 고객님께서 은행에서 적용받으시는 현금 환율보다 유리한 환율입니다.

**Q4. 주문은 어떻게 접수할 수 있나요?**

**A. 전화 주문**

지점 또는 패밀리센터(☎ 1588-2323)를 통해 유선 접수 가능합니다.

※ 미국 시장 실시간 주문(야간)은 ☎ 02-2020-7306을 통해 가능합니다.

통화 가능 시간 (미국 서머타임 적용 시) 22:00~05:00 / (서머타임 해제 시) 23:00~06:00

**온라인 주문(POP HTS 또는 모바일 앱)**

미국, 홍콩, 일본, 상해 A(후강퉁) 네 개 시장은 POP HTS 또는 모바일 앱을 통해 거래 가능합니다. POP HTS 프로그램은 당사 홈페이지(www.samsungpop.com)에서 다운로드 가능합니다. mPOP 해외 주식 앱은 스마트폰 앱스토어에서 다운로드 가능합니다.

**Q5. 예약주문도 가능한가요?**

**A.** 네, 가능합니다. 당사에서 거래 가능한 모든 시장은 예약 주문 접수가 가능합니다(미국 시장 OTC 종목 제외). 편리한 시간에 예약 주문을 접수해두시면 장 개시 시 자동으로 주문이 실행됩니다. 전화 주문 및 POP HTS/모바일 앱을 통해서도 예약 주문 접수 가능합니다(POP HTS #3422 해외 주식 예약 매매 화면 이용).

**Q6. 주문 체결 확인은 어떻게 할 수 있을까요?**

**A.** 주문 체결 확인은 아래와 같은 방법으로 가능합니다.

1. 알리미 서비스를 등록하시면 주문 건 별 체결 시 SMS로 실시간 통보 받으실 수 있습니다.

[알리미 서비스 등록 방법]

1) 홈페이지를 이용하는 경우

– 홈페이지 메인 화면에서 My POP ▶ POP Express(알리미)

▶ POP Express 서비스 화면으로 이동, 매뉴얼에 따라 신청 가능

2) POP HTS를 이용하는 경우

– 메인 화면에서 POP ▶ 우측 POP Express 메뉴 中 3302 POP Express 설정(알리미) 화면으로 이동, 매뉴얼에 따라 신청 가능

2. HTS/모바일 앱을 통해 직접 확인 가능합니다.

POP HTS #3423 해외 주식 주문 체결 현황 화면 및 모바일 앱 주문 메뉴에서 체결 내역을 확인하실 수 있습니다.

**Q7. 타 증권사에서 보유 중인 해외 주식을 삼성증권으로 옮길 수 있나요?**

**A.** 네, 가능합니다. 현재 거래하고 계신 증권사에서 당사로 타사 대체 출고 신청을 하시면 됩니다. 출고 처리 시에는 상대 증권사의 업무 절차를 따르시면 되고, 당사에서는 상대 증권사로부터 고객님의 출고 요청 내역을 통보 받아 입고 처리하게 됩니다. 단, 상해 A(후강통) 주식의 경우 예탁상의 사유로 주식 이체가 불가합니다.

## 홈페이지 이용 안내

### ★ 삼성증권 홈페이지에서 해외 주식 찾는 위치

1. 삼성증권 홈페이지 접속 http://www.samsungpop.com
2. 상단 메뉴 바 트레이딩 내 해외 주식 선택

### ★ 삼성증권 홈페이지에서 찾을 수 있는 해외 주식 정보

1. **각국 거래 안내** 거래 시간 및 수수료 등 각국 시장을 거래하는 데 필요한 여러 정보를 얻으실 수 있습니다.
2. **주식 가격 및 해외 지수** 주식의 가격과 각 시장 주요 지수를 찾아보실 수 있습니다.
3. **투자 정보** 매매에 참고할 수 있는 시황 정보 및 종목 보고서까지 다양한 정보를 만나실 수 있습니다.
4. **권리 안내** 주식에 유상증자, 배당 등 중요한 사항이 발생했을 때 적시에 알려드립니다.
5. **해외 주식 양도소득세 조회** 홈페이지에서 양도소득세 신고 서류를 간편하게 출력하

실 수 있습니다.

※ 양도소득세 신고 서류는 양도소득세 신고 기간 내 출력 가능합니다.

## ❀ POP HTS 이용 안내

### ★ 삼성증권 POP HTS에서 해외 주식 찾는 위치

1. 삼성증권 POP HTS 접속(해당 프로그램 삼성증권 홈페이지에서 다운로드 가능,

   http://www.samsungpop.com)

2. 상단 메뉴 바 해외 주식 선택

★ 삼성증권 POP HTS에서 처리할 수 있는 해외 주식 업무

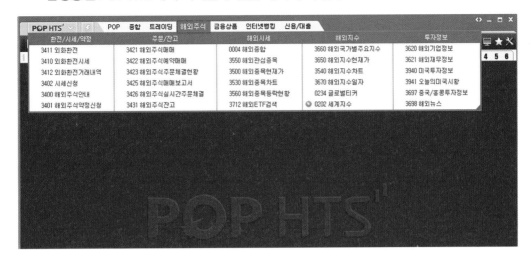

1. **환전/시세/약정**  해외 주식을 거래하기 전 필요한 약정 등록 및 시장별 실시간
   시세 신청(유료서비스), 환전이 가능한 메뉴입니다.

※ 약정/시세 신청 등의 상세 방법은 POP HTS 메뉴 ▶ 도움말 ▶ POP HTS 도움말에서
   확인하실 수 있습니다.

2. **주문/잔고**  예약 주문부터 실시간 주문까지, 주문의 체결 내역 및 잔고를 확
   인하실 수 있습니다.

| 해외 주식 메뉴트리 구성 | | | | |
|---|---|---|---|---|
| 환전/시세/약정 | 주문/잔고 | 해외시세 | 해외지수 | 투자정보 |
| 3411 외화환전 | 3421 해외주식매매 | 0004 해외종합 | 3660 해외국가별주요지수 | 3620 해외기업정보 |
| 3410 외화환전시세 | 3422 해외주식예약매매 | 3550 해외관심종목 | 3650 해외지수현재가 | 3621 해외재무정보 |
| 3412 외화환전거래내역 | 3423 해외주식주문체결현황 | 3500 해외종목현재가 | 3540 해외지수차트 | 3940 미국투자정보 |
| 3402 시세신청 | 3425 해외주식매매보고서 | 3530 해외종목차트 | 3670 해외지수일자 | 3941 오늘의미국시황 |
| 3400 해외주식안내 | 3426 해외주식실시간주문체결 | 3560 해외종목등락현황 | 0234 글로벌티커 | 3697 중국/홍콩투자정보 |
| 3401 해외주식약정신청 | 3431 해외주식잔고 | 3712 해외ETF검색 | 0202 세계지수 | 3698 해외뉴스 |

※ 화면명 앞 네 자리 숫자는 화면 번호입니다. 화면 번호를 통해서도 화면 검색이 가능합니다.

3. **해외시세** 해외 주식의 가격과 차트를 확인할 수 있고 ETF를 검색할 수 있는 화면이 마련되어 있습니다.

4. **해외지수** 시장의 동향을 파악할 때 필요한 세계 각 시장 주요 지수들을 확인 하실 수 있습니다.

5. **투자정보** 해외 주식 기업정보, 뉴스, 삼성증권에서 발간하는 시황, 리포트를 보실 수 있는 메뉴입니다.

## 모바일 해외 주식 앱 이용 안내

### ★ 삼성증권 해외 주식 앱 다운로드 받는 방법

1. 스마트폰 앱 스토어에서 '삼성증권' 검색 ▶ 삼성증권 mPOP 해외주식 다운로드

2. 삼성증권 모바일 홈페이지에서 삼성증권 mPOP 다운로드 바로가기 ▶

삼성증권 mPOP 해외 주식 다운로드

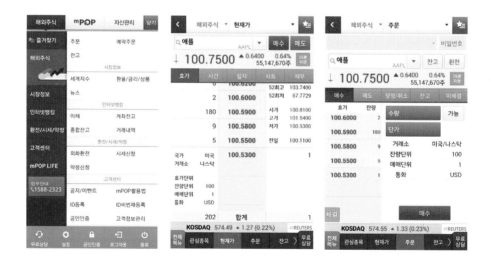

★ 삼성증권 mPOP 해외 주식에서 처리할 수 있는 해외 주식 업무

| 해외 주식 메뉴 트리 구성 | | | | |
|---|---|---|---|---|
| 즐겨찾기 | 해외주식 | 시장정보 | 인터넷뱅킹 | 환전/시세/약정 |
| 관심종목 | 현재가 | 관심종목 | 세계지수 | 이체 | 외화환전 |
| 주문 | 잔고 | 주문 | 환율/금리/상품 | 종합잔고 | 시세신청 |
| 이체 | 외화환전 | 예약주문 | 뉴스 | 계좌잔고 | 약정신청 |
| 거래내역 | 뉴스 | 현재가 | | 거래내역 | |
| 세계지수 | +편집하기 | 잔고 | | | |

1. **관심종목**  보유하고 있는 종목 또는 관심 있는 종목을 등록해두면 한눈에 여러 종목을 편리하게 조회할 수 있습니 다.

2. **현재가**  종목 시세를 확인할 수 있는 화면입니다 .

3. **주문/예약주문**  모바일 앱에서도 주문이 가능합니다(가능 시장: 미국, 홍콩, 일본). 빠르고 간편하게 주문을 접수할 수 있습니다.

4. **외화환전**  주문 전 외화 환전 메뉴를 통해 환전이 가능합니다 .

5. **시세신청/약정신청**  해외 주식 거래 전 필요한 약정 등록 및 실시간 시세 신청 (유료)을 하실 수 있는 메뉴입니다.

## 2. 중국을 움직이는 100대 기업 리스트

| NO | 코드번호 | 중문명 | 한글명 | 산업 | 하부산업 |
|---|---|---|---|---|---|
| | | **상해 A주 70종목** | | | |
| 1 | 601808.SH | 中海油服 | 중국해양유전서비스 | 에너지 | 에너지 |
| 2 | 600585.SH | 海螺水泥 | 안휘해라시멘트 | 소재 | 소재 |
| 3 | 600019.SH | 宝钢股份 | 보산철강 | 소재 | 소재 |
| 4 | 600111.SH | 包钢稀土 | 내몽고포두철강희토 | 소재 | 소재 |
| 5 | 601992.SH | 金隅股份 | 북경금우그룹 | 소재 | 소재 |
| 6 | 600309.SH | 万华化学 | 만화화학 | 소재 | 소재 |
| 7 | 600549.SH | 厦门钨业 | 하문텅스텐 | 소재 | 소재 |
| 8 | 600259.SH | 广晟有色 | 광성비철금속 | 소재 | 소재 |
| 9 | 601989.SH | 中国重工 | 중국조선중공업 | 산업재 | 자본재 |
| 10 | 600893.SH | 航空动力 | 항공동력 | 산업재 | 자본재 |
| 11 | 600372.SH | 中航电子 | 중항항공전자설비 | 산업재 | 자본재 |
| 12 | 600089.SH | 特变电工 | TBEA | 산업재 | 자본재 |
| 13 | 601117.SH | 中国化学 | 중국화학공정 | 산업재 | 자본재 |
| 14 | 601106.SH | 中国一重 | 제일대형장비 | 산업재 | 자본재 |
| 15 | 600118.SH | 中国卫星 | 중국위성 | 산업재 | 자본재 |
| 16 | 600820.SH | 隧道股份 | 상해터널공정 | 산업재 | 자본재 |
| 17 | 600038.SH | 哈飞股份 | 합비항공공업 | 산업재 | 자본재 |
| 18 | 600765.SH | 中航重机 | 중항중장비 | 산업재 | 자본재 |
| 19 | 600835.SH | 上海机电 | 상해전기기계 | 산업재 | 자본재 |
| 20 | 600879.SH | 航天电子 | 항천전자 | 산업재 | 자본재 |
| 21 | 600517.SH | 置信电气 | 상해치신전기 | 산업재 | 자본재 |
| 22 | 600761.SH | 安徽合力 | 안휘합력 | 산업재 | 자본재 |
| 23 | 600677.SH | 航天通信 | 항천통신 | 산업재 | 자본재 |
| 24 | 601006.SH | 大秦铁路 | 대진철도 | 산업재 | 운송 |
| 25 | 600018.SH | 上港集团 | 상해항만그룹 | 산업재 | 운송 |
| 26 | 600009.SH | 上海机场 | 산해국제공항 | 산업재 | 운송 |
| 27 | 600270.SH | 外运发展 | 중외운항공운수발전 | 산업재 | 운송 |
| 28 | 600104.SH | 上汽集团 | 상해자동차 | 경기소비재 | 자동차와 구성요소 |
| 29 | 600741.SH | 华域汽车 | 화역자동차시스템 | 경기소비재 | 자동차와 구성요소 |
| 30 | 600066.SH | 宇通客车 | 정주우통버스 | 경기소비재 | 자동차와 구성요소 |
| 31 | 600660.SH | 福耀玻璃 | 복요유리 | 경기소비재 | 자동차와 구성요소 |
| 32 | 600686.SH | 金龙汽车 | 하문금룡자동차 | 경기소비재 | 자동차와 구성요소 |
| 33 | 600690.SH | 青岛海尔 | 청도하이얼 | 경기소비재 | 내구 소비재와 의류 |
| 34 | 600398.SH | 海澜之家 | 하이란홈 | 경기소비재 | 내구 소비재와 의류 |
| 35 | 600612.SH | 老凤祥 | 노봉상 | 경기소비재 | 내구 소비재와 의류 |
| 36 | 601888.SH | 中国国旅 | 중국국제여행사 | 경기소비재 | 소비자 서비스 |
| 37 | 600754.SH | 锦江股份 | 상해금강국제호텔발전 | 경기소비재 | 소비자 서비스 |
| 38 | 600138.SH | 中青旅 | 중청려홀딩스 | 경기소비재 | 소비자 서비스 |
| 39 | 600054.SH | 黄山旅游 | 황산관광개발 | 경기소비재 | 소비자 서비스 |
| 40 | 600637.SH | 百视通 | 백시통뉴미디어 | 경기소비재 | 미디어 |
| 41 | 601933.SH | 永辉超市 | 영휘마트 | 필수소비재 | 식품과 기본 식료품 소매 |
| 42 | 600519.SH | 贵州茅台 | 귀주모태주 | 필수소비재 | 식품, 음료, 담배 |
| 43 | 600887.SH | 伊利股份 | 내몽고이리실업그룹 | 필수소비재 | 식품, 음료, 담배 |
| 44 | 600597.SH | 光明乳业 | 광명유업 | 필수소비재 | 식품, 음료, 담배 |
| 45 | 600809.SH | 山西汾酒 | 산서행화촌분주 | 필수소비재 | 식품, 음료, 담배 |
| 46 | 600872.SH | 中炬高新 | 중거하이테크실업 | 필수소비재 | 식품, 음료, 담배 |
| 47 | 600315.SH | 上海家化 | 상해가화연합 | 필수소비재 | 가정용품과 개인용품 |
| 48 | 600587.SH | 新华医疗 | 산동신화의료기기 | 건강관리 | 건강관리 장비와 서비스 |
| 49 | 600276.SH | 恒瑞医药 | 항서제약 | 건강관리 | 제약, 생물공학, 생명과학 |
| 50 | 600196.SH | 复星医药 | 복성제약 | 건강관리 | 제약, 생물공학, 생명과학 |

| 51 | 600535.SH | 天士力 | 텐진천사력제약 | 건강관리 | 제약, 생물공학, 생명과학 |
|---|---|---|---|---|---|
| 52 | 600518.SH | 康美药业 | 광동강미제약 | 건강관리 | 제약, 생물공학, 생명과학 |
| 53 | 600085.SH | 同仁堂 | 북경동인당 | 건강관리 | 제약, 생물공학, 생명과학 |
| 54 | 600267.SH | 海正药业 | 절강해정제약 | 건강관리 | 제약, 생물공학, 생명과학 |
| 55 | 600079.SH | 人福医药 | 인복제약 | 건강관리 | 제약, 생물공학, 생명과학 |
| 56 | 600436.SH | 片仔癀 | 장주편자황제약 | 건강관리 | 제약, 생물공학, 생명과학 |
| 57 | 600594.SH | 益佰制药 | 귀주익백제약 | 건강관리 | 제약, 생물공학, 생명과학 |
| 58 | 600521.SH | 华海药业 | 절강화해제약 | 건강관리 | 제약, 생물공학, 생명과학 |
| 59 | 600420.SH | 现代制药 | 상해현대제약 | 건강관리 | 제약, 생물공학, 생명과학 |
| 60 | 601166.SH | 兴业银行 | 흥업은행 | 금융 | 은행 |
| 61 | 600000.SH | 浦发银行 | 상해포동발전은행 | 금융 | 은행 |
| 62 | 601169.SH | 北京银行 | 북경은행 | 금융 | 은행 |
| 63 | 600030.SH | 中信证券 | 중신증권 | 금융 | 다각화된 금융 |
| 64 | 601318.SH | 中国平安 | 중국평안보험 | 금융 | 보험 |
| 65 | 600048.SH | 保利地产 | 보리부동산 | 금융 | 부동산 |
| 66 | 600588.SH | 用友软件 | 북경용우소프트웨어 | 정보 기술 | S/W와 서비스 |
| 67 | 603000.SH | 人民网 | 인민망 | 정보 기술 | S/W와 서비스 |
| 68 | 600718.SH | 东软集团 | 동연그룹 | 정보 기술 | S/W와 서비스 |
| 69 | 600884.SH | 杉杉股份 | 냉파삼삼 | 정보 기술 | 기술 H/W와 장비 |
| 70 | 600900.SH | 长江电力 | 장강전력 | 공익사업체 | 공익 사업체 |

## 홍콩 30종목

| NO | 코드번호 | 중문명 | 한글명 | 산업 | 하부산업 |
|---|---|---|---|---|---|
| 1 | 0390.HK | 中国中铁 | 중국중철 | 산업재 | 자본재 |
| 2 | 1766.HK | 中国南车 | 중국남차 | 산업재 | 자본재 |
| 3 | 0257.HK | 中国光大国际 | 중국광대국제 | 산업재 | 상업 및 전문 서비스 |
| 4 | 2333.HK | 长城汽车 | 장성자동차 | 경기소비재 | 자동차와 구성요소 |
| 5 | 1169.HK | 海尔电器 | 하이얼전기그룹 | 경기소비재 | 내구 소비재와 의류 |
| 6 | 2020.HK | 安踏体育 | ANTA스포츠 | 경기소비재 | 내구 소비재와 의류 |
| 7 | 1928.HK | 金沙中国有限公司 | 금사중국 | 경기소비재 | 소비자 서비스 |
| 8 | 0027.HK | 银河娱乐 | 은하오락그룹 | 경기소비재 | 소비자 서비스 |
| 9 | 1929.HK | 周大福 | 주대복 | 경기소비재 | 소매 |
| 10 | 1880.HK | 百丽国际 | 백려국제 | 경기소비재 | 소매 |
| 11 | 0151.HK | 中国旺旺 | 중국왕왕식품 | 필수소비재 | 식품, 음료, 담배 |
| 12 | 0322.HK | 康师傅控股 | 강사부홀딩스 | 필수소비재 | 식품, 음료, 담배 |
| 13 | 0168.HK | 青岛啤酒股份 | 청도맥주 | 필수소비재 | 식품, 음료, 담배 |
| 14 | 2319.HK | 蒙牛乳业 | 중국몽우우유 | 필수소비재 | 식품, 음료, 담배 |
| 15 | 1044.HK | 恒安国际 | 항안국제 | 필수소비재 | 식품, 음료, 담배 |
| 16 | 0874.HK | 白云山 | 백운산 | 건강관리 | 건강관리 장비와 서비스 |
| 17 | 0460.HK | 四环医药 | 사환제약 | 건강관리 | 제약, 생물공학, 생명과학 |
| 18 | 1177.HK | 中国生物制药 | 중국생물제약 | 건강관리 | 제약, 생물공학, 생명과학 |
| 19 | 0939.HK | 中国建设银行 | 중국건설은행 | 금융 | 은행 |
| 20 | 0388.HK | 香港交易所 | 홍콩거래결산소 | 금융 | 다각화된 금융 |
| 21 | 2328.HK | 中国财险 | 중국인민재산보험 | 금융 | 보험 |
| 22 | 0700.HK | 腾讯控股 | Tencent홀딩스 | 정보기술 | S/W와 서비스 |
| 23 | 3888.HK | 金山软件 | 금산소프트웨어 | 정보기술 | S/W와 서비스 |
| 24 | 0992.HK | 联想集团 | 연상그룹 | 정보기술 | 기술 H/W와 장비 |
| 25 | 2018.HK | 瑞声科技 | 서성테크놀로지 | 정보기술 | 기술 H/W와 장비 |
| 26 | 0981.HK | 中芯国际 | 중심국제 | 정보기술 | 반도체와 반도체 장비 |
| 27 | 1816.HK | 中广核电力 | 중광핵전력 | 공익사업체 | 공익사업체 |
| 28 | 2688.HK | 新奥能源 | 신오가스 | 공익사업체 | 공익 사업체 |
| 29 | 0371.HK | 北控水务集团 | 북경수도그룹 | 공익사업체 | 공익 사업체 |
| 30 | 1193.HK | 华润燃气 | 화윤가스 | 공익사업체 | 공익 사업체 |

# 3. 장기투자 유망주

| 장기투자 유망 종목 BEST 10 | | |
|---|---|---|
| 코드 | 종목명 | 한 줄 설명 |
| 600519.SH | 귀주모태주 | 중국 내 1등 바이주인 마오타이(茅台)생산기업 |
| 600104.SH | 상해자동차 | 중국 1위 자동차 생산업체 |
| 600030.SH | 중신증권 | 자본시장 개방 수혜 |
| 601318.SH | 중국평안보험 | 중국 우량종합보험 |
| 601766.SH | 중국남차 | 세계 최대의 궤도교통설비 전문기업 |
| 600196.SH | 복성제약 | 헬스케어 시장 성장 기대 |
| 600887.SH | 내몽고이리실업그룹 | 중국 최대 유제품 생산기업 |
| 600276.SH | 항서제약 | 중국 대표 항암제 개발 기업 |
| 0070.HK | Tencent홀딩스 | 중국 최대 SNS업체, 홍콩 단독상장 |
| 2328.HK | 중국인민재산보험 | 중국최대재산보험, 장기성장성 |

| 투자 유망주 BEST 20(홍콩주) | | |
|---|---|---|
| 코드 | 종목명 | 한 줄 설명 |
| 2328.HK | 중국인민재산보험 | 중국최대재산보험, 장기성장성 |
| 2196.HK | 복성제약 | 헬스케어 시장 성장 기대 |
| 2318.HK | 중국평안보험 | 중국 우량종합보험 |
| 0700.HK | Tencent홀딩스 | 중국 최대 SNS업체, 홍콩 단독상장 |
| 2319.HK | 중국몽우우유 | 출산정책 완화로 로컬 유제품 기업 M/S회복 기대 |
| 1169.HK | 하이얼전기그룹 | 세계 최대 가전 메이커 위상 |
| 0384.HK | 중국가스홀딩스 | 환경오염 이슈로 천연가스 시장 확대 |
| 6030.HK | 중신증권 | 자본시장 개방 수혜 |
| 0992.HK | 연상그룹 | 스마트폰 매출 증가, 홍콩 단독상장 |
| 1177.HK | 중국생물제약 | 전통 한방제약 1위 위상 |
| 0750.HK | 흥업태양능기술 | 친환경, 신에너지 정책 수혜 기대 |
| 3800.HK | 보리협흠에너지 | 태양광정책 수혜 기대 |
| 2688.HK | 신오가스 | 환경오염으로 천연가스 시장 확대 기대 |
| 1211.HK | 비아적 | 전기차 시장 확대, 장기성장 기대 |
| 0390.HK | 중국중철 | 정부의 SOC 및 철도투자 확대 기대 |
| 0135.HK | 곤륜에너지 | 천연가스 시장 확대, 가격시장화 기대 |
| 0386.HK | 시노펙 | 중국 2위 에너지 업체, 국유기업개혁 기대 |
| 0168.HK | 청도맥주 | 중국 맥주시장 성장으로 브랜드 가치 상승 기대 |
| 0939.HK | 중국건설은행 | 중국 2위 규모의 상업은행, 여신부문 강한 경쟁력 |
| 0371.HK | 북경수도그룹 | 환경오염이슈, 중국 수도사업을 책임지고 있는 기업 |

| 투자 유망주 BEST 20(상해A주) | | |
|---|---|---|
| 코드 | 종목명 | 한 줄 설명 |
| 600519 | 귀주모태주 | 중국 내 1등 바이주인 마오타이(茅台)생산기업 |
| 600690 | 청도하이얼 | 유명 백색가전 제조업체로 냉장고,세탁기 분야 1위 |
| 600887 | 내몽고이리실업그룹 | 중국 최대 유제품 생산기업 |
| 600315 | 상해가화연합 | 중국 내 국산 일용품과 화장품 생산기업 |
| 601888 | 중국국제여행사 | 중국 대표 여행사로 중국 내 최대 면세점 운영 기업 |
| 600104 | 상해자동차 | 중국 1위 자동차 생산업체 |
| 600085 | 북경동인당 | 유명 중의약 제조기업이자 중약 유통 1위 기업 |
| 600009 | 상해국제공항 | 중국 유일의 관제탑,활주로 보유 기업 |
| 600886 | 국투전력홀딩스 | 수력,화력 위주의 전력 생산 기업 |
| 600893 | 항공동력 | 중국 내 최대의 항공엔진 생산 기업 |
| 603000 | 인민망 | 중국 기관지가 설립한 뉴스 위주의 종합정보 서비스 기업 |
| 600637 | 백시통뉴미디어 | 상해SMG 산하 중국 최대 규모의 IPTV 운영 기업 |
| 600066 | 정주우통버스 | 버스 생산기업으로 전기차 버스 분야 1위 기업 |
| 600535 | 텐진천사력제약 | 심혈관 제품에 특화된 현대적 중약 대표 기업 |
| 600019 | 보산철강 | 연간 조강 생산량 2천만톤, 중국 철강업계 1위 |
| 600518 | 광동강미제약 | 중국 최대의 중약제 도소매 전문기업 |
| 600872 | 중거하이테크실업 | 조미료 생산 위주의 종합기업 |
| 600522 | 강소중천테크놀로지 | 중국 대표적인 전력 및 해저 특수케이블 생산기업 |
| 600118 | 중국위성 | 중국 소형 인공위성 제조 분야의 강자 |
| 600998 | 구주통 | 중국 4위의 약품 도소매기업으로 온라인 의약품 판매에 특화 |

## 4. 테마주 리스트

| | 이슈 테마 | | |
|---|---|---|---|
| 1 | 보험,증권 | 29 | 체인음식점 |
| 2 | 은행 | 30 | 제화기업 |
| 3 | 군수장비 | 31 | 의류업체 |
| 4 | 조미료 | 32 | 디즈니랜드 |
| 5 | 일대일로(一帶一路) | 33 | 민영병원 |
| 6 | 원자력 | 34 | 엔터테인먼트 |
| 7 | 국유기업개혁 | 35 | 바이오제약 |
| 8 | 항공사와 공항 | 36 | 범용항공 |
| 9 | 항만 | 37 | LED조명 |
| 10 | 해운사 | 38 | 도시가스 |
| 11 | 자동차 | 39 | 모바일 인터넷 |
| 12 | 타이어 | 40 | 셰일가스 |
| 13 | 자동차유통 | 41 | 스마트폰 |
| 14 | 화장품 | 42 | 신재생에너지 |
| 15 | 쥬얼리 | 43 | 태양광 |
| 16 | 백화점 | 44 | 환경보호 |
| 17 | 제약기업 | 45 | 3D프린터 |
| 18 | 의료장비 | 46 | 로봇 |
| 19 | 음식료 | 47 | 빅데이터 |
| 20 | 주류기업 | 48 | 석탄화학공업 |
| 21 | 화학비료 | 49 | 고속철도 |
| 22 | 전력 | 50 | 럭셔리시장 |
| 23 | 통신 | 51 | 산아정책 |
| 24 | 할인점 | 52 | 상해자유무역지구 |
| 25 | 가전업체 | 53 | 식품안전 |
| 26 | 카지노 | 54 | 신여행법 |
| 27 | 호텔 | 55 | 전기차 |
| 28 | 관광지와 여행사 | 56 | 중약(한약) |

후구퉁 종목

## 1. 보험,증권

| | |
|---|---|
| 601628.SH 2628.HK | 중국인수보험 |
| 601318.SH 2318.HK | 중국평안보험 |
| 601601.SH 2601.HK | 중국태평양보험그룹 |
| 601336.SH 1336.HK | 신화보험 |
| 600030.SH 6030.HK | 중신증권 |
| 600837.SH 6837.HK | 해통증권 |
| 600999.SH | 초상증권 |
| 601377.SH | 흥업증권 |
| 600369.SH | 서남증권 |
| 601099.SH | 태평양증권 |
| 601688.SH | 화태증권 |
| 600109.SH | 국금증권 |
| 601901.SH | 방정증권 |
| 601555.SH | 동오증권 |
| 601788.SH | 광대증권 |
| 2328.HK | 중국인민재산보험 |
| 1339.HK | 중국인민보험그룹 |
| 0966.HK | 중국태평보험홀딩스 |
| 1375.HK | 중주증권 |
| 6881.HK | 은하증권 |
| 0218.HK | 신은만국(홍콩) |
| 1788.HK | 국태군안국제 |
| 000783.SZ | 장강증권 |
| 002673.SZ | 서부증권 |
| 002500.SZ | 산서증권 |
| 000712.SZ | 광동금룡개발 |
| 000562.SZ | 굉원증권 |
| 000728.SZ | 국원증권 |
| 000750.SZ | 국해증권 |
| 000776.SZ | 광발증권 |
| 000686.SZ | 동북증권 |

## 2. 은행

| | |
|---|---|
| 601398.SH 1398.HK | 공상은행 |
| 601988.SH 3988.HK | 중국은행 |
| 601288.SH 1288.HK | 농업은행 |
| 601939.SH 0939.HK | 중국건설은행 |
| 601328.SH 3328.HK | 교통은행 |
| 601818.SH 6818.HK | 중국광대은행 |

| | |
|---|---|
| 600036.SH 3968.HK | 초상은행 |
| 601998.SH 0998.HK | 중신은행 |
| 600016.SH 1988.HK | 민생은행 |
| 601009.SH | 남경은행 |
| 600015.SH | 화하은행 |
| 601169.SH | 북경은행 |
| 601166.SH | 흥업은행 |
| 600000.SH | 상해포동발전은행 |
| 1963.HK | 중경은행 |
| 2388.HK | 중국은행홍콩홀딩스 |
| 3698.HK | 휘상은행 |
| 6138.HK | 하얼빈은행 |
| 002142.SZ | 녕파은행 |
| 000001.SZ | 평안은행 |

## 3. 군수장비

| | |
|---|---|
| 600685.SH 0317.HK | 광저우조선소국제 |
| 600038.SH | 합비항공공업 |
| 600118.SH | 중국위성 |
| 600150.SH | 중국선박공업 |
| 600316.SH | 강서홍도항공공업 |
| 600343.SH | 항천동력 |
| 600372.SH | 중항항공전자설비 |
| 600391.SH | 성발항공테크놀로지 |
| 600435.SH | 북방네비게이션 |
| 600677.SH | 항천통신 |
| 600879.SH | 항천전자 |
| 600893.SH | 항공동력 |
| 600990.SH | 안휘사창전자 |
| 601989.SH | 중국조선중공업 |
| 600562.SH | 국예테크놀로지 |
| 600184.SH | 호북신화광정보재료 |
| 2357.HK | 중국항공테크공업 |
| 000738.SZ | 중항동력제어 |
| 000768.SZ | 중항항공기 |
| 002013.SZ | 중항전기기계 |
| 002023.SZ | 사천하이트하이테크 |
| 002151.SZ | 북두성통 |
| 002190.SZ | 성비집성 |
| 002297.SZ | 박운신소재 |
| 002608.SZ | 순천선박 |
| 300101.SZ | 진심테크놀로지 |
| 300123.SZ | 태양도 |
| 000547.SZ | 민복발 |
| 002414.SZ | 고덕홍외 |

| | |
|---|---|
| 000099.SZ | 중신해직 |
| 002465.SZ | 해격통신 |

## 4. 조미료

| | |
|---|---|
| 603288.SH | 해천미업 |
| 600872.SH | 중거하이테크실업 |
| 600873.SH | 매화생물 |
| 600305.SH | 강소항순초실업 |
| 600298.SH | 안기효모 |
| 600186.SH | 연화조미료 |
| 600866.SH | 성호테크놀로지 |
| 600737.SH | 중양둔하 |
| 0336.HK | 화보국제홀딩스 |
| 0546.HK | 부풍그룹 |
| 2226.HK | 노항화양조 |
| 0506.HK | 중국식품 |
| 0606.HK | 중국양유홀딩스 |
| 000639.SZ | 서왕식품 |
| 000893.SZ | 동릉양유 |
| 002650.SZ | 쟈쟈식품 |

## 5. 일대일로(一帶一路)

| | |
|---|---|
| 601800.SH 1800.HK | 중국교통건설 |
| 601186.SH 1186.HK | 중국칠도긴설 |
| 601727.SH 2727.HK | 상해전기그룹 |
| 601618.SH 1618.HK | 중국야금공업 |
| 600808.SH 0323.HK | 마안산철강 |
| 601390.SH 0390.HK | 중국중철 |
| 601669.SH | 중국수리수력발전건설 |
| 600031.SH | 삼일중공업 |
| 600761.SH | 안휘합력 |
| 600018.SH | 상해항만그룹 |
| 601018.SH | 영파항 |
| 600320.SH 900947.SH | 상해진화항만기계 |
| 3378.HK | 하문국제항만 |
| 0144.HK | 초상국제 |
| 3323.HK | 중국건자재 |
| 1157.HK 000157.SZ | 중연중공업 |
| 1829.HK | 중국기계설비공사 |
| 1893.HK | 중국원자재 |

| | |
|---|---|
| 2233.HK | 중국서부시멘트 |
| 002051.SZ | 중공국제 |
| 000528.SZ | 광서류공기계 |
| 000905.SZ | 하문항만개발 |

### 6. 원자력

| | |
|---|---|
| 601727.SH 2727.HK | 상해전기그룹 |
| 600875.SH 1072.HK | 동방전기 |
| 601106.SH | 제일대형장비 |
| 603308.SH | 응류 |
| 603699.SH | 뉴위 |
| 600202.SH | 하얼빈에어컨 |
| 1133.HK | 하얼빈동력설비 |
| 1816.HK | 중광핵전력 |
| 000777.SZ | 중핵테크놀로지 |
| 000922.SZ | 가목사전기 |
| 000967.SZ | 절강상풍실업 |
| 002130.SZ | WOER핵자료 |
| 002167.SZ | 동방지르코늄 |
| 002255.SZ | 해륙중공업 |
| 002266.SZ | 절부홀딩스 |
| 002318.SZ | 구립특재 |
| 002366.SZ | 단포냉각압축기 |
| 002438.SZ | 강소신통밸브 |
| 300004.SZ | 남방풍기 |
| 300092.SZ | 사천과신기계 |

### 7. 국유기업개혁

| | |
|---|---|
| 601600.SH 2600.HK | 중국알루미늄 |
| 601618.SH 1618.HK | 중국야금공업 |
| 601992.SH 2009.HK | 북경금우그룹 |
| 600876.SH 1108.HK | 낙양유리 |
| 603000.SH | 인민망 |
| 601918.SH | 국투신집에너지 |
| 601877.SH | 정태가전 |
| 601801.SH | 환신미디어 |
| 601727.SH 2727.HK | 상해전기그룹 |
| 601718.SH | 제화그룹 |
| 601179.SH | 차이나서전 |
| 601118.SH | 해남천연고무산업그룹 |
| 601098.SH | 중남미디어 |
| 600967.SH | 포두북방창업 |
| 600963.SH | 악양제지 |

| | |
|---|---|
| 600886.SH | 국투전력홀딩스 |
| 600875.SH | 동방전기기계 |
| 600859.SH | 북경왕부정백화 |
| 600804.SH | 성도붕박사테크놀로지 |
| 600787.SH | 중저발전 |
| 600761.SH | 안휘합력 |
| 600741.SH | 화역자동차시스템 |
| 600729.SH | 중경백화점 |
| 600704.SH | 물산중대 |
| 600637.SH | 백시통뉴미디어 |
| 600612.SH 900905.SH | 노봉상 |
| 600552.SH | 안휘방흥테크놀로지 |
| 600517.SH | 상해치신전기 |
| 600511.SH | 국약그룹 |
| 600486.SH | 강소양농화학 |
| 600420.SH | 상해현대제약 |
| 600416.SH | 상담전기제조 |
| 600406.SH | 국전남서테크놀로지 |
| 600373.SH | 중문미디어 |
| 600372.SH | 중항항공전자설비 |
| 600312.SH | 하남평고전기 |
| 600309.SH | 만화화학 |
| 600268.SH | 국가전력남경자동화 |
| 600195.SH | 중목실업 |
| 600176.SH | 중국유리섬유 |
| 600161.SH | 북경천단생물제품 |
| 600104.SH | 상해자동차 |
| 600085.SH | 북경동인당 |
| 600056.SH | 중국제약 |
| 600050.SH | 중국연합통신 |
| 600962.SH | 국투중로주스 |
| 600889.SH | 남경화학섬유 |
| 600866.SH | 성호테크놀로지 |
| 600798.SH | 녕파해운 |
| 600757.SH | 장강미디어 |
| 600737.SH | 중양둔하 |
| 600726.SH 900937.SH | 화전에너지 |
| 600576.SH | 만호만가 |
| 600151.SH | 상해항천기전 |
| 600129.SH | 중경태극실업(그룹) |
| 600061.SH | 중방투자 |
| 300140.SZ | Qiyuan전기장비 |
| 300105.SZ | 용원기술 |
| 300034.SZ | 북경강연고납 |
| 002643.SZ | 연태만윤 |
| 002258.SZ | 리얼화학 |
| 002169.SZ | 지광전기 |

| | |
|---|---|
| 002167.SZ | 동방지르코늄 |
| 002116.SZ | 중국해성 |
| 002066.SZ | 서태테크놀로지 |
| 002060.SZ | 광동수력발전 |
| 002037.SZ | 귀주구련폭발자재 |
| 000930.SZ | 중앙생화학 |
| 000917.SZ | 호남전광미디어 |
| 000793.SZ | 화문미디어 |
| 000786.SZ | 북신건자재 |
| 000778.SZ | 신흥주관 |
| 000705.SZ | 절강진원 |
| 000665.SZ | 호북광전 |
| 000630.SZ | 동릉비철금속그룹 |
| 000625.SZ 200625.SZ | 중경장안자동차 |
| 000530.SZ 200530.SZ | 대련냉동기 |
| 000528.SZ | 광서류공기계 |
| 000423.SZ | 산동동아교 |
| 000410.SZ | 심양공작기계 |
| 000400.SZ | XJ전기 |
| 000151.SZ | 중성 |
| 000069.SZ | 화교성 |
| 000031.SZ | 중앙부동산 |
| 000028.SZ 200028.SZ | 심천일치약업 |

### 8. 항공사와 공항

| | |
|---|---|
| 600115.SH 0670.HK | 중국동방항공 |
| 601111.SH 0753.HK | 중국국제항공 |
| 600029.SH 1055.HK | 중국남방항공 |
| 600004.SH | 광저우백운국제공항 |
| 600009.SH | 상해국제공항 |
| 600897.SH | 하문국제공항 |
| 600221.SH 900945.SH | 해남항공 |
| 0293.HK | 국태항공 |
| 0357.HK | 해남미란국제공항 |
| 0694.HK | 북경수도국제공항 |
| 200152.SZ | 산동항공 |
| 000089.SZ | 심천공항 |

### 9. 항만

| | |
|---|---|
| 601880.SH 2880.HK | 대련항 |
| 600017.SH | 일조항 |
| 600018.SH | 상해항만그룹 |
| 600317.SH | 영구항 |

| | |
|---|---|
| 600717.SH | 톈진항 |
| 600794.SH | 보세테크놀로지 |
| 601000.SH | 당산항 |
| 601018.SH | 영파항 |
| 600190.SH 900952.SH | 금주항만 |
| 600279.SH | 중경항구 |
| 600575.SH | 무호항 |
| 601008.SH | 연운항 |
| 0144.HK | 초상국국제 |
| 0935.HK | 용상그룹 |
| 1199.HK | 코스코태평양 |
| 3378.HK | 하문국제항만 |
| 3382.HK | 톈진항발전홀딩스 |
| 8233.HK | 중국기건항만 |
| 000022.SZ 200022.SZ | 심천적만항만 |
| 200053.SZ | 심천적만석유기지 |
| 000088.SZ | 심천염전항 |
| 000582.SZ | 북해항만 |
| 000905.SZ | 하문항만개발 |
| 002040.SZ | 남경항만 |
| 002492.SZ | 항기달흠 |

### 10. 해운사

| | |
|---|---|
| 600026.SH 1138.HK | 중해발전 |
| 601919.SH 1919.HK | 차이나코스코 |
| 601866.SH 2866.HK | 중국해운컨테이너운송 |
| 600428.SH | 중원해운 |
| 600242.SH | 중창해운 |
| 600798.SH | 녕파해운 |
| 600896.SH | 중해해성 |
| 601872.SH | 초상기선 |
| 600751.SH 900938.SH | 톈진해운 |
| 1145.HK | 용리항업그룹 |
| 1308.HK | 해풍국제 |
| 2343.HK | 태평양항운그룹 |
| 3683.HK | 용풍연합 |
| 8310.HK | 첩풍가정용품 |
| 0137.HK | 금휘홀딩스 |
| 0316.HK | 동방해외국제 |
| 0368.HK | 시노트랜스항운 |
| 0517.HK | 코스코국제홀딩스 |
| 0560.HK | 주강선박 |
| 0598.HK | 시노트랜스 |
| 000520.SZ | 장항봉황 |

| | |
|---|---|
| 002320.SZ | 해협해운 |

### 11. 자동차

| | |
|---|---|
| 601238.SH 2238.HK | 광저우자동차 |
| 601633.SH 2333.HK | 장성자동차 |
| 600066.SH | 정주우통버스 |
| 600104.SH | 상해자동차 |
| 600166.SH | 복전자동차 |
| 600418.SH | 안휘강회자동차 |
| 600686.SH | 하문금룡자동차 |
| 601965.SH | 중국자동차연구소 |
| 600006.SH | 동풍자동차 |
| 600213.SH | 양주아성버스 |
| 600609.SH | 금배자동차 |
| 0175.HK | 길리자동차 |
| 0489.HK | 동풍자동차그룹 |
| 1114.HK | 화신중국자동차 |
| 1122.HK | 경령자동차 |
| 1211.HK 002594.SZ | 비아적 |
| 1958.HK | 북경자동차 |
| 000550.SZ 200550.SZ | 강령자동차그룹 |
| 000625.SZ 200625.SZ | 중경장안자동차 |
| 000572.SZ | 해마자동차 |
| 000800.SZ | 제일자동차 |
| 000868.SZ | 안휘안개자동차 |
| 000927.SZ | 톈진하리자동차 |
| 000957.SZ | 중통버스홀딩스 |

### 12. 타이어

| | |
|---|---|
| 601058.SH | 새륜 |
| 600623.SH 900909.SH | 쌍전그룹 |
| 600469.SH | 풍신타이어 |
| 600182.SH | GITI타이어 |
| 1187.HK | 주강타이어(홀딩스) |
| 000589.SZ | 귀주타이어 |
| 000599.SZ | 청도쌍성 |
| 000887.SZ | 중정홀딩스 |
| 300237.SZ | 미천과학기술 |
| 300320.SZ | Haida고무플라스틱 |

### 13. 자동차유통

| | |
|---|---|
| 600335.SH | 국기자동차 |
| 600386.SH | 북경버스 |
| 601258.SH | 방대그룹 |

| | |
|---|---|
| 600653.SH | 신화홀딩스 |
| 1293.HK | 보신자동차그룹 |
| 1728.HK | 정통자동차서비스 |
| 3669.HK | 영달자동차서비스홀딩스 |
| 3836.HK | 중국화해자동차 |
| 8126.HK | G.A.홀딩스 |
| 1828.HK | 대창항그룹 |
| 0970.HK | 요채그룹 |
| 000753.SZ | 장주개발 |
| 002607.SZ | 아하자동차 |
| 000025.SZ 200025.SZ | 심천특력홀딩스 |

### 14. 화장품

| | |
|---|---|
| 600315.SH | 상해가화연합 |
| 600439.SH | 하남레베카헤어제품 |
| 0178.HK | 사사국제홀딩스 |
| 0653.HK | 탁열홀딩스 |
| 0973.HK | 록시땅 |
| 1161.HK | 오사그룹 |
| 1633.HK | 매직(Magic)홀딩스 |
| 8200.HK | 수신당홀딩스 |
| 0157.HK | 자연미 |
| 1259.HK | 중국아동바디케어 |
| 1338.HK | 패왕그룹 |
| 8176.HK | EDS WELLNESS |
| 000662.SZ | SOFTTO |

### 15. 주얼리

| | |
|---|---|
| 600655.SH | 상해예원여행마트 |
| 600612.SH 900905.SH | 노봉상 |
| 600086.SH | 동방금옥 |
| 0116.HK | 주생생홀딩스국제 |
| 0280.HK | 경복그룹 |
| 0398.HK | 동방표행그룹 |
| 0590.HK | 육복그룹 |
| 1929.HK | 주대복보석 |
| 3389.HK | 신우헝더리홀딩스 |
| 0887.HK | Emperor |
| 2033.HK | 시계보투자 |
| 0113.HK | 딕슨콘셉트 |
| 0513.HK | 항화보석그룹 |
| 0417.HK | 세서린보석 |
| 0860.HK | 명풍보석그룹 |
| 8351.HK | 준문보석 |
| 0104.HK | 관아상업홀딩스 |
| 000026.SZ 200026.SZ | 심천비아달홀딩스 |

| | |
|---|---|
| 002345.SZ | 조굉기실업 |
| 002574.SZ | 밍파이보석 |

## 16. 백화점

| | |
|---|---|
| 600280.SH | 중앙쇼핑센터 |
| 600327.SH | 대동방 |
| 600628.SH | 상해신세계 |
| 600682.SH | 남경신가구백화점 |
| 600694.SH | 대상그룹 |
| 600697.SH | 장춘구아그룹 |
| 600729.SH | 중경백화점 |
| 600778.SH | 신강우호그룹 |
| 600785.SH | 은천신화백화점 |
| 600824.SH | 익민그룹 |
| 600828.SH | 성상그룹 |
| 600858.SH | 은좌그룹 |
| 600859.SH | 북경왕부정백화 |
| 600865.SH | 백대그룹 |
| 600891.SH | 하빈추림그룹 |
| 601010.SH | 문봉 |
| 600515.SH | 해도건설 |
| 600693.SH | 복건동백그룹 |
| 600306.SH | 심양상업성 |
| 600712.SH | 남녕백화점 |
| 600723.SH | 수상그룹 |
| 600738.SH | 난주민백 |
| 600774.SH | 무한한상그룹 |
| 600814.SH | 항주해방백화그룹 |
| 600821.SH | 천진권업장 |
| 600838.SH | 상해구백 |
| 600856.SH | 장춘백화점그룹 |
| 600857.SH | 할빈공대수창테크 |
| 603123.SH | 추이웨이빌딩 |
| 1212.HK | 이복국제 |
| 1700.HK | 화지국제 |
| 1833.HK | 은태상업 |
| 3308.HK | 금응상업무역그룹 |
| 3368.HK | 백성상업그룹 |
| 0331.HK | 춘텐백화 |
| 0825.HK | 신세계백화점 |
| 0848.HK | 무업국제 |
| 0984.HK | 영왕(홍콩)백화 |
| 0162.HK | 세기금화상업홀딩스 |
| 0244.HK | 선시 |
| 0289.HK | 영안국제 |
| 0312.HK | 세보백화 |
| 0602.HK | 가화백화점 |
| 000416.SZ | 민생홀딩스 |

| | |
|---|---|
| 000417.SZ | 합비백화점 |
| 000501.SZ | 무한백화점그룹 |
| 000516.SZ | 개원투자 |
| 000560.SZ | 곤명백화점(그룹) |
| 000564.SZ | 서안민생그룹 |
| 000593.SZ | 대통가스 |
| 000715.SZ | 중흥상업 |
| 000785.SZ | 무한중상그룹 |
| 000889.SZ | 무업물류 |
| 000987.SZ | 광주우의백화점 |
| 002187.SZ | 광주광백 |
| 002277.SZ | 우의아파로상업 |
| 002419.SZ | 천홍백화 |
| 002561.SZ | 쉬자후이백화 |

## 17. 제약기업

| | |
|---|---|
| 600332.SH 0874.HK | 백운산 |
| 600196.SH 2196.HK | 복성제약 |
| 600276.SH | 항서제약 |
| 600535.SH | 천진천사력제약 |
| 600518.SH | 광동강미제약 |
| 600085.SH | 북경동인당 |
| 600436.SH | 장주편자황제약 |
| 600079.SH | 인복제약 |
| 600252.SH | 중항그룹 |
| 600867.SH | 통화동보제약 |
| 600267.SH | 절강해정제약 |
| 600521.SH | 절강화해제약 |
| 600664.SH | 하빈제약그룹 |
| 600479.SH | 주주천금제약 |
| 600062.SH | 화윤쌍학 |
| 600557.SH | 강소강원제약 |
| 600216.SH | 절강제약 |
| 600490.SH | 붕흔자원 |
| 600594.SH | 귀주익백제약 |
| 600572.SH | 절강CONBA제약 |
| 600161.SH | 북경천단생물제품 |
| 600329.SH | 중신제약 |
| 600645.SH | 중원협화 |
| 600422.SH | 곤명제약 |
| 600380.SH | 건강원제약그룹 |
| 600201.SH | 내몽고금우그룹 |
| 600750.SH | 강중제약 |
| 600993.SH | 무한마응룡제약그룹 |
| 600195.SH | 중목실업 |
| 600812.SH | 화북제약 |

| | |
|---|---|
| 600613.SH 900904.SH | 신기제약 |
| 600771.SH | 광예원 |
| 0460.HK | 사환제약 |
| 1177.HK | 중국생물제약 |
| 1666.HK | 동인당테크놀로지 |
| 0867.HK | 강철제약 |
| 1093.HK | 석약그룹 |
| 8138.HK | 북경동인당국약 |
| 2877.HK | 중국신위제약그룹 |
| 2005.HK | 이군제약(홀딩스) |
| 0570.HK | 중국중약 |
| 0775.HK | 장강생명테크놀로지 |
| 0587.HK | 화한생물제약홀딩스 |
| 8058.HK | 산동라신약업 |
| 3933.HK | 연방제약국제홀딩스 |
| 1513.HK 000513.SZ | 여주제약그룹 |
| 000538.SZ | 운남백약그룹 |
| 000423.SZ | 산동동아아교 |
| 002038.SZ | 북경쌍로제약 |
| 002422.SZ | 과륜제약 |
| 000999.SZ | 화윤삼구제약 |
| 002653.SZ | 하이스커제약 |
| 300122.SZ | 지비생물 |
| 002294.SZ | SALUBRIS 제약 |
| 002603.SZ | 이령제약 |
| 002399.SZ | 해보서제약 |
| 002007.SZ | 화란생물공학 |
| 002001.SZ | 절강신화성 |
| 000623.SZ | 길림오동제약그룹 |
| 300026.SZ | 홍일제약 |
| 000661.SZ | 장춘하이테크 |
| 002252.SZ | 상해래시 |
| 002219.SZ | 항강의료 |
| 002275.SZ | 계림삼금제약 |
| 002424.SZ | 귀주백영제약 |
| 002262.SZ | 은화제약 |
| 002317.SZ | 중생제약 |
| 300147.SZ | 광주향설제약 |
| 002022.SZ | 상해과화생물공정 |
| 300039.SZ | 상해캐보 |
| 000788.SZ | 북대제약 |
| 002437.SZ | 예형제약 |
| 002287.SZ | 티벳치정장약 |
| 300199.SZ | 심천한우제약 |
| 300142.SZ | 와심바이오 |
| 300204.SZ | 북경서태신 |
| 002118.SZ | 자흠제약 |

|  |  |
|---|---|
| 300347.SZ | 항주Tigermed |
| 002393.SZ | 역생제약 |
| 000650.SZ | 인화제약 |
| 000915.SZ | 산동산대화특테크 |
| 300267.SZ | 호남이강제약 |
| 000739.SZ | 보락제약 |
| 000566.SZ | 해남해약 |
| 300255.SZ | 상산제약 |
| 002566.SZ | 익성제약 |
| 002433.SZ | 태안당제약 |
| 002550.SZ | 천홍제약 |
| 300289.SZ | Leadman바이오 |
| 002030.SZ | 중산대학달안유전자 |

## 18. 의료장비

|  |  |
|---|---|
| 600587.SH | 산동신화의료기기 |
| 600055.SH | 화윤만동 |
| 0233.HK | 명원의료 |
| 0648.HK | 중국인제의료그룹 |
| 0801.HK | 금위의료그룹 |
| 0853.HK | 미창의료과학 |
| 1066.HK | 산동위고그룹 |
| 1298.HK | 천미홀딩스 |
| 1323.HK | 우천그룹 |
| 1302.HK | 선건테크놀러지 |
| 8130.HK | 지성홀딩스 |
| 300003.SZ | 낙보의료 |
| 300206.SZ | 이방정밀기기 |
| 300061.SZ | 캉나이터광학 |
| 300246.SZ | Biolight메디테크 |
| 002223.SZ | 어약의료 |
| 002432.SZ | 구안의료전자 |
| 300273.SZ | 화가의료기기 |
| 300298.SZ | 장사Sinocare |
| 300314.SZ | David메디컬 |
| 300318.SZ | 북경보휘테크 |
| 300326.SZ | 상해Kinetic 메디컬 |
| 002382.SZ | 남범의료 |
| 300030.SZ | Improve의료과학 |

## 19. 음식료

|  |  |
|---|---|
| 600887.SH | 내몽고이리실업그룹 |
| 600597.SH | 광명유업 |
| 600873.SH | 매화생물 |
| 600073.SH | 상해매림정광화 |
| 600300.SH | 웨이웨이식음료 |
| 600251.SH | 신강관농 |
| 600298.SH | 안기효모 |
| 600467.SH | 산동호당가해양개발 |
| 600305.SH | 강소항순초실업 |
| 600257.SH | 태호수산양식 |
| 600737.SH | 중앙둔하 |
| 600429.SH | 북경삼원식품 |
| 600695.SH 900919.SH | 상해대강그룹 |
| 600275.SH | 호북무창어 |
| 600191.SH | 포두화자실업 |
| 0151.HK | 중국왕왕식품 |
| 0322.HK | 강사부홀딩스 |
| 2319.HK | 중국몽우우유 |
| 0142.HK | 제일태평양 |
| 1112.HK | 합생원 |
| 0220.HK | 통일기업 |
| 1230.HK | 야스리(Yashili)국제 |
| 0829.HK | 신관홀딩스 |
| 0345.HK | Vitasoy국제 |
| 1068.HK | 중국우윤식품 |
| 0506.HK | 중국식품 |
| 1115.HK | 서장5100수자원홀딩스 |
| 1886.HK | 회원주스 |
| 0462.HK | 천연유제품 |
| 6868.HK | 천복(케이맨)홀딩스 |
| 1262.HK | 중국간식식품 |
| 1006.HK | 장수화시푼홀딩스 |
| 0047.HK | 합흥(홀딩스) |
| 1076.HK | 제일천연식료품 |
| 1174.HK | 태평양은리국제홀딩스 |
| 1007.HK | 대경우유 |
| 0756.HK | 천익주스 |
| 1717.HK | AUSNUTRIA |
| 0411.HK | 남순(홍콩) |
| 3838.HK | 중경전분 |
| 0374.HK | 사주그룹 |
| 3999.HK | 대성식품 |
| 0926.HK | Besunyen |
| 3889.HK | 대성당업 |
| 2218.HK | 안덕리쥬스 |
| 2317.HK | 직진테크놀로지 |
| 1699.HK | 보첨식품홀딩스 |
| 1089.HK | 삼보식품 |
| 0359.HK | 중국해승주스 |
| 0841.HK | CASSAVA |
| 0834.HK | 강대식품 |
| 8269.HK | 부예홀딩스 |
| 000895.SZ | 하남쌍회투자개발 |
| 002570.SZ | 베이인메이 |
| 300146.SZ | 탕성배건 |
| 000848.SZ | 하북승덕로로 |
| 002477.SZ | 추응농목 |
| 002299.SZ | 신농발전 |
| 002069.SZ | 대련장자도 |
| 002216.SZ | 삼전식품 |
| 002557.SZ | 차차식품 |
| 000735.SZ | 나우산 |
| 000860.SZ | 북경순흠농업 |
| 002447.SZ | 일교묘업 |
| 002507.SZ | 부릉자차이 |
| 000893.SZ | 동릉양유 |
| 002650.SZ | 쟈쟈식품 |
| 000529.SZ | 광홍홀딩스 |
| 002220.SZ | 천보고분 |
| 002505.SZ | 대강목축업 |
| 002234.SZ | 민합목업 |

## 20. 주류기업

|  |  |
|---|---|
| 600600.SH 0168.HK | 청도맥주 |
| 600132.SH | 중경맥주 |
| 600059.SH | 절강고월용산소흥술 |
| 600197.SH | 신강Yilite실업 |
| 600238.SH | 해남야자도 |
| 600519.SH | 귀주모태주 |
| 600559.SH | 로우바이간주류 |
| 600616.SH | 금풍양주 |
| 600809.SH | 산서행화촌분주 |
| 600090.SH | 신강HOPS |
| 600573.SH | 복건경혜천맥주 |
| 600084.SH | 중신국안와인 |
| 600199.SH | 금종자주류 |
| 600365.SH | 통화포도주 |
| 600702.SH | 사천퉤파이서더 |
| 600779.SH | 수정방 |
| 0389.HK | 통천주업 |
| 0472.HK | 금육복투자 |
| 0828.HK | 왕조와인그룹 |
| 0886.HK | 은기그룹홀딩스 |
| 0236.HK | 홍콩생력맥주 |
| 000729.SZ | 북경연경맥주 |
| 000752.SZ | 티베트개발 |
| 000929.SZ | 난주황하기업 |
| 002461.SZ | 주강맥주 |
| 000557.SZ | 광하(은천)실업 |
| 000568.SZ | 노주노교 |
| 000869.SZ 200869.SZ | 연태장유포도주 |

| 000799.SZ | 주귀주 |
|---|---|
| 000858.SZ | 의빈오량액 |
| 000995.SZ | 감숙황대술 |
| 002304.SZ | 강소양하주류 |
| 002646.SZ | 청해쌀보리술 |
| 000596.SZ<br>200596.SZ | 안휘고정주류 |

### 21. 화학비료

| 600096.SH | 운남운천화 |
|---|---|
| 600230.SH | 하북창주대화 |
| 600389.SH | 남통강산농업화학 |
| 600426.SH | 산동화로항승화학 |
| 600470.SH | 안휘육국화학 |
| 600486.SH | 강소양농화학 |
| 600596.SH | 신안화학공업 |
| 600226.SH | 절강승화바이오크생물 |
| 600227.SH | 귀주적천화 |
| 600228.SH | 강서창구생물화학 |
| 600423.SH | 유주화학 |
| 600538.SH | 국발 |
| 600691.SH | 양매화공 |
| 600727.SH | 산동노북화학공업 |
| 600731.SH | 호남해리화학공업 |
| 600796.SH | 절강전강생물화학 |
| 600803.SH | 하북위원생물화학공업 |
| 0297.HK | 중화화학비료 |
| 0431.HK | 대중화실업홀딩스 |
| 0509.HK | 세기양광그룹 |
| 0827.HK | 구원그룹 |
| 1073.HK | 호륜농업테크놀로지 |
| 1130.HK | 중국환경자원그룹 |
| 1866.HK | XLX화학비료 |
| 3983.HK | 중국해양석유화학 |
| 000155.SZ | 사천화학 |
| 000422.SZ | 호북의화화학공업 |
| 000525.SZ | 남경홍태양 |
| 000553.SZ<br>200553.SZ | 호북사룡달 |
| 000731.SZ | 사천미풍화학 |
| 000792.SZ | 청해염호가성칼륨 |
| 000830.SZ | 산동로서화학 |
| 000912.SZ | 사천노천화 |
| 000950.SZ | 건봉화학공업 |
| 000953.SZ | 광서하지화학 |
| 002004.SZ | 화방제약 |
| 002018.SZ | 안휘화성화학 |
| 002113.SZ | 천윤홀딩스 |
| 002170.SZ | 파전생태공정 |

| 002215.SZ | 낙포신 |
|---|---|
| 002513.SZ | 남풍생화학 |
| 002538.SZ | 스얼터비료 |
| 002539.SZ | 신도화학공업 |
| 002556.SZ | 휘용농자재 |
| 002588.SZ | 스단리화학비료 |
| 300261.SZ | 소주ABACHEM |
| 002258.SZ | 리얼화학 |
| 002274.SZ | 화창화학공업 |
| 002391.SZ | 장청농약 |
| 002470.SZ | 금정대생태공정 |
| 002496.SZ | 휘방농업화학 |

### 22. 전력

| 600011.SH<br>0902.HK | 화능국제전력 |
|---|---|
| 601991.SH<br>0991.HK | 대당국제발전 |
| 000027.SZ<br>1071.HK | 화전국제전력 |
| 600021.SH | 상해전력 |
| 600098.SH | 광주발전실업 |
| 600101.SH | 사천명성전력 |
| 600509.SH | 천부에너지 |
| 600578.SH | 경능전력 |
| 600674.SH | 사천천투에너지 |
| 600780.SH | 산서통보에너지 |
| 600795.SH | 국전전력개발 |
| 600863.SH | 내몽고화전 |
| 600886.SH | 국투전력홀딩스 |
| 600900.SH | 장강전력 |
| 600979.SH | 사천광안애중 |
| 600995.SH | 운남문산전력 |
| 600116.SH | 중경삼협수리전력 |
| 600236.SH | 광서계관전력 |
| 600310.SH | 광서계동전력 |
| 600452.SH | 중경부능전력실업 |
| 600505.SH | 사천서창전력 |
| 600644.SH | 낙산전력 |
| 600744.SH | 호남화은전력 |
| 600868.SH | 매안길상 |
| 600969.SH | 호남침전국제개발 |
| 600131.SH | 사천민강수리전력 |
| 600726.SH<br>900937.SH | 화전에너지 |
| 900949.SH | 절강동남전력 |
| 0002.HK | CLP홀딩스 |
| 1038.HK | 장강인프라홀딩스 |
| 0916.HK | 용원전력 |
| 0958.HK | 화능신에너지 |

| 0987.HK | 중국재생에너지투자 |
|---|---|
| 8261.HK | 해천수력발전국제 |
| 1798.HK | 대당신에너지 |
| 0090.HK | 호박에너지 |
| 0182.HK | 중국풍력발전 |
| 0579.HK | 북경경능청정에너지 |
| 0735.HK | 차이나파워 |
| 0816.HK | 화전복신에너지 |
| 0836.HK | 화윤전력 |
| 2380.HK | 중국전력국제개발 |
| 3800.HK | 보리협흠에너지 |
| 000027.SZ | 심천에너지투자 |
| 000037.SZ<br>200037.SZ | 심천남산전력 |
| 000531.SZ | 광주항운그룹 |
| 000539.SZ<br>200539.SZ | 광동전력개발 |
| 000543.SZ | 안휘에너지 |
| 000600.SZ | 하북건투에너지투자 |
| 000601.SZ | 광동소능그룹 |
| 000690.SZ | 보신에너지 |
| 000720.SZ | 신능태산 |
| 000722.SZ | 호남개발그룹 |
| 000767.SZ | 산서장택전력 |
| 000791.SZ | 감숙전투 |
| 000875.SZ | 길림전력 |
| 000883.SZ | 호북에너지 |
| 000899.SZ | 강서감능 |
| 000966.SZ | 국전장원전력 |
| 000993.SZ | 복건민동전력 |
| 002039.SZ | 귀주검원전력 |
| 000037.SZ<br>200037.SZ | 심천남산전력 |
| 000539.SZ<br>200539.SZ | 광동전력개발 |
| 300335.SZ | 광주적삼열에너지 |
| 001896.SZ | 하남예능홀딩스 |

### 23. 통신

| 600775.SH<br>0553.HK | 남경판다전자 |
|---|---|
| 600776.SH<br>900941.SH | 동방통신 |
| 600289.SH | 억양신통 |
| 600405.SH | 동력원테크놀로지 |
| 600487.SH | 강소형통광전자 |
| 600498.SH | 봉화통신 |
| 600522.SH | 강소중천테크놀로지 |
| 600797.SH | 절강대학테크놀로지 |
| 600680.SH<br>900930.SH | 상해보천 |

|  |  |
|---|---|
| 600057.SH | 하신전자 |
| 600076.SH | 유방북대청조화광 |
| 600105.SH | 강소영정 |
| 600130.SH | 닝파Bird |
| 600149.SH | 랑방개발 |
| 600198.SH | 대당통신 |
| 600345.SH | 장강통신 |
| 600355.SH | 무한정륜전자 |
| 600485.SH | 신위그룹 |
| 600680.SH 900930.SH | 상해보천 |
| 600728.SH | 가도테크놀로지 |
| 600764.SH | 중전광통 |
| 0941.HK | 차이나모바일 |
| 0762.HK | 차이나유니콤 |
| 0552.HK | 중국통신서비스 |
| 0633.HK | 전통홀딩스 |
| 1300.HK | 준지그룹 |
| 0877.HK | o-net통신(그룹) |
| 0728.HK | 차이나텔레콤 |
| 0763.HK 000063.SZ | 중흥통신 |
| 2342.HK | 경신통신시스템홀딩스 |
| 1155.HK | 성진통신 |
| 3777.HK | 차이나광섬유 |
| 000035.SZ | 중국천영 |
| 000070.SZ | 심천특발정보 |
| 000547.SZ | 민복발 |
| 000555.SZ | 신주정보 |
| 000586.SZ | 사천회원광통신 |
| 000829.SZ | 천음홀딩스 |
| 000836.SZ | 흠무하이테크 |
| 000892.SZ | 성미연합 |
| 002017.SZ | 동신화평스마트카드 |
| 002089.SZ | 신해의 |
| 002093.SZ | 국맥과기 |
| 002104.SZ | 강소항보 |
| 002115.SZ | 삼위통신 |
| 002151.SZ | 북두성통 |
| 002161.SZ | 원망공 |
| 002194.SZ | 무한범곡 |
| 002231.SZ | 올윈통신 |
| 002281.SZ | 광신테크놀로지 |
| 002296.SZ | 휘황테크놀로지 |
| 002309.SZ | 중이테크놀로지 |
| 002313.SZ | 일해통신 |
| 002316.SZ | 건교통신 |
| 002335.SZ | 과화항성 |
| 002359.SZ | 제성철탑 |

|  |  |
|---|---|
| 002396.SZ | 성망예첩 |
| 002416.SZ | 아이스더 |
| 002417.SZ | 삼원달통신 |
| 002446.SZ | 성로통신 |
| 002583.SZ | 해능달통신 |
| 300025.SZ | 화성창업통신기술 |
| 300038.SZ | 북경Miteno통신기술 |
| 300050.SZ | 세기Dingli통신 |
| 300098.SZ | 고신흥테크 |
| 300134.SZ | 심천대복테크 |
| 300136.SZ | 심천신유통신 |
| 300211.SZ | 억통하이테크 |
| 300213.SZ | 북경가신비홍전기 |
| 300250.SZ | 항주CNCR-IT |
| 300252.SZ | 심천Kingsignal테크 |
| 300264.SZ | 심천avit |
| 300292.SZ | 강소오통통신 |
| 300299.SZ | Fuchun통신 |
| 300310.SZ | 광동이통세기 |
| 300312.SZ | Boomsense |
| 300322.SZ | Speed무선테크 |
| 300353.SZ | 동토테크놀로지 |
| 002491.SZ | 통정광전 |
| 002547.SZ | 춘흥정공 |

### 24. 할인점

|  |  |
|---|---|
| 600827.SH 900923.SH | 싱해백연그룹 |
| 601933.SH | 영휘마트 |
| 600361.SH | 북경화련종합하이퍼 |
| 600861.SH | 북경도시향촌무역센터 |
| 601116.SH | 삼강쇼핑몰 |
| 0121.HK | CP로터스 |
| 0291.HK | 화윤창업 |
| 0814.HK | 베이징징커룽 |
| 0831.HK | 이아소매 |
| 0980.HK | 연화슈퍼마켓 |
| 1025.HK | 북경우마트 |
| 6808.HK | 고흠소매 |
| 002251.SZ | better life |
| 002264.SZ | 신화도 |
| 002336.SZ | 런런러체인점 |
| 002697.SZ | 홍치체인 |
| 000759.SZ | 무한중백그룹 |

### 25. 가전업체

|  |  |
|---|---|
| 600261.SH | 양광조명 |
| 600690.SH | 청도하이얼 |
| 600983.SH | 합비삼양 |

|  |  |
|---|---|
| 603366.SH | 일출동방 |
| 600060.SH | 청도해신전기 |
| 600651.SH | 상해비락음향 |
| 600839.SH | 사천장홍전자 |
| 600336.SH | 청도Aucma |
| 600870.SH | 하화전자 |
| 600854.SH | 강소춘란냉동설비 |
| 0921.HK 000921.SZ | 해신과룡 |
| 1169.HK | 하이얼전기그룹 |
| 1070.HK | TCL멀티미디어테크 |
| 0449.HK | CHIGAO홀딩스 |
| 0751.HK | 창유디지털홀딩스 |
| 2222.HK | 레이스(NVC)조명 |
| 2326.HK | 백령달국제홀딩스 |
| 0607.HK | 풍성홀딩스 |
| 0684.HK | Allan국제그룹 |
| 0328.HK | 애고그룹 |
| 0912.HK | 신가국제 |
| 0927.HK | 부사달실업홀딩스 |
| 8005.HK | 유흥테크놀로지 |
| 8229.HK | 동대신재료조명홀딩스 |
| 000418.SZ 200418.SZ | 무석소천아 |
| 000521.SZ 200521.SZ | 합비MEILING |
| 000541.SZ 200541.SZ | 불산전기조명 |
| 000016.SZ 200016.SZ | 강가그룹 |
| 000333.SH | 메이디그룹 |
| 000533.SZ | 만가락 |
| 000651.SZ | 주해GREE가전 |
| 002005.SZ | 광동덕호윤달 |
| 002035.SZ | 중산화제취사도구 |
| 002242.SZ | 구양고분 |
| 002260.SZ | 이리푸 |
| 002473.SZ | 성래달가전 |
| 002508.SZ | 로우반가전 |
| 002543.SZ | 만화전기 |
| 002668.SZ | 오우마가전 |
| 002677.SZ | 절강미대실업 |
| 000100.SZ | TCL그룹 |
| 002052.SZ | 심천동주전자 |
| 002351.SZ | 만부저 |
| 002420.SZ | 의창테코놀로지 |
| 002681.SZ | 분달테크놀로지 |
| 002616.SZ | 장청그룹 |
| 002032.SZ | 절강슈퍼취사도구 |
| 002614.SZ | 몽발이 |
| 002050.SZ | 절강삼화 |

| | | |
|---|---|---|
| 300342.SZ | 천은전기기계 | |
| 002403.SZ | 아이스다가전 | |

## 26. 카지노

| | |
|---|---|
| 0027.HK | 은하오락그룹 |
| 0296.HK | 영황오락호텔 |
| 0880.HK | 오박홀딩스 |
| 1128.HK | 영리마카오 |
| 1680.HK | 마카오역준 |
| 1928.HK | 금사중국 |
| 2282.HK | 미고매중국 |
| 3918.HK | 금계홀딩스 |
| 6883.HK | 신오박아엔터테인먼트 |
| 0959.HK | A-max국제 |
| 6889.HK | Dynam Japan |
| 0070.HK | 해왕그룹 |
| 0326.HK | 중국스타엔터테인먼트 |
| 0628.HK | 화은홀딩스 |
| 0200.HK | 신호국제개발 |

## 27. 호텔

| | |
|---|---|
| 600754.SH 900934.SH | 상해금강국제호텔발전 |
| 600258.SH | 수도관광호텔 |
| 600640.SH | 호백홀딩스 |
| 601007.SH | 금령호텔 |
| 0045.HK | 홍콩상해호텔 |
| 2006.HK | 금강호텔 |
| 0069.HK | 샹그리라 |
| 0292.HK | 아시아스탠다드호텔 |
| 0078.HK | Regal호텔국제 |
| 0126.HK | 캐리안나 |
| 0184.HK | 격성투자(홍콩) |
| 0185.HK | 항휘기업홀딩스 |
| 0193.HK | 관중부동산 |
| 0219.HK | 순호테크놀로지홀딩스 |
| 0253.HK | 순호자원그룹 |
| 0022.HK | 무성홀딩스 |
| 0037.HK | 원동호텔오락 |
| 0355.HK | Century시티국제 |
| 0557.HK | 시티e솔류션 |
| 0617.HK | 백리보홀딩스 |
| 0650.HK | 순창그룹 |
| 0908.HK | 주해홀딩스투자 |
| 1221.HK | 신화호텔(그룹) |
| 1270.HK | 랑정호텔투자 |
| 2266.HK | 코스모폴리토호텔 |
| 000613.SZ 200613.SZ | 해남대동해관광센터 |
| 000033.SZ | 심천신도호텔 |

| | | |
|---|---|---|
| 000428.SZ | 화남화천호텔 | |
| 000524.SZ | 광저우동방호텔 | |
| 000008.SZ | 광동보리래투자 | |

## 28. 관광지와 여행사

| | |
|---|---|
| 600138.SH | 중청려홀딩스 |
| 600054.SH 900942.SH | 황산관광개발 |
| 601888.SH | 중국국제여행사 |
| 600358.SH | 중국연합여행사 |
| 600593.SH | 대련성아여행홀딩스 |
| 600706.SH | 곡강문여 |
| 603099.SH | 장백산 |
| 600749.SH | 티베트관광 |
| 900929.SH | 상해금강국제여행사 |
| 0308.HK | 홍콩중국여행사국제 |
| 0487.HK | 실덕환구 |
| 0678.HK | 운정홍콩 |
| 1235.HK | 전업여운(아시아)기업 |
| 000610.SZ | 서안관광(그룹) |
| 000802.SZ | 북경관광 |
| 000888.SZ | 아미산관광 |
| 000978.SZ | 계림관광 |
| 002033.SZ | 여강옥룡관광 |
| 002059.SZ | 운남관광 |
| 002159.SZ | 삼특삭도 |
| 000069.SZ | 화교성 |
| 000430.SZ | 장가계관광개발 |
| 002558.SZ | 세계유람선 |
| 300178.SZ | Tempus글로벌여행 |
| 300144.SZ | 송성공연 |
| 002707.SZ | 중신여행 |

## 30. 제화기업

| | |
|---|---|
| 0052.HK | 대쾌활홀딩스 |
| 0318.HK | 황하실업 |
| 0341.HK | 대가락홀딩스 |
| 0538.HK | AJISEN라면 |
| 1181.HK | 당궁(중국)홀딩스 |
| 3666.HK | 소남국 |
| 0573.HK | 도향홀딩스 |
| 0520.HK | 샤브샤브 |
| 0703.HK | 가경그룹 |
| 1175.HK | 복기식품 |
| 1314.HK | 추이화홀딩스 |
| 8179.HK | 희상홀딩스 |
| 8246.HK | 명현(중국)홀딩스 |
| 8272.HK | 화인요식그룹 |
| 0611.HK | 중핵공업이삼국제 |

| | | |
|---|---|---|
| 0657.HK | 환과국제그룹 | |
| 0668.HK | 동원부동산 | |
| 000721.SZ | 서안요식 | |
| 002186.SZ | 취안쥐더 | |
| 002306.SZ | 상악정그룹 | |

## 30. 제화기업

| | |
|---|---|
| 603001.SH | AoKang Shoes |
| 0210.HK | Daphne국제 |
| 1880.HK | 백려국제 |
| 3813.HK | 보승국제 |
| 0551.HK | 유원공업 |
| 1028.HK | 천백도 |
| 1836.HK | 구흥홀딩스 |
| 1386.HK | 영진그룹 |
| 1255.HK | 항대소매 |
| 0676.HK | 창신국제홀딩스 |
| 0738.HK | 르사운다(le saunda) |
| 1096.HK | 동감(Active)그룹 |
| 1121.HK | baofeng패션국제 |
| 1170.HK | 신성신업그룹 |
| 002291.SZ | 새터데이제화 |
| 002517.SZ | 태아제화 |
| 002674.SZ | 흥업테크놀로지 |

## 31. 의류업체

| | |
|---|---|
| 600177.SH | Youngor그룹 |
| 600884.SH | 녕파삼삼 |
| 601566.SH | 구목왕 |
| 600398.SH | 하이란홈 |
| 601718.SH | 제화그룹 |
| 603555.SH | 귀인조 |
| 600400.SH | 강소홍두실업 |
| 600137.SH | 랑사홀딩스 |
| 600107.SH | 호북미얼아 |
| 600233.SH | 대련대양창세 |
| 0330.HK | ESPRIT홀딩스 |
| 0533.HK | Goldlion그룹 |
| 0891.HK | 이방홀딩스 |
| 0589.HK | Ports패션 |
| 1913.HK | 프라다 |
| 0592.HK | 보시니국제홀딩스 |
| 0647.HK | Joyce Boutique |
| 0709.HK | Giordano |
| 1234.HK | 중국이랑 |
| 0928.HK | 야마국제그룹 |
| 0999.HK | I.T |
| 0122.HK | 크로커다일 |
| 0130.HK | 모시국제홀딩스 |

|  |  |
|---|---|
| 0333.HK | 다이리스국제 |
| 0375.HK | YGM무역 |
| 0393.HK | 욱일기업 |
| 0483.HK | Bauhaus국제 |
| 0518.HK | Tungtex(홀딩스) |
| 0540.HK | 신첩글로벌홀딩스 |
| 0608.HK | 달리국제그룹 |
| 0238.HK | 장흥국제 |
| 0627.HK | 우위국제홀딩스 |
| 0643.HK | 항부홀딩스 |
| 0789.HK | 아티니 |
| 0844.HK | 광호국제홀딩스 |
| 0990.HK | 영화국제그룹 |
| 1146.HK | 중국의류홀딩스 |
| 1173.HK | 위고국제홀딩스 |
| 1361.HK | 361도 |
| 1368.HK | 엑스텝 |
| 1388.HK | 안리방홀딩스 |
| 2020.HK | ANTA스포츠 |
| 2200.HK | 호사국제 |
| 2331.HK | 이녕 |
| 2882.HK | 홍콩자원홀딩스 |
| 3322.HK | 영가그룹 |
| 3398.HK | 화정그룹홀딩스 |
| 3818.HK | 중국동향그룹 |
| 3998.HK | 보스덩국제홀딩스 |
| 002029.SZ | 치피랑실업 |
| 002044.SZ | 강소삼우그룹 |
| 002154.SZ | 보희조 |
| 002269.SZ | 메이터스방웨이 |
| 002563.SZ | 선마의류 |
| 300005.SZ | TOREAD |
| 002425.SZ | 카이사차이나 |
| 002485.SZ | 시누얼남성의류 |
| 002494.SZ | 화사농업개발 |
| 002503.SZ | 서우위터의류 |
| 002569.SZ | 부선의류 |
| 002612.SZ | 랑즈 |
| 002640.SZ | 백원바지 |
| 002656.SZ | 카누디루의류 |
| 002687.SZ | 죠우즈바이의류 |
| 002699.SZ | 미성문화 |

### 32. 디즈니랜드

|  |  |
|---|---|
| 600009.SH | 상해국제공항 |
| 600170.SH | 상해건공 |
| 600278.SH | 동방창업 |
| 600284.SH | 포동건설 |

|  |  |
|---|---|
| 600611.SH / 900903.SH | 대중교통 |
| 600628.SH | 상해신세계 |
| 600639.SH / 900911.SH | 상해포동금교 |
| 600648.SH / 900912.SH | 상해외고교보세구 |
| 600655.SH | 상해예원여행마트 |
| 600662.SH | 상해강생홀딩스 |
| 600663.SH / 900932.SH | 상해육가취 |
| 600675.SH | 중화기업 |
| 600676.SH | 상해교통운수 |
| 600708.SH | 상해해박 |
| 600754.SH / 900934.SH | 상해금강국제호텔발전 |
| 600827.SH / 900923.SH | 상해백연그룹 |
| 600832.SH | 상해동방명주 |
| 600895.SH | 상해장강하이테크 |
| 601888.SH | 중국국제여행사 |
| 600138.SH | 중청려홀딩스 |
| 600115.SH / 0670.HK | 중국동방항공 |
| 600630.SH | 상해용두그룹 |
| 600692.SH | 상해아통 |
| 600732.SH | 상해신매부동산 |
| 600818.SH / 900915.SH | 상해중로 |
| 600834.SH | 싱해신통지하칠 |
| 600836.SH | 상해계용실업그룹 |
| 603008.SH | 시린먼 |
| 2006.HK | 금강호텔 |
| 0538.HK | AJISEN라면 |
| 3666.HK | 소남국 |
| 2162.HK | CIMIC타일 |
| 2699.HK | 미성문화 |
| 300144.SZ | 송성공연 |
| 300178.SZ | Tempus글로벌여행 |

### 33. 민영병원

|  |  |
|---|---|
| 600079.SH | 인복제약 |
| 600518.SH | 광동강미제약 |
| 600594.SH | 귀주익백제약 |
| 600993.SH | 무한마응룡제약그룹 |
| 600763.SH | 통책의료 |
| 2196.HK | 복성제약 |
| 0648.HK | 중국인제의료그룹 |
| 1515.HK | 봉황의료 |
| 3886.HK | 강건국제의료 |
| 000516.SZ | 개원투자 |
| 000592.SZ | 평담개발 |

|  |  |
|---|---|
| 000700.SZ | 강남플라스틱테크 |
| 000919.SZ | 금릉제약 |
| 000990.SZ | 성지 |
| 002219.SZ | 항강의료 |
| 300015.SZ | 아얼안과 |
| 300049.SZ | 내몽고복서의료과학 |
| 000788.SZ | 북대제약 |

### 34. 엔터테인먼트

|  |  |
|---|---|
| 600088.SH | 중국TV미디어 |
| 600637.SH | 백시통뉴미디어 |
| 0009.HK | 장화국제실업 |
| 0391.HK | 미아엔터테인먼트 그룹 |
| 0547.HK | 디지털도메인 |
| 0571.HK | 풍덕려홀딩스 |
| 0585.HK | 의마국제홀딩스 |
| 0800.HK | A8뉴미디어 |
| 1009.HK | 국제엔터테인먼트 |
| 1046.HK | 환우국제홀딩스 |
| 1060.HK | 알리픽처스 |
| 3636.HK | 보리문화 |
| 8167.HK | 중국신통신 |
| 8271.HK | 글로벌디지털 |
| 1132.HK | 가화오락사업(그룹) |
| 000681.SZ | 원동실업 |
| 002071.SZ | 장성제작사 |
| 002174.SZ | YOUZU인터넷 |
| 002292.SZ | 광동Alpha애니메이션 |
| 300027.SZ | 화이형제미디어 |
| 300104.SZ | 낙시망정보기술 |
| 300133.SZ | 화책영상 |
| 300251.SZ | 광선미디어 |
| 300291.SZ | 화록백내Film&TV |
| 300336.SZ | 신문화미디어 |

### 35. 바이오제약

|  |  |
|---|---|
| 600161.SH | 북경천단생물제품 |
| 600195.SH | 중목실업 |
| 600201.SH | 내몽고금우그룹 |
| 600645.SH | 중원협화 |
| 600556.SH | 광서북생제약 |
| 0399.HK | 연합DNA그룹 |
| 0690.HK | 연강생물과학그룹 |
| 0775.HK | 장강생명테크놀로지 |
| 1061.HK | 억승생물테크놀로지 |
| 1177.HK | 중국생물제약 |
| 8247.HK | 중생북공생물테크 |
| 8189.HK | 텐진태달바이오 |

| | |
|---|---|
| 000004.SZ | 국농테크놀로지 |
| 000403.SZ | 진흥생화학 |
| 000518.SZ | 강소사환생물공정 |
| 000661.SZ | 장춘하이테크 |
| 002007.SZ | 화란생물공학 |
| 002022.SZ | 상해과화생물공정 |
| 002030.SZ | 중산대학달안유전자 |
| 002166.SZ | 래인생물 |
| 002252.SZ | 상해래시 |
| 002693.SZ | 쌍성제약 |
| 300009.SZ | 안휘안커바이오 |
| 300122.SZ | 지비생물 |
| 300142.SZ | 와심바이오 |
| 300186.SZ | 광동대화농 |
| 300199.SZ | 심천한우제약 |
| 300204.SZ | 북경서태신 |
| 300238.SZ | 관호바이오테크 |
| 300239.SZ | 동보생물 |
| 300289.SZ | Leadman바이오 |
| 300294.SZ | 보야바이오제약 |
| 300313.SZ | 천산축산생명공학 |

## 36. 범용항공

### 지상서비스

| | |
|---|---|
| 002023.SZ | 사천하이트하이테크 |
| 002111.SZ | 위해광태 |
| 002253.SZ | 천대지승 |
| 000801.SZ | 사천구주 |
| 000099.SZ | 중신해직 |

### 레이더

| | |
|---|---|
| 600990.SH | 안휘사창전자 |
| 600562.SH | 국예테크놀로지 |

### 항공기제조 및 유지보수

| | |
|---|---|
| 600038.SH | 합비항공공업 |
| 600372.SH | 중항항공전자설비 |
| 600893.SH | 항공동력 |
| 2357.HK | 중국항공테크공업 |
| 0044.HK | 홍콩항공기공정 |
| 2013.HK | 중항전기기계 |

## 37. LED조명

### 칩

| | |
|---|---|
| 600703.SH | 삼안광전 |
| 600460.SH | 항주SILAN전자 |
| 0595.HK | 선사항그룹 |
| 002005.SZ | 광동덕호윤달 |
| 300323.SZ | 화찬광전 |
| 300102.SZ | 하남CHANGELIGHT |

### 패키징

| | |
|---|---|
| 300241.SZ | 심천REFOND광전 |
| 300303.SZ | 심천취비광전 |
| 002449.SZ | 국성광전 |
| 300219.SZ | 광저우홍리광전 |
| 300162.SZ | Ledman광전자 |
| 002654.SZ | 만윤테크놀로지 |
| 300301.SZ | 장방반도체조명 |

### 조명기구

| | |
|---|---|
| 600261.SH | 양광조명 |
| 2222.HK | 레이스(NVC)조명 |
| 1868.HK | 진명려홀딩스 |
| 0515.HK | 달진동방조명 |
| 000541.SZ<br>200541.SZ | 불산전기조명 |
| 300232.SZ | UNILUMIN |
| 002638.SZ | 근상광전 |
| 002587.SZ | 오우퉈전자 |
| 300269.SZ | 심천연건광전 |
| 300296.SZ | Leyard광전 |

## 38. 도시가스

### 수송라인 및 부품

| | |
|---|---|
| 600642.SH | 상해에너지 |
| 1938.HK | 주강강관 |
| 1080.HK | 승리파이프 |
| 0803.HK | 창흥국제 |
| 002267.SZ | 섬서천연가스 |

### 도시가스 판매

| | |
|---|---|
| 1193.HK | 화윤가스 |
| 2688.HK | 신오가스 |
| 0384.HK | 중국가스홀딩스 |
| 1083.HK | 항화가스 |
| 0003.HK | 홍콩중화가스 |
| 0603.HK | 중유가스 |
| 0886.HK | 빈해투자 |
| 1600.HK | 천윤가스 |
| 1265.HK | 텐진진영공공사업 |
| 0681.HK | 중민가스홀딩스 |

### LNG 관련

| | |
|---|---|
| 601139.SH | 심천가스 |
| 600635.SH | 상해대중공공사업 |
| 600098.SH | 광저우발전실업 |
| 600333.SH | 장춘가스 |
| 600860.SH | 경성기전 |
| 600256.SH | 광회에너지 |
| 600166.SH | 복전자동차 |
| 603003.SH | 용우연료유 |
| 2039.HK<br>000039.SZ | 국제해운컨테이너 |

| | |
|---|---|
| 0135.HK | 곤륜에너지 |
| 3899.HK | Enric홀딩스 |
| 0260.HK | 중국환경보호투자 |
| 000593.SZ | 대통가스 |
| 000669.SZ | 금홍에너지 |
| 300349.SZ | Goldcard하이테크 |
| 300228.SZ | 부여기기 |
| 300125.SZ | 역세달신에너지 |
| 002700.SZ | 신강호원가스 |
| 002554.SZ | 후이버푸 |
| 002318.SZ | 구립특재 |
| 002271.SZ | 동방우홍 |
| 002259.SZ | 승달림업 |
| 002080.SZ | 중재과기 |
| 000868.SZ | 안휘안개자동차 |
| 000731.SZ | 사천미풍화학 |
| 000669.SZ | 금홍에너지 |
| 000407.SZ | 산동승리 |

## 39. 모바일 인터넷

### 모바일 게임

| | |
|---|---|
| 0700.HK | Tencent홀딩스 |
| 3888.HK | 금산소프트웨어 |
| 0777.HK | 넷드래곤 |
| 300315.SZ | 장취테크놀로지 |
| 300052.SZ | ZQGAME |
| 002261.SZ | 토크웹정보 |
| 002148.SZ | 북위통신 |
| 600880.SH | 성도박서전파 |

### 기타 모바일인터넷 관련

| | |
|---|---|
| 600776.SH<br>900941.SH | 동방통신 |
| 600728.SH | 가도테크놀로지 |
| 600485.SH | 신위그룹 |
| 600288.SH | 대항테크놀로지 |
| 300250.SZ | 항주CNCR-IT |
| 300205.SZ | 무한천유정보 |
| 300134.SZ | 심천대복테크 |
| 300098.SZ | 고신흥테크 |
| 300081.SZ | 항신모바일 |
| 300051.SZ | 하문35인터넷 |
| 300050.SZ | 세기Dingli통신 |
| 300038.SZ | 북경Miteno통신기술 |
| 300025.SZ | 화성창업통신기술 |
| 300002.SZ | 신주소프트웨어 |
| 002544.SZ | 제사이테크놀로지 |
| 002446.SZ | 성로통신 |
| 002417.SZ | 삼원달통신 |
| 002396.SZ | 성망예첩 |

| | |
|---|---|
| 002231.SZ | 올윈통신 |
| 002194.SZ | 무힌빔곡 |
| 002115.SZ | 삼위통신 |
| 002093.SZ | 국맥과기 |
| 000829.SZ | 천음홀딩스 |

### 40. 셰일가스
#### 탐사 및 개발

| | |
|---|---|
| 601857.SH<br>0857.HK | 페트로차이나 |
| 600256.SH | 광회에너지 |
| 600028.SH<br>0386.HK | 귀주장정전기 |
| 0883.HK | 시누크 |
| 0346.HK | 연장석유국제 |
| 1555.HK | MI에너지 |

#### 장비와 유전개발 부대서비스

| | |
|---|---|
| 601808.SH<br>2883.HK | 중국해양유전서비스 |
| 600583.SH | 해양석유공정 |
| 3337.HK | 안동유전서비스 |
| 0196.HK | 굉화그룹 |
| 1623.HK | 해륭홀딩스 |
| 0568.HK<br>002490.SZ | 산동묵용장비 |
| 1080.HK | 승리파이프 |
| 1938.HK | 주강강관 |
| 0839.HK | 천대석유파이프 |
| 002353.SZ | 제루이유전서비스 |
| 002554.SZ | 후이버푸 |
| 300309.SZ | GI테크놀로지 |
| 300164.SZ | 서안통원석유 |
| 300157.SZ | LandOcean에너지서비스 |
| 300191.SZ | SINOGEO |
| 002629.SZ | 인지유전서비스 |
| 002207.SZ | 신강준동석유 |
| 000852.SZ | 강한석유첨두 |
| 002278.SZ | 신개석유화학장비 |
| 300023.SZ | 보덕자동화 |
| 300084.SZ | Haimo테크놀로지 |

### 41. 스마트폰
#### 브랜드 제조

| | |
|---|---|
| 0992.HK | 연상그룹 |
| 2369.HK | 쿨패드그룹 |
| 2618.HK | TCL통신테크홀딩스 |
| 0763.HK<br>000063.SZ | 중흥통신 |

#### 부품 관련

| | |
|---|---|
| 2018.HK | 서성테크놀로지 |

| | |
|---|---|
| 2382.HK | 순우광학테크 |
| 0285.HK | 비아직진자 |
| 002241.SZ | 가얼성학 |
| 000049.SZ | 심천Desay전지 |
| 002635.SZ | 안결테크놀로지 |
| 002106.SZ | 래보하이테크놀로지 |
| 002450.SZ | 강덕신 |
| 002456.SZ | 어우페이광 |
| 002138.SZ | 순락전자 |
| 002369.SZ | 탁익테크놀로지 |
| 300115.SZ | 상이정밀 |
| 300107.SZ | 하북건신화학 |
| 300241.SZ | 심천REFOND광전 |
| 300303.SZ | 심천취비광전 |
| 300057.SZ | 만순포장재료 |
| 300083.SZ | 경성정밀부품 |
| 300088.SZ | 장신테크놀로지 |
| 300328.SZ | 동관이안테크 |

### 42. 신재생에너지
#### 종합/기타

| | |
|---|---|
| 600875.SH<br>1072.HK | 동방전기 |
| 601727.SH<br>2727.HK | 상해전기그룹 |
| 1133.HK | 하얼빈동력설비 |
| 0816.HK | 화전복신에너지 |
| 0579.HK | 북경경능청정에너지 |

#### 풍력

| | |
|---|---|
| 600875.SH<br>1072.HK | 동방전기 |
| 601558.SH | 화예풍력발전테크놀로지 |
| 601218.SH | 길흠테크 |
| 600458.SH | 시대신소재 |
| 600416.SH | 상담전기제조 |
| 600290.SH | 화의전기 |
| 600192.SH | 난주장성전공 |
| 2208.HK<br>002202.SZ | 금풍테크놀로지 |
| 0658.HK | 중국고속전동설비그룹 |
| 0916.HK | 용원전력 |
| 1798.HK | 대당신에너지 |
| 0958.HK | 화능신에너지 |
| 300274.SZ | 양광전원 |
| 300185.SZ | 통유중공 |
| 300169.SZ | 천성신소재 |
| 300129.SZ | 상해태성풍력장비 |
| 300040.SZ | 하얼빈구주전기 |
| 002531.SZ | 천순풍력에너지 |
| 002204.SZ | 대련중공 |
| 002201.SZ | 구정신소재 |

| | |
|---|---|
| 002080.SZ | 중재과기 |
| 000862.SZ | 은성에너시 |
| 000836.SZ | 흠무하이테크 |
| 000539.SZ<br>200539.SZ | 광동전력개발 |

### 태양광

| | |
|---|---|
| 601908.SH | 경운통 |
| 600770.SH | 강소종예 |
| 600674.SH | 사천천투에너지 |
| 600522.SH | 강소중천테크놀로지 |
| 600644.SH | 낙산전력 |
| 600550.SH | 보정천위보변전기 |
| 600537.SH | 억정광전 |
| 600401.SH | 해윤태양광 |
| 600220.SH | 강소양광 |
| 600184.SH | 호북신화광정보재료 |
| 600151.SH | 상해항천기전 |
| 1211.HK<br>002594.SZ | 비아적 |
| 3800.HK | 보리협흠에너지 |
| 0712.HK | COMTEC태양에너지 |
| 0750.HK | 흥업태양능기술 |
| 300316.SZ | 절강정성기전 |
| 300274.SZ | 양광전원 |
| 300160.SZ | 수강유리공예 |
| 300118.SZ | 동방일승 |
| 300111.SZ | SunflowerLight에너지 |
| 300102.SZ | 하남CHANGELIGHT |
| 300080.SZ | 하남Xindaxin재료 |
| 300029.SZ | 화성천룡광전설비 |
| 002623.SZ | 야마둔 |
| 002610.SZ | 애강테크놀로지 |
| 002518.SZ | 과사달 |
| 002516.SZ | 강소광달 |
| 002506.SZ | 초일태양에너지 |
| 002389.SZ | 남양테크놀로지 |
| 002384.SZ | 동산정밀제조 |
| 002309.SZ | 중이테크놀로지 |
| 002218.SZ | 확일신에너지 |
| 002129.SZ | 중환고분 |
| 002077.SZ | 강소대항 |
| 002056.SZ | 횡점DMEGC |
| 002006.SZ | 절강정공테크놀로지 |
| 000862.SZ | 은성에너지 |

### 43. 태양광
#### 폴리실리콘, 웨이퍼

| | |
|---|---|
| 3800.HK | 보리협흠에너지 |
| 0712.HK | COMTEC태양에너 |

| | |
|---|---|
| 8137.HK | 홍교그룹 |
| 000012.SZ 200012.SZ | 중국남방유리그룹 |
| 002218.SZ | 확일신에너지 |

### 모듈

| | |
|---|---|
| 600401.SH | 해윤태양광 |
| 600537.SH | 억정광전 |
| 600151.SH | 상해항천기전 |
| 600550.SH | 보정천위보변전기 |
| 0750.HK | 흥업태양능기술 |
| 002218.SZ | 확일신에너지 |
| 002506.SZ | 초일태양에너지 |
| 300111.SZ | Sunflower Light에너지 |
| 300118.SZ | 동방일승 |

### 설비/부품/시공

| | |
|---|---|
| 600112.SH | 천성홀딩스 |
| 601908.SH | 경운통 |
| 0750.HK | 흥업태양능기술 |
| 300029.SZ | 화성천룡광전설비 |
| 002006.SZ | 절강정공테크놀로지 |
| 300080.SZ | 하남Xindaxin재료 |
| 300082.SZ | 오우커화학 |
| 002610.SZ | 애강테크놀로지 |
| 300305.SZ | 위싱필름테크 |
| 002580.SZ | 성양전원 |
| 300274.SZ | 양광전원 |

### 44. 환경보호

#### 오수처리

| | |
|---|---|
| 600874.SH 1065.HK | 텐진창업환경보호 |
| 600008.SH | 북경캐피탈 |
| 600649.SH | 성투홀딩스 |
| 600323.SH | 한남환경 |
| 601158.SH | 중경수도그룹 |
| 600187.SH | 국중수도 |
| 600168.SH | 무한홀딩스 |
| 601199.SH | 강남수무 |
| 600075.SH | 신강천업 |
| 600485.SH | 신위그룹 |
| 600461.SH | 강서홍성수자원개발 |
| 0967.HK | 상덕국제 |
| 0371.HK | 북경수도그룹 |
| 0855.HK | 중국수도산업그룹 |
| 1129.HK | 중국수업그룹 |
| 0646.HK | 중국환경보호테크놀로지 |
| 0270.HK | 월해투자 |
| 000598.SZ | 흥용투자 |
| 000826.SZ | 상덕환경자원 |

| | |
|---|---|
| 000712.SZ | 광동금룡개발 |
| 000685.SZ | 중산공용테크놀로지 |
| 000544.SZ | 중원환경보호 |
| 300174.SZ | 원력활성탄 |
| 002476.SZ | 보막생물화학 |
| 300021.SZ | 대우절수 |
| 000920.SZ | 남방회통 |
| 002479.SZ | 부춘환경보호 |
| 300190.SZ | WELLE환경보호테크 |
| 300262.SZ | 파안수질환경 |
| 300172.SZ | 남경CEC환경보호 |
| 300055.SZ | 북경만방달 |
| 300070.SZ | 벽수원 |

#### 폐기물 처리

| | |
|---|---|
| 600323.SH | 한남환경 |
| 600649.SH | 성투홀딩스 |
| 600475.SH | 무석화광보일러 |
| 0257.HK | 중국광대국제 |
| 0895.HK 002672.SZ | 심천시동강환경보호 |
| 000652.SZ | 텐진태달 |
| 000826.SZ | 상덕환경자원 |
| 002479.SZ | 부춘환경보호 |
| 000939.SZ | 무한개적전력 |
| 002534.SZ | 항주보일러 |
| 002630.SZ | 화서에너지 |

#### 대기오염 관리

| | |
|---|---|
| 600526.SH | 비달환경보호 |
| 600292.SH | 중전원달 |
| 600875.SH 1072.HK | 동방전기 |
| 600388.SH | 용정환경보호 |
| 600526.SH | 비달환경보호 |
| 600100.SH | 청화동방 |
| 600388.SH | 용정환경보호 |
| 600751.SH 900938.SH | 텐진해운 |
| 600133.SH | 무한동호하이테크그룹 |
| 1296.HK | 국전하이테크환경보호그룹 |
| 1191.HK | 월수환보홀딩스 |
| 300056.SZ | 하문Savings |
| 002499.SZ | 과임환경보호장비 |
| 300090.SZ | 안휘성운기계 |
| 300105.SZ | 용원기술 |
| 002573.SZ | 국전청신 |
| 300137.SZ | 하북선하환보 |
| 000939.SZ | 무한개적전력 |
| 000925.SZ | 합중기전 |
| 002573.SZ | 국전청신 |

| | |
|---|---|
| 300187.SZ | 영청환경보호 |

### 45. 3D프린터

#### 3D 프린터

| | |
|---|---|
| 002529.SZ | 해원장비 |
| 300220.SZ | 우한금운레이저 |

#### 3D 프린팅 소재

| | |
|---|---|
| 600114.SH | 냉파동목신재료그룹 |
| 002545.SZ | 동방철탑 |
| 300331.SZ | 소주SVG광전테크 |

#### 3D 프린팅 기술

| | |
|---|---|
| 603002.SH | 굉창전자 |
| 600255.SH | 흠과자재 |
| 300004.SZ | 남방풍기 |
| 300227.SZ | Sunshine레이저 |

#### 레이저 조형기술

| | |
|---|---|
| 600705.SH | 중항자본 |
| 600765.SH | 중항중장비 |
| 300337.SZ | 은방금속 |

#### 3D 관련 기타

| | |
|---|---|
| 601313.SH | 강남가첩 |
| 600806.SH 0300.HK | 곤명선반 |
| 000837.SZ | 태천개발 |
| 300024.SZ | 로봇 |
| 002355.SZ | 흥민림 |
| 300161.SZ | 화중수치제어 |
| 300177.SZ | 광저우중해달 |
| 002690.SZ | 미아광전 |

### 46. 로봇

#### 공업 로봇

| | |
|---|---|
| 600775.SH 0553.HK | 남경판다전자 |
| 000913.SZ | 절강전강오토바이 |
| 002031.SZ | 광동거륜주형 |
| 002527.SZ | 신시달전기 |
| 300024.SZ | 로봇 |
| 300193.SZ | 심천JASIC테크 |
| 000938.SZ | 청화자광 |

#### 로봇 부품

| | |
|---|---|
| 600835.SH 900925.SH | 상해전기기계 |
| 000837.SZ | 태천개발 |

#### 자동 제어기술

| | |
|---|---|
| 300293.SZ | 심양남영장비 |

#### 지능시스템

| | |
|---|---|
| 300044.SZ | 심천Sunwin |
| 300099.SZ | Uroica광업안전 |

| 기타 로봇 관련기업 | |
| --- | --- |
| 600560.SH | 북경금자천정지능 |
| 300023.SZ | 보덕자동화 |
| 300278.SZ | 화창스마트장비 |
| 002073.SZ | 청도연공 |
| 002611.SZ | 동방정공 |
| 002097.SZ | 산하지능 |
| 002009.SZ | 강소천기물류시스템 |
| 300195.SZ | 장영인쇄설비 |
| 300276.SZ | 호북삼풍수송장비 |
| 002698.SZ | 박실자동화 |
| 300154.SZ | 서릉실업 |
| 300097.SZ | 지운자동화설비 |

## 47. 빅데이터

| 음성인식 | |
| --- | --- |
| 002230.SZ | 신비정보테크 |

| 정보보호 | |
| --- | --- |
| 002268.SZ | 위사통 |
| 002439.SZ | 계명성신 |

| 데이터센터 건설 및 유지보수 | |
| --- | --- |
| 600804.SH | 성도붕박사테크놀로지 |
| 000977.SZ | 낭조전자정보산업 |
| 002065.SZ | 동화소프트웨어 |
| 002335.SZ | 과화항성 |
| 002642.SZ | 영지연 |
| 300017.SZ | 상해왕수테크 |
| 300036.SZ | 북경Supermap |
| 300047.SZ | 심천천원적과 |
| 300231.SZ | 은신장원테크 |
| 300245.SZ | 상해DragonNet |
| 300290.SZ | Bringspring |

| 데이터처리 | |
| --- | --- |
| 600289.SH | 억양신통 |
| 300053.SZ | Orbita제어기 |
| 300166.SZ | 동방정보테크 |
| 300229.SZ | 북경TRS 정보기술 |

| 기타 | |
| --- | --- |
| 600410.SH | 북경화승천성테크 |
| 600588.SH | 북경용우소프트웨어 |
| 600756.SH | 랑조소프트웨어 |
| 601519.SH | 상해대지혜 |
| 1282.HK | WWT테크놀로지 |
| 8131.HK | 진강과기 |
| 1236.HK | 국농홀딩스 |
| 3888.HK | 금산소프트웨어 |
| 8292.HK | 혜총국제 |
| 1808.HK | 기전홀딩스 |

| 300033.SZ | 절강동화순 |
| --- | --- |
| 300059.SZ | 동방제부정보 |
| 002093.SZ | 국맥과기 |
| 300188.SZ | Meiya Pico정보 |
| 300302.SZ | TOYOU과학기술 |
| 002308.SZ | 위창영상테크놀로지 |
| 002236.SZ | 대화기술 |
| 002415.SZ | 해강위시 |
| 300074.SZ | 화평정보기술 |
| 002657.SZ | 중과금재 |
| 000503.SZ | 해홍홀딩스 |
| 300170.SZ | 상해핸드정보기술 |
| 002279.SZ | 구기소프트웨어 |

## 48. 석탄화학공업

| 석탄액화 | |
| --- | --- |
| 000518.SZ | 강소사환생물공정 |
| 000571.SZ | 신대주홀딩스 |

| 석탄가스화 | |
| --- | --- |
| 601117.SH | 중국화학공정 |
| 601011.SH | 보태융 |
| 600423.SH | 유주화학 |

| 숯 가스화 | |
| --- | --- |
| 600197.SH | 신강Yilite실업 |
| 600721.SH | 신강백화촌 |
| 002110.SZ | 삼강민광 |

| 석탄화학공업 설비 | |
| --- | --- |
| 002255.SZ | 해륙중공업 |
| 002430.SZ | 항주항양 |
| 002564.SZ | 장쟈강화공장비 |
| 300263.SZ | 낙양융화전열 |
| 300332.SZ | 천호절전 |

| 메틸알코올 | |
| --- | --- |
| 600188.SH 1171.HK | 연주석탄채굴 |
| 600426.SH | 산동화로항승화학 |
| 601898.SH 1898.HK | 중매에너지 |
| 601011.SH | 보태융 |
| 600725.SH | 운남운유 |
| 600740.SH | 산서코킹 |
| 600229.SH | 청도소다회실업 |
| 600281.SH | 태원화학 |
| 600408.SH | 산서안태그룹 |
| 600598.SH | 흑룡강북대황농업 |
| 600691.SH | 양매화공 |
| 000683.SZ | 원흥에너지 |
| 000830.SZ | 산동로서화학 |
| 000912.SZ | 사천노천화 |

| 000953.SZ | 광서하지화학 |
| --- | --- |

| 디메틸 에테르 | |
| --- | --- |
| 600098.SH | 광저우발전실업 |
| 600123.SH | 산서란화테크 |
| 600028.SH 0386.HK | 시노펙 |
| 600227.SH | 귀주적천화 |
| 600256.SH | 광회에너지 |
| 600179.SH | 흑룡강흑화 |
| 600803.SH | 하북위원생물화학공업 |
| 000627.SZ | 천무그룹 |

| 폴리프로필렌, 아크릴 | |
| --- | --- |
| 601991.SH 0991.HK | 대당국제발전 |
| 002140.SZ | 동화테크놀로지 |

| 기타 | |
| --- | --- |
| 300055.SZ | 북경만방달 |
| 002469.SZ | 삼위공정 |

## 49. 고속철도

| 철도 인프라건설 | |
| --- | --- |
| 601186.SH 1186.HK | 중국철도건설 |
| 600528.SH | 중철이국 |
| 601390.SH 0390.HK | 중국중철 |
| 600820.SH | 상해터널공정 |
| 601668.SH | 중국건축 |

| 철도차량과 부품 | |
| --- | --- |
| 601766.SH 1766.HK | 중국남차 |
| 601299.SH 6199.HK | 중국북차 |
| 600808.SH 0323.HK | 마안산철강 |
| 600495.SH | 진서차축 |
| 600169.SH | 태원중공업 |
| 600458.SH | 시대신소재 |
| 600967.SH | 포두북창업 |
| 600169.SH | 태원중공업 |
| 002122.SZ | 천마그룹 |
| 000920.SZ | 남방회통 |
| 002501.SZ | 이원정제 |
| 600219.SH | 산동남산알루미늄 |

| 고속철도 전기시스템및 정보화시스템 | |
| --- | --- |
| 600580.SH | 절강와룡전기그룹 |
| 600406.SH | 국전남서테크놀로지 |
| 600100.SH | 청화동방 |
| 600550.SH | 보정천위보변전기 |
| 3898.HK | 남차전기 |

| | |
|---|---|
| 300001.SZ | 청도TGOOD전기 |
| 300011.SZ | 북경정한기술 |
| 002296.SZ | 휘황테크놀로지 |
| 002161.SZ | 원망곡 |
| 300150.SZ | 북경iREAL |
| 300044.SZ | 심천Sunwin |
| 002376.SZ | 신북양정보기술 |
| 002152.SZ | 광전운통 |

**철도 운영기업**

| | |
|---|---|
| 601333.SH<br>0525.HK | 광심철도 |
| 600125.SH | 중철철로철룡물류 |
| 601006.SH | 대진철도 |

**4종4횡 고속철도망 교차도시/**
**주요 홍콩 상장기업**

| | |
|---|---|
| 0489.HK | 동풍자동차그룹 |
| 0691.HK | 산수시멘트 |
| 0753.HK | 중국국제항공 |
| 0832.HK | 하남건업부동산 |
| 1157.HK<br>000157.SZ | 중연중공업 |
| 1232.HK | 금륜천지홀딩스 |
| 1833.HK | 은태상업 |
| 3308.HK | 금응상업무역그룹 |
| 3808.HK | 중국중형자동차 |
| 3900.HK | 녹성중국홀딩스 |

**50. 럭셔리시장**

**럭셔리 용품**

| | |
|---|---|
| 601888.SH | 중국국제여행사 |
| 600655.SH | 상해예원여행마트 |
| 600612.SH<br>900905.SH | 노봉상 |
| 1913.HK | 프라다 |
| 0589.HK | Ports패션 |
| 1910.HK | 쌤소나이트 |
| 0178.HK | 사사국제홀딩스 |
| 3389.HK | 신우헝더리홀딩스 |
| 1929.HK | 주대복 |
| 0590.HK | 육복그룹(국제) |
| 0398.HK | 동방표행그룹 |
| 0116.HK | 주생생홀딩스국제 |

**럭셔리 자동차**

| | |
|---|---|
| 1293.HK | 보신자동차그룹 |

**제조, 유통**

| | |
|---|---|
| 3669.HK | 영달자동차서비스홀딩스 |
| 1828.HK | 대창항그룹 |
| 1114.HK | 화신중국자동차 |
| 0970.HK | 요래그룹 |

**술**

| | |
|---|---|
| 600519.SH | 귀주모태주 |

**51. 산아정책**

**기저귀**

| | |
|---|---|
| 1044.HK | 항안국제 |
| 3331.HK | 위달국제 |
| 002511.SZ | 중순제러우제지 |

**영유아용품**

| | |
|---|---|
| 1086.HK | Goodbaby국제 |
| 1259.HK | 중국아동바디케어 |
| 1698.HK | Boshiwa국제 |

**분유 및 유아식**

| | |
|---|---|
| 600887.SH | 내몽고이리실업그룹 |
| 600597.SH | 광명유업 |
| 600429.SH | 북경삼원식품 |
| 2319.HK | 중국몽우우유 |
| 1230.HK | 야스리(Yashili)국제 |
| 1112.HK | 합생원 |
| 1262.HK | 중국간식식품 |
| 0151.HK | 중국왕왕식품 |
| 002570.SZ | 베이인메이 |
| 002329.SZ | 황씨유업 |

**완구**

| | |
|---|---|
| 0869.HK | 채성완구 |
| 300043.SZ | 라스타그룹 |
| 002292.SZ | 광동Alpha애니메이션 |

**소아 관련 치료와 약제**

| | |
|---|---|
| 300314.SZ | David메디컬 |
| 300086.SZ | 해남강지제약 |
| 000915.SZ | 산동산대화특테크 |
| 000661.SZ | 장춘하이테크 |
| 000650.SZ | 인화제약 |
| 300122.SZ | 지비생물 |

**52. 상해자유무역지구**

**항만**

| | |
|---|---|
| 601866.SH<br>2866.HK | 중국해운컨테이너운송 |
| 601919.SH<br>1919.HK | 차이나코스코 |
| 600018.SH | 상해항만그룹 |
| 0144.HK | 초상국국제 |
| 1199.HK | 코스코태평양 |

**물류서비스**

| | |
|---|---|
| 603128.SH | 화무물류 |
| 600119.SH | 장강투자 |
| 600648.SH<br>900912.SH | 상해외고교보세구 |

| | |
|---|---|
| 600650.SH<br>900914.SH | 금강투자 |
| 600822.SH<br>900927.SH | 상해물자무역 |

**부동산 및 건축**

| | |
|---|---|
| 600895.SH | 상해장강하이테크 |
| 600284.SH | 포동건설 |
| 600639.SH<br>900911.SH | 상해포동금교 |
| 600663.SH<br>900932.SH | 상해육가취 |

**금융 관련**

| | |
|---|---|
| 600641.SH | 만업기업 |
| 600643.SH | 상해애건 |
| 600679.SH<br>900916.SH | 금산개발 |
| 600696.SH | 상해다륜실업 |

**53. 식품안전**

**농산물 재배, 안전사료**

| | |
|---|---|
| 1117.HK | 현대목업 |
| 002299.SZ | 신농발전 |
| 002477.SZ | 추응농목 |
| 002286.SZ | 보영보 |
| 002234.SZ | 민합목업 |

**냉장운송, 포장**

| | |
|---|---|
| 0468.HK | 분미포장 |
| 000530.SZ<br>200530.SZ | 대련냉동기 |
| 000811.SZ | 연태MOON |
| 002639.SZ | 설인 |
| 002158.SZ | 한종정기 |

**식품가공, 유통기업**

| | |
|---|---|
| 600887.SH | 내몽고이리실업그룹 |
| 600597.SH | 광명유업 |
| 1068.HK | 중국우윤식품 |
| 0904.HK | 중국조양왕음료 |
| 0506.HK | 중국식품 |
| 1006.HK | 장수화식품홀딩스 |
| 1112.HK | 합생원 |
| 6808.HK | 고흠소매 |
| 2319.HK | 중국몽우우유 |
| 0345.HK | Vitasoy국제 |
| 2216.HK | 삼전식품 |
| 002570.SZ | 베이인메이 |

**식품안전 검측**

| | |
|---|---|
| 300012.SZ | 심천CTI |
| 300165.SZ | Skyray기구 |

**식품이력 추적기술**

| | |
|---|---|
| 600271.SH | 항천정보 |

| | |
|---|---|
| 002030.SZ | 중산대학달안유전자 |
| 002637.SZ | 찬우데크놀로지 |
| 300203.SZ | 집광테크 |
| 300260.SZ | Kinglai응용소재 |
| 300306.SZ | 항주원방광전기 |
| 600071.SH | 봉황광학 |
| 600288.SH | 대항테크놀로지 |
| 000997.SZ | 복건신대륙컴퓨터 |
| 002161.SZ | 원망공 |

## 54. 신여행법
### 여행사

| | |
|---|---|
| 601888.SH | 중국제국여행사 |
| 600138.SH | 중청려홀딩스 |
| 600258.SH | 수도관광호텔 |
| 600749.SH | 티베트관광 |
| 900929.SH | 상해금강국제여행사 |
| 0308.HK | 홍콩중국여행사국제 |
| 000610.SZ | 서안관광(그룹) |
| 000802.SZ | 북경문화 |
| 000978.SZ | 계림관광 |
| 002033.SZ | 여강옥룡관광 |
| 002059.SZ | 운남관광 |
| 000610.SZ | 서안관광(그룹) |
| 000430.SZ | 장가계관광개발 |

### 관광지, 경제형호텔

| | |
|---|---|
| 600054.SH 900942.SH | 황산관광개발 |
| 600754.SH 900934.SH | 상해금강국제호텔발전 |
| 000069.SZ | 화교성 |
| 000888.SZ | 아미산관광 |

### 항공사

| | |
|---|---|
| 600029.SH 1055.HK | 중국남방항공 |
| 601111.SH 0753.HK | 중국국제항공 |
| 600115.SH 0670.HK | 중국동방항공 |
| 600221.SH 900945.SH | 해남항공 |
| 200152.SZ | 산동항공 |

## 55. 전기차
### 완성차(승용차, 버스)

| | |
|---|---|
| 600418.SH | 안휘강회자동차 |
| 600066.SH | 정주우통버스 |
| 600686.SH | 하문금룡자동차 |
| 600166.SH | 복전자동차 |
| 600104.SH | 상해자동차 |

| | |
|---|---|
| 1211.HK | 비아적 |
| 0175.HK | 길리사동차 |
| 0489.HK | 동풍자동차그룹 |
| 000625.SZ 200625.SZ | 중경장안자동차 |
| 000868.SZ | 안휘안개자동차 |
| 000800.SZ | 제일자동차 |

### 자원류기업

| | |
|---|---|
| 600549.SH | 하문텅스텐 |
| 600366.SH | 냉파운승 |
| 600773.SH | 티베트아롱 |
| 000970.SZ | 북경중과삼환하이테크 |
| 000762.SZ | 서장광업개발 |
| 002192.SZ | 노상 |
| 000541.SZ 200541.SZ | 불산전기조명 |

### 리튬전지양극재료/음극재료

| | |
|---|---|
| 600884.SH | 냉파삼삼 |
| 300073.SZ | 북경당승소재 |
| 000839.SZ | 중신국안정보산업 |
| 600390.SH | 금서신재료테크놀로지 |
| 002056.SZ | 횡점DMEGC |
| 002176.SZ | 강특전기 |
| 002091.SZ | 강소국태 |

### 배터리기업(주로 리튬전지)

| | |
|---|---|
| 601311.SH | 낙타그룹 |
| 1211.HK | 비아적 |
| 0729.HK | 오룡전기차 |
| 1043.HK | 광우국제그룹테크 |
| 0819.HK | 천능동력국제 |
| 0189.HK | 동악그룹 |
| 000839.SZ | 중신국안정보산업 |
| 002190.SZ | 성비집성 |
| 300068.SZ | 절강남도전원 |
| 000559.SZ | 만향전조 |
| 300207.SZ | 신왕다전자 |
| 000973.SZ | 불산플라스틱그룹 |
| 002389.SZ | 남양테크놀로지 |
| 002168.SZ | 심천혜정 |
| 002108.SZ | 창주명주 |

### 전해질용액

| | |
|---|---|
| 600884.SH | 냉파삼삼 |
| 002091.SZ | 강소국태 |
| 300037.SZ | 심천CAPCHEM테크 |

### 모터

| | |
|---|---|
| 600366.SH | 냉파운승 |
| 002249.SZ | 대양전기 |
| 000970.SZ | 북경중과삼환하이테크 |

### 충전소, 충전기

| | |
|---|---|
| 600406.SH | 국전남서테크놀로지 |
| 600405.SH | 동력원테크놀로지 |
| 600680.SH 900930.SH | 상해보천 |
| 2227.HK | 오토전력설비 |
| 000400.SZ | XJ전기 |

## 56. 중약(한약)
### A 주 주요

| | |
|---|---|
| 000423.SZ | 산동동아아교 |

### 중약 제조기업

| | |
|---|---|
| 600436.SH | 장주편자황제약 |
| 600252.SH | 중항그룹 |
| 600594.SH | 귀주익백제약 |
| 600557.SH | 강소강원제약 |
| 600572.SH | 절강CONBA제약 |
| 600329.SH | 중신제약 |
| 600422.SH | 곤명제약 |
| 2317.HK | 중생제약 |
| 002603.SZ | 이령제약 |
| 000623.SZ | 길림오동제약그룹 |
| 002275.SZ | 계림삼금제약 |
| 002424.SZ | 귀주백영제약 |
| 300147.SZ | 광저우항설제약 |
| 002219.SZ | 항강의료 |

### 홍콩주 주요

| | |
|---|---|
| 1666.HK | 동인당테크놀로지 |

### 중약 제조기업

| | |
|---|---|
| 8138.HK | 북경동인당국약 |
| 2877.HK | 중국신위제약그룹 |
| 0570.HK | 중국중약 |
| 0587.HK | 화한생물제약홀딩스 |

# 중국을 움직이는 100대 기업

**1판 1쇄 발행** 2015년 2월 16일
**1판 3쇄 발행** 2016년 1월 25일

**지은이** 삼성증권, 차이나윈도우

**발행인** 양원석
**본부장** 김순미
**편집장** 송상미
**해외저작권** 황지현
**제작** 문태일
**영업마케팅** 이영인, 양근모, 정우연, 이주형, 김민수, 장현기, 정미진, 이선미

**펴낸 곳** ㈜알에이치코리아
**주소** 서울시 금천구 가산디지털2로 53, 20층(가산동, 한라시그마밸리)
**편집문의** 02-6443-8878   **구입문의** 02-6443-8838
**홈페이지** http://rhk.co.kr
**등록** 2004년 1월 15일 제2-3726호

ISBN 978-89-255-5544-7 (03320)